Harald Walach – Spiritualität
Warum wir die Aufklärung weiterführen müssen

© Copyright 2011 Drachen Verlag GmbH, Klein Jasedow
Alle Rechte vorbehalten
Umschlaggestaltung, Layout, Satz und Herstellung: www.humantouch.de
Druck und Bindung: Finidr, s. r. o., Český Těšín
Printed in Czech Republic

ISBN 978-3927369-56-6

Harald Walach

Spiritualität

Warum wir die Aufklärung weiterführen müssen

Mit ausführlichem Glossar

 DRACHENVERLAG

Inhalt

6 Die Aufklärung weiterführen: Die Notwendigkeit undogmatischer Spiritualität ... 194

Vorwort

WENN WIR DIE AUFKLÄRUNG konsequent fortführen wollen, ist eine undogmatische Spiritualität die natürliche, ja die notwendige Konsequenz für unsere Kultur und ihre Rationalität. Ohne eine solche Spiritualität sehe ich wenig Hoffnung, weder für unsere Kultur, noch für ihre Rationalität, noch für die Aufklärung. Wir haben es also mit einer neuen oder weiteren Dialektik der Aufklärung zu tun:[1] Entweder integriert sie das vermeintlich Überwundene, Religion, oder diese wird in Form des Fundamentalismus sie selber überwinden. Die Integrationsfigur einer durch die Aufklärung gegangenen und durch sie transformierten Religion ist für mich das, was ich undogmatische Spiritualität nenne. Unter Spiritualität verstehe ich den erfahrungsmäßigen Kerngehalt einer Religion, im Gegensatz zu ihrem doktrinär-dogmatischen Gewand.[2]

Diese Sätze umreißen die Kernthese dieses Buchs und die Motivation, es zu schreiben. Dies ist nicht pessimistisch gemeint, sondern als Diagnose und gleichzeitig optimistisch als Wegweiser für einen Ausweg.

Meine Ausbildung und Praxis in klinischer Psychologie und in der Erwachsenenbildung hat mir einiges an Verständnis für das Lebensgefühl vor allem solcher Zeitgenossen verschafft, die an den Härten und Unmenschlichkeiten unserer Lebenswelt leiden oder zu scheitern drohen. Meine Forschungstätigkeit im Bereich unkonventioneller medizinischer Therapien, wie der Homöopathie, der Geistheilung, der Achtsamkeitsmeditation, aber auch jüngere Versuche, das Thema Spiritualität stärker in der Forschung zu verankern, haben mir zweierlei gezeigt: zum einen, wie stark das Bedürfnis in der Bevölkerung ist, vorhandene Erfahrungen in ein kohärentes Weltbild einzuordnen oder aber Räume zu finden, in denen sie solche Erfahrungen machen oder teilen können. Zum anderen, wie groß der Widerstand vieler Fachkollegen und Intellektueller ist, diesem Thema einen gebührenden Raum zu geben, nicht selten gepaart mit einer kaum erträglichen Kombination aus Ignoranz und Arroganz. »Esoterik«, »Magie«, »Okkultismus«, »Quacksalberei« sind die Etiketten, mit denen man solche vermeintlich intellektuelle Pornografie belegt, damit man ungestört zum Tagesgeschäft übergehen kann.

Ich habe mich ausführlich mit der Zeit der Hochscholastik beschäftigt, dem 13. Jahrhundert, einer Zeit unserer Geistesgeschichte, als innere mystische Erfahrung und Erkenntnis und wissenschaftliche Erfahrung begrifflich noch eins waren.[3] Die historisch-systematische Analyse der Prozesse, die zu einer Trennung der Bereiche der wissenschaftlichen Erfahrung und der inneren Erfahrung geführt haben,[4] hat in mir die Überzeugung reifen lassen, dass wir an einem historischen Ort angekommen sind, an dem diese Trennung mindestens fragwürdig, wenn nicht gar hinderlich für die weitere Entwicklung des einzelnen und der Gesellschaft insgesamt, ja vielleicht sogar der Welt als Ganzer ist. Meine eigene spirituelle Praxis gibt mir wenigstens ansatzweise einen Erfahrungshintergrund dessen, wovon ich rede.

Mein Plädoyer für eine undogmatische Spiritualität soll nicht zuletzt auch in der akademischen Welt wahrgenommen werden. Einerseits sind meine Einsichten dem gesunden Menschenverstand zugänglich und lassen sich mit schlichten Worten ausdrücken. Andererseits existiert zu den angesprochenen Themen eine exakte Terminologie, deren Anwendung ich der Ernsthaftigkeit der Debatte schulde. Um möglichen Verständnisschwierigkeiten vorzubeugen, habe ich die wichtigsten Fachbegriffe in einem Glossar am Ende des Buchs erläutert, sofern sie nicht bereits im Text kurz erklärt werden konnten.

Einleitung

Dieses Buch stellt einen Tabubruch dar, indem es ein Thema aufgreift, über das nur an ganz speziell reservierten Orten der Gesellschaft gesprochen werden darf, ohne die Etikette zu verletzen. An beinahe jeder Bushaltestelle, manchmal sogar als notgedrungen Mithörender bei Mobiltelefongesprächen im Zug kann man Zeitgenossen über Beziehungen, Beziehungsknatsch und Beziehungsfreuden, ja sogar über Sexualität plaudern hören. Hundert Jahre, nachdem Sigmund Freud und Kollegen die Sexualität aus der Schmuddelecke der menschlichen Gesellschaft befreit und damit zunächst wissenschaftlich, dann auch gesellschaftlich diskutabel gemacht haben, sind wir individuell oder kollektiv kaum in der Lage, Spiritualität zu thematisieren. Dies soll und muss sich ändern, denn, so eine weitere These, Spiritualität gehört genauso – wenn nicht sogar noch intimer – zum Menschen wie Sexualität. Und ähnlich wie Sexualität biologisch notwendig war und ist, damit die biologische Evolution vorankam und die menschliche Fortpflanzung gewährleistet ist, so ist Spiritualität nötig, damit auch eine psychologisch-kulturelle Evolution individuell und kollektiv möglich wird. Selbstverständlich können wir uns diesem Imperativ verweigern, so wie man sich dem sexuellen Imperativ verweigern kann. Im Fall der Sexualität funktioniert dies bei einigen dafür besonders begabten und berufenen Personen offenbar dahingehend, dass sie Kräfte für andere Aktivitäten und Aufgaben frei bekommen. Man darf mit Fug und Recht bezweifeln, ob viele andere, die den Zölibat aus mehr oder weniger lauteren Motiven zwangsweise auf sich nehmen, darin eine Befreiung erleben. Der Versuch, Spiritualität aus dem Leben – individuell und kollektiv – zu eliminieren, hat weniger direkte, aber nicht weniger offensichtliche und schädliche Konsequenzen wie die Verdrängung der Sexualität. Weil Sexualität biologisch und physiologisch stärker in unserer Natur verwurzelt zu sein scheint – mindestens wissen wir hierüber besser Bescheid – ist uns die Problematik der Verdrängung von Sexualität stärker klar und einleuchtend. Über die Verankerung der Spiritualität in der Gesellschaft und im einzelnen, in unserer Biologie und Physiologie, wissen wir praktisch gar nichts, und möglicherweise ist unser momentaner wissenschaftlicher Ansatz auch völlig ungeeignet, darüber etwas auszusagen. Und eben weil wir keinerlei wissenschaftliche Vorstellungen darüber haben, wie Spiritualität, außer in einem vagen anthropologisch-theologischen Sinn, in unserem menschlichen Wesen verankert ist, kommt uns die Diskussion dieser Frage als potenziell unwissenschaftlich, peinlich oder bestenfalls fragwürdig vor. Es wird also nötig sein, einige Grundbegriffe dessen, was wir mit »wissenschaftlich« meinen, und einige Voraussetzungen, die Wissenschaft im normalen Sinn des Worts vorgibt, genauer zu untersuchen. Dann wird sich vielleicht auch der Grund für die Behauptung erschließen, dass das Ignorieren von Spiritualität bis hin zu ihrem völligen Verdrängen aus dem kollektiven Bewusstsein unserer Kultur ähnlich gefährlich und problematisch ist wie das Verdrängen von Sexualität. Das wird ein etwas ausführlicheres Argument über die gegenwärtige Leib-Seele-Diskussion und über wissenschaftliche Konzepte des Bewusstseins notwendig machen.

Schließlich schulde ich meinen potenziellen Lesern und Leserinnen, die mir bis hierher gefolgt sind, noch ein paar Auskünfte darüber, was meine eigenen Voraussetzungen und Begrenzungen angeht, soweit ich ihrer gewahr bin. Argumente und rhetorische Strategien sind immer nur so gut wie die Voraussetzungen, auf denen sie aufbauen. Selten werden diese von Autoren thematisiert, und ihrem Wesen nach, darauf hat Hans-Georg Gadamer ausführlich hingewiesen, sind sie auch nur zu einem Teil auszudeuten.[5] Meistens gehen sie als historischer Horizont eines Autors in seinen Text ein. Um Missverständnisse so weit als möglich zu vermeiden und um Klarheit über meine eigene Begrenzung zu schaffen, will ich einige wichtige Voraussetzungen explizit benennen.

Ich bin in der katholischen Kultur Bayerns, an einer von Benediktinern geführten Schule ausgebildet worden. Ich habe mit meiner traditionellen Kultur, wie es sich für einen denkenden jungen Menschen gehört, während meiner Pubertät gebührend gebrochen und viele, wenn nicht die meisten Konzepte von Religion, Gott, Teufel und Fegefeuer über Bord geworfen – zunächst, und solange sie mir nicht über eigene Erfahrung zugänglich geworden sind. Durch meinen eigenen spirituellen Weg, den ich dann zu gehen begonnen habe, der Neugierde und der Not gleichermaßen folgend, wurden mir viele Inhalte neu zugänglich, diesmal in einem vertieften und vor allem nicht-doktrinären Verständnis. Ich habe in der Folge sehr viele Konzepte, die mir aus meiner katholischen Sozialisierung bekannt waren, nun mit Inhalt und Erfahrung gefüllt, als durchaus sinnvoll und brauchbar erlebt und beschreibe mich heute als einen an der Selbstdarstellung, Fremdwahrnehmung und Verzerrung der christlichen Kultur leidenden Katholiken.

Wenn ich im Folgenden für eine undogmatische Spiritualität werbe, so tue ich das absichtlich weltanschaulich so neutral, wie es mir möglich ist. Dies deshalb, weil ich der Meinung bin, dass man über Erfahrungen und deren Ausdruck nicht streiten kann. Der Streit beginnt immer erst auf der Ebene der Doktrin. Wir können als Kulturwesen gar nicht anders, als unsere Erfahrungen irgendwann zu versprachlichen. Manchen, Dichtern etwa, gelingt es, durch Mittel des Paradoxons, durch Brüche oder Grenzüberschreitungen in der Bildsprache etwas von der Erfahrung selbst, von ihrer Fluidität (von lateinisch *fluidus* – »fließend«) und Mehrwertigkeit, von ihrer holistischen Natur und paradoxen Struktur sichtbar zu machen und zu behalten. Musikern und anderen Künstlern steht eine völlig andere Ausdrucksebene zur Verfügung. Den meisten übrigen aber ist es nicht vergönnt, mit solchen Engelszungen zu reden. Sie werden ihre Erfahrung irgendwann im Rahmen vorgefundener Theologeme, Mythologeme oder Philosopheme[6] ausdrücken und dadurch kulturell relativ oberflächlich versprachlichen. Dieser Prozess ist vielleicht gar nicht zu verhindern. Und solange man sich dieser Tatsache bewusst ist, richtet er auch keinen Schaden an.

Ich selber kann meine eigene Erfahrung im Bereich der christlichen Theologeme meistens, wenn auch nicht immer, sehr gut verorten. Die Behauptung, dies sei für bestimmte Erfahrungen nicht möglich, ist oftmals mangelnder Fantasie oder Unkenntnis geschuldet.[7] Aber mir ist völlig bewusst, dass Menschen aus einem anderen Erfahrungs- und Kulturkontext das anders sehen und diese meine Behauptung als ein Indiz dafür anführen können, dass meine Erfahrung nicht »tief« genug, »vollständig« genug oder sonstwie mangelhaft sei. Mag sein. Letztlich entscheidet darüber die pragmatische Wirklichkeit. Alle spirituellen Traditionen haben im letzten die Praxis des Lebens als oberstes Kriterium für Wahrheit, eine Tatsache, die vor allem im christlich-doktrinären Kontext allzu oft übersehen wird. Denn es heißt biblisch immer noch: »An ihren Früchten (nicht etwa ›an ihren Kleidern‹ oder ›Worten‹) werdet ihr sie erkennen.« Ich bin mir also bewusst darüber, dass ich selber einen Interpretationshintergrund heranziehe, den viele meiner Mitmenschen nicht teilen werden. Aus genau diesem Grund werde ich versuchen, zwischen dem Interpretationshintergrund und dem Erfahrungskern von Spiritualität begrifflich zu trennen. Ob mir das gelingen wird, sei dahingestellt, aber das ist zumindest das Ziel meines Vorhabens. Denn dieses muss sein, dass in einer zunehmend vernetzten, globalisierten und interkulturell durchmischten Welt Christen, Buddhisten, Moslems, Hindus, Juden, Agnostiker und bekennde Atheisten zusammenleben und sich verständigen können, ohne sich gegenseitig die Menschlichkeit, das Recht zu leben oder an Macht und Ressourcen teilzuhaben, abzusprechen.

Eine weitere Voraussetzung, die ich mache, ist die, dass Erfahrung, welcher Art auch immer, ob innere oder äußere, stets eine Erfahrung von Wirklichkeit ist. Anders gesprochen: Spirituelle Erfahrung ist in der Tat Erfahrung von Wirklichkeit, nicht nur Einbildung oder Halluzination. Dies wissenschaftlich zu fassen, ist extrem schwierig. Ich werde dieses epistemologische Problem, inwiefern eine innere Erfahrung einer über das eigene Ich hinausreichenden Wirklichkeit in der Tat Erfahrung von Wirklichkeit ist, sicherlich nicht für alle zufriedenstellend lösen können. Die Lösung der Frage hängt wiederum davon ab, was wir unter Bewusstsein zu verstehen gewillt sind.

Dies führt mich zur nächsten Voraussetzung, die ich mache und die vielleicht manchen paradox erscheinen mag: Ich gehe davon aus, dass unser Bewusstsein mehr ist als nur ein Resultat von Neuronen-Entladungen. Letzteres dürfte die Mehrheitsmeinung der meisten Neuro- und Naturwissenschaftler und wohl auch vieler Philosophen sein. Spirituelle Erfahrung selbst stellt dieses implizite (= immer mitgedachte) Wissenschaftsdogma in Frage.[8] Umgekehrt scheint es mir auch nötig zu sein, eine andere Haltung zu kultivieren, wenn man einen epistemologischen Ort für die Spiritualität in unserem Wissenschaftsgebäude finden will. Ich persönlich finde an dieser Stelle den Begriff der Komplementarität hilfreich: Er bezeichnet in der Terminologie von Niels Bohr zwei Beschreibungsebenen oder Operationen, die notwendig sind, um ein und dieselbe Sache zu charakterisieren, die aber dennoch inkompatibel sind.[9] In diesem Sinn können wir sagen, unsere Welt ist phänomenologisch dual: Sowohl Bewusstsein als auch materielle Prozesse sind nötig, um sie vollständig zu charakterisieren. Aber sie ist dennoch vermutlich ontologisch monistisch: Beide Beschreibungen beziehen sich auf ein und dieselbe Wirklichkeit. Die allem zugrundeliegende Wirklichkeit freilich ist etwas anderes als unsere Materie und unser Bewusstsein im landläufigen Sinn. Es ist die eine Wirklichkeit, für die wir keine gute Beschreibung haben. Sie manifestiert sich im Materiellen und im Bewusstsein gleichermaßen. Ich meine also, man muss dem Bewusstsein phänomenologischen Realitätsgehalt zusprechen, ohne unbedingt in einen ontologischen Dualismus zu verfallen, der nur sehr schwer mit allem, was wir an naturwissenschaftlicher Erkenntnis haben, in Einklang zu bringen wäre.

Eine weitere Voraussetzung, vielleicht eine sehr persönlich-individuelle, ist ein optimistischer Grundton, den ich schwer ausschalten kann und will. Er ist so etwas wie ein gedanklicher Tinnitus (= ständiges Ohrgeräusch) angenehmer Art. Er hat zur Folge, dass ich mir Geschichte schwerlich anders denn als Entwicklung vorstellen kann. Dies wiederum hat zur Folge, dass ich mir auch Theologeme schwerlich anders als historisch relativ vorstellen kann und Religionen als im Prinzip aufeinander aufbauend und sich ergänzend. Das ist vielleicht ein später Trieb Hegelscher Geschichtsphilosophie in einem sehr kalten, ja vielleicht gefährlich kalten Klima; dessen bin ich mir bewusst, denn allenthalben haben Schriftsteller und Philosophen versucht, plausibel zu machen, dass der Weltgeist an der Steuerung der Geschichte nicht beteiligt und Historie allenfalls eine Abfolge von Zufällen ist. Ich habe aber dennoch bislang keine wirklich guten Argumente gehört oder wirklich schlechte Erfahrungen gemacht, die mir meine eigene, vielleicht altmodische Haltung haben ausreden können. Deswegen habe ich vorhin auch von »psychologisch-kultureller Evolution« gesprochen. Denn ich bin der Meinung, dass sich in der Tat neue Entwicklungen ergeben; das ist das Wesen von Evolution. Und ich bin auch der Meinung, dass diese neuen Entwicklungen – nicht immer, aber oft und in der Balance vielleicht sogar öfter als nicht – zum Guten sind, *cum granu salis* und *sub specie aeternitatis*, also wenn man weit genug und lang genug blickt. Das beste Beispiel ist die politische Verbindung, die Staaten in letzter Zeit freiwillig, ohne äußeren oder inneren Zwang, sondern meistenteils der Einsicht folgend, dazu veranlasst hat, sich zur Europäischen Union zusammenzuschließen. Nie vorher hat es das gegeben, dass Staaten oder politische Institutionen freiwillig Souveränitätsverzicht zugunsten eines größeren Ganzen geleistet haben. (Selbstverständlich gibt es auch die pessimistische Sicht, dass diese Bewegung dem Profit geschuldet ist; dies ändert aber nichts am Resultat.)

Mit alledem habe ich implizit auch bereits angedeutet, was alles nicht mit meiner Position in Übereinstimmung zu bringen ist oder durch sie zu rechtfertigen wäre. Ich führe es kurz an, um Klarheit zu schaffen:

Ich kann mich nicht zu einer einfachen Wiederauflage idealistischer Positionen verstehen, obwohl ich durchaus viel Verständnis und auch Sympathie für sie hege. Neo-idealistisches Systemdenken, wie etwa das von Ken Wilber, das naiv und unhistorisch einen Brei aus philoso-

1 *Jean Tinguely: Meta Harmonie.*

phischen Versatzstücken anrührt und diesen dann als Philosophie preist, halte ich nicht für hilfreich. Jeder, der die postmoderne Situation ernst nimmt – als Schlagworte möchte ich hier nur das Letztbegründungsproblem im Zug der Sprachkritik, aber auch das Unabschließbarkeitstheorem Kurt Gödels nennen – hat verstanden, dass es prinzipiell kein System geben kann, das sich selbst aus sich selber heraus als zwingend oder sogar wahr begründen kann.[10] Da helfen auch kein noch so langwieriger Rekurs (= begründende Bezugnahme) auf alte Autoritäten, eine vermeintliche oder tatsächliche Philosophia Perennis (= »ewige Weisheit«) oder Appelle an die Einsicht. Sonst hätten ja bereits Hegel und Schelling oder gar Plotin alle Fragen der Welt gelöst. Der Gang der Wissenschaft, vor allem der Naturwissenschaft, hat gezeigt, dass dies nicht der Fall war. Insbesondere ein positiver Materiebegriff war und ist nicht aus rein idealistischen Theorien zu gewinnen, wie es scheint. Daher muss der Ansatz ein anderer sein. Alles andere führt nur zu einer Art gedanklicher »Meta-Harmonie« im Stil Jean Tinguelys, die zwar hübsch anzuschauen ist und kurzweilig, weil es funkt, blitzt und rattert, aber letztlich eine Persiflage ihrer selbst wird.

Das vorhin genannte Argument, dass eine Letztbegründung welchen Systems auch immer nicht möglich ist, trifft selbstverständlich auch auf meinen eigenen Versuch zu. Deswegen ist mein Versuch ausdrücklich nicht als System zu verstehen, nicht als Ideologie und auch nicht als neue

15

Doktrin. Mein Versuch hat mehr mit einer Erinnerung gemein, weil ich im Grund nichts vorschlage, was es nicht an anderer Stelle schon gibt. Das Neue daran sind weniger einzelne Elemente als die Verbindung der einzelnen Elemente zu einem vielleicht neuen Versuch in neuer sprachlicher Form. Die Substanz des Gesagten ist an sich bekannt, scheint mir.

Ich rede also keiner einzelnen Glaubensauffassung oder Ideologie das Wort, soweit ich es bewusst vermeiden kann. Das liegt, ich betone es noch einmal, nicht an einem mangelnden eigenen Standpunkt, sondern vielmehr daran, dass ich der Meinung bin, dass eine postmoderne, gereifte und der Aufklärung verpflichtete Spiritualität doktrinäre Enthaltsamkeit üben muss. Und es heißt, dass sie um die Relativität solcher doktrinärer Hüllen weiß und um ihre historische Relativität. Jedes Dogma ist relativ. Die alte christliche Dogmatik wusste das und hat daher das Dogma je neu ausgelegt; je neu heißt dabei: vielleicht alle paar Jahrhunderte, aber immerhin. Verkarstungen etwa in Form des Unfehlbarkeitsdogmas des Papstes oder gar die allerjüngsten Verballhornungen grundlegender Theologeme wie etwa der Jungfrauengeburt als physiologisch-sexueller Machtmetapher sind schauerlich-abschreckende Beispiele dafür, wie doktrinäres Selbstmissverständnis gepaart mit einem Mangel an spiritueller Erfahrung zu intellektuellen Absurditäten höchster Ordnung führen können. Ich werde also doktrinäre Enthaltsamkeit üben, so weit es geht, im Wissen um die Notwendigkeit doktrinärer Gefäße. Diese müssen je neu verstanden, je neu interpretiert und manchmal auch neu geschaffen werden. Letzteres wäre das Geschäft einer im eigentlichen Sinn sich als wissenschaftlich verstehenden Theologie.

Hinter dieser Haltung steckt keine wie auch immer geartete Sekte oder Gruppierung. Ich schreibe als Individuum, als denkender, besorgter und engagierter Bürger, weder im Auftrag noch zur Unterstützung irgendeiner Gruppe. Wenn ich mich mit einer Gruppe noch am ehesten identifizieren kann, dann mit derjenigen der Wissenschaftler, der ich formal und sachlich angehöre.

Auch dies ist eine meiner Voraussetzungen: Ich argumentiere, arbeite und schreibe als Wissenschaftler. Allerdings nicht als einer, der sich irgendeiner Wissenschaftshaltung oder -doktrin verpflichtet weiß, schon gar nicht dem zweifelhaften Ideal der Wertfreiheit. Freilich halte ich die Wissenschaft insgesamt für eine gute Plattform öffentlichen Diskurses.[11] Auch sie ist nicht frei von Verzerrungen, von Eitelkeiten, menschlichen Verfehlungen und Unverschämtheiten auf dem Niveau der Einzelpersonen und vielleicht ganzer Gruppierungen. Aber kollektiv gesehen, über die Jahrhunderte und über die Kontinente hinweg, ist die Wissenschaft das einzige kollektive Unternehmen der Menschheit, das einigermaßen friedlich und trotzdem einigermaßen erfolgreich verläuft. Daher erscheint es mir auch wichtig, die Thematik der Spiritualität in den Bereich des wissenschaftlichen Diskurses hineinzutragen. Hier besteht eine Kultur der radikalen Prüfung und der erbarmungslosen Kritik von Unhaltbarem. Aus der Wissenschaft kommen auch die gesellschaftlich bedeutsamen Impulse, die im Bereich der Wirtschaft aufgegriffen werden und unser tägliches Leben bestimmen. In unserer mitteleuropäischen Kultur zumindest, aber vielleicht auch anderswo, sind die Kirchen oder Religionsgemeinschaften schon lange nicht mehr die Lieferanten der relevanten Mythologeme. Diese Rolle hat Hollywood übernommen. Und seinen Stoff webt Hollywood zum einen aus der Popkultur der amerikanischen Lebenswelt, zum anderen aus den Popularisierungen wissenschaftlicher Erkenntnisse. Insofern scheint es mir keine Alternative zu einem wissenschaftlichen Diskurs spiritueller Themen im einzelnen und der Spiritualität insgesamt zu geben. Spätestens hier werden viele ein Sakrileg oder Überheblichkeit vermuten: die Wissenschaft, der nichts heilig ist und die vor nichts mehr Halt macht. Genau das ist der Punkt: Wenn irgendetwas heilig bleiben soll, dann nur, wenn das Heilige selbst Wissenschaftsgegenstand wird. An diesem Schritt führt kein Weg vorbei. Umgekehrt entstehen viele Probleme, weil wir genau diesen Schritt vermeiden. Dies ist ein Weg der Naturalisierung der Religion, wenn man so will. Und er erscheint einigermaßen vergeblich und altmodisch. Thomas von Aquin hat ihn zuletzt versucht und ist damit nicht sehr weit gekommen. Mein Ansatz ist um einige Schuhnummern kleiner und bescheidener: Es geht weniger um den Aufweis, dass Religion in einer speziellen Form und als Doktrin, etwa der christlichen oder buddhistischen, mit Wissenschaft als Gesamtkorpus des Wissens kompatibel sei. Es geht vielmehr um die Abklärung der Behauptung, dass Spiritualität als Thema im öffentlichen und wissenschaftlichen Raum Platz haben soll und muss.

Mein Text ist als ein Argument zu verstehen. Ich habe bewusst versucht, den Kern des Arguments so kurz und klar wie möglich zu formulieren und so frei von technischen Details, wie ich kann. Dabei habe ich den kaum mehr existierenden idealtypischen »allgemein gebildeten« Leser vor Augen, also kein Publikum von Spezialisten, sondern eher jedermann und jedefrau, die sich die Mühe machen, sich eine solche Argumentation zu Gemüte zu führen. Da das Verständnis von Sprach- und Argumentationsfiguren oft von der Kenntnis bestimmter Begriffe oder von Vorwissen abhängt, ist es schwer, im Voraus zu wissen, was genauer erklärt gehört und was ich voraussetzen darf. Außerdem werden skeptische Leser für viele meiner Argumente kaum Verständnis haben, außer, ich begründe meine Position wasserdicht. Um hier zwischen der Skylla der argumentativen Weitschweifigkeit und ihrer hässlichen Tochter, der Unlesbarkeit, und der Charybdis der argumentativ-stilistischen Überkürze und ihrem Sohn, dem Hochmut des Autors, einen guten Kompromiss zu finden, habe ich folgendes Vorgehen gewählt: Der Text selber ist so kurz, so schlank und so verständlich, wie mir gegenwärtig möglich. Ich habe einige Probeleser zu Hilfe genommen, die mir gezeigt haben, wo Erklärungsbedarf besteht. Dieser ist im bereits erwähnten Glossar vermittelt, das wichtige Begriffe ausführlicher erläutert. Spezialdiskussionen, Literaturhinweise, die genauere Begründungen für meine Aussagen oder die entsprechenden empirischen und systematischen Bezüge liefern, sind in den Anmerkungen zu finden. Wer mir glaubt, dass ich mein Argument sorgfältig aufgebaut und begründet habe, muss sich nicht die Mühe machen, diesen Nebentext auch noch zu lesen; dadurch wird das Buch erheblich kürzer. Wer sich aber für Vertiefungen interessiert, findet dort die Angaben zu den Quellen, die ich benutzt habe.

Der Text hat einen einfachen Aufbau: Ich liefere zuerst Arbeitsdefinitionen der wichtigsten Begriffe, auf die ich mich stütze. Das hat den Vorteil, dass jeder weiß, wovon ich rede und auch, welches mein eigener Verstehenshorizont ist. Ich stelle dann den kulturell-historischen und begrifflichen Kontext her, in den mein Argument eingebettet ist (Kapitel 2), und führe aus, inwiefern und warum Spiritualität ein Tabu der Wissenschaft darstellt (Kapitel 3). Anschließend erläutere ich mein Konzept der undogmatischen Spiritualität. Diese Ausführung gliedert sich in drei Teile: Ich zeige begrifflich, was ich damit meine. In einem praktischen Teil gebe ich einen Überblick über die Literatur zu wichtigen Ergebnissen der Meditationsforschung und lege für weniger informierte Leser ein paar physiologische Grundlagen dar. Der Sinn dieser Übung ist, plausibel zu machen, inwiefern Spiritualität und spirituelle Praxis nützlich sein können. Ich führe dann die Fäden zusammen und zeige, warum undogmatische Spiritualität für unsere Kultur ein wichtiger nächster Schritt sein könnte. Im abschließenden Kapitel 5 entwickle ich ein paar Perspektiven, wie sich ein solcher kultureller Wandel in verschiedenen gesellschaftlichen Bereichen auswirken könnte. Am Ende gehe ich noch darauf ein, warum wir gerade in Deutschlands intellektuellem Klima so große Probleme haben, das Thema Spiritualität anzugehen.

Schließlich noch ein paar Worte zur Klärung meiner erfahrungsmäßigen Voraussetzungen. Mein spiritueller Weg hat mich von einer Meditationsform gemischter Art über die geistlichen Übungen des Ignatius zum Zen geführt, dem ich mich verbunden und verpflichtet fühle. Viele Zeitgenossen aus traditionell christlichen Kreisen halten Zen und Christentum für inkompatibel. Das ist aus meiner Sicht Unsinn und beruht auf weitgehenden Missverständnissen, die aus einer doktrinären Sicht von Religion herrühren. Die Jesuiten Hugo Enomyia-Lassalle und Niklaus Brantschen, mein eigener Lehrer, sind gute Gegenbeispiele, um nur zwei Namen zu nennen.[12] Auch namhafte japanische und westliche Zen-Lehrer haben für eine Vertiefung der wechselseitigen Standpunkte durch einen Dialog der Praxis geworben. Umgekehrt haben viele Menschen, die ich kenne und die sich buddhistischen Erfahrungswegen verpflichtet wissen, das christliche Gottesbild eines personalen Gottes als inkompatibel mit buddhistischen Lehren über Bord geworfen. Auch das ist aus meiner Sicht unnötig und wiederum einem doktrinären Verständnis von Spiritualität geschuldet.

Damit habe ich schon übergeleitet zum Ende jeder guten Einleitung, zum Dank: Dieser geht zunächst an meine Probeleser Larissa Scherrer, Jana Lemke, Niko Kohls, Andreas Sommer, Hartmut Schröder und ansonsten an meine Lehrer auf dem *Weg,* den lebenden: Ilsetraud Köninger, Rüdiger Funiok, Wolfgang Müller, Pia Gyger, Niklaus Brantschen, und den verstorbenen: Hugo de Balma, Thomas und Eckhart.

BEVOR WIR UNS MIT DEM ARGUMENT als solchem vertraut machen, ist es sinnvoll, einige Begriffe zu klären. Schon Aristoteles wusste, dass eine gute und vollständige Definition am Ende eines Erkenntnisprozesses steht, nicht am Anfang. Gleichwohl ist es notwendig, die vorläufige Erkenntnis, die diese Arbeit speist, in Begriffe zu fassen und den Sprachgebrauch dieser Begriffe transparent zu machen. Diese sind zunächst die Begriffe Erfahrung, Spiritualität und spirituelle Erfahrung, Religion, religiöse Erfahrung und Religiosität.

Erfahrung

Unter Erfahrung verstehe ich eine ganzheitliche Erkenntnis, die kognitive, affektive und motivationale Komponenten aufweist. Kognitive Seiten der Erfahrung sind die des begrifflich-propositionalen Verstehens, oder der Einsicht. Die affektive Komponente ist der emotionale Gehalt einer Erfahrung. Im Gegensatz zu einer rein rationalen Einsicht, etwa, dass es vernünftig ist, bei Gelb an der Ampel zu halten, hat die Erfahrung noch zusätzlich einen affektiven Gehalt. Wenn man beispielsweise als Autofahrer an der Grenze zwischen gelbem und rotem Ampelsignal einmal beinahe einen Unfall verursacht und um ein Haar einen schnell aus der Querstraße startenden Motorradfahrer erfasst hat, dann ist die kognitiv einsichtige Regel »bei Gelb muss man bei ausreichender Entfernung zur Kreuzung anhalten« zu einer Erfahrung geworden. Denn die affektive Komponente der Erfahrung – das plötzlich einschießende Adrenalin, das zu hoher Erregung führt, die entsprechenden Emotionen Angst und im Anschluss vielleicht Ärger über sich selbst sowie die starken Veränderungen in den Hormon- und Überträgersystemen des Körpers und vor allem des Gehirns – verankert die Einsicht viel tiefer in uns.[13] Dies ist auch unmittelbar sinnvoll: Eine persönlich erlebte Situation wird über die affektive Begleitmusik das Erlebte viel tiefer, viel nachdrücklicher und somit viel wirkungsvoller in unser Gedächtnis einprägen. Wir wissen heute aus der Gedächtnis- und Lernpsychologie, wie wichtig affektive Komponenten des Lernens sind. Effektivere Hilfen beim Einprägen von intentional (= absichtlich) abrufbaren Gedächtnisinhalten sind, bis auf wenige Ausnahmen, im übrigen positive Affekte, nicht negative.

Die Erfahrung hat auch eine motivationale Komponente: Wer einmal besagte Erfahrung gemacht hat, beinahe einen anderen Verkehrsteilnehmer überfahren zu haben, der hat eine viel stärkere Motivation, sich künftig an die Regeln zu halten. Unser Autofahrer, der aus Erfahrung weiß, wie es ist, nicht angehalten zu haben, obwohl die Ampel auf Gelb stand, wird künftig stärker auf die Regeln achten und dies auch seinen Kindern nachdrücklicher vermitteln. Wenn ich also davon rede, dass Erfahrung eine ganzheitliche Erkenntnis ist, dann ist damit nicht irgendeine verwaschene menschliche Gesamtwahrnehmung angesprochen, sondern sehr konkret gut bekannte Komponenten unseres Gedächtnisses und kognitiven Apparats. Je mehr solcher assoziativer Systeme durch eine Erfahrung angesprochen werden, je stärker also affektive Verarbeitungen und affektives Gedächtnis – implizite Netzwerke im Gehirn – aktiviert werden, die mehr das globale Gefühl einer Situation und meiner selbst in ihr repräsentieren, desto stärker ist ein Inhalt in unserem Gedächtnis repräsentiert und vor allem auch ein Bezug zu uns selber als dem erlebenden Subjekt.[14]

Im Unterschied zu einer reinen Erregung von Emotion ist bei einer Erfahrung immer auch ein kognitives Element vorhanden, also das Element einer Einsicht oder Erkenntnis. Man kann sich beispielsweise je nach Neigung von »Kuschelrock«, Brahms, Schubert oder Monteverdi in eine melancholische Stimmung versetzen lassen. Solange dies nicht mit einem kognitiven Element der Erkenntnis verbunden ist, etwa über meine eigene Neigung zur Melancholie, über die Beziehung bestimmter musikalischer Elemente zu menschlichen Emotionen oder über Claudio Monteverdis Kraft, einen Schicksalsschlag in Kunst umzusetzen, würde ich nicht von Erfahrung sprechen.

Das Paradebeispiel für die Erfahrung ist das Reisen, wie Hans-Georg Gadamer in seiner philosophischen Hermeneutik so prägnant herausgearbeitet hat: Wir machen eine Erfahrung, indem wir uns in die Fremde auf den Weg machen und uns dem Neuen, Unbekannten aussetzen. Wir konfrontieren uns bewusst mit dem, was wir nicht kennen. Die Grundhaltung und -voraussetzung dafür ist radikale Offenheit. Wer sie nicht mitbringt und etwa sein Wohnzimmer einfach in ein anderes Land transferiert und dort dieselben Speisen kocht und isst wie zu Hause auch, wird keine oder jedenfalls weniger Erfahrungen machen, auch wenn er verreist ist. Der Er-Fahrende macht sich auf den Weg, wo ihm immer wieder Neues begegnen wird, das seinen Horizont weitet. Dieses direkte Erfahren ist vom Lesen eines Reiseführers komplett verschieden. Auch wenn man viele Male einen Reiseführer über Indien gelesen hat, in dem steht, dass der Verkehr unsäglich ist, die Menschen arm, aber freundlich sind, das Essen scharf ist, das Wetter heiß, die Luft in den Städten schlecht, so werden wir das doch immer nur mit den Referenzpunkten in Verbindung bringen können, die uns aus unserer eigenen Erfahrung, also aus dem Gedächtnis, präsent sind. Wer hört, es gäbe viel Verkehr in Mumbai, denkt vielleicht an Rom zur Stoßzeit, aber er oder sie wird nie und nimmer verstehen können, wie indischer Verkehr wirklich ist, wenn er oder sie nicht persönlich dort war. Erst das persönliche Kennenlernen, das eigene Hinreisen, wird dann den berühmten Wiedererkennenseffekt auslösen:»Ach ja, genau, ›unvorstellbarer Verkehr‹ hat es im Reiseführer geheißen; jetzt verstehe ich, was damit gemeint war.« Dann ist eine kognitive Repräsentation mit dem Gehalt der eigenen Erfahrung gefüllt. Und erst, wer dies erfahren hat, wird in unserem Sprachgebrauch zu Recht sagen,»ja, ich war in Indien«. Niemandem würde es einfallen, zu sagen, »ja, ich war in Indien; ich habe nämlich einen Reiseführer gelesen«. Und wenn es jemand täte, würden wir ihn zu Recht auf einen unzulässigen und irreführenden Sprachgebrauch hinweisen. Im gleichen Sinn unterscheiden sich persönliche Erfahrung vom Hörensagen und Erfahrung von rein kognitiver Erkenntnis.

Ein anderes Beispiel, das alle kennen, mag das nochmals verdeutlichen: Wir alle haben als Jugendliche mehr oder weniger gern und oft Liebesgeschichten gelesen, über die Liebe nachgesonnen oder von bereits »erfahreneren« Altersgenossen reden gehört. Aber erst das erste eigene Verliebtsein hat uns dann mit Haut und Haaren gelehrt, was es wirklich ist und heißt, verliebt zu sein.

Wir belassen es dabei und halten fest: Erfahrung ist in Abgrenzung zur rein rationalen Erkenntnis eine ganzheitliche Erkenntnis, die Affekt und Motivation mitbetrifft. Sie vermittelt, in Abgrenzung zum reinen Hörensagen, tatsächliche Kenntnis. Der mittelalterliche Theologe und Philosoph Johannes Duns Scotus hat dies mit dem unschlagbar guten Satz ausgedrückt:»*Expertus infallibiliter novit*« – wer eine Erfahrung gemacht hat, besitzt täuschungsfreie Kenntnis.[15]

Spiritualität

Unter Spiritualität wollen wir ein explizites Bezogensein auf eine über das eigene Ich und seine Ziele hinausreichende Wirklichkeit verstehen. Da sie das eigene Ich übersteigt, ist sie zugleich eine transzendente Wirklichkeit. Je nach Art der Erfahrung, in der die Spiritualität gründet, kann dieser Bezug mehr oder weniger umfassend, mehr oder weniger radikal, mehr oder weniger stark alle Lebensbereiche durchdringend sein. Auch hier wollen wir davon ausgehen, dass wir nur dann von Spiritualität sprechen, wenn sie ganzheitlich Erkennen, Affekt und Emotion, Motivation und Handeln durchdringt.

Der Philosoph, der nach langem Studium der philosophischen Tradition verstanden hat, dass es kein Einzelseiendes ohne alles andere Seiende geben kann – eine durchaus spirituell-philosophische Einsicht –, aber nichts davon auch affektiv-emotional nachvollziehen kann, geschweige denn in seiner Motivation oder in seinem Handeln irgendetwas von dieser Einsicht erkennen lässt, wäre in dieser Terminologie kein spiritueller Mensch. Der Bergbauer, um ein romantisches Stereotyp zu bemühen, der instinktiv und implizit um das delikate Gefüge von Natur, Tier und Mensch im Gebirge weiß, die Tradition seiner Familie pflegt, der er sich verbunden weiß, und deshalb seine Herde nicht vergrößert, obwohl dies mehr Verdienst bringen würde, oder lieber seine alte, anspruchslosere Rinderrasse hält als ertragreicheres, aber schwereres und wählerisches Tieflandvieh, hat mehr von Spiritualität verstanden und verwirklicht. Der Yuppie-Mann oder die Yuppie-Frau, die auf der Jagd nach der eigenen Erleuchtung in den Yoga-Kurs hetzen und dabei ihre Kinder vernachlässigen, oder der fromme Bürger, der einer religiösen Regel, etwa dem Sonntagsgebot, den Zusammenhalt seiner Familie opfert – ihr Handeln wäre in diesem Sprachgebrauch nicht von Spiritualität geprägt. Denn sie handeln nicht wirklich aus dem Bezug zu einem über ihr eigenes Ich hinausgehenden Ganzen. Bei genauem Zusehen steht immer noch und vor allem das Eigene im Vordergrund – die eigene Erleuchtung, das eigene Wohlverhalten. Dabei soll nicht dem Vorurteil Vorschub geleistet werden: »Spiritualität ist erst, wenn's richtig wehtut.« Spiritualität soll und darf auch zu vertieftem eigenen Wohlbefinden beitragen. Das Paradoxe dabei: Erst wenn man aufhört, dieses eigene Wohlbefinden anzupeilen, gelingt es. Insofern führt an dieser Selbsttranszendenz, die für mich kennzeichnend für Spiritualität ist, kein Weg vorbei, auch und gerade wenn man möchte, dass einem Spiritualität zur Stärkung des eigenen Wohlbefindens verhelfen soll. Es versteht sich von selbst und sei hier sicherheitshalber noch einmal gesagt, dass auch »spirituell« erscheinende Praktiken, Tätigkeiten und Handlungen oft von Selbstsucht und subtilem, manchmal auch offensichtlichem Narzissmus motiviert und bedingt sind.[16] Daher ist nicht etwas per se ein Indikator für Spiritualität, sondern nur im Gesamtkontext des Erlebens, des Handelns und der Motivation. Umgekehrt, auch dieses Missverständnis sei gleich von vorneherein ausgeräumt, ist Selbstlosigkeit an sich weder ein legitimes Ziel noch ein Garant für Spiritualität, wie mir scheint, solange sie nicht aus einem tieferen Gesamtkontext spiritueller Erfahrung heraus motiviert ist. Denn auch die berühmte falsche Demut, die immer den anderen zuerstkommen lässt, die pathologische Selbstlosigkeit, die auf einem psychologisch begründbaren Mangel an stabilen Selbststrukturen zurückzuführen ist, oder die automatische Selbstlosigkeit des Aufopferns, das in manchen, vor allem von der christlichen Kultur geprägten Gegenden noch stark zu spüren ist, sind häufig Zeichen mangelnden spirituellen Verständnisses.[17] Damit sei nicht gesagt, dass es nicht ein sehr spiritueller Weg sein kann, bewusst eigene Belange hintanzustellen, sofern dies aus Einsicht und Verständnis heraus oder auch nur im Vertrauen auf einen guten Lehrer getan wird. Und selbstverständlich gibt es auch selbstlose Menschen, die weder spirituell sind noch selbstlos aus irgend einem bestimmten Grund. Sie sind einfach so, und das macht sie so sympathisch. Hier aber geht es mir vor allem um die Regelfälle, nicht um die Ausnahmen.

Bezogensein auf eine über das Ich hinausreichende größere Wirklichkeit kann sich sehr verschieden manifestieren. Bei dem einen mag es vielleicht die Entscheidung sein, seiner Familie vor egoistischen Karrieremotiven Vorrang zu geben. Bei einer anderen mag es der Verzicht auf Kinder sein, um eine als Auftrag und Berufung empfundene Berufsaufgabe erfüllen zu können, oder umgekehrt der temporäre Verzicht auf berufliche Ansprüche zugunsten einer Familie oder zugunsten von Kindern (in diesem Sinn sind Frauen schon aufgrund ihrer Biologie und Psychologie auf natürliche Weise stärker spirituell veranlagt als Männer, vermute ich). Bei wieder anderen mag es das Engagement für ökologische Belange sein, das etwa zum Einrichten einer Quartierskompostanlage für die Nachbarschaft führt, oder politisches Engagement für gerechtere Wirtschaftszusammenhänge oder für politisch Verfolgte. Oder es drückt sich vielleicht in einer intensiven Suche und regelmäßiger spiritueller Praxis aus, und selbstverständlich wird es sehr viele Übergangs- und Mischformen geben. Eines aber sollten sie gemäß unserer Arbeitsdefinition gemein-

24

sam haben: die Ganzheitlichkeit der Ausrichtung über das eigene, unmittelbare Ich und seine Ziele hinaus. Somit hätten wir auch ein gewisses pragmatisches Unterscheidungskriterium zwischen Praktiken, Begebenheiten und Zuständen, die wir spirituell nennen können, und solchen, die es nicht sind. Wenn etwa jemand seinen Komposthaufen im Hinterhof anlegt, weil er damit Müllgebühren spart, ist das zwar lobenswert, aber nicht unbedingt spirituell. In diesem Fall ist die Motivation nicht an etwas orientiert, das über das eigene Ich hinausgeht. Wenn jemand den Komposthaufen anlegt, weil er dies als kleines Element in einem gesamthaften Lebenskontext sieht, so wird er, wenn er spirituell motiviert ist, das auch tun, wenn er keine Gratifikation erhält, auch wenn die Nachbarn lachen oder sich beschweren.

Mit all diesen Formulierungen, dass Spiritualität eine Ausrichtung auf eine Wirklichkeit jenseits des eigenen Ichs impliziert und voraussetzt, will ich nicht gesagt haben – und ich betone es, um Missverständnisse zu vermeiden –, dass Spiritualität mit einer Negierung, Überwindung oder gar Auslöschung des eigenen Ichs zusammenhängt. Obwohl dies in einem tieferen Sinn Bestandteil aller spirituellen Wege ist, übrigens auch des christlichen, wie wir noch sehen werden, ist zunächst und um Spiritualität überhaupt effektiv leben und erfahren zu können, ein stabiles, funktionstüchtiges und gesundes Ich Voraussetzung, ja oftmals sogar Resultat eines spirituellen Wegs. Erst ein Ich, das sich als solches erfährt, kennt und wertschätzt, kann eine gesunde, verantwortete und auch effektive Entscheidung treffen, über seine unmittelbaren Ziele hinaus aktiv und ausgerichtet sein zu wollen. Die letzte Selbstüberschreitung des Ichs, von der in spirituellen Texten häufig die Rede ist, ist vermutlich erst dann möglich und sinnvoll, wenn dieses Ich zu seinem Recht gekommen ist.

Spirituelle Erfahrung

Unter spiritueller Erfahrung wollen wir eine direkte, unmittelbare Erfahrung einer über das eigene Ich hinausgehenden, größeren Wirklichkeit verstehen. Diese Erfahrung wird nicht notwendigerweise in einer bekannten Begrifflichkeit ausgedrückt und ist manchmal auch nicht in einer solchen ausdrückbar. In dieser Definition enthalten ist die Behauptung, es gäbe so etwas wie eine direkte, unmittelbare Erfahrung von Wirklichkeit, die eben nicht als von außen kommend über unsere Sinne vermittelt wird, sondern als innere Erfahrung gelten muss, aber gleichwohl Erfahrung ist. Wir berühren damit die schwierige Frage, inwiefern sich in unserem Bewusstsein Wirklichkeit, absolute sogar, erfahrungsmäßig manifestieren können soll, es sei denn über den normalen Weg der Sinneserfahrung. Das ist ein zugegebenermaßen kniffliger Punkt meines gesamten Modells. Ich meine zwar, dass man mindestens eine plausible, wenn schon nicht zwingende Lösung für dieses Problem finden kann, und werde sie später vorstellen. Hier geht es mir zunächst um die Begrifflichkeit und den Sprachgebrauch; das Problem vermerke ich.

Diese Definition greift also im Grund den gesamten Traditionsstrang der Mystik und Innerlichkeit auf, wie er im Westen spätestens seit den Anfängen des Christentums, aber eigentlich bereits in der griechischen Antike bekannt ist. Er ist aber auch anwendbar auf jede andere religiöse Tradition, sofern sie sich nicht auf doktrinäre Überlieferung allein stützt, sondern auch oder vor allem auf Erfahrungszugänge, und ist deshalb auch kompatibel mit jüdisch-mystischen Zugängen, wie sie aus der Kabbala bekannt sind, mit muslimischen, wie sie im Sufismus tradiert sind, und mit buddhistischen und hinduistisch-tantrischen bzw. Yoga-Wegen. Jede dieser Traditionen würde selbstverständlich für die Natur oder das Wesen dieser absoluten Wirklichkeit andere Begriffe einsetzen. In der jüdisch-christlichen und auch in der muslimischen Tradition würden wir hierfür den Begriff »Gott« verwenden, in der speziell christlichen Mystik auch den Begriff »Christus«, in der buddhistischen Tradition würde dieses Absolute als »Dharma« bezeichnet werden oder als »Buddha-Natur«, im Yoga wäre es vielleicht die »göttliche Urnatur«, »Brahman« usw.

Hier begeben wir uns, es ist mir bewusst, auf schlüpfriges Terrain. Ist denn das, was dort erfahren wird, jeweils das Gleiche? Kann man denn die Erfahrung des Sufis Ibn Arabi mit der Hugo de Balmas oder Meister Eckharts oder gar mit der von Theresia von Avila vergleichen? Ist denn die Erfahrung des Absoluten eines Abulafias oder eines Jesus von Nazareth mit der des Rinzai-Zen-Meisters Hakuin und dessen Erfahrung mit der des Soto-Meisters Dogen vergleichbar? Reden denn selbst heute Lehrer wie Suzuki-Roshi oder Tetsugen-Glassman Roshi vom Gleichen, und ist das, wovon sie reden, identisch mit dem, wovon Ignatius von Loyola berichtet hat? Das ist eine extrem schwierige Frage, und ich will nicht behaupten, ich könne sie abschließend lösen. Ich werde später wieder darauf zurückkommen und biete hier eine vorläufige Lösung an:

Die spirituelle Erfahrung ist, sofern es eine authentische Erfahrung und nicht nur ein kognitives Fabrikat ist, immer Erfahrung von Wirklichkeit. Dies gilt sogar dann, wenn die betreffende Person einen konstruktivistischen Begriff von Wirklichkeit hat und Erfahrung identisch mit dem Schaffen von Wirklichkeit wird. Strittig ist für den Erfahrenden nie, dass es Wirklichkeit ist. Vom wissenschaftlichen Standpunkt aus schwierig zu verstehen ist zunächst lediglich die Behauptung, Innenerfahrung sei überhaupt Erfahrung von Wirklichkeit jenseits des erfahrenden Ichs; dazu, wie gesagt, später. Wir haben nun zwei Möglichkeiten, davon einen Begriff zu bilden: Entweder, wir behaupten, es gäbe verschiedene Wirklichkeiten – für den Christen eine christliche, für den Juden eine jüdische, für die Buddhistin eine buddhistische und so weiter. Jeder erführe dann also in seinem eigenen Universum etwas je anderes, nicht Vermittelbares. Oder aber wir gehen von der grundlegenden Intuition der Einheit der Wirklichkeit aus. Dann wird jede Erfahrung, sofern sie authentisch ist, Erfahrung dieser einen Wirklichkeit sein. Vielleicht mehr oder weniger tiefgründig, mehr oder weniger vollständig, mehr oder weniger umfassend, aber immer derselben Wirklichkeit.

Die Unterschiedlichkeit der Formulierungen in den jeweiligen doktrinären Codes der Religionen könnte dann von zweierlei abhängen: zum einen von der kulturell-historischen Verfasstheit menschlicher Sprache und menschlichen Verstehens. Denn jede Kommunikation über den Gehalt der Erfahrung müsste sich der semantischen Möglichkeiten bedienen, die eine Sprache zu einem gegebenen historischen und kulturellen Zeitpunkt zur Verfügung stellt. Zum anderen aber könnte diese Differenz daher stammen, dass jeweils unterschiedlich umfassende, unterschiedlich vollständige, unterschiedlich tiefe Erfahrungen dieser Wirklichkeit den jeweiligen doktrinären Formulierungen zugrunde liegen. Und höchstwahrscheinlich trifft eine Mischung der letzten beiden Optionen die Wahrheit am ehesten.

Eine Multiplizität von zugrundeliegender Wirklichkeit anzunehmen, erscheint mir nicht sonderlich plausibel. Das ist zwar gerade zur Hochzeit des postmodernen Kontextualismus sehr en vogue.[18] Dieses Argument übersieht aber zwei wesentliche Gesichtspunkte:

Erstens gibt es eine Fülle von phänomenologischem Material, das zeigt, dass spirituelle Erfahrungen über Kulturen und Zeiten hinweg sehr ähnliche, ja fast konstante Phänomenologien aufweisen.[19] William James hat in seiner klassischen Studie ausführlich darauf hingewiesen.[20]

Zweitens ist spirituelle Erfahrung ihrem Wesen nach nicht sprachlich verfasst und nicht propositional geprägt – zunächst. Wer behauptet, das sei unmöglich, hat schlicht und ergreifend keine entsprechende Erfahrung gemacht, sonst würde er das nicht behaupten. Es ist charakteristisch für alle genuin spirituellen Erfahrungen, dass sie zunächst und unmittelbar eben gerade nicht propositional fassbar sind, also im Sinn unserer zweiwertigen Logik von wahr und falsch, von entweder – oder, ausdrückbar. Das ist genau der Grund, warum in allen spirituellen Traditionen Paradoxien, Rätselsprüche, merkwürdige und gegensätzliche, ja sogar sich widersprechende Aussagen offenbar bewusst verwendet werden. Diese Tatsache hat so manchen Religionskritiker zu der zwar verständlichen, aber schlecht informierten Kritik geführt, Religionen seien in sich widersprüchlich, also falsch. Die Versprachlichung der Erfahrung zwingt denjenigen, der sich ausdrücken will, förmlich dazu, wider besseren Wissens und Willens, Aussagen zu machen, die unserer Aussagelogik gehorchen müssen. Um dieser als unzulässig empfundenen Festlegung zu entgehen, werden dann oft genau diesen ursprünglichen Aussagen widersprechende getroffen. Deswegen sind mystische Texte, wie etwa diejenigen von Meister Eckhart oder die Koan-Sammlungen des Zen, voll von paradoxen Aussagen. Deswegen sind religiöse Texte, wie etwa die Bergpredigt, oder auch viele Prophetenworte auf den ersten Blick kaum oder nur sehr schwer verständlich.

Religiöse Erfahrung

Wird nun eine spirituelle Erfahrung im Rahmen eines existierenden kulturell-religiösen Systems gemacht und versprachlicht, dann sprechen wir von einer religiösen Erfahrung. Meine Behauptung ist also, dass religiöse und spirituelle Erfahrungen zunächst im Kern identisch sind. Durch ihre Einbettung in einen religiösen Kontext – sei es dadurch, dass eine Erfahrung im Zusammenhang mit einer religiösen Praxis auftritt, sei es dadurch, dass sie mit den sprachlich-theologischen oder bildlichen Mitteln einer existierenden Religion ausgedrückt wird – wird spirituelle Erfahrung zur religiösen Erfahrung. Damit einher geht die Behauptung, dass jede Religion ihren Ausgang von der spirituellen Erfahrung einer Gründergestalt oder mehrerer Gründergestalten nimmt. Man könnte etwa die Erfahrung des brennenden Dornbuschs, die die initiale Sendungserfahrung des Moses beschreibt, als eine solche Erfahrung deuten. Diese, gefolgt von weiteren, bilden die Grundlage für die mosaisch-jüdische Religion. Sie wurde später von den alttestamentlichen Propheten und verschiedenen Rabbis vertieft, erneuert und neu ausgelegt. Man kann die von allen drei synoptischen Evangelisten berichtete Taufe Jesu im Jordan als eine solche Initialerfahrung deuten[21] – dies wird schon sprachlich dadurch nahegelegt, dass es in den Texten heißt, »er« habe die Stimme gehört, nicht etwa die Umstehenden. Von ihr und weiteren Erfahrungen ausgehend, etwa der Versuchung, fand der historische Rabbi Jeshua von Nazareth zu seinem eigenen Selbstverständnis und seiner Berufung. Sie wurde ergänzt durch die seiner Anhänger – die genaue Sichtung der Auferstehungstexte beispielsweise oder der Pfingsterfahrung weisen sie allesamt zunächst als Chiffren innerer Erfahrung aus und erst sekundär möglicherweise als historisch relevante Texte – nicht zu vergessen die Initialerfahrung des Apostels Paulus. Und so steht auch am Beginn des Christentums die Erfahrung einer absoluten Wirklichkeit, diesmal wieder anders ausgelegt und in anderer Nuance dargeboten.

Für die Entstehung des Buddhismus ist die Einheitserfahrung des historischen Buddhas Shakyamuni sprichwörtlich und wegweisend für alle Lehre und spätere Praxis.[22] Selbst der Islam verdankt sich einer Reihe von offenbar sehr tiefgehenden Erfahrungen des Propheten.

Es erscheint also zumindest plausibel, zu behaupten, dass spirituelle Erfahrung das Fundament der verfassten Religionen bildet. In den Offenbarungsreligionen wird dann für diesen Sachverhalt die Chiffre verwendet, Gott selbst habe sich geoffenbart, und die heiligen Texte seien »Gottes Wort«. Das sind sie in diesem Fall auch, wenn man dies ernst, aber freilich nicht wörtlich nimmt. »Gottes Wort« ist der Ausdruck einer tiefen spirituellen Erfahrung, in das Gewand einer Religion gegossen, dort vertieft und erweitert und schließlich kodifiziert.

Wenn das so ist, dann stellt Religion ein rekursives (= rückbezügliches) System dar: Es ermöglicht Erfahrung und stellt gleichzeitig die Begriffs- und Bilderwelt zur Verfügung, innerhalb derer spirituelle Erfahrung interpretiert wird. Gewisse Ausnahmen von dieser Regel scheinen die Erfahrungen der jeweiligen Religionsstifter zu sein, die offenbar so tiefgreifend und umfassend waren, dass sie ihnen die Kraft oder vielleicht besser den Imperativ verliehen, eine relative Neuformulierung einzuführen. Relativ deswegen, weil etwa die mosaische Erfahrung höchstwahrscheinlich an andere, bereits vorhandene monotheistische Vorstellungen anknüpfte und diese vertiefte, genauso wie die jesuanische Erfahrung im Grund eine vertiefte Version der jüdischen Erfahrung darstellt,[23] oder die buddhistische auf bereits vorhandenen vedisch-hinduistischen Traditionen aufbaut und diese wiederum vermutlich auf älteren schamanischen Traditionen. In diesem Sinn sind wohl auch die Erfahrungen der Gründergestalten in ein uns weniger gut verfügbares und bekanntes kulturelles Feld eingebettet und aus diesem heraus wirkmächtig geworden. Ihre

Erfahrung dürfte allerdings um einiges tiefer, umfassender oder radikaler gewesen sein, als sie heute möglich erscheint, woraus sich ihre monolithische Gestalt und Wirkmacht erklärt.

Religion

Religion wäre demgemäß die Form, in die spirituelle Erfahrung durch ein komplexes Gemisch aus kulturellem Hintergrund und Einbettung der Erfahrung, Wiederholung der Erfahrung durch andere und Narration (=Weitererzählung) kondensiert. Jede menschliche Erfahrung benötigt letztlich eine Form, die sie fasst. Der Verliebte oder vom Leben Gebeutelte sucht seine Erfahrung in poetischer oder sonstiger Form zu verarbeiten. Die spontane Liebe hat sich in den meisten Gesellschaften die Form der Ehe gegeben, um sie zu schützen und zu stützen (so könnte eine wohlwollende unter vielen möglichen Interpretationen für die Institution der Ehe lauten). Die Erfahrung von Bedrohung, Recht und Unrecht hat in allen Gesellschaften zu einer Form des Rechts und des Ausgleichs geführt. In demselben Sinn gerinnt spirituelle Erfahrung zu Religion. Das ist zunächst nicht negativ zu hören, denn, ich wiederhole, jede Erfahrung braucht und sucht sich eine Form des Ausdrucks, der Fassung, der Vermittlung. Die Erfahrung selbst ist analog zum Inhalt eines Gedichts, die Religion analog zu seiner Form zu sehen.[24] Sie sind im Grund nicht voneinander zu trennen und bedingen sich in gewisser Weise auch. Insofern ist eine intakte Religion nicht nur Gefäß für Erfahrung, sondern macht sie idealerweise auch möglich. Sie drückt Erfahrung und deren wesentliche Gehalte in ihren Bildern, Mythen, Metaphern, Parabeln aus und vermittelt in ihren Riten erfahrungsmäßigen Zugang zur Wirklichkeit, die sie speist.

Weil aber Erfahrung je neu, je anders und immer wieder durch Wandel des zeitlichen und kulturellen Rahmens geprägt ist, darum wird und muss sich die formale Seite der Spiritualität, die Religion, immer wieder wandeln und anpassen. Religionsreformen oder gar Neugründungen stammen immer aus tiefen Erfahrungen, die die vorhandene Gestalt der Ausgangs-Religion nicht ausreichend fassen konnte. Die Grunderfahrung des historischen Jesus beispielsweise konnte von der damaligen mosaischen Religion nur unzureichend und die seiner Anhänger gar nicht mehr integriert werden, weshalb sich das Christentum, neben vielen anderen Gründen, allmählich als neue Religion etablierte. Nichts deutet darauf hin, dass der historische Jesus selbst dies intendiert hatte (außer einige nachweislich später eingefügte Texte), und die Apostelgeschichte ist ein beredtes Beispiel dafür, dass die Abspaltung ein langwieriger und schmerzhafter Prozess war. Die Gründergestalten der Orden – Benedikt, Franziskus, Dominikus, Ignatius von Loyola etwa – oder Reformatoren wie Martin Luther brachten eigene Erfahrungen ein, die manchmal – im Fall der Ordensgründer – integrierbar waren und dann zu Vertiefungen geführt haben und sich manchmal als nicht integrierbar erwiesen und zu Abspaltungen führten.

Immer jedoch gab es Impulse, die zu einer Wandlung und Anpassung der äußeren Form der Religion oder des Dogmas oder beider führte, wenn diese Form den entsprechenden Erfahrungen keinen Raum und keine Sprache mehr bot. Das Festhalten mancher Kirchen an offensichtlich peripheren Elementen des Dogmas mit der Berufung auf doktrinäre Gründe ist ein Beispiel für die Beharrungskraft der Form bei Abwesenheit von Inhalt und Erfahrung.

Wenn nun die Form, also die Religion, als Sammlung von äußeren Formen, Lehren und Riten sich von ihrer eigentlichen Funktion immer weiter entfernt, erleben wir sie als hohl, unzeitgemäß und irrelevant. Das scheint heute in weiten Kreisen unserer Kultur der Fall zu sein.[25] Im Katholizismus beispielsweise hängt dies meiner Einschätzung nach damit zusammen, dass die Kirche bei der Ausbildung ihrer Repräsentanten, vom Katecheten bis zum Kardinal, wenig Wert auf die eigene Erfahrung legt, aber sehr viel Betonung auf die Doktrin und das Dogma. Dabei gerät in Vergessenheit, dass das Dogma, die Doktrin, der Ritus eine Form und Fassung für Erfahrung darstellen und diese zu ermöglichen und zu erleichtern haben. Andernfalls werden die Institutionen und Elemente der Religion überflüssig, wenn nicht hinderlich.

Ein weiteres wichtiges Element gilt es hier zu berücksichtigen: Es gibt keine einzige spirituelle Tradition, die nicht gewisse ethische Verhaltensnormen impliziert. Diese Implikation ist weniger eine externe als eine interne: Wer eine spirituelle Erfahrung gemacht hat, weiß, dass er bestimmte Dinge nicht tun darf, weil er damit sich selber schädigt. Daher tut er sie nicht, und er benötigt dazu keinerlei Gesetzbuch, das ihn daran erinnert. Allerdings ist das oft weniger offensichtlich für diejenigen, denen diese Erfahrung weniger geläufig ist oder die sie nicht kennen. Daher ergibt sich immer auch ein moralischer Kodex, gleichsam als Nebenprodukt der Erfahrung. Je weiter sich die Vermittlung von Religion von ihrem Erfahrungskern entfernt, umso stärker rücken die ethischen Prinzipien als isolierte Verhaltensweisen und moralische Imperative ins

Zentrum. Sie sind zwar irgendwie immer noch verständlich, aber ihre unmittelbare Evidenz ist ohne eine begründende Erfahrung nicht immer vorhanden. Häufig erhalten Religionen dann die undankbare Aufgabe, zum Garanten von Moral, Ethik und Anstand zu werden, und Religiosität oder religiöse Zugehörigkeit wird auf die Einhaltung von moralischen Normen und Regeln verkürzt. Dann kann es sehr leicht sein, dass diese rein äußerliche Form der Religion sich mit staatlichen Interessen verbündet, da der Staat ja ebenfalls ein Interesse an moralischem Verhalten seiner Bürger und entsprechender Maßregelung hat. Wenn die gesamte religiöse Begründung moralisch-ethischen Verhaltens dann noch mit bestimmten kulturell-gesellschaftlichen oder wirtschaftlich erstrebenswerten Werten zusammenfällt, wie sie etwa Max Weber für den Calvinismus oder den Puritanismus gezeigt hat, dann haben wir die perfekte Mesalliance von religiösen mit äußerlichen Kräften, die in den letzten Jahrhunderten für so manches Missverständnis und manche Fehlinterpretation verantwortlich war.

Dies sollte aber nicht von der Grundtatsache ablenken, dass religiösethische Verhaltenskodizes in allen Kulturen relativ ähnlich und Resultat der ursprünglichen spirituellen Erfahrung sind. So ist etwa in jeder Religion die Anteilnahme, das Mitgefühl, die Sorge für Benachteiligte, die Liebe und Verbundenheit mit anderen zentrales Thema. Mohammed verbat das Aussetzen und Töten ungewollter weiblicher Kinder aus Mitgefühl für andere Menschen. Die Thora fordert Liebe und Achtung für den Nächsten, aber auch für den Fremden. Jesus forderte seine Anhänger sogar zur absoluten Grenzüberschreitung der Liebe auf, in dem er die Feindesliebe einführte. Der Buddha predigte unbegrenztes Mitgefühl mit allen lebenden und leidenden Wesen. Es wäre jedoch ein Missverständnis sowohl der spirituellen Erfahrung als auch der Religion, wenn man sie auf die Dimension des Ethischen und Moralischen verkürzen würde. Ethisches Verhalten ist natürliches Resultat spiritueller Erfahrung und ab einer gewissen inneren Reife auch Voraussetzung für weitere spirituelle Entwicklung. Augustinus hat das auf die einfache Formel gebracht: »Dilige, et fac quod vis« – liebe, und tu was du willst.[26]

Religiosität

Dieser Begriff sollte nun relativ einfach verständlich und ableitbar sein: Religiosität ist eine im Rahmen einer verfassten Religion gelebte Spiritualität. Sie umfasst weniger das reine Anhaften an eine Doktrin oder das Vollziehen vorgeschriebener ritueller Handlungen um ihrer selbst willen. Sondern sie ist vor allem dadurch bestimmt, dass sich entsprechende Handlungen, Glaubenshaltungen und Verhaltensweisen natürlich durch eine im Rahmen einer Religion gelebte Spiritualität ergeben. Der Psychologe Gordon W. Allport hat bereits in den 50er Jahren zwischen intrinsischer und extrinsischer Religiosität unterschieden.[27] Extrinsische (= von außen her angeregte) Religiosität umfasst in seinem Begriff Verhaltensweisen, die in meiner Terminologie doktrinär motiviert sind, die man ausübt, weil sie vorgeschrieben sind, weil man durch Einhalten von Regeln irgendwelche Belohnungen erwartet oder durch Nicht-Einhalten solcher Regeln Nachteile befürchtet. Hinter einer derartigen Religiosität verbirgt sich ein unreifes und psychologisch sogar bedenkliches Gottesbild.[28] Denn es ist mittlerweile zur Genüge belegt, dass eine solche von außen motivierte Religiosität eher schädlich als nützlich ist, etwa was die Gesundheit, das psychische Wohlbefinden oder das Umgehen mit schwerer Krankheit angeht.[29] Intrinsische (= von innen her entspringende) Religiosität umfasst eine reifere Form, die religiös motivierte Handlungen aus eigenem Impuls ausführt. Dies entspricht meinem hier eingeführten Begriff von Religiosität.

Glaube

Vor allem im christlichen Kontext spielt der Begriff »Glaube« eine wichtige Rolle. Er leitet sich aus dem neutestamentlich-griechischen Begriff *pistis* her, was übersetzt sowohl »Glauben« als auch »Vertrauen« heißen kann. Vielfach wird Religion mit Glauben und Glauben mit mangelndem Wissen – so die gängige analytisch-philosophische Definition – und also mit einem Mangelzustand identifiziert. Genährt wird diese Bedeutungsgebung im christlichen Kulturbereich durch die Ikonografie vom »ungläubigen Thomas«, jenem Apostel Jesu, der in den Evangelien der »Zwilling« genannt wird (Joh 20, 24), vielleicht, weil er Jesus sehr nahestand. Er hat bekanntlich nicht glauben wollen, was ihm seine Apostelkollegen berichteten, nämlich dass Jesus auferstanden sei. Er bestand auf handfesten Beweisen, wollte seine Finger in die Wunden legen und den auferstandenen Jesus mit eigenen Augen sehen. Nach dem Bericht des Johannesevangeliums tat ihm Jesus den Gefallen, nicht ohne ihn wegen seines mangelnden Glaubens ein klein wenig zu schelten. Der Hinweis, dass diejenigen selig seien, die nicht sehen und doch glauben, dürfte die Grundfigur für die Hochschätzung des Glaubens ohne jegliche weitere Beweise im christlichen Kulturraum sein. Es ist zu vermuten, dass diese Parabel aus der nachösterlichen Zeit mit genau der didaktischen Begründung eingeführt wurde, dass es eben nicht jedem Christusanhänger gelang, eine direkte Erfahrung des Auferstandenen zu haben, so wie sie beispielsweise Paulus und den anderen Aposteln zuteil geworden zu sein scheint. Die weniger privilegierten Anhänger der neuen Lehre mussten ja auch irgendwie getröstet werden, und diesen Aspekt gibt es in jeder Religion: Anhänger, die alles ganz gut und plausibel finden, aber weder eine eigene Erfahrung aufweisen, noch eine solche anstreben. Auch für diejenigen will und muss Religion einen Platz haben. Und solche werden mit diesem Wort getröstet, zu Recht, wie mir scheint, denn wir wollen nicht den spirituellen Chauvinismus hochleben lassen, der nur die Eingeweihten und Erfahrenen als vollwertige Menschen gelten lässt, wie dies manche Sekte tut. Das ändert nichts an der Tatsache, dass sich in der Parabel der auferstandene Christus dem Ansinnen des Thomas gerade nicht entzieht. Er lässt sich auf die Herausforderung ein, dass Besagter einen klaren Erfahrungsbeweis verlangt. Das sollten wir nicht vergessen.

Ein weiterer Aspekt ist wichtig. Die Bedeutung von *pistis* als »Vertrauen« ist, wenn ich das recht sehe, mindestens genauso prominent wie die Bedeutung »Glauben«. Das tiefere Verständnis wäre also ein glaubendes Vertrauen in das Walten, Vorhandensein oder Wirken einer absoluten Wirklichkeit. In einer säkularen Sprache könnte man sagen: Vertrauen in den Gang und den Prozess des Lebens schlechthin, egal, was geschieht. Solches Vertrauen ist Voraussetzung und Frucht eines spirituellen Wegs gleichermaßen. Es ist dieses existenzielle Vertrauen, scheint mir, das in den vielen Geschichten und Gleichnissen des Neuen Testaments angesprochen ist, wenn es immer wieder heißt, der Glaube hätte geheilt oder geholfen, oder mit Glauben ließe sich ein Berg versetzen. Dieses Vertrauen, ursprünglich wohl als existenzielles Vertrauen oder Vertrauen in die Person Jesu selbst gemeint, wird durch spätere theologische Reflexion und Interpretation immer stärker zu dem Begriff, wie wir ihn heute verstehen: als Glaube an Inhalte, Behauptungen und Lehren, für deren Tatsächlichkeit man keine eigene oder persönliche Belege beibringen kann, sondern nur die Glaubwürdigkeit einer Tradition akzeptieren kann, einer Institution oder anderen Person, im Fall des Christentums vor allem der ursprünglichen Überlieferer der christlichen Botschaft.

Dadurch wandelt sich der schillernde Begriff *pistis* im Sinn von Vertrauen zu Glauben an etwas, an eine Lehre oder einen Inhalt. Der existenzielle Begriff des Vertrauens, auch im Sinn von vertrauendem Bezogen-

2 *Michelangelo Merisi da Caravaggio: Der ungläubige Thomas.*

sein auf etwas oder jemand anderen – der historische Jesus bezeichnete diese absolute Wirklichkeit und seine Beziehung zu ihr mit dem Wort »Vater/Mutter«, wenn man Neil Douglas-Klotz' aramäischer Rekonstruktion des Begriffs *abba* Glauben schenkt[30] – enthält alles drei: (1) das Vertrauen in die Wirklichkeit, das aus (2) der direkten Erfahrung stammt, oder dort, wo die Erfahrung nicht hinreicht, (3) denen Vertrauen und Glauben schenkt, die darüber berichten, also der historischen Tradition. Übrig bleibt heute oftmals nur die dritte Bedeutung des Begriffs, die dann zum Glauben an bestimmte Sachverhalte verkommt. In dieser Rumpfbedeutung wird das Wort heute meistens verwendet. Dass damit niemand mehr zufrieden ist, wenn nicht die anderen Elemente auch nur ansatzweise vertreten sind, scheint mir unmittelbar einleuchtend zu sein.

Dieser vielschichtige Begriff des Glaubens dürfte auch in anderen Traditionen eine Rolle spielen. Mir selber bekannt ist jedenfalls die Begriffstradition des Zen, in der von drei Vorbedingungen für den spirituellen Weg gesprochen wird. Der große Zweifel – wenn die Lehre Recht hat und alles im Grund gut ist, woher kommen dann all das Leid, all der Schmerz und all die Ungerechtigkeit? Der große Glaube – irgendetwas muss doch an all diesen Berichten dran sein, es können nicht all diese Erfahrungen und Aussagen frei erfunden sein! Und die große Entschlossenheit – sich selber auf den Weg machen, um das Rätsel zu lösen, und nicht aufzugeben, bis es gelöst ist.[31] Auch hier taucht der Begriff »Glaube« in einer ähnlichen Bedeutung auf: als Vertrauen in die Gültigkeit und Wahrhaftigkeit der überlieferten Berichte, der Tradition also, als Zutrauen in die Möglichkeit, zu dieser Wirklichkeit vorzustoßen, als Vorschussvertrauen gewissermaßen, das man jemandem oder in diesem Fall einer ganzen Reihe von historischen und mythologischen Personen entgegenbringt in Abwesenheit eigener, erfahrungsmäßiger Beweise.

Doktrin, Dogma

Jede Religion, so habe ich vorausgesetzt, stützt sich und bildet sich um eine Kernerfahrung von Stiftern, Protagonisten und Exponenten. Diese Erfahrung muss, um wirksam zu werden, irgendwann und irgendwie kommuniziert werden. Dazu muss sie versprachlicht und mitgeteilt werden, wenn man einmal von der Situation absieht, dass jemand zunächst vollkommen auf Mitteilung und Aussage verzichtet und nur seine Handlung und sein Wirken zur Mitteilung seiner Erfahrung benützt. Man kann etwa die Heil- und Wunderhandlungen des historischen Jesus genau so deuten. Das ändert aber nichts an der Tatsache, dass Anhänger, andere Menschen, die zufällig Zeugen des Handelns werden, und Herausforderer auch nach verbalen, also sprachlich verfassten Mitteilungen verlangen. In den Evangelien kann man diese Entwicklung sehr schön nachvollziehen. Anfangs sagt oder lehrt der historische Jesus wenig. Er handelt vor allem. Erst im Lauf der Zeit wird er sowohl von seinen Anhängern als auch von der ihm folgenden Menge und von seinen Kritikern zu Stellungnahmen aufgefordert. Diese fallen zunächst entweder metaphorisch – etwa die Gleichnisreden vom Reich Gottes – oder ziemlich paradox und unverständlich, wie etwa die Seligpreisungen der Bergpredigt, oder extrem provokativ aus. Das ist im übrigen in anderen Traditionen ähnlich: nicht das Reden, das Verkündigen, die Lehre, sondern die Handlung weist denjenigen aus, der unmittelbare Erfahrung der absoluten Wirklichkeit hat.

Aber irgendwann kommt der Zeitpunkt, wo sich die Unmittelbarkeit der Erfahrung und der Anschauung verliert, wo Bilder, Worte, Regeln und Metaphern zu Vermittlern dieser Erfahrung werden müssen. In einem weiteren Schritt müssen diese – aufgrund größerer historischer Distanz vermutlich – wieder ausgelegt und verstehbar gemacht werden. Es folgen meistens ganze Serien von Auslegungen und Lehrformeln, die den Kern der Erfahrung bewahren und tradieren sollen. Diese haben nur in den seltensten Fällen einfache, linear-propositionale (Proposition = Satzinhalt) Struktur nach dem Muster »Hans hat ein blaues Hemd an« oder »Olgas Auto ist rot«. Sie sind vielmehr mehrwertig. Klassische Beispiele aus der christlichen Doktrin sind die Aussagen, das Wort sei Fleisch geworden, oder Jesus sei Gott und Mensch zugleich und in gleichem Wesen.[32] Ihre Aufgabe und Funktion ist es zunächst nicht, als katechetische Glaubenssätze auswendig gelernt zu werden, sondern als Gefäß und Chiffre für einen komplexen Sachverhalt zu dienen.

Wissenschaftliche Begriffe sind so ähnlich: Mit einem einzigen Begriff wird dort selten eine einfache Sache bezeichnet, sondern ein komplexes Gefüge an Zusammenhängen, die durch eine Theorie definiert sind und im Fall der Physik meistens durch äußerst unanschauliche mathematische Formalismen wiedergegeben werden. Wenn wir etwa den physikalischen Begriff »Graviton« verwenden, dann meinen wir ein Austauschteilchen der Gravitationskraft, das zunächst rein virtuell, das heißt, nicht materiell vorhanden ist, ja, das noch nicht einmal faktisch nachgewiesen wurde, sondern nur von einer komplexen Theorie vorhergesagt und benötigt wird, damit diese Theorie stimmt. Deswegen »glauben« wir, dass es Gravitonen gibt.[33] Aber mit all dem bezeichnen wir einen extrem komplexen Sachverhalt, in den die Theorie, die Alltagserfahrung, der Formalismus der Theorie, deren Ableitungen und empirische Testmöglichkeiten und die ganze Geschichte dieser Begrifflichkeit gleichermaßen eingehen. Jeder, der sich unter »Graviton« eine minimal verkleinerten Billardkugel vorstellt, vereinfacht das Bild in unzulässiger Weise. So ähnlich ist es auch mit den Aussagen des Dogmas oder der Doktrin. Sie fassen ganze Jahrhunderte von Diskussion, Reflexion und Erfahrung in Sätze von geballter Dichte zusammen, die auszuloten mindestens so schwierig ist, wie die tatsächliche Bedeutung von »Graviton« oder »Quark« zu verstehen (im physikalischen Sinn). Je weniger diese Diskussion inhaltlich geläufig ist, je weniger der damit bezeichnete Sachverhalt erfahrungsmäßig gefüllt werden kann, desto törichter erscheint eine dogmatische Formulierung. Wenn nun die einen oder anderen Verkünder des Dogmas – und leider scheint es mir derer allzu viele zu geben – diese Sätze auch noch ausschließlich als propositionale Beschreibung der Wirklichkeit verstehen, dann entstehen aussagelogische Verwirrungen und Dummheiten. Die Behauptung etwa, mit der jungfräulichen Geburt Jesu sei eine physische Geburt gemeint, bei der das Hymen unverletzt geblieben ist (und dem keine physiologisch-biologische Zeugung im Sinn eines menschlichen Geschlechtsakts vorausging) ist ein solches Beispiel für ein krasses Missverständnis von Doktrin und Dogma. Eine solche Deutung übersieht die Verdichtungsfunktion für Erfahrungen, die dogmatische Aussagen haben.

Wenn nun also der eigene oder kollektive Erfahrungshintergrund für das Füllen solcher doktrinärer oder dogmatischer Aussagen fehlt, und wenn sie obendrein noch als Beschreibungen von Sachverhalten missverstanden werden, dann verfehlen sie ihren Sinn, werden missdeutet und hohl.

Dogma muss also immer wieder neu gedeutet, neu verstanden und neu ausgelegt werden. Das liegt daran, dass die vom Dogma verwendeten Bilder und Metaphern nicht zeitlich und kulturell invariant sind. Überhaupt wird durch die Versprachlichung und Verdichtung der Erfahrung in Bildern der – meinem Verständnis und meiner Behauptung nach – invariante Teil der spirituellen Erfahrung in den Bereich der Zeit, der Geschichte und Kultur verbracht und damit in kontingenter (= von beliebigen Einflussfaktoren abhängiger) Weise ausgesagt. Deshalb wird es nie eine endgültige Formulierung irgendeines Dogmas geben können.

Eines der Hauptprobleme der etablierten Religionen im europäischen Raum scheint mir zu sein, dass sie sich zunehmend auf ein vermeintliches Bollwerk des Dogmas zurückziehen, gemeinsam mit denen, die bereit und zufrieden sind, an dogmatische Lehrsätze zu glauben, und den eigentlichen Hunger und Durst nach Erfahrung nicht befriedigen können und wollen. Dass eine solche Strategie nur dazu führt, dass der Großteil der Intelligenz sich milde oder verächtlich lächelnd abwendet und der verbliebene Teil der Bevölkerung einen Rest an Glauben in einem von allen Blicken abgeschotteten Privatgärtchen pflegt, ist nur allzu verständlich.

Gott

»Gott ist tot«, hat Friedrich Nietzsche behauptet und damit einen Satz von seltener Sprengkraft geprägt. Dieser Satz geht davon aus, dass es eine Entität namens »Gott« gibt, zu deren möglichen Eigenschaften das Sterben gehört. Dieses Sterben hat dann tatsächlich stattgefunden, weswegen es zulässig ist, der Entität Gott das Totsein zuzuschreiben. So etwa würde eine sprachphilosophische Analyse des Satzes aussehen. Ich verwende bewusst dieses provokative Beispiel, um ein paar Probleme der doktrinären Begriffsbildung und deren Potenzial für Missverständnisse aufzuzeigen. Nietzsche konnte diesen Satz nur deshalb aussprechen und davon ausgehen, dass Zeitgenossen ihn verstehen würden, weil er ein bestimmtes Verständnis des Begriffs »Gott« hatte und bei anderen voraussetzen konnte. Der Satz hat nur dann Sinn, wenn man »Gott« als die doktrinäre Verkürzung dessen liest, was über eine jahrtausendealte Tradition hinweg als Kürzel für die absolute Wirklichkeit stand. Wird nun aber die ursprüngliche Bedeutung des Begriffs reduziert und doktrinär verstanden, dann wird der »Gott« zum Platzhalter für eine vermeintlich strafende, unbarmherzige, den Menschen knechtende und in Unmündigkeit haltende Instanz, die noch dazu rein hypothetisch ist, weil von einem durch zweifelhafte Glaubwürdigkeit ausgewiesenen Dogma lediglich behauptet. Verkürzt man den Verdichtungsbegriff »Gott«, der in der Tradition die Chiffre für die absolute Wirklichkeit schlechthin ist, zu einer dogmatischen Leer- und Lehrformel, dann geschieht genau das, was Nietzsche meines Erachtens mit gutem Recht − und »Gott« sei Dank − getan hat: Er wird demontiert und als hohle Sprach- und Drohhülse entlarvt.

Die Tradition war sich der Auslegungsbedürftigkeit, der verdichteten Chiffrenatur dieses Begriffs immer bewusst. Schon der Apostel Paulus hat, den Erzählungen der Apostelgeschichte gemäß, den Hülsenbegriff des »unbekannten Gottes« auf dem Areopag benützt, um den Athenern von seiner eigenen Erfahrung berichten und vermitteln zu können; nicht mit großem Erfolg, denn die damalige Athener Intelligenzia wusste, dass der Begriff nichts als eine Hülse darstellte, und hatte, in Abwesenheit von Beweisen, keine Lust, irgendjemandem etwas auf Hörensagen zu glauben, noch dazu, was so absurd klang wie das von Paulus Erzählte. Immer neu wurde der Begriff in der Tradition ausgelegt. Es war der spekulativen und reflexiven Kraft der Kirchenväter vorbehalten, den philosophischen Gottesbegriff der Antike mit dem jüdisch-jesuanischen und dem der christlichen Erfahrung zu verschmelzen. Immer jedoch steckte dahinter Erfahrung, und der Begriff selbst war verdichtete Erfahrung. Erst die Trennung von Erfahrung und Dogma, die in unseren Tagen institutionell einen neuen Höhepunkt erreicht zu haben scheint, macht es möglich, ja sogar nötig, den Begriff zu dekonstruieren und aufzuzeigen, inwiefern er das Potenzial zur Verknechtung und Entmündigung birgt, inwiefern dahinter ein gesellschaftlich-politischer Reglementierungsimpuls versteckt ist, und so weiter.

Um genau dies zu verhindern, kennen etwa die jüdische Tradition oder der Islam die vielen Namen Gottes, die alle etwas anderes sagen, um je neue Facetten zu beleuchten, und das radikale Bilderverbot, um eine Kristallisation des Begriffs zu verhindern. Aus eben dem gleichen Grund, scheint mir, weigert sich die buddhistische Tradition, überhaupt einen solchen Begriff in ihr Auslegungsrepertoire aufzunehmen. Und diejenigen, die das Potenzial für Missverständnisse erkannten und sowohl eigene Wirklichkeitserfahrung als auch philosophische Reflexion verbanden, verwendeten Begriffe, die eine Festschreibung von vornherein ausschlossen: Nicolaus Cusanus etwa, wenn er von Gott spricht in der Metapher einer Kugel, deren Mittelpunkt überall und deren Umfang nirgendwo sei, oder Meister Eckhart wenn er sagt:»Das Sein ist Gott.«[34]

Die Charakterisierung dieser letzten Wirklichkeit und ihrer Erfahrung ist wichtigste und zugleich gefährlichste Aufgabe des Dogmas. Hier entstehen die größten Missverständnisse, vor allem dann, wenn diese Charakterisierungen nicht als dogmatische Verdichtungsformeln und Metaphern, sondern als tatsächliche Wirklichkeitsbeschreibung gedeutet werden.

Eine Besonderheit der jüdisch-christlichen dogmatischen Charakterisierung der letzten Wirklichkeit ist die von der Personalität Gottes. Das unterscheidet sie, soweit ich sehe, auch von vielen anderen. Damit ist gemeint, dass die letzte Wirklichkeit ihrem Wesen und ihrer Charakteristik nach der Welt und dem Menschen direkt in Liebe zugewandt ist. Der Johannesbrief hat dafür die Formel »Gott ist Liebe« geprägt (1 Joh 4,16). Das ist jüdisches Erbe und kommt in der von Jesus verwendeten Formulierung »Vater/Mutter« für das Ansprechen dieser Wirklichkeit vor, nicht zu vergessen all die anderen personalen Charakterisierungen, die die alttestamentlichen Propheten geprägt haben. Wenn nun in Vergessenheit gerät, dass diese Bilder dogmatische Verdichtungen einer ganz bestimmten Erfahrung und ihrer Charakterisierung sind, dann bleibt die Bildhülse vom Vater im Himmel übrig, der alles sieht und alles bewertet und im Verfehlungsfall bestraft. Gleichzeitig wird dadurch auch eine Distanz und Dualität suggeriert, die zu überwinden und aufzuheben immer und überall Anliegen der spirituellen Erfahrungstraditionen war.

Weil der Begriff »Gott« zu den schwierigsten und meistbelasteten in unserer Begriffstradition überhaupt gehört und eigentlich nur Missverständnisse erzeugt, werde ich ihn im Folgenden zu vermeiden versuchen. Stattdessen werde ich mich des Ausdrucks »letzte oder absolute Wirklichkeit« bedienen.

Zum Abschluss unserer terminologischen Bestimmungen noch einige Worte über meinen Sprachgebrauch zum Thema »spirituelles Praktizieren«, »Meditation« oder »Kontemplation« und »Gebet«, soweit sie im Text vorgekommen sind oder vorkommen werden.

Der Oberbegriff, und gleichzeitig der weiteste, ist derjenige der spirituellen Praxis. Er bezeichnet alle intentionalen (= zielgerichteten) Handlungen eines Menschen, mit denen er sein Ausgerichtetsein auf eine ihn übersteigende Wirklichkeit erkennen lässt, dokumentiert, übt oder erneuert. Das könnte etwa eine regelmäßige Meditation oder Kontemplation sein, mit der er oder sie sich je neu auszurichten oder zu zentrieren versucht. Es könnte die Teilnahme an einem Gottesdienst oder einem anderen religiösen Anlass sein. Es könnte auch das bewusste Pflegen eines Gartens, eines anderen Menschen, oder von Tieren sein. Insofern sich jemand in dieser Handlung bewusst auf eine über sie hinausreichende Wirklichkeit ausrichtet, würde ich dies als spirituelle Praxis bezeichnen. Zentral also wäre die Intention, die Absicht oder die Haltung, mit der oder aus der heraus etwas geschieht. Das automatische Verrichten von religiösen Handlungen – etwa, weil man ansonsten Bestrafung oder schlechte Nachrede befürchtet oder einfach aus Gewohnheit – würde also in dieser Terminologie nicht als spirituelle Praxis gewertet werden.

Meditation oder Kontemplation ist eine bestimmte Form spiritueller Praxis. Der Begriff »Kontemplation« wird dabei in der Regel für die christlichen Formen der Meditation reserviert. Zentrale Bestandteile aller Meditations- oder Kontemplationsformen sind folgende Elemente:

- Sie werden mit einer gewissen Regelmäßigkeit, meist täglich, ausgeführt und gehören sozusagen zur täglichen Hygiene.

- Sie enthalten eine vorgegebene Form von Übung, die sich in aller Regel aus einem bestimmten traditionellen Übungsweg herleitet.

- Bestandteil aller Übungen ist eine Disziplinierung der Aufmerksamkeit. Diese wird entweder auf alle gerade ablaufenden inneren Akte gerichtet, etwa auf alle Gedanken, Gefühle und Sensationen, wie sie kommen und gehen, wie etwa bei der Achtsamkeitsmeditation. Oder sie fokussiert lediglich auf den Atem, wie bei vielen anderen Meditationstechniken. Oder sie richtet sich auf ein bestimmtes Wort, wie etwa beim Jesusgebet der orthodoxen Mönche, oder auf Silben, wie bei der Mantra-Meditation, bei bestimmten Formen der Zen-Meditation, bei Sufi-Übungen, oder auf ein inneres oder äußeres Bild, wie etwa bei bestimmten tantrischen Übungsformen oder der christlichen Betrachtung.

- Dadurch gehen diese Übungen grundsätzlich mit einer veränderten physiologischen Aktivierung einher, die in aller Regel zunächst eine tiefe Entspannung sein wird. Meistens werden dadurch auch mehr oder weniger veränderte Bewusstseinszustände ausgelöst.

- In allen mir bekannten spirituellen Traditionen geht man davon aus, dass durch entsprechende Übung und Praxis, nicht notwendigerweise erzwingbar oder machbar, die Voraussetzung dafür geschaffen wird, dass die Übenden erfahrungsmäßigen Zugang zu diesem Bereich der absoluten Wirklichkeit erhalten können, der Kern und Ziel der spirituellen Erfahrung ist. Inwiefern diese Erfahrung »bewerkstelligt« werden kann, darüber gehen die Meinungen auseinander. Die christliche Tradition hat immer sehr viel Wert darauf gelegt, dass diese Erfahrung reine Gnade sei, also geschenkt, und nicht erarbeitet, erzwungen oder erworben werden könne. Das ist im Grund in anderen Traditionen nicht anders, soweit ich sehe, nur dass vielleicht die Schwerpunkte anders gesetzt werden und die Möglichkeit und Notwendigkeit der aktiven Mitarbeit des Übenden anders gewichtet werden.

Das Gebet ist in dem hier verwendeten Sprachgebrauch ein aktives, meistens bittendes Bezogensein auf die absolute Wirklichkeit. Es unterscheidet sich von der Meditation durch die stärkere aktive Komponente. Häufig ist eine Bitte um die Fügung von Ereignissen außerhalb des eigenen Einflussbereichs Inhalt des Gebets, häufig auch Dankesbezeigung.

Mit diesen begrifflichen Klarstellungen wollen wir diese Einführung beenden. Wir wollen uns nochmals erinnern: Diese Definitionen sind vorläufig und dienen vor allem der Verständigung. Sie beschreiben gleichzeitig meinen momentanen Verständnis- und Begriffshorizont und sollen in keiner Weise verbindlich sein.

2____Der historische Rahmen: Aufklärung, Wissenschaft und die Schwierigkeit mit dem lieben Gott

IMMANUEL KANT HAT AUFKLÄRUNG DEFINIERT als »Ausgang des Menschen aus seiner selbstverschuldeten Unmündigkeit«.[35] Der Mensch sei unmündig, meinte Kant, weil er nicht den Mut habe, selbständig zu denken. Deshalb empfahl er als Wahlspruch: »*Sapere aude!* – Habe Mut, dich deines eigenen Verstandes zu bedienen!« Er wollte diese Aufklärung auch auf die Religion angewandt sehen, weswegen er mit der Zensur in Konflikt geriet, die solcherlei Aufklärung im Preußenstaat nicht gerne sah. Kant wollte damit nicht sagen, dass man bei genauerem Nachdenken den Begriff von Gott abschaffen und seine Vertreter auf Erden in die Wüste schicken könne. Im Gegenteil, die Idee von Gott war ihm als regulative Idee notwendig, um Moral, Recht und Sitte zu sichern, und auch die Unsterblichkeit der Seele war für ihn nicht verhandelbar. Aber all diese Ideen fielen für ihn aus dem Kompetenzbereich der Philosophie, waren mit rationaler Argumentation weder zu behaupten noch zu widerlegen. Und damit hatte die Aufklärung schon begonnen, auch den Bereich des Religiösen aus dem der Vernunft hinauszuverlagern, zunächst an den Horizont des Denkbaren und Vernünftigen, und in der Folge hinter ihn.

Aufklärung bedeutet immer auch Befreiung von Bevormundung, vor allem von solcher Bevormundung, die sich auf vage Autorität, unvernünftige Systeme und reine Machterhaltung stützt und nicht dem Gemeinwohl dient. In diesem Sinn ist die Aufklärung auch heutzutage noch lange nicht am Ende. Denn wenn wir uns auch nicht mehr von kirchlichen oder staatlichen Autoritäten vorschreiben lassen, wie wir unser Leben zu gestalten haben, und uns die Freiheit nehmen, unsere Wertsetzungen und Entscheidungen so zu wählen, wie uns das richtig erscheint, so sind wir doch in vielfältiger Weise abhängig und lassen uns gängeln, ohne es zu merken. Da weben Wirtschaftsinteressen ihr verführerisches Garn um ganze Bevölkerungsgruppen und nutzen geschickt Medienpräsenz, um uns Bedürfnisse und ihre Befriedigung zu suggerieren, die wir vorher nicht kannten. Da suggerieren einige wenige Trendsetter, denen mediale Macht eingeräumt wird, wie man sich zu kleiden und zu geben habe, was schick und »in« ist und was nicht. Bei genauerem Zusehen sind wir in vielen Details des täglichen Lebens nicht aufgeklärter, also mündiger, als unsere Altvorderen.

Der Impuls und die Bewegung der Aufklärung sind untrennbar mit dem Aufstieg der Wissenschaft verbunden. Das ist im Grund schon für die antike Wissenschaft leicht zu belegen. Dort wird vernünftiges Argument gegen althergebrachte Überlieferung gesetzt, Kritik von Meinungen gegen schlichtes Akzeptieren, Neugier, die vor keiner Schranke Halt macht, vor das Tabu des vermeintlich Heiligen. Durch die Völkerwanderung erlitt diese Wissenschaftsentwicklung einen Bruch, der nur sehr langsam wieder überwunden wurde; manche sind der Meinung, dass er bis heute nicht richtig geheilt sei. Wie groß dieser Bruch war, kann man daran ermessen, dass die antike Bibliothek von Alexandria, die größte der damaligen Welt, mehrere hunderttausend Schriftrollen und Texte besaß. Fünfhundert Jahre nach ihrer Zerstörung im Jahr 390 n. Chr. nannte die im westlichen Einflussbereich größte Bibliothek, die Klosterbibliothek St. Gallen, einige hundert Bücher ihr eigen und war stolz darauf.[36]

Mit der Wiedererstarkung der Wissenschaft in der Zeit der Scholastik im 12. und 13. Jahrhundert begann allmählich eine Kultur schonungslosen Fragens und Hinterfragens an den Universitäten Einzug zu halten.[37] Die frühe Gelehrsamkeit war noch ausschließlich darauf bedacht, die biblischen Texte sowie die ihrer frühen Kommentatoren, wie etwa Ambrosius oder Augustinus, und deren Philosophie auszulegen und zu verstehen. Durch den zunehmenden Kontakt mit der islamischen Welt, deren wissenschaftlicher Fortschritt damals den des Westens bei weitem übertraf, kamen unbekannte antike Texte, etwa des Aristoteles, in den Besitz der christlichen Gelehrten und wurden übersetzt und kommentiert. So begannen erste naturwissenschaftliche Ansätze bekannt zu werden, und es wurde überhaupt ein intellektueller Freiraum geschaffen: die Universität, allen voran die Universität von Paris, die mehr oder weniger zeitgleich neben den alten Rechtsschulen entstanden. Diese Plätze der Gelehrsamkeit waren Ausbildungsstätten für Kleriker, die eine kirchliche Laufbahn einschlagen wollten, sowie für Verwaltungsbeamte der weltlichen Herrschaftshöfe. Zusätzlich zogen sie eine Gruppe von Menschen an, die auf der Suche nach Wissen und einer neuen Freiheit waren, die Scholaren (= »Gelehrten«). Alle mussten einen Grundausbildungsgang gemeinsam durchlaufen, den der sogenannten freien Künste, bevor die einen in die Theologie, die anderen in die Rechtswissenschaften und wieder andere später dann in die Medizin verzweigten. Diese freien

Künste stellten im Wesentlichen eine enzyklopädisch-philosophische Grundausbildung dar, in der neben dem damals bekannten Sachwissen, oder was man dafür hielt, die Philosophie des Aristoteles gelehrt wurde. Damit kam ein Moment der alten, antiken, freien Gelehrsamkeit in den ziemlich geschlossenen Kosmos des christlichen Abendlandes. Aristotelisches Denken war nur in Grenzen mit dem alten christlich-augustinischen Weltbild vereinbar. Thomas von Aquin und andere hatten zwar mit Erfolg versucht, Aristoteles christlich auszulegen und das christliche Dogma so mit dessen Philosophie zu verbinden, dass ein akzeptables Amalgam (= Begriffsmischung) entstand, das schulbildend für viele spätere Generationen wurde. Das konnte aber nicht darüber hinwegtäuschen, dass der Impuls für kritisches Denken und Hinterfragen gelegt war. Einige Gelehrte entdeckten Unstimmigkeiten in der vermeintlich harmonischen Synthese des Thomas. Wieder andere akzeptierten dessen Aristoteles-Auslegung von vorneherein nicht und vertraten andere Lesarten. Überhaupt scheint das denkerische Klima im Paris des 13. Jahrhunderts auch Libertinage (= Freidenkertum) in anderen Bereichen gefördert zu haben. So erlaubte man sich, laut darüber nachzudenken, ob die Kirche tatsächlich das Heil vermittelte, ob es wirklich so sei, dass am Ende des Lebens Belohnung oder Bestrafung für die Taten auf Erden warten würden. Ja, man bezweifelte sogar, dass es so etwas wie individuell-unsterbliche Seelen gäbe. Der einflussreiche Philosoph Siger von Brabant fragte, ob es womöglich nur eine einzige Seelensubstanz, an der alle teilhatten, gebe. Vielleicht war die Welt auch gar nicht von Gott geschaffen, sondern existierte immer schon, seit ewigen Zeiten? Man fragte sich auch, ob die kirchlichen Moralvorstellungen tatsächlich so gültig seien. War es wirklich so, dass Sexualität vor und außerhalb der Ehe sündhaft sei? Musste man wirklich für immer und ewig mit einer Frau verheiratet sein? War Homosexualität tatsächlich sündhaft? War es nicht so, dass das Leben dazu da war, genossen zu werden, und zwar hier und heute, und nicht erst an einem fernen Sankt-Nimmerleinstag nach dem Tod, wo einem sowieso keiner garantieren konnte, dass man überhaupt wieder zu einem neuen Leben erwachte, geschweige denn zu einem im Himmel? Musste man deshalb nicht jetzt genießen, solange man konnte?

Diese und viele andere Fragen, die der kirchlichen Lehre widersprachen, wurden offensiv in Paris diskutiert und zeugen davon, wie wissenschaftliches Denken, auch wenn es vorderhand noch unter der Aufsicht und in der Organisation kirchlicher Behörden geschah, Selbständigkeit und einen Eigenimpuls entwickelte, der nicht zu reglementieren und zu bremsen war. Dahinter ist der menschliche Forscherdrang zu spüren, der sich nicht mit vorgefertigten und unplausiblen Antworten abspeisen lässt, dem das Glauben, Meinen und Fürwahrhalten nicht genügt, sondern der wissen will und Ungewisses nicht gelten lässt. In ihm ist der Keim der Aufklärung zu spüren, und aus diesem Keim sollte sich 400 bis 500 Jahre später die eigentliche Aufklärung entwickeln. Aber schon diesen ersten Keim der Revolte menschlichen Denkens und Forschens gegen Lehre und Dogma kann man als Aufklärung ansprechen. Das kann man daran ablesen, dass der Bischof von Paris, Etienne Tempier, sich veranlasst sah, 1277 insgesamt 219 Thesen, die unter anderen Fragen wie die oben skizzierten behandelten, von einer Theologengruppe als häretisch und falsch verurteilen zu lassen.[38] Zwar konnte die Verurteilung die entsprechenden Meinungsführer zunächst noch maßregeln, aber der künftige Weg war markiert: Menschliches Denken und Forschen würde sich nicht mehr allzu lange von Lehrmeinungen reglementieren lassen.

Spätestens seit 1277 begann also im Abendland ein Prozess, in dem die Einheit von Philosophie und Theologie, von Wissenschaft und kirchlicher Lehre allmählich zerbrach. Er gipfelte in der Aufklärung und in der Trennung von staatlichen und kirchlichen Institutionen im 20. Jahrhundert. Einen maßgeblichen Anteil bei dieser Entwicklung hatte die aufkeimende Naturwissenschaft. Deren Anfänge kann man, aufbauend auf islamische Entwicklungen, an die Wende vom 12. zum 13. Jahrhundert verlegen. Dort beginnt zum ersten Mal im Westen der Begriff der Erfahrung einen systematischen epistemologischen (= erkenntnistheoretischen) Ort zu erhalten. Wir wollen diese Entwicklung etwas genauer beleuchten, weil sie für unser späteres Argument von Bedeutung ist:

Die Entwicklung der Naturwissenschaft und der Begriff der Erfahrung

Roger Bacon

Adelard von Bath hatte auf ausgedehnten Reisen nach Palästina, an den Hof von Sizilien, bei arabischen und jüdischen Gelehrten in Süditalien eine Reihe von empirischen Erkenntnissen über die Optik mit in den Westen gebracht.[39] Seine unmittelbaren Nachfolger Robert Grosseteste und der Franziskaner Roger Bacon bauten auf diesen Texten und Traktaten auf. In ihnen wurden verschiedene Experimente mit Linsen und Prismen vorgeschlagen. Die Begriffe, die hierfür verwendet wurden, waren *experimentum* und *experientia*, »Erfahrung«, in der Verbform *experiri*, »erfahren«. Derjenige, der sich solchermaßen kundig gemacht hatte, war der *expertus*, der »Erfahrene«. Das Wort, das dafür verwendet wurde, war also das gleiche wie das, das wir im vorigen Abschnitt über die Definition von Erfahrung als Beispiel herangezogen haben: das Bereisen oder Erkunden eines fernen Landes.

Roger Bacon, der seine wichtigsten Texte zwischen 1240 und 1292 schrieb, war der erste, der formal eine *Scientia experimentalis*, eine Erfahrungswissenschaft forderte, die den Vorrang vor allen anderen haben sollte.[40] Darunter verstand er im Wesentlichen ein Dreigestirn aus (a) äußerer Erfahrung, (b) deren mathematisch-formaler Analyse und (c) innerer Erfahrung. Es lohnt, seinen zentralen Satz im Wortlaut zu hören, weil er beinahe komplett in Vergessenheit geraten ist. Er stammt aus seinem »Opus Majus« – dem »größeren Werk«. Mit diesem Buch suchte er 1267, die Publikationszensur umgehend, unter die ihn der Ordensobere Bonaventura gestellt hatte, den Papst für seine Ideen zu gewinnen.

»Es gibt zwei Formen der Erfahrung. Eine wird vermittelt durch die äußeren Sinne. Auf diese Art und Weise machen wir Erfahrungen über die Dinge am Himmel und jene auf der Erde. Dies ist die menschliche, philosophisch-wissenschaftliche Erfahrung, die der Mensch machen kann, je nach seiner Begabung. Aber diese Erfahrung reicht dem Menschen nicht aus. Denn über die Materie kann sie ihm zu wenig Sicherheit geben, weil diese so schwer zu ergründen ist. [Hierüber denken wir heute, etwa 750 Jahre später, definitiv anders; HW.] Und bei den geistlichen Dingen erreicht sie gar nichts. Also muss sich der menschliche Geist anders behelfen. Deshalb haben die heiligen Propheten und Patriarchen, die zuerst der Welt Wissen gaben, innere Erleuchtung empfangen und sind nicht bloß in den äußeren Sinnen verblieben. [...] Diese innere Wissenschaft hat sieben Stufen [...].« Bacon zählt dann die verschiedenen Stufen auf und beschreibt sie: Stufe eins betrifft die rein wissenschaftliche Erfahrung, zwei die Tugend, drei die Gaben des Heiligen Geistes, vier die Seligpreisungen der Bergpredigt, fünf die geistlichen Sinne, sechs die Früchte des Geistes und die Ruhe. Er fährt fort: »Die siebte Stufe besteht in spiritueller Erfahrung geistlicher Entrückung. Jeder wird auf seine je eigene Weise von ihr erfasst, auf dass er vieles schaut, worüber dem Menschen zu sprechen verwehrt ist. Wer in diesen Erfahrungsweisen, oder besser in vielen von ihnen, wohl bewandert ist, der kann sich und anderen nicht bloß in geistlichen Dingen, sondern auch in allen, die die menschliche Wissenschaft betreffen, Gewissheit verschaffen. [...] Wir brauchen [also] eine Wissenschaft, die Erfahrungswissenschaft heißt. Und ich will sie erläutern, nicht nur inwiefern sie nützlich ist für die Philosophie, sondern auch für die Gottesgelehrtheit und für die Lenkung der ganzen Welt.«[41]

Wir sehen: Hier, zu Beginn der Entwicklung der abendländischen Wissenschaft, die zu unserer Naturwissenschaft führen sollte und zu deren Entfaltung die Begriffe »Erfahrung« und »Erfahrungswissenschaft« von zentraler Bedeutung sind, steht ein Verständnis von Erfahrung, das noch einheitlich-eins ist. Es umfasst die äußere Erfahrung der Welt durch die Sinnesorgane. Und es umfasst die innere Erfahrung der Welt in ihrer Tiefendimension durch die spirituelle oder innere Erfahrung. Für Bacon waren beide Begriffe zwei Facetten ein und desselben Erkenntnisstrebens, dessen Ziel die Erkenntnis und die »Lenkung der Welt« war.

Bacon war einer der Freigeister der Hochscholastik. Zunächst einigermaßen reicher Privatmann, der des Interesses wegen studierte, dann Philosophielehrer in Oxford und Paris, trat er dem aufblühenden Franziskanerorden als bereits reifer Mann im Alter von 37 Jahren bei. Sein Ziel war zweifellos eine Begründung der Wissenschaft insgesamt, und darin war er grundlegend. Spätere zentrale Denker, die die Fundamente für die moderne Wissenschaft geschaffen haben – William Ockham beispielsweise – waren direkt oder indirekt von ihm beeinflusst. So kann man mit Fug und Recht sagen, dass Roger Bacon den Anfang des systematischen Nachdenkens über einen umfassenden Wissenschaftsbegriff im Westen markiert.

Als die besagte Sammlung von 219 Thesen 1277 in Paris verurteilt wurde, war Bacon vermutlich ebenfalls vor Ort. Auch wenn immer noch strittig ist, ob einer seiner eigenen Sätze unter diesen Thesen waren, so war seine Art des Freidenkertums eine der vielen Quellen, aus denen sich der Strom der Aufklärung speiste.[42] Das zeigt schon die Tatsache, dass ihn seine Ordensoberen, wie bereits angedeutet, immer wieder, teilweise sehr ausgedehnt, mit Hausarrest, Schreib- oder Publikationsverbot belegten – gerade wieder nach der Verurteilung von 1277 – und dass seine Schriften doch den Weg an die Öffentlichkeit und durch die Zeit gefunden haben.

Für Bacon gehörten innere und äußere Erfahrung also zusammen. Anders ausgedrückt: wissenschaftliche und spirituelle Erfahrung waren zwei Seiten desselben Erkenntnisvorgangs, der in Wahrheit nur einen Erfahrung.

Hugo de Baima und die Entwicklung der Innerlichkeit
Die spirituelle Erfahrung oder, wie er sagte, »Erfahrungserkenntnis Gottes« im Wissenschaftsprozess und -betrieb der damaligen Zeit zu

etablieren, war das Anliegen eines weniger bekannten, aber keineswegs weniger wichtigen Autors der damaligen Zeit, des Kartäusers Hugo de Balma.[43] Hugos Kernthese ist einfach und radikal: Es gibt eine erfahrungsmäßige Erkenntnis Gottes – *notitia experimentalis dei*. Um diese zu erlangen, benötigt man keinerlei Vorbildung. Man muss nicht studieren, man muss nicht einmal Kleriker sein und auch kein Mann. Ja, Denken und Vorstellungen sind sogar eher hinderlich auf diesem Weg. Man muss nämlich »nur« Denken, Imagination und andere Verstandestätigkeit aufgeben, sich ganz der Liebe Gottes öffnen und mit allem Wollen und Sehnen danach streben, mit ihm vereinigt zu werden, und dann kann es gar nicht anders sein, als dass sich die göttliche Natur, die ja überquellende Liebe und Gnade ist, mit der Seele vermählt. Diese Erfahrung der Vereinigung findet im Seelengrund bzw. in der Spitze des Geistes statt, dort, wo keinerlei Denken, keinerlei Verstandesaktivität mehr statthat.[44] Als Relikt dieser Erfahrung bleiben umfassende, tiefgreifende Weisheit und Wissen über Gott und die Welt zurück. Das Nebenprodukt einer vertieften Erfahrung ist außerdem umfassende Liebe zu allen Menschen und Geschöpfen, auch und gerade gegenüber Andersgläubigen, Verfolgten und Ausgestoßenen bzw. solchen, die sich selber aus der Gemeinschaft der Gläubigen ausstoßen.

Und ähnlich wie Roger Bacon die Wissenschaft insgesamt begründen wollte, ging es Hugo um eine neue Grundlegung für die theologische Wissenschaft:[45] Nicht Bibelstudium und Denken entlang der vorgegebenen Linien der theologischen Autoritäten sollten Kenntnis über Gott und sein Wirken bringen, sondern direkte Erfahrung. Hugo wollte mit ziemlicher Sicherheit der mystisch-theologischen Lehre von der erfahrungsmäßigen Erkennbarkeit Gottes – oder, in unserer Terminologie: der spirituellen Erfahrung – zu einem epistemologisch gesicherten und akzeptierten Ort im Gebäude der damaligen Wissenschaft verhelfen. Hugo war nicht in dem Sinn radikal, dass er gar nichts anderes gelten ließ – so wird er manchmal verstanden. Aber er wollte dieser erfahrungsmäßigen Modalität der Erkenntnis einen rechtmäßigen Ort verschaffen und demontierte dementsprechend aggressiv andere Positionen. Erfahrungsmäßige Erkenntnis Gottes, innere Erfahrung im Sinn Bacons, spirituelle Erfahrung in dem von uns verwendeten Sprachgebrauch sollte zu einer akzeptierten, wichtigen und bedeutsamen Form der Erkenntnis werden.

Dies ist ihm nicht so gelungen, wie er das anscheinend gehofft hatte. Jedenfalls findet sich in den akademischen Annalen kein Zeugnis mehr von ihm, nachdem er seine Abschlussdisputation gehalten hatte.[46] Er wurde nicht zu höheren akademischen Weihen und Ehren berufen, und auch sonst verlieren sich seine Spuren im Dunkel der Historie. Erst hundert Jahre nach seinem Wirken greift die Überlieferung wieder ein, und eine rege Kopiertätigkeit seiner Texte ist zu vermerken.[47] Er beeinflusste praktisch alle maßgeblichen mystischen Schriftsteller, die nach ihm kamen. Sie kannten ihn direkt oder indirekt, exzerpierten teilweise sogar Textstellen aus seinen Texten, und auf diese Weise wurde Hugo zu einer Art zweitem, aber unbekannten Vater der christlichen Mystik nach Augustinus.

Damit ist aber auch der Weg weitergezeichnet, den seine Philosophie nahm: Nicht in der akademischen Gelehrsamkeit, wie es offenbar ursprünglich sein Ziel war, fanden sein Denken und seine Epistemologie eine Heimat – vielleicht mit Ausnahme des Cusaners –, sondern in der Mystik, der Innerlichkeit und der privaten Frömmigkeit. Damit war die spirituelle Erfahrung als potenzielle Modalität von Erkenntnis in den geistesgeschichtlichen Untergrund abgewandert. Dort sollte sie zwar mächtig weiterwirken und große Gestalten und Reformer, wie Thomas von Kempen und damit indirekt auch die Reformatoren, Theresia von Avila, Ignatius von Loyola und Johannes vom Kreuz, beeinflussen. Aber die direkte Wirkung im Bereich des akademischen Forschens und Erkennens blieb ihm verwehrt.

Innere Erfahrung in der Theologie: Thomas von Aquin und Meister Eckhart
Nur bei zwei akademisch einflussreichen Autoren findet man im Anschluss an sein unmittelbares Wirken Spuren von Hugo de Balmas Lehre: bei Thomas von Aquin in seinen allerletzten Texten und bei Meister Eckhart. Damit schlich sich wenigstens eine Spur seines Denkens in die theologisch-philosophische Gelehrsamkeit ein, wenn sie schon nicht zu einem akzeptierten Standard werden sollte.

Thomas von Aquin ist ja nun wahrlich nicht dafür bekannt, dass er einem vagen Mystizismus das Wort redete, versuchte er doch Zeit seines Lebens die aristotelische Philosophie mit der augustinischen Tradition zu verbinden. Seine grundlegende Ansicht lautete bekanntlich, Gottes Essenz und Wesen könne man nicht erkennen, nur seine Existenz und sein Wirken in der Schöpfung.[48] Gegen Ende seines Lebens, hat er seine Meinung erweitert, wenn nicht sogar revidiert. Am 6. Dezember 1271 hatte er eine tiefgreifende Erfahrung, die man wohl als eine mystische oder spirituelle Erfahrung des absoluten Grundes ansprechen muss. Jedenfalls hat er hernach nichts mehr geschrieben, weil, wie sein Autobiograf und Sekretär Wilhelm von Tocco berichtet, ihm alles, was er geschrieben habe, wie Stroh vorkam angesichts dessen, was er geschaut habe.[49] Irgendwie muss er sich dennoch mit der Möglichkeit dieser Erfahrung auseinandergesetzt und vielleicht auf diese Erfahrung vorbereitet haben.[50] Denn zu den letzten Texten, die Thomas am Ende seines Lebens geschrieben hat, im letzten Teil des zweiten Teils der »Theologischen Summe«, gehören einige, die die Möglichkeit einer erfahrungsmäßigen Erkenntnis Gottes diskutieren. Der Sprachduktus ist zwar ein anderer als bei Hugo de Balma, und es könnte auch sein, dass Thomas sich mit griechischen Autoren auseinandersetzte, mit denen er sich zu dieser Zeit befasst hat. Es tut indes nichts zur Sache, aus welcher genauen Quelle Thomas das Thema schöpfte. Die Essenz ist die gleiche: Es gibt eine Erfahrungserkenntnis, die in der Entrückung geschieht. Damit ist wieder der mystische Terminus technicus gemeint, der bei Roger Bacon *raptus* heißt und den ich mir an der entsprechenden Stelle erlaubt habe, mit »spiritueller Erfahrung geistlicher Entrückung« wiederzugeben. Diese ist gnadenhaft und erlaubt einen Tritt an die Schwelle der Wesenserkenntnis Gottes (so weit bleibt sich Thomas selber treu, dass er auch in dieser Erfahrungserkenntnis nicht von einer vollkommenen Wesenserkenntnis Gottes spricht); in ihr wird er über die Natur hinausgehoben in einen vertieften Erkenntnisbereich, der dem Menschen gnadenhaft geschenkt wird.

So wurde also der Begriff einer Erfahrungserkenntnis des Absoluten durch die Autorität des heiligen Thomas von Aquin mindestens ansatzweise in die theologischen Lehrbücher eingebracht und konnte dort seinen Weg durch die Geschichte nehmen. Verschiedene Autoren, vor allem der mystisch-theologischen Richtung, werden sich später darauf berufen können.

In die gleichen Fußstapfen, wenngleich um einiges radikaler, tritt Meister Eckhart, der vier Jahre nach dem Tod des Thomas in Paris sein Studium absolvierte und dort zum Inhaber des Dominikanerlehrstuhls berufen wurde, eine Ehre, die vor ihm auch Thomas zuteil geworden war.[51] Eckhart hat mit ziemlicher Sicherheit von Hugo de Balmas Lehre Kenntnis gehabt; in seinen deutschen Texten finden sich einige Stellen, die mit großer Wahrscheinlichkeit wörtliche Zitate aus Hugo de Balmas Texten sind.[52] Selbst wenn er ihn nicht persönlich gekannt oder bewusst zitiert haben sollte, so ist der textliche Überlieferungsstrom eindeutig. Eckhart hat die Theorie der mystischen Erfahrung zwar wesentlich mehr in die Richtung einer an plotinsche und aristotelische Vernunftbegriffe angelehnten Philosophie und Theologie entwickelt. Das tut aber der Sache selbst keinen Abbruch, versucht er doch ebenso wie Hugo de Balma vor ihm, einen systematischen Ort für eine Erkenntnis Gottes im Seelengrund zu finden. Eckhart sucht in seinen seelsorgerisch ausgerichteten Texten, den deutschen Predigten und Traktaten, seinen Zuhörern einen Geschmack und eine Ahnung von der Erfahrung zu vermitteln, die er meint. Und keiner, der nicht selbst aus der Tiefe einer solchen Erfahrung spricht, könnte Formulierungen verwenden, wie Eckhart es getan hat, wenn er etwa davon spricht, man müsse Gottes ledig werden, damit Gott selbst im Grund der Seele geboren und das erfahrende Ich zu Gottes Sohn werde. Mit seinem »Gottes ledig werden« oder »ent-werden« meint er selbstverständlich das Zurücklassen aller kognitiven Akte und Konzepte, um in der vollkommenen Stille des Geistes jene Erfahrung machen zu können, die wir als spirituelle Erfahrung des absoluten Grundes angesprochen haben.[53] Es lässt sich leicht zeigen, dass Eckharts Vorstellungen mit denen des Zen-Erfahrungswegs erstaunliche Parallelen aufweisen.[54]

Am Beginn der abendländischen Wissenschaftsentwicklung, die zur modernen Naturwissenschaft führte und die mit der Scholastik ihren (erneuten) Anfang nahm, stand ein ungebrochener Erfahrungsbegriff. Er umfasste zwei Bedeutungsnuancen: Die erste ist die äußere Erfahrung, vermittelt durch die Sinnesorgane, die sich auf die materielle Welt bezog und uns Kenntnis über diese Welt verschafft. Aus diesem Begriff entfaltete sich langsam, aber unaufhaltsam unsere moderne Erfahrungswissenschaft, deren älteste, mächtigste und einflussreichste Tochter die Naturwissenschaft ist. Der zweite Bedeutungsteil umfasste die innere Erfahrung, die wir auch in unserer Terminologie als spirituelle Erfahrung ansprechen können. Es gab zu Beginn dieser Entwicklung, um 1260 bis 1270, durchaus Bestrebungen, diesen Vollbegriff der Erfahrung innerhalb des akademischen Umfelds zu etablieren. Während es dem Begriff der äußeren Erfahrung, also der Erfahrung der Außenwelt durch die Sinne, gelungen ist, sich von den kruden optischen Experimenten des Robert Grosseteste und des Roger Bacon im 13. Jahrhundert zu den historisch bedeutsamen des Galileo Galilei an der Wende vom 16. zum 17. Jahrhundert zu wandeln und damit einen festen Platz im Methodenkanon der Wissenschaft zu erobern, gelang dies beim Begriff der inneren Erfahrung – bislang – nicht. Nur in einzelnen Refugien der mystischen Theologie, nicht aber im hauptsächlichen Strömungsbereich der ursprünglich als Leitwissenschaft fungierenden akademischen Theologie konnte sich dieser Begriff behaupten.[55]

Die Philosophie bot zumindest der Grundidee einer spekulativen, durch reine Schau vermittelten Erkenntnis eine brüchige Heimat, wiewohl man sehr darüber diskutieren kann, ob sie damit dem Grundkonzept einer erfahrungsmäßigen Erkenntnis im Gegensatz und in Abhebung zu einer rein rational-kognitiven Erkenntnis nicht einen Bärendienst geleistet hat.[56] Einige Ausnahmen verdienen, erwähnt zu werden, etwa Nicolaus Cusanus, der sich am Ende des 15. Jahrhunderts noch einmal vehement für eine mystische Theologie eingesetzt hat (hätten die damaligen Autoritäten besser auf ihn gehört, hätte es vielleicht gar nicht zur Reformation und zum Schisma kommen müssen; aber derlei Spekulationen sind einigermaßen müßig), oder Johannes Gerson und Dionysius der Kartäuser.[57] Aber im Großen und Ganzen blieben die Theologie und die Philosophie doch einer eher rationalistischen Sicht der Erkenntnis verhaftet, und dem Erfahrungsbegriff einer inneren Erfahrung als legitimem epistemologischen Zugang zur Wirklichkeit blieb der Weg in den methodologischen Olymp der Universitätswissenschaft versperrt.

Innere Erfahrung in den Anfängen der Psychologie
Mit der Geburt der Psychologie aus der Agonie der Philosophie des 19. Jahrhunderts änderte sich die Ausgangslage – zunächst – leicht. William James, einer der Gründerväter der modernen Psychologie und erster Lehrstuhlinhaber für Psychologie an der amerikanischen Harvard-Universität, definierte Psychologie am Anfang seines Lehrbuchs als Wissenschaft vom Bewusstsein.[58] Damit wäre – hätte sich diese Definition durchgesetzt – dem Bewusstsein und seinen verschiedenen Erfahrungsmodalitäten wieder gebührender Raum gegeben worden. Er untermauerte sein Interesse an dieser Forschungsrichtung durch seine noch heute wegweisende Vorlesungsreihe »Varieties of Religious Experience« (»Die Vielfalt religiöser Erfahrungen«), in der er eine erste autoritative Phänomenologie der spirituellen Erfahrung über kulturelle und Sprachgrenzen hinweg vorlegte.[59] Der Ball wurde indessen nicht aufgenommen. Im, wissenschaftlich gesehen, damals mächtigeren deutschen Sprachraum war man über diese Entwicklung nicht sehr erbaut. Wilhelm Wundt, der Gründervater der akademisch-empirischen Psychologie, belegte die Beforschung nicht alltäglicher Bewusstseinszustände in einem Vorwort zu einer späteren Ausgabe seiner Werke sogar mit einem regelrechten Bannfluch, indem er seinen Nachfolgern und allen ernsthaften psychologischen Forschern dringend davon abriet, die Ab- und Umwege des nicht-alltäglichen Bewusstseins zu gehen.[60] Vielmehr sei zunächst das

Alltagsbewusstsein zu kartografieren, um wissenschaftliche Reputation bei Vertretern anderer naturwissenschaftlicher Fächer nicht aufs Spiel zu setzen. Aus dem gleichen Grund weigerte sich Sigmund Freud, andere Erkenntnis- und Bewusstseinsformen als die im Rahmen seines Modells vom Unbewussten und seinen Wirkmechanismen vertretenen in seine Methode aufzunehmen.[61]

Anders Franz Brentano, Wundts Wiener Rivale, der zum lange verkannten Gründervater einer Introspektionspsychologie werden sollte. Brentano vertrat, ähnlich wie Wundt, einen radikal empirischen Ansatz, den er insbesondere gegen alle idealistisch-philosophischen Bestrebungen heftig verteidigte. Er hatte in seiner Habilitation 1866 die These vertreten, die Methode der Philosophie könne keine andere als die der Naturwissenschaft sein.[62] Als er dann in Wien den Philosophielehrstuhl übernahm, den nach ihm Ernst Mach innehatte, entwickelte er die Grundprinzipien seiner deskriptiven Psychologie, in denen es darum ging, aus inneren Erfahrungen psychologische Gesetzmäßigkeiten abzuleiten. Brentano war allerdings akademischer Erfolg nicht beschieden. Er musste, da er ein aus der Kirche ausgetretener Priester war, der noch dazu mit einer jüdischen Fabrikantentochter verheiratet war, seinen Lehrstuhl wieder abgeben, verließ schließlich Wien verbittert[63] und lebte bis zu seinem Tod im Jahr 1917 im Exil in Florenz und in Zürich, ohne noch weiter an den wissenschaftlichen Diskursen aktiv teilzuhaben.[64] Zwar wirkte er indirekt, indem Schüler von ihm die Grundlegung der Gestaltpsychologie einleiteten,[65] seine Methode Freuds freie Assoziationsmethode befruchtete[66] und sein Schüler Edmund Husserl die Phänomenologie begründete.[67] Aber auch die Gestaltpsychologie konnte sich nicht so recht durchsetzen, wurde durch die Auswanderung ihrer Vertreter während der Nazizeit nach Amerika entscheidend geschwächt und ist eigentlich erst heute allmählich verstanden und in ihrem Ansatz akzeptabel geworden.[68] Erst jetzt hat es die Psychologie allmählich gewagt, sich dem vermeintlichen Phantom der inneren Erfahrung methodisch zu stellen. Aber zunächst sind wir erst in den Anfangsgründen dieser Bewegung.

Die Psychologie hatte also die Chance nicht ergriffen, den verdrängten Teil der menschlichen Epistemologie (= Erkenntnislehre), die innere, spirituelle Erfahrung, zurückzuholen und damit einen ganzheitlicheren Erkenntnisbegriff zu formen.

Wir stehen heute, am angeblichen Ende der Aufklärung, eigentlich immer noch an ihrem Anfang, in einer zerberstenden Welt, die wir mit den Mitteln der rationalen Erkenntnis, die wegleitend und wegbereitend für die moderne Wissenschaft war, allein nicht zusammenhalten können, wie es scheint. Was dazu nötig ist, meine ich, ist ein erweiterter Begriff von Rationalität, der die spirituelle Erfahrung einschließt, ja diese sogar zu seiner Basis macht, und eine Wissenschaft, die den begrifflichen, systematischen und institutionellen Raum dafür zur Verfügung stellt.

Warum ist es überhaupt zu dieser krummen Entwicklung gekommen? Warum müssen wir heute um Dinge ringen, die schon am Anfang der Wissenschaft, in den Entwicklungen, die Bacon und Hugo de Balma anstoßen wollten, vorhanden waren? Warum wird den meisten meiner – vermutlich allgemein wohlgebildeten – Leser das meiste, das ich bis jetzt geschrieben habe, wie abenteuerliche Science Fiction vorkommen, wenn sie nicht intim mit den angesprochenen Autoren und Entwicklungen vertraut sind? Warum muss ich hier Ideenarchäologie abenteuerlichster Sorte betreiben, um mein Argument zu stützen und zu illustrieren? Das sind genau die Fragen, die wir beantworten müssen, um im Verständnis einen Schritt weiterzukommen. Hier taucht nun die eingangs im Definitionskapitel angesprochene Spannung zwischen Erfahrung und Doktrin auf.

Dogma, Doktrin und Erfahrung

Meine zentrale These lautet nun: Der Aufklärungsprozess richtete sich vor allem gegen doktrinäre Bevormundung von Seiten der Kirche(n), wenn man vom politischen Aspekt einmal absieht.[69] Die Kirche hatte die erste Welle der Bedrohung ihrer doktrinären Vormachtstellung, die von einer allzu munteren und selbstbewussten Strömung der Philosophie und der mystischen Theologie kommen konnte, einigermaßen gut in den Griff bekommen. Die großen Mystiker des 12. Jahrhunderts, Franziskus und Dominikus, waren als Ordensgründer ins System der Kirche integriert worden, und die Orden wiederum fungierten als Sammelbecken für alle unruhigen und erfahrungswütigen Geister jener unruhigen Jahrhunderte.[70] Mit dem Sieg der papsttreuen Linie im Franziskanerorden über die Spiritualenbewegung derer, die dem originalen Testament des Franziskus nahestanden, war dem Orden auch noch die gesellschafts- und machtpolitische Spitze gebrochen. Abweichende Meinungen – wir sahen es am Beispiel Roger Bacons – wurden sanktioniert. Auch für Hugo de Balma ist ein solches Szenario, wenn schon nicht belegt, so doch der Sache nach wahrscheinlich. Bei Eckhart wissen wir, dass ihm vom Erzbischof von Köln ein Prozess wegen Ketzerei gemacht worden war, gegen den Eckhart beim Papst appellierte. Auf dem Weg zu seinem Appellationsprozess nach Avignon im Jahre 1326 ist er gestorben.[71]

Diese Beispiele mögen genügen, um eine schon oft vertretene und belegte These zu illustrieren: Die Kirche war selten glücklich mit ihren Mystikern. Sie wurden von ihrer Erfahrung gedrängt, Missstände und Machtmissbrauch anzuprangern, Verkürzungen und einseitige Einengung des Dogmas und der Lehre zu sprengen und überhaupt darauf hinzuweisen, dass die Doktrin nur eine oberflächliche Seite der geistlichen Wirklichkeit war.

Immer wieder, durch die gesamte Geschichte der christlichen Tradition hindurch, ist ein Schema zu beobachten, das sich wiederholt: Spirituelle Erfahrung ereignet sich, wird einzelnen oder ganzen Gruppen zuteil und befruchtet damit die Lehre. Gleichzeitig wird die Lehre vertieft, manchmal sogar erweitert, um die Erfahrung zu fassen. Ohne diese Erfahrung wird die Lehre dürr und oft unverständlich. Sie erscheint wie ein Gerüst, das um ein nicht-existierendes Gebäude herum errichtet wurde und also sinnlos und sinnentleert wirkt.

Spaltung und Einheit in der ursprünglichen Erfahrung,
in der theologischen Lehre und in der dogmatischen Praxis
Wir wollen dies an einem für die negative Rezeption der Kirchengeschichte zentralen Beispiel illustrieren. Es ist mir sehr bewusst, wie glitschig das Gelände ist, auf dem wir uns bewegen, und vermutlich wird es mir nicht gelingen, den Sachverhalt in seiner Tiefe und noch dazu vollständig und ausgewogen darzustellen. Aber als Teilrekonstruktion mag er uns dienen:

Im Neuen Testament gibt es einige extrem irritierende Stellen, die beim ersten Lesen widerständig und absurd erscheinen. Etwa diese:

»Wenn dich deine Hand zum Bösen verführt, dann hau sie ab; es ist besser für dich, verstümmelt in das Leben zu gelangen, als mit zwei Händen in die Hölle zu kommen, in das nie erlöschende Feuer. Und wenn dich dein Fuß zum Bösen verführt, dann hau ihn ab; es ist besser für dich, verstümmelt in das Leben zu gelangen, als mit zwei Füßen in die Hölle geworfen zu werden. Und wenn dich dein Auge zum Bösen verführt, dann reiß es aus; es ist besser für dich, einäugig in das Reich Gottes zu kommen, als mit zwei Augen in die Hölle geworfen zu werden, wo ihr Wurm nicht stirbt und das Feuer nicht erlischt.« (Mk 9, 43–48)

Mit dieser kryptischen Stelle soll offensichtlich eine zentrale Erfahrung bezeichnet und illustriert werden, die in allen spirituellen Traditionen auftaucht: Wer sich auf den Weg der spirituellen Suche begibt, wird dort nicht nur eitel Wonne finden, sondern auch Abwege, Verstockung, Hindernisse, verbaute Wege, Dürre und Wüste. In der Schilderung des Wegs von Jesus von Nazareth taucht diese Phase ganz am Anfang seines Wirkens auf und wird von den synoptischen Evangelien[72] mit der Chiffre der »Versuchung in der Wüste« geschildert. Der »Versucher«[73] möchte Jesus in diesen Geschichten nach dessen langer Fastenperiode und Einsamkeit in der Wüste dazu verleiten, Dinge zu tun, die im Wesentlichen einem Missbrauch seiner spirituellen Kraft und einem Verrat seiner Mission gleichkommen: seinen Hunger selber zu stillen (anstatt ihn sich stillen zu lassen); sich selbst zu offenbaren bzw. eine Offenbarung oder ein Gottesurteil zu erzwingen, indem er sich in die Tiefe stürzt und die dem Erretter zustehende Errettung provoziert; überhaupt dem Versuch zu erliegen, seine Mission zu banalisieren, indem er sie platt als politische Machterlangung missversteht.

In der späteren mystischen Tradition werden diese Zeiten mit Begriffen wie »Trostlosigkeit« (Ignatius von Loyola) oder »dunkle Nacht der Seele« (Johannes vom Kreuz) beschrieben.[74] In der Ikonografie (= Motivlehre in der bildenden Kunst) wurde die Versuchung des heiligen Antonius in der Wüste, der Hieronymus Bosch so unnachahmliche Gestalt gegeben hat, stilbildend. Damit ist folgender innerer Sachverhalt gemeint: Die initiale spirituelle Erfahrung, so großartig sie sein mag und so gewaltig verändernd sie zunächst ins Leben eingreift, ist nur der Anfang eines langen Wegs. Die Erfahrung will ins Leben gebracht, verwirklicht und umgesetzt werden, und dies in einem Umfeld, das oft alles andere als mit dieser Erfahrung kompatibel ist. Daraus ergeben sich Konflikte und Reibungsflächen. Vielleicht ist der Beruf, in dem man tätig ist, in keiner Weise der inneren Ruhe förderlich. Vielleicht fordert die wirtschaftliche Situation einen Einsatz von Kräften, die einem die Zeit für ruhige, spirituelle Übung stiehlt. Vielleicht bergen die Familienkonstellation oder die politische Situation entsprechende Schwierigkeiten. Vielleicht gilt es zunächst einmal, eine sperrige und verwöhnte Persönlichkeit umzuerziehen, damit sie ein entsprechendes Gefäß für die Erfahrung werden kann. Mit der Erfahrung allein jedenfalls ist es nicht getan; das lehren alle spirituellen Traditionen ohne Ausnahme. Dazu kommt, dass Erfahrungen solcher Art oft auch einen imperativen Charakter haben: Sie enthalten nicht nur ein Versprechen, sondern auch eine Aufgabe. Bevor sie nicht entsprechend erfüllt ist, machen sich erneute Erfahrungen rar. Die Aufgaben und Erfahrungen wollen erst in die Welt gebracht sein.

Dazu benötigt man Entschiedenheit, Entschlossenheit und auch einen langen Atem.

Da kann es leicht sein, dass einem »eines von zwei Augen« oder »ein Arm« oder »ein Fuß«, oder überhaupt sein Leben, dazwischenkommt. Man wird abgelenkt und »schielt« auf anderes, den schnellen Reichtum, die sich anbietende Macht, die leichter erreichbare gute Reputation in Fachkreisen. Oder man denkt sich, man könne vielleicht wirklich zwei Herren dienen: mit dem einen Arm und dem einen Bein den spirituellen Weg gehen und ihm dienen, mit den beiden anderen andere Ziele verfolgen, etwa die Mehrung seines Reichtums, Einflusses, seiner Macht und Ehre. Was auch immer man ansprechen mag: die neutestamentlichen Bilder sprechen eine große Gefahr des spirituellen Wegs wie der Spiritualität insgesamt an: die Gefahr der Spaltung. Zur Spiritualität gehört wesensmäßig – so wie zum Baum die Blätter, zum Wasser die Nässe, zur Sonne das Licht – die Einheit und Vereinigung des Lebens. Auch das scheinbar Abwegige, auch das anscheinend Falsche und Böse gehören hinein und wollen integriert und idealerweise verändert werden. Diese monistische Grundtendenz ist in spirituellen Traditionen immer wieder anzutreffen.

Das gilt im übrigen auch für die oftmals fälschlicherweise als dualistisch missverstandene jüdisch-christliche Tradition: Der Schöpfungsbericht spricht mehrmals davon, dass Gott alles, was geschaffen ist, als »gut« bezeichnet. In einer zentralen Stelle bei Jesaia heißt es: »Ich bin der Herr und sonst niemand; außer mir gibt es keinen Gott. [...] Ich erschaffe das Licht und mache das Dunkel, ich bewirke das Heil und erschaffe das Unheil. Ich bin der Herr der das alles vollbringt.« (Jes 45, 5 ff.) Diese zugegebenermaßen schwierige Formulierung transportiert einen wichtigen Impuls: die Einheit des Seins und damit auch des spirituellen Wegs zu betonen. Es ist also Ziel und Aufgabe dieses Wegs, auch die abwegigen Seiten, die »schädlichen« und »bösen« Aspekte unserer Natur, unserer Persönlichkeit, unserer Zeit und Geschichte zu integrieren. Das heißt nicht, sie zu bagatellisieren oder zu ignorieren. Im Gegenteil. Im Zitat vorhin wird klar davon gesprochen, dass die entsprechenden Glieder Anlass zum Anstoß geben. Der Anstoß, das Widerständige wird also identifiziert und benannt. Und es wird auch in gewalttätiger Sprache vom »Ausreißen« oder »Abhacken« gesprochen. Ist da nicht Spaltung indiziert und weniger Versöhnung und Integration? Mir scheint, die deutliche, ja fast gewalttätige Sprache will darauf hinweisen, dass es um eine klare, entschiedene und auch deutliche Benennung dessen geht, was widerständig, böse, aufsässig und lebensfeindlich ist. Integration und Überwindung geschehen gerade nicht dadurch, dass man Fehler verharmlost, Falsches übertüncht und Verbrechen übersieht. Es heißt vielmehr, dass man seine eigenen Schattenseiten klar kennen- und benennen lernt, dass man um seine eigenen Verführbarkeiten und Schwächen weiß. Aber der Gesamtduktus dieser Stelle will gerade darauf hinweisen, dass es um die Einheit geht. Nur wenn man sich ganz auf den Weg einlässt, hat man eine Chance, ihn zu verwirklichen. Nur wenn man ohne Nebenzwecke, Nebenziele, ungeteilt und radikal diesen spirituellen Weg geht, kommt man vorwärts und damit zum »Heil«, also zum Ganzwerden. In der Bildersprache des Neuen Testaments steht dafür der Begriff »Reich Gottes«.

Tut man es nicht, ist man, immer schon, in der Hölle der Verzagtheit, der Getrenntheit, des Geteiltseins. Weder das »Reich Gottes« noch die »Hölle« sind in einer solchen spirituellen Interpretation jenseitige Orte, obwohl sie das vielleicht möglicherweise auch sind, aber das ist nicht mein Thema. Sie sind vielmehr psychologische Zustandsbeschreibungen hier und jetzt. In diesem Sinn ist auch die lange Tradition der Lockung mit jenseitiger Belohnung und der Drohung mit jenseitiger Bestrafung, die von kirchlicher Moral gepredigt wurde, um moralisches Verhalten zu erzwingen, ein großes spirituelles Missverständnis, zumindest in dieser Ausschließlichkeit. »Das Reich Gottes ist mitten unter euch«, in anderer Lesart auch »in euch«, ist biblische Botschaft (Lk 17, 21b),[75] alles andere ist theologische Interpretation, und nicht unbedingt und notwendigerweise gute. Im gleichen Sinn ist auch die »Hölle« zunächst in uns, als Symbol des Abgetrenntseins vom Quell des Lebens und des Seins. Das geschieht eben genau dort, wo wir nicht einzig, ganz und radikal unserem spirituellen Lebenssinn nachgehen. Dort werfen wir uns sozusagen selber in die Hölle, genauer gesagt, wir schaffen uns unsere Hölle. In diesem Sinn wäre die Aussage von Jean-Paul Sartre, »die Hölle, das sind die anderen«, zu radikalisieren: Die Hölle, das ist das, was wir selber aus unserem Leben machen, wenn wir nicht ganz, einfach und einheitlich unserer spirituellen Natur folgen. Das ist meines Erachtens Sinn und Hintergrund dieser Aussage. Sie ist als solche nur verständlich, wenn man die entsprechende Erfahrung mindestens ansatzweise mitbringt. Sonst wirkt sie nur verschreckend und brutal.

Genau dieses ist in der weiteren Kirchengeschichte immer wieder geschehen. Die Vertreter der Lehre haben, aus ihrer Sicht zu Recht, versucht, die Reinheit der Doktrin aufrechtzuerhalten. Insbesondere versuchten sie, sie gegen dualistische Tendenzen zu schützen und andere Meinungen als inkonform mit dem Dogma zu bannen. Dieser Schutz galt genau jenem monistischen Impuls der Tradition: dass es nur einen Weg gibt und nicht einen, der aus einem innerlich-spirituellen und äußerlich-weltlichen besteht, genauso, wie es nur eine absolute Wirklichkeit gibt und nicht eine, die in sich gespalten ist in ein gutes und ein schlechtes Prinzip. Diese dualistischen Tendenzen hatten immer wieder Konjunktur. Der spätere Kirchenvater Augustinus gehörte zunächst einer solchen dualistischen Gruppe an, die in der Antike als Manichäismus über das ganze Herrschaftsgebiet des alten Rom hinweg verbreitet war.[76] Die dogmatischen Verkündigungen konnten auch nicht verhindern, dass sich solche Meinungen hielten.

Im 11., 12. und 13. Jahrhundert tauchten sie erneut als Bewegung der »Katharer«, der »Gereinigten und Reinen«, auf. Es genügt hier, festzuhalten, dass in dieser Bewegung genau jener Dualismus gelehrt wurde, der auf dem spirituellen Weg eben gerade nicht zielführend ist, jedenfalls, wenn man der Lehre Jesu und der Kirche und überhaupt der gesamten judäo-christlichen Tradition folgte. Dort wurde wiederum von einem guten und einem schlechten Prinzip gesprochen, von solchen Menschen, die dem guten Prinzip angehörten und sich von allem schlechten Weltlichen gereinigt hatten, eben den Reinen,[77] und allen anderen, die »noch nicht so weit« waren, die der Welt und damit der Verdammnis anheimgefallen waren, per definitionem allen anderen also.

Dass dies nicht mit der Doktrin und dem Leben der Kirche übereinstimmte, war eigentlich erst auf den zweiten und vor allem vertieften Blick ersichtlich. Denn auch dort waren vielfach ähnliche Allüren zu beobachten. Viele Missstände waren offensichtlich, so dass es die »Reinen« einfach hatten, sich als die besseren Christen zu positionieren. Dass diese Lehre aber dem monistischen Impuls der spirituellen Tradition des Christentums zuwiderlief, war offensichtlich. Dass damit auch eine Herausforderung der Macht- und Vorrangstellung der Kirche verbunden war, war sicherlich das Offensichtlichste an dieser Lehre. Daher ist es nicht verwunderlich, dass sich bald ein Ringen um die Vormachtstellung ergab.

Zentral in der frühen Phase dieses Ringens ist die Gestalt des heiligen Dominikus.[78] Für ihn und seine ersten Anhänger ist historisch gut belegt, dass sie eine im Wesentlichen spirituelle Strategie der Bekämpfung der Ketzer an den Tag legten.[79] Zum einen verließen sie sich auf die Überzeugungskraft ihres Worts, das, aus eigener Erfahrung gespeist, in der Predigt viele ansprach. Zum anderen verließen sie sich auf ihr Wirken, gemäß dem Evangeliumswort »an ihren Früchten werdet ihr sie erkennen«. Sie halfen der Bevölkerung, entlarvten oft auch Doppelbödigkeit bei den vermeintlich »Reinen«, waren klar und verbindlich, dabei aber immer mildtätig zu denen, die sich bekehrten, und erst recht zur Bevölkerung, die ja den doktrinären Umtrieben von beiden Seiten vollkommen hilflos, weil ungebildet, ausgeliefert war. Auch die doktrinären Formulierungen dieser Zeit waren klar in ihrem spirituellen Bezug auf die Tradition: Das Laterankonzil, das sich 1215 versammelte, um die Ketzerei der Katharer zu diskutieren, legte klar fest: Gott ist einer, und es gibt keinen ihm gleichen zweiten Gott oder einen ebenso mächtigen Satan. Die Dämonen, Engel und andere Wesen aber seien von Gott geschaffene Geschöpfe, ihm untertan.[80]

Im Verlauf der Zeit aber gewann die doktrinäre über die spirituelle Seite die Oberhand. Mit Berufung auf die neutestamentlichen Texte, die nun aber nicht spirituell, sondern doktrinär interpretiert und oftmals sogar wörtlich missverstanden wurden, wurden die Ketzer immer radikaler behandelt: Waren am Anfang noch Gnadenfristen gegeben, innerhalb derer sich alle zurückbekehren konnten und die Konsequenzen vielleicht in einer Bußwallfahrt bestanden, wurden später oftmals ohne Unterschied der Person und des Standes der Scheiterhaufen mit dem Argument angewandt, es sei besser, der Körper verbrenne im Feuer als die Seele in den Höllenqualen. Noch abstoßender sind das Zustandekommen und die Durchführung des Ketzerkreuzzugs, bei dem allen Generalablass und -absolution für alle Schandtaten erteilt worden war, egal, was sie taten, sofern sie teilnahmen.[81] Bei einer im großen und ganzen wenig spirituell orientierten, aber sehr abergläubischen Ritterschaft war dies natürlich ein Freibrief für Brutalität. Es ist darum kein Wunder, dass einer der Anführer, der Graf von Montfort, eine Kirche in Brand stecken ließ, in der sich ein ganzes Dorf in Sicherheit gebracht hatte. Sein zynischer und menschenverachtender Befehl ist überliefert: »Tötet sie alle. Gott wird die Seinen erkennen.«[82]

Das ist ein typisches und krasses Beispiel dafür, wie eine ursprünglich spirituelle Einsicht und ihre in textlich-bildhafter Form paradoxe Ikonografie missverstanden wird, wenn die spirituelle Erfahrung fehlt und sich die Doktrin ihrer bemächtigt. Wir haben gesehen: Am Grund der Texte steht der spirituelle Impuls, das Leben und die Welt als eines zu sehen und zu verstehen, das Wissen um die Schwierigkeit und um die Notwendigkeit radikaler Entscheidung und Hingabe an den Weg. Die Texte bilden diese Einsicht in einer martialischen Rhetorik ab, um auch die Schwierigkeiten des Wegs angemessen zu verdeutlichen. Der doktrinäre Impuls, der sich daraus entwickelte, war der einer monistischen Grundhaltung:

Die Wirklichkeit, das Leben, das Absolute ist Eines, nicht Zwei. Mit diesem doktrinären Impuls auch ein Gefäß zu hüten, in dem sich die entsprechende Erfahrung wieder je neu entfalten kann, jedenfalls nach Möglichkeit und im Prinzip, auch dies ist verständlich und vielleicht sogar zu rechtfertigen. Den doktrinären Impuls jedoch zu verabsolutieren, Doktrin mit Gewalt zu schützen und dieses Verhalten dann mit biblischen Texten zu rechtfertigen, deren Verständnis nicht mehr von deren Gehalt ausgeht, sondern nur mehr von ihrer äußerlichen Form und Wörtlichkeit, das geht an der ursprünglichen spirituellen Intention dieser Texte eindeutig vorbei.[83]

Es ist dann oftmals das doktrinäre Gerippe, das sich durch die Geschichte geschleppt hat, dem verschiedentlich Reformer, Inspirierte, Begeisterte, Ordensgründer immer wieder neu Leben eingehaucht haben und das insofern zum Leben erwacht ist und immer wieder erwacht, als die ursprüngliche Erfahrung je neu gemacht und gefasst wird. Und eigentlich wäre es Aufgabe der Doktrin und des Dogmas, solche Erfahrung zu schützen und einen Raum bereitzustellen, in dem sie je neu zu machen und zu finden wäre. Für den modernen, aufgeklärten Geist, der selber keinen oder einen anderen Zugang zu spiritueller Erfahrung hat, steht dann nur noch die doktrinäre Hülse wie eine Vogelscheuche im Wind der Geschichte und gibt sich der Lächerlichkeit preis. In der Tat: Ohne das Leben der spirituellen Erfahrung ist die Doktrin ein Gerippe, das keinem Leben nützt und eine Beerdigung erster Klasse verdient hat.

Doktrin, Aufklärung und Wissenschaft

Genau jene Beerdigung ist ihr im Rahmen der Aufklärung zuteil geworden. Diese komplexe und historisch weit zurückreichende Bewegung hat letztlich erreicht, was bereits bei den ersten Freigeistern des Mittelalters spürbar war: Freiheit von doktrinärer Bevormundung, vor allem von der dogmatischen Vorherrschaft der Kirchen. Die Wissenschaft als soziale und intellektuelle Bewegung hat neben politischen Entwicklungen entscheidend zu dieser Emanzipation vom Dogma beigetragen. Ohne die Jahrhunderte wissenschaftlicher Entwicklung wären die Aufklärung und ihre befreiende Kraft nicht denkbar. Ohne die vielen, heute vergessenen Lehrer an Universitäten und Schulen, die ihren Studenten selbständiges Denken, kritisches Fragen, subtile Analyse von Widersprüchen beigebracht haben, wären die großen Köpfe, die stellvertretend für den Impuls und den Erfolg der Aufklärung stehen, nicht gebildet worden.

Roger Bacon wäre nicht das geworden, was er war, wäre er nicht bei dem heute praktisch vergessenen Franziskaner Adam Marsh und bei Robert Grosseteste in die Schule gegangen. William Ockham, ohne dessen radikale Kritik vorangegangener Lehren die Methodik der modernen Wissenschaft gar nicht denkbar wäre, ist wiederum nur zu verstehen aus der Tradition des Franziskanerordens, bei deren Lehrern er in die Schule gegangen ist. Die lange Reihe von Denkern und Lehrern, die weit ins Mittelalter und von dort bis in die griechische Antike zurückreicht, hat am Ende zu einer Emanzipation des Denkens und Forschens von doktrinären Vorgaben durch die Kirchen geführt. Meist wird diese Historie an illustren Köpfen, etwa Ockham, Galileo, Giordano Bruno und anderen, besonders sichtbar gemacht. Aber im Grund ist sie ein mächtiger, oftmals unterirdisch verlaufender Strom, der viele Zuflüsse aus unterschiedlichen Richtungen erhielt. Häufig waren es sogar kirchlich gebundene Kleriker und Ordensleute, die dieser Entwicklung Vorschub leisteten. Im Mittelalter waren praktisch alle bedeutenden Gestalten und Forscher Kleriker oder Ordensleute. Ein wesentliches Instrument der Aufklärung, auch wenn vielleicht ursprünglich anders konzipiert, waren die von Jesuiten und anderen Orden in der Barockzeit neu gegründeten Schulen und Hochschulen, die Bildung zu einem leichter erreichbaren Ziel für viele unbemittelte Kinder machten. Ohne diese Entwicklung im einzelnen nachzeichnen zu wollen, können wir das Resultat festhalten: Intellektuelle Bildung und Ausbildung, Entwicklung der Kritikfähigkeit und des Denkens, menschliche Neugier, mit entsprechender Methodik ausgestattet, lassen sich von keiner Doktrin auf lange Sicht gängeln. Wissenschaft und kirchliches Dogma waren langfristig inkompatibel und mussten sich ihre Einflussbereiche genauso trennend abstecken wie Jahrhunderte zuvor weltliche und kirchliche Macht die ihren.

Nun ist es aber zentral festzuhalten und zu verstehen, dass das, wovon Wissenschaft sich selbst und die Zeitgenossen befreite, nicht die Spiritualität und ihre Essenz war, sondern das doktrinäre Gehäuse. Wenn Nietzsche den Tod Gottes verkündete und gleichzeitig die Geburt eines neuen Menschen, dann war damit genau jene Entwicklung gemeint, die ich hier ebenfalls skizziere, nämlich der Untergang einer doktrinären Hülse zugunsten eines Menschen, der sich selbst in seiner Erfahrung je neu findet. Die Befreiung von doktrinären Zwängen, die sich aus der Aufklärung ergab, meint zunächst einmal die Befreiung von der Bevormundung des Menschen – unter dem Vorwand von Macht, mit Mitteln der Drohung und der Einschüchterung –, die nicht oder nicht ausreichend in tatsächlicher Erfahrung wurzelt und rein ideologische Zwecke verfolgt.

Ein großes Missverständnis hat sich daraus entwickelt: Man meinte und meint, mit der Verdrängung der Religion aus dem allgemeingültigen Raum der Öffentlichkeit hinein in einen der privaten Beliebigkeit das Problem insgesamt gelöst zu haben. Man meint, mit einer Entlarvung der Doktrin das Thema der Spiritualität ebenfalls mit erledigt zu haben. Genau das ist aber nicht der Fall. Denn Spiritualität als menschliches Grundbedürfnis lässt sich genauso wenig wegdiskutieren wie Sexualität. Und indem man glaubt, die Aufklärung hätte ihr Werk vollendet, und zur Tagesordnung übergeht, wird nichts anderes getan, als diesen Bereich in die individuelle Beliebigkeit und Privatheit zu entlassen.

Die »letzten Dinge« – die Frage nach Sinn und Zweck des Lebens, die Frage nach Aufgabe, Werten und ihrer Verfehlung – sie lassen sich nicht verdrängen. Sie kommen in Verkleidungen und Verzerrungen wieder auf uns zu. Eine solche Verzerrung ist zum Beispiel der Szientismus, der Glaube an die Wissenschaft als neuer Religion.

Szientismus

Wissenschaft ist eigentlich eine systematische Art und Weise, Erfahrung zu machen und sich dabei möglichst vor Irrtümern zu schützen.[84] Im Verlauf ihrer Geschichte hat die Wissenschaft eine Reihe von Methoden ausgebildet, um diesen Schutz vor Irrtum zu erhöhen. Mit dem Aufkeimen der Naturwissenschaft ging der politische Impuls der Aufklärung einher, der zunächst eine Eindämmung der absolutistischen Macht des Herrschers, aber auch eine Eindämmung der ideologischen Macht der Kirchen zum Ziel hatte. Große Wissenschaftler und Denker waren meistens auch große Aufklärer. Das gilt bereits für Roger Bacon und William Ockham, mit Sicherheit für Gottfried Wilhelm Leibniz und Immanuel Kant, in Grenzen für Isaac Newton, für David Hume und viele andere. Je weiter die Erklärungskraft der Wissenschaft reichte, desto geringer schien der Einfluss der Kirchen zu werden. Denn viele anscheinend übernatürliche Phänomene ließen sich nun wissenschaftlich erklären und wurden so entzaubert und entmystifiziert. Der Blitz etwa wurde von einer Strafe Gottes zu einer zwar immer noch unkontrollierbaren, aber immerhin verstehbaren elektrischen Entladung zwischen Wolken und Erde degradiert. Infektiöse Krankheiten wurden von einer Geißel Gottes zu einem verstehbaren und damit in Grenzen kontrollierbaren Phänomen. Und so konnte Auguste Comte an der Wende zum 19. Jahrhundert getrost formulieren, dass sich die Menschheit in Stadien fortentwickle. Dem ersten, primitiven der Magie und des Aberglaubens folge das der Religion und schließlich das der Wissenschaft. Damit war der weltanschauliche Grund gelegt, Wissenschaft nicht nur als Methode und Erkenntnisinstrument zu betrachten, sondern im Innersten als Weltanschauung und säkulare Religion, die wir im Folgenden als Szientismus bezeichnen wollen.[85]

Viele Neuerer der modernen Wissenschaft waren nun auch noch erklärte Materialisten, die die Doktrin vertraten, nur die Materie und die in ihr wirkenden Bewegungsgesetze wären überhaupt ergründbar und würden ausreichen, die Welt zu erklären.[86] War Newton bereits ein ziemlich heterodoxer Freigeist, so waren seine Anhänger und Nachfolger noch stärker von diesem Impuls ergriffen. An der Wende zum 19. Jahrhundert war bereits ein Universum denkbar, das wie eine enorm komplexe Uhr oder ein Maschinenwerk, einmal von einem Schöpfer angeworfen, alleine seinen Gang nehmen könnte. Aus der Wissenschaft als Methodik wurde langsam eine Weltanschauung. War früher noch ein Gott zur Welterklärung nötig, so war bereits ein komplett determiniertes Weltgefüge im Sinn von Julien Offray de la Mettrie aus sich heraus erklärbar; man benötigte nur noch den ersten Anstoß der Maschinerie. Verlängert man diese Entwicklung hinein in die modernen Theorien, dann kann man sich ein Universum vorstellen, das sich aus einer Schwankung des Vakuums heraus selber in die Existenz katapultiert und vielleicht wieder in dieses Vakuum hinein zurückfallen wird.[87] Selbstverständlich operieren wir auch bei dieser Vorstellung mit Grenzbegriffen, die an Abstraktheit, Unanschaulichkeit und spekulativem Gehalt leicht mit dem guten, alten Gottesbegriff mithalten können. Der Unterschied besteht allerdings darin, dass diese Begriffe Bestandteile von bewährten naturwissenschaftlichen Theorien sind und insofern formal beschreib- und charakterisierbar. Allmählich und ohne, dass es weit herum bemerkt worden wäre, hat also Wissenschaft, und insbesondere Naturwissenschaft, den Rang einer Weltanschauung erobert, zumindest für diejenigen, die bereit sind, all die Unwägbarkeiten zu übersehen, all den Versprechen zu glauben, dass noch offene Probleme genauso gelöst werden würden wie frühere, und all die Relativierungen zu vergessen, die notwendig sind, damit wissenschaftliche Theorien überhaupt gelten.

In einer subtilen Dialektik beginnt sich Wissenschaft jene Autorität anzumaßen, die sie der Religion geraubt hat. Ob dabei »die Wissenschaft« als Subjekt tatsächlich aktiv ist, nämlich als kollektive Unternehmung aller Wissenschaftler, oder ob dies nicht viel eher ein komplexer Prozess ist, der durch Popularisierungen, mediale Präsenz einzelner, Zuschreibungen durch die Öffentlichkeit gesteuert wird, sei dahingestellt. Tatsache ist zweifellos, dass viele Funktionen, die früher die Religion innehatte, heute von der Wissenschaft ausgefüllt werden: Sie hat die Mythologeme über den Ursprung der Welt bereitzustellen und tut dies bereitwillig in einer abstrakten und mit vielen Unwägbarkeiten behafteten Theorie vom Urknall. Sie hat Aussagen über Sinn und Optimierung des menschlichen Zusammenlebens zu tätigen, und die moderne Psychologie tut dies mit einer Vielzahl von unreifen, sich widersprechenden und teilweise schlecht fundierten Theorien, aus denen sich jeder je nach Belieben seine Versatzstücke herausschneidet. Die Wissenschaft wird angefragt, wenn es um die Frage des Lebens und Überlebens geht, und sie tut das, was sie meint, dass die Allgemeinheit von ihr will: Die Medizin ist längst von einer Heilwissenschaft zu einer Lebensverlängerungs-, Lebensveränderungs- und Leidensabschaffungsmaschinerie geworden.

Wissenschaft durchdringt unser Leben bis hinein in die winzigsten Bestandteile unseres Alltags, ob wir es wollen oder nicht, angefangen von der klinisch getesteten Zahnpasta, von der vermeintlichen Notwendigkeit, unsere Küche mit dem Spülmittel zu desinfizieren, von mit irgendwelchen Laktobazillen fermentierten Gesundheitsjoghurts bis hin zu den abendlichen Fernsehsendungen über die neuesten Errungenschaften der Wissenschaft oder den zweifelhaften politischen Entscheidungen mächtiger Führer, die von vermeintlich wissenschaftlichen Befunden gestützt werden. Man denke etwa an das ikonografisch eindrucksvolle Auftreten des amerikanischen Außenministers Colin Powell vor den Vereinten Nationen, bewaffnet mit einem Probenröhrchen, das neben anderen semiotischen (= zeichenhaften) Bedeutungsgeflechten auch das der wissenschaftlichen Dignität signalisieren sollte, mit der der Irak-Krieg begründet wurde.

Das Vakuum, das die Verdrängung des abendländischen Gottesbegriffs aus dem öffentlichen Raum und in seinem Gefolge die Abschaffung der Religion als öffentlich zentraler Instanz bewirkt hat, wird nun, ob sie es will oder nicht, von derjenigen Kraft gefüllt werden, die das Vakuum zu erzeugen geholfen hat, nämlich von der Wissenschaft selbst.

Kaum irgendeiner in ihren Reihen scheint sich über diese Entwicklung wirklich im Klaren zu sein. Immer wieder hört man aus Verlautbarungen ihrer Vertreter heraus, dass Wissenschaft ja nur begrenzte Kompetenz habe, die letzten Lebensfragen nicht lösen könne, keine Wertvorgaben zu machen habe und so fort. Sachlich ist all dies richtig. Aber historisch ist es falsch. Wir sehen es an den einfachen Dingen des alltäglichen Lebens: Wissenschaft und Kommerz haben jene Rolle eingenommen, aus der die Religion verdrängt wurde. In einer subtilen Dialektik wird nun die Wissenschaft gefordert sein, das einzulösen, was sie beim Verdrängen der Religion aus dem öffentlichen Raum versprochen hat: eine menschliche, aufgeklärte, insgesamt dem Leben dienliche Weise der Entwicklung und der Gestaltung der Gesellschaft zu ermöglichen. Wissenschaft ist gefordert, die Aufklärung fortzuführen und auch über die ihr eigenen Grenzen und Ideologiepotenziale aufzuklären. Wenn Wissenschaft sich nicht ihr eigenes Fundament zerstören lassen will, dann muss sie selbst über die Begründung dieses Fundaments aufklären und die Aufklärung an dieser Stelle weitertreiben. Mir scheint, das wird der Moment sein, an dem Wissenschaft sich in ihrem Erklärungsanspruch selbst relativiert und spirituelle Erfahrung einen entscheidenden Platz im Gefüge des Erkennens erhalten wird.

Und um mein Argument an dieser Stelle an den Ausgangspunkt zurückzuführen: Die Wissenschaft muss nun auch diese Anleihe einlösen und sich genauso offen, genauso kritisch, genauso vorurteilslos – wenn man den kollektiven Prozess insgesamt ansieht und nicht nur die Haltung einzelner – dem Phänomen der Spiritualität zuwenden. Spirituelle Erfahrung stand der verfassten Religion Pate. Die Doktrin war ihr Ausdruck und Behälter. Dieser wurde demontiert, teilweise von der Religion selber, die versäumt hat, ihn immer wieder neu zu füllen. Aber auch vom Gang der Aufklärung, deren wesentlicher Motor die Wissenschaft war. Nun ist es an der Zeit, dass die Wissenschaft sich dem zugrundeliegenden Phänomen zuwendet und Spiritualität, spirituelle Erfahrung in ihrem Bereich ernst nimmt und damit aber auch den epistemologischen Anspruch genauer untersucht, der damit einhergeht. In dem von mir angebotenen Rekonstruktionsrahmen würde damit genau das geschehen, was vor etwa 750 Jahren gescheitert ist: spirituelle Erfahrung als eigene Erkenntnis- und Erfahrungsmodalität zu untersuchen, ernst zu nehmen und nach Möglichkeit sogar in den Kanon der Methoden zu integrieren. Wie eine solche postmoderne Wissenschaft aussehen könnte, die gleichzeitig das Ziel der Aufklärung weiterführt und Spiritualität zu einem Thema macht, ist nun Gegenstand des folgenden Kapitels. In ihm wird gleichzeitig zu diskutieren sein, inwiefern eine solche Entwicklung unumgänglich ist und was genau mit einer nicht-doktrinären Spiritualität gemeint sein könnte.

3____Spiritualität – Tabu und Chance der Wissenschaft

DIE WISSENSCHAFT HAT MIT IHREM ERKENNTNISDRANG beinahe alle Tabus menschlicher Gesellschaften gebrochen. Das Tabu der Sexualität ist durch die Studien Sigmund Freuds und später durch die Laboruntersuchungen von William Howell Masters und Virginia Johnson gebrochen worden. Die Medizin ist gerade aktiv dabei, eine Reihe anderer Tabus zu brechen: Die prinzipielle Möglichkeiten des Eingriffs in die Keimbahn bricht das Tabu der Unverfügbarkeit der Individualität; die künstliche Befruchtung das der Bindung der Zeugung an einen heterosexuellen Akt mit entsprechender Lebensgemeinschaft oder die biologischen Altersgrenzen für die Aufzucht von Nachwuchs. Der Tod als generelle Grenze des Lebens wird immer mehr aus seiner Endgültigkeit zu einer steuerbaren Größe umdefiniert, mit all den gesellschaftspolitischen und ethischen Problemen, die dies birgt. Spirituelle Erfahrung und Spiritualität hingegen scheinen noch immer den Charakter eines Tabus zu haben, zumindest was die europäische Kultur angeht. Die amerikanische Kultur ist zwar traditionell viel stärker religiös. Das hat vermutlich mit ihrem Ursprung zu tun, der bis ins 18. Jahrhundert hinein durch die Emigration religiös Verfolgter geprägt war, weswegen Amerika zum gelobten Land religiöser Eiferer und Gottesfürchtiger wurde, wenn man einmal von Zwielichtigen und wirtschaftlich Chancenlosen absieht, die Amerika ebenfalls bevölkert haben. Aber diese religiöse Erbschaft hat der Spiritualität in der amerikanischen Forschungstradition dennoch keinen wesentlich anderen Status beschert als in Europa. Denn Spiritualität wird in der dortigen Kultur oftmals als Antithese zur Religion gewertet und damit als Abfall von traditioneller Religiosität.[88] Religiosität aber ist Privatsache des Wissenschaftlers, nicht Wissenschaftsthema. Hinzu kommt, dass sich laut einer Umfrage des Religionspsychologen David B. Larson führende Wissenschaftler der US-amerikanischen National Academy of Science mehrheitlich nicht als religiös bezeichnen: 93 % glauben nicht an Gott, 92 % nicht an eine Unsterblichkeit der Seele; dabei sind nur 21 % Agnostiker, also solche, die sagen, sie seien von einer Nicht-Erkennbarkeit Gottes überzeugt und gäben deshalb keine positive Meinung an.

72 % dagegen sind aktiv ungläubig, also von der Nicht-Existenz einer transzendenten Wesenheit überzeugt. Am ehesten gläubig sind Mathematiker und Physiker, am wenigsten Biologen.[89] Man sieht: Die Aufklärung hat bei denen, die in ihrem Getriebe aktiv sind, sehr gründliche Arbeit geleistet.

Daraus ergibt sich die Situation, die zu einer Tabuierung führt: Wenn Wissenschaftler als Personen mehrheitlich selbst den von der Aufklärung betriebenen und vollendeten Tod Gottes verinnerlicht haben, wenn sie überdies – was zu vermuten ist – diesen Tod Gottes nicht als Tod der Doktrin, eines obsoleten Begriffs oder einer ideologischen Herrschaftsstruktur verstehen, sondern als terminales Ende eines vermeintlich mythologischen Redens über eine Wirklichkeit, die neuerdings anders erklärbar ist, dann gibt es in der Tat keinen Grund, Spiritualität als Wissenschaftsthema ernst zu nehmen. Dann kann es nur eine psychologisch-reduktive Annäherung an das Thema geben: nämlich verstehen, warum Menschen in einer von Wissenschaft durchdrungenen und aufgeklärten Zeit immer noch religiös sind, warum sie immer noch an überflüssigen Konzepten wie »Gott«, »Leben nach dem Tod« etc. festhalten, welche psychologischen Funktionen dadurch erfüllt werden, welche gesellschaftlichen Konsequenzen dies hat und welche kollektiven Bedingungen dafür maßgeblich sind. Wissenschaftler, die einen anderen Ansatz verfolgen und damit implizit zu verstehen geben, dass sie sachlich und systematisch einen Gewinn darin sehen, Spiritualität in ihrem Erkenntnisanspruch ernst zu nehmen, stellen sich dadurch automatisch außerhalb des impliziten Konsenses der Wissenschaftlergemeinde. Und im Grund kann es für diejenigen, die immer noch an der Möglichkeit einer spirituellen Erfahrung festhalten, nur ein kollektiv-wissenschaftliches Verdikt geben, zu den Ewiggestrigen zu gehören, denen auch irgendwann einmal die wissenschaftliche Erkenntnis darüber, wie solche Erfahrungen neurologisch zustandekommen, den Garaus machen wird.

Vielleicht ist es an dieser Stelle erneut nötig, darauf hinzuweisen, dass der Tod Gottes als einer doktrinären Entität nicht identisch ist mit der Abschaffung eines Erfahrungsbereichs. Vielleicht hilft es, daran zu erinnern, dass die Eindämmung der Macht einer doktrinären Hülse richtig, ja notwendig für den Erfolg der Aufklärung war. Dennoch – und das ist das Paradox – kann das Ernstnehmen des Erfahrungsbereichs, der dieser doktrinären Hülle ursprünglich und immer wieder zugrunde liegt, wissenschaftlich sinnvoll, ja notwendig sein. Die Überzeugung der Mehrheit der Wissenschaftlergemeinde scheint sich meiner Einschätzung nach genau auf die doktrinäre Hülle zu beziehen, die durch die Aufklärung demontiert wurde, und kaum jemand gibt sich Rechenschaft über die Frage, ob nicht vielleicht dem Bereich der spirituellen Erfahrung ein eigener Geltungsanspruch jenseits des doktrinären Systems zukommt.

Wenn wir nun also den Bereich der spirituellen Erfahrung ins Zentrum der Aufmerksamkeit rücken, so behaupten wir damit implizit, dass dem in der spirituellen Erfahrung Intendierten – möglicherweise – ein wie auch immer gearteter Wirklichkeitsbezug zukommt und der entsprechenden Erfahrung ein epistemologisch bedeutsamer Erkenntniswert. Wir führen aber auch das Projekt der wissenschaftlichen Aufklärung und Kritik weiter und weiten es auf den Bereich der Spiritualität hin aus.

Bevor wir dies konsequent durchführen können, müssen wir drei Voraussetzungen klären:

1. Die ontologische Voraussetzung: Was kann und wird der Referent einer spirituellen Erfahrung sein? Was genau ist »Wirklichkeit«, »Sein« oder gar »absolutes Sein«, und haben solche Begriffe überhaupt noch Sinn in einer post-metaphysischen und postmodernen Zeit?

2. Die epistemologische Voraussetzung: Wie genau können und dürfen wir bei jener Modalität der inneren Erfahrung von Erkenntnis und Erfahrung sprechen?

3. Die individuell-konstitutive Voraussetzung: Inwiefern können wir überhaupt davon reden, dass menschliches Bewusstsein Erfahrungen einer wie auch immer gearteten absoluten Realität machen kann?

Beginnen wir mit der letzten der drei Voraussetzungen, und sehen wir, wie weit uns eine Klärung dieser Frage bringen kann.

Die Frage nach dem Bewusstsein

Im Grund kann die Frage nach dem Bewusstsein mit drei kategorial verschiedenen Modellen beantwortet werden:

Idealismus

Die idealistische Position geht davon aus, dass letztlich Bewusstsein die primäre und grundlegende Entität im Kosmos ist und alles andere aus ihm abgeleitet werden kann. Materie ist dann so etwas wie kristallisiertes Bewusstsein. Die idealistische Denktradition im Westen hat immer wieder eine solche Meinung vertreten und sich dabei auch zu einem beinahe unlösbaren Amalgam mit religiösen Denkformen vermischt. Angefangen von Parmenides und Platon in der Antike, über Plotin bis hin zum Deut-

70

schen Idealismus von Fichte, Schelling und Hegel, ja bis in die neuere Zeit und zu Charles Sanders Peirces semiotischem Idealismus hat diese Denkfigur immer wieder Anhänger gefunden. Sogar einige Physiker, die darauf hinweisen, dass ein bewusstes Zur-Kenntnis-Nehmen eines Messergebnisses konstitutiv für materielle Bestimmtheit ist, vertreten in neuester Zeit idealistische Positionen.[90] Dadurch, dass im Grund die ganze Tradition des Hinduismus als idealistische Philosophie rekonstruiert werden kann und möglicherweise auch die griechisch-antiken Gedanken, zumindest des Plotin, beeinflusst hat, ist diese Denktradition noch immer bedeutsam.[91] Viele Anhänger einer »transpersonalen Psychologie«, die von der Realität einer jenseits der individuell-materiellen Belange befindlichen Welt überzeugt sind, vertreten implizit idealistische Positionen, ohne es wirklich bewusst zu tun. Einer der Protagonisten dieser Bewegung, Ken Wilber, hat verschiedentlich ausdrücklich betont, dass sein Systemdenken dem von Friedrich Wilhelm Schelling und Plotin ähnle, vermutlich deshalb, weil beide, Wilbers und Plotins Systeme, ursprünglich von östlich-hinduistischen Grundgedanken gespeist waren.[92]

All diese Modelle sind enorm plausibel, solange man eine Voraussetzung teilt und die Hauptschwäche ignoriert. Die Voraussetzung ist die eines unabhängigen, denkenden Subjekts als unmittelbar in der Erfahrung Gegebenen, von dem jede idealistische Philosophie ihren Ausgangspunkt nimmt. In der Sprache des deutschen Idealismus ist dies der »transzendentale Standpunkt«. Die Hauptschwäche ist die Frage, wie aus einem solchen System ein zufriedenstellender Begriff der Materie ableitbar ist. Die Selbstgewissheit eines denkenden, autonomen und freien Ichs ist angesichts der politischen Entwicklungen des 20. Jahrhunderts, angesichts der philosophischen Debatten der Nachkriegszeit und angesichts der Entdeckungen der Neurowissenschaft, wenn nicht komplett fraglich, so doch mindestens problematisch geworden. Eigentlich ist selbstbewusste Individualität weniger der Ausgangspunkt als das große wissenschaftliche Problem unserer Zeit. Da hilft auch die Versicherung nicht, dass ja im Wissenschaftler ein denkendes, in Grenzen freies Subjekt sich entscheidet, eine bestimmte Fragestellung zu bearbeiten und Wissenschaft zu betreiben. Denn die Rekonstruktion der Wissenschaft als sozialer Prozess zeigt, wie stark der individuelle Wissenschaftler in soziale, ökologische, machtpolitische und wirtschaftliche Entwicklungen einer Gemeinschaft eingebunden ist. Das Subjekt der Wissenschaft ist nicht der einzelne Denker, sondern die Wissenschaftlergemeinschaft als soziale Entität.[93] Die Neurowissenschaften haben gezeigt, wieviele Prozesse im Gehirn ablaufen, ohne dass ein Bewusstsein davon existiert, ja ohne dass sie im Prinzip bewusstseinsfähig wären.[94] Die Voraussetzungen für ein widerspruchsfreies idealistisches Systemdenken sind in der postmodernen Zeit nicht besonders gut. Aber selbst wenn man die Voraussetzungen akzeptiert, bleibt doch noch das Problem zu lösen, wie man den kategorialen Schritt von rein geistigem Sein hin zu einem systematischen und dem heutigen Stand der Wissenschaft angemessenen Begriff der Materie schaffen will. Im Grund sind alle idealistischen Konzepte an diesem Problem gescheitert, wenn ich recht sehe. Und genau die Unfähigkeit, einen tragfähigen Begriff der Materie zu begründen, dürfte mit ein Grund für die dialektischen Gegenbewegungen gewesen sein, die letztlich zu krudem Materialismus geführt haben. Dieses Problem löst auch Wilber nicht, indem er schlicht – und etwas naiv, wie mir scheint – versichert, es gäbe eine Leiter oder ein Nest des Seins, das vom Materiellen bis zum absoluten Geist reicht (oder umgekehrt). Es ist eines, zu behaupten es gäbe eine begriffliche und sachliche Kontinuität, etwas anderes aber, dies begrifflich zu zeigen und konkret abzuleiten. Bevor man also neuerdings einen idealistischen Ansatz wagt, sollte man sich der Probleme der Vorgängerpositionen bewusst sein und einen besseren Weg zur Beseitigung bislang nicht überwundener Hürden vorrätig haben. Lautes Wiederholen von vermeintlich Klarem ist die Methode der Werbung und der politischen Rhetorik, nicht der Wissenschaft und der Philosophie.

Materialismus

Vielleicht ist es das Ungenügen idealistischer Positionen gewesen, das, zusammen mit dem Aufkeimen der Naturwissenschaften, dazu geführt hat, dass ein mehr oder weniger expliziter Materialismus zur Leit-Ontologie der Wissenschaft wurde.[95] Materialismus gibt es mittlerweile in sehr vielen, auch sehr intelligenten und wissenschaftlich elaborierten (= ausgearbeiteten) Spielformen, und nur diese müssen uns hier interessieren. Ihnen allen gemeinsam ist die Auffassung, dass es einen Grundstoff im Universum gibt: Materie. Diese entwickelt und verhält sich gemäß einer Reihe von mittlerweile wohldefinierten und gut ausgearbeiteten Theorien, die die Differenzierung und Entstehung materieller Vielfalt aus dem Einheitszustand des Anfangs bis hin zu ihrem Mikroverhalten in atomar differenzierten Substanzen erklären können. Diese Theorien können auch sehr gut plausibel machen, wie aus einfachen Strukturen komplexere entstehen und wie aus einer systemischen Anordnung von

Elementen plötzlich Ganzheiten hervorgehen können.[96] Der Zauberbegriff heißt »Emergenz«. Wenn materielle Teile eine bestimmte Anordnung und Komplexität erreicht haben, so entsteht eine neue Eigenschaft, die weder vorher implizit vorhanden war, noch aus den Einzelelementen vorhersagbar ist. Wenn etwa Wasserstoff und Sauerstoff, zwei Stoffe, die bei normaler Umgebungstemperatur gasförmig sind, zusammenkommen, so werden sie bei derselben Temperatur, bei der sie als Einzelstoffe gasförmig sind, zu einer Substanz, die flüssig ist und als Wasser all die Eigenschaften hat, die wir kennen, und die weder aus Wasserstoff noch aus Sauerstoff ableitbar sind. Wasser ist flüssig, hat gleichzeitig eine relativ hohe Dichte, relativ hohe Phasenübergangstemperaturen in die feste und in die gasförmige Erscheinungsform. Wasser strukturiert sich selbständig, kann eine Vielzahl von Stoffen in Lösung nehmen, hat bei 4 Grad Celsius seine höchste Dichte, was es Fischen ermöglicht, auch in zugefrorenen Seen zu überleben, und so fort. Alle diese Eigenschaften sind »neu«, »emergent«, und nicht aus den Einzelkomponenten ableit- oder vorhersagbar. Deshalb ist die Aussage »Wasser ist H_2O« als reduktive Erklärung gleichzeitig eine Erklärung vieler seiner Eigenschaften, sofern man gewillt ist, die »Emergenz« von neuen Eigenschaften als Erklärungsprinzip gelten zu lassen.[97] Im gleichen Sinn kann man heute im Rahmen einer subtil-materialistischen Theorie davon sprechen, dass Bewusstsein als Funktion einer bestimmten Anordnung von materiellen Bausteinen – im Rahmen eines Neuronennetzwerks etwa, wie das Gehirn es darstellt – entsteht. Nicht das einzelne Neuron also oder andere materielle Elemente für sich genommen sind Träger des Bewusstseins, sondern ihre Struktur und Anordnung, ihre Funktionalität, im Sinn eines Netzwerks miteinander verschaltet zu sein. Diese Haltung scheint heute allgemeiner Konsens der Neurowissenschaftler und eines großen Teils der »Consciousness-Research«-Gemeinde zu sein, wenngleich auch hier kritische Stimmen laut werden. Detaildebatten werden darüber geführt, ob und inwiefern das so entstandene Bewusstsein kausal eigenständig ist und auf das materielle System zurückwirken kann, ob dieses Bewusstsein nur ein notwendiges Nebenprodukt von Komplexität darstellt oder gewisse Funktionen hat etc. Für unser Argument genügt der kleinste gemeinsame Nenner all dieser Positionen: Materie ist primär, und Bewusstsein kann aus der Materie, ihrer Anordnung und den in ihr herrschenden Gesetzmäßigkeiten abgeleitet werden. Daher sind Bewusstsein und verschiedene Zustände, Inhalte und Repräsentationen des Bewusstseins sekundär zur Materie und ontologisch nicht relevant. Aus diesem Grund ist eine materialistische Grundposition – zumindest, wenn man ein kohärentes Weltbild vertreten will und von einer Einheit der Wirklichkeit ausgeht – auch nicht mit einer wie auch immer gearteten Behauptung der Relevanz von Transzendenz (im theologischen, nicht funktionalen Sinn) kompatibel. Es wird deswegen genau diese Stelle im Gebäude der modernen Naturwissenschaften sein, die wir uns genau ansehen müssen.

Materialistische Positionen haben, trotz ihrer Subtilität in modernen Fassungen, dennoch nicht alle Fragen zur Genüge lösen können. Deshalb gibt es immer wieder Kritiker, die auf die Probleme hinweisen und daher eine dualistische Position vertreten. Für unseren Zweck genügen einige wichtige Argumente, die auf die Unzulänglichkeit materialistischer Positionen verweisen.

Ein gewichtiges und bislang ungelöstes Problem ist das der phänomenologischen Subjektivität, im philosophischen Sprachgebrauch als Problem der »Qualia« bezeichnet, die Erklärung unseres subjektiven »Innen« des Bewusstseins. Damit ist die Frage gemeint, wie genau sich etwas anfühlt, und vor allem, dass sich dieses subjektive Anfühlen von etwas nie auch nur ansatzweise aus der verobjektivierenden Beschreibung eines Systems wird herleiten lassen. Nehmen wir als Beispiel den Schmerz.[98] Auch wenn wir noch so genau wüssten, wie die Schmerzerfahrung neuronal produziert wird – und wir wissen darüber bereits sehr viel –, dann wird dadurch immer noch nicht plausibel, wie dieses Wehtun des Schmerzes, dieses Sich-Anfühlen je subjektiv neu entsteht. Auch wenn wir in das Gehirn eines Menschen hineinblicken könnten, der gerade einen Schmerz erlebt, und sein gesamtes Schmerznetzwerk in Arbeit sähen, so hätten wir noch nicht die subjektive Qualität seiner Schmerzempfindung erzeugt oder verstanden. Die Innensicht des Bewusstseins, das Sich-ganz-genau-so-als-meine-Empfindung-hier-und-jetzt-Anfühlen wird durch keine dieser Theorien wirklich erklärt. Man kann zwar behaupten, dass hier gar keine richtige Erklärungsnot vorläge, und damit das Problem ignorieren oder bagatellisieren. Das ändert aber nichts an der Tatsache, dass manche Autoren damit nicht zufrieden sind und auf die ungelösten Probleme einer solchen Position verweisen.

Es gibt noch eine Reihe weiterer, teilweise sehr technischer und komplexer Argumente gegen die Plausibilität und Gültigkeit materialistischer Erklärungsversuche und eine Vielzahl von Lösungsvorschlägen.

Ein Argument gegen eine materialistische Konzeption des Bewusstseins hat bereits Leibniz in die Debatte geworfen, und ich finde es noch immer sehr gewichtig. Es ist auch bislang nicht entkräftet worden, sondern vor allem ignoriert. Wenn man sich vorstellt, dass man als winzig kleine Sonde das Gehirn erkundet, oder, umgekehrt, das Gehirn so vergrößert, dass man es bis in alle Verzweigungen hinein erwandern kann, so würde man dennoch immer nur materielle Prozesse dort finden, nie geistige Inhalte. Elektronenströme und ihre zeitlichen Muster mögen zwar mit bestimmten mentalen Inhalten deutlich korreliert sein (= in Zusammenhang stehen), wie uns die moderne Gehirnforschung zeigt. Sie *sind* aber nicht diese mentalen Inhalte. Wer eine solche Gleichsetzung vornimmt, begeht einen Kategorienfehler.[99]

Ein weiteres ungelöstes Problem scheint mir die selten hinterfragte Voraussetzung zu sein, dass man aus der starken Korrelation (= Wechselbeziehung) zwischen Gehirnvorgängen und mentalen Prozessen auf eine Kausalität schließen kann. Selbstverständlich: Schießt man einem Menschen in den Kopf, stirbt er, weil die Hirnzentren, die für die Aufrechterhaltung der vitalen Vorgänge notwendig sind, zerstört werden. Trifft man daneben, kann es sein, dass der Mensch überlebt und nur gewisse Ausfälle davonträgt, je nachdem, wo die Zerstörung von Hirngewebe lokalisiert ist. Die Neuropsychologie hat mittlerweile eine große Fülle von solchen Korrelationen zwischen Schäden am Gewebe und Ausfällen in der psychologischen Kapazität dokumentiert, und die bildgebende Gehirnforschung hat eine Fülle von Korrelationen zwischen Gehirnaktivität und psychischer, oder mentaler Aktivität plausibel gemacht. In diesem Sinn sind die Korrelationen zwischen Gehirnprozessen und mentalen Prozessen sehr gut belegt; sie wirken sehr überzeugend und sind hoch suggestiv. Aber es sind nichts als Korrelationen. Normalerweise werden Korrelationen entweder durch Kenntnis der vermittelnden Prozesse oder durch eine plausible Theorie in den Stand der Ursachen erhoben. Schon Hume und vor ihm Ockham haben festgestellt, dass Kausalität eine Eigenschaft unserer Ideen und nicht der Natur ist. Nun haben wir aber nicht den blassesten Schimmer von einer Idee, geschweige denn einer Theorie, wie genau aus materiellen Prozessen im Gehirn psychische Prozesse in unserem Erleben werden sollen. Noch gewichtiger: Normalerweise stellen kausale Theorien Verbindungen zwischen Korrelationen auf der gleichen kategorialen Ebene her. Zum Beispiel wird die Korrelation zwischen Blitzschlag und Feuer durch unsere Theorie des elektrischen Stromflusses zu einer kausalen Theorie, und wir sagen zu Recht: Blitzschlag war die Ursache des Brandes. Wir meinen damit: Wir wissen, dass sich im Blitzschlag starke Ionenströme entlang einer Achse geringeren Widerstands gegen die Erde zu entladen und dabei viel Energie freisetzen. Wenn sich brennbares Material im Bereich dieses Stromflusses befindet, wird es entzündet. Man beachte: Alle Elemente dieser Kausalkette – Spannungspotenzial, Ionenströme, Entladung, Brand – befinden sich auf gleicher kategorialer Ebene. Sie gehören alle dem Bereich materieller Prozesse an. Anders die vermeintliche Kausalität von Gehirnprozessen für psychische Prozesse: Hier wird eine Kausalität von einer kategorialen Ebene in die andere behauptet. Nicht nur das, es wird eine Kausalität behauptet, ohne dass es eine wie auch immer geartete Theorie gibt, die die beobachteten Korrelationen in Kausalität überführen könnte. In aller Regel weichen die modernen und ernstzunehmenden materialistischen Konzepte in die Terminologie der Komplexitätstheorie aus und sagen dann, geistige Prozesse seien eine neue, emergente (= spontan sich herausbildende) Eigenschaft eines komplexen Systems. Dies löst aber in meinen Augen noch immer nicht das Problem, dass es sich bei der entstehenden Eigenschaft – psychisches Erleben – um eine kategorial völlig andere handelt, als sie den zugrundeliegenden neuronal-materiellen Prozessen zukommt. Die Beispiele, die für gewöhnlich herangezogen werden – Wasser hat die emergente Eigenschaft der Flüssigkeit – beschreiben normalerweise emergente Eigenschaften, die auf derselben kategorialen Beschreibungsebene angesiedelt sind. Psychologische Erlebnisse und Situationen können, gekoppelt über physiologische Prozesse im Gehirn, auf neuronalem Weg hormonelle und Immunreaktionen auslösen (siehe Kapitel 4); dies wird innerhalb der Psycho-Neuro-Immunologie und -Endokrinologie untersucht. Aber auch diese Beispiele können, philosophisch gedacht, das Kategorienproblem nicht lösen. Es wird somit geflissentlich ignoriert.

Argumente waren in der Philosophiegeschichte nicht immer die mächtigsten Instrumente der wissenschaftlichen Kritik. Am mächtigsten waren meistens empirische (= auf Erfahrung beruhende) Gründe. Ein gewichtiges und in der Debatte bislang ignoriertes empirisches Argument ist der experimentell bestätigte Hinweis, dass es unter bestimmten Umständen bewusstes Erleben anscheinend ohne entsprechende Gehirnaktivität geben kann. Darauf weisen uns neben einigen aufsehenerregenden Einzelfällen auch neuere systematische prospektive Studien hin. Der wohl spektakulärste Einzelfall ist der Fall von Pam Reynolds, einer Frau, bei der aufgrund eines tiefliegenden Aneurismas (= Arterienaussackung) im Gehirn eine komplexe Operation durchgeführt wurde. Dabei, wurde das Gehirn systematisch und langsam auf 15 Grad Celsius heruntergekühlt und die Blutversorgung unterbrochen, so dass alle Stoffwechselprozesse zum Erliegen kamen und auch die Gehirntätigkeit für die Dauer der Operation eingestellt blieb. Das Gehirn wurde gewissermaßen wie ein Organ, das zur Spende entnommen wird, in einem Zustand potenzieller Lebendigkeit gehalten, ohne seine Aktivität aufrechtzuerhalten. Die Patientin berichtete anschließend über die Operation dermaßen detailgetreu und auch über Einzelheiten, die sie sich nicht vorher hätte aneignen können, so dass »Kryptomnesie«, also eine Erinnerung an bereits Erlebtes, aber Vergessenes, als Erklärung ausscheidet. Es sieht so aus, als hätte diese Frau Bewusstsein über ihre Operationserfahrung gehabt, obwohl ihr Gehirn nicht funktionstüchtig war.[100]

Einzelfälle alleine können noch keinen Beweis für etwas, sehr wohl aber einen Beweis gegen eine Aussage, in diesem Fall gegen die materialistische These, Bewusstsein sei auf Gehirnaktivität reduzierbar, darstellen. Es gibt auch zunehmend Daten aus prospektiven (= in die Zukunft gerichteten) Studien, die zeigen, dass klares Bewusstsein bei Patienten mit Herzstillstand auch noch bis zu 30 Minuten nach dem objektiv abgeklärten Herzstillstand vorhanden sein kann. Dabei ist aus anderen Untersuchungen klar, dass spätestens 30 Sekunden nach dem Stillstand des Herzens die Gehirndurchblutung und spätestens nach weiteren 5 Minuten normalerweise die Gehirnaktivität aufhört. Obwohl diese Erfahrung nicht die Regel nach Herzstillstand und anderen lebensbedrohlichen Zuständen ist, kommt sie doch immer wieder vor und ist in der wissenschaftlichen Literatur mittlerweile gut dokumentiert.[101] Die Daten reichen meiner Einschätzung nach aus, um mindestens der apodiktischen (= keinen Widerspruch duldenden) Behauptung entgegentreten zu können, wir hätten das Problem des Bewusstseins gelöst, und subtil-materialistische Theorien seien eine solche ausreichende Lösung.

Dualismus

Es sind solche und noch eine Reihe anderer Schwierigkeiten mit materialistischen Modellbildungen, die immer wieder dualistische Ansätze hervorbringen. Diese gehen dann davon aus, dass das Bewusstsein eine eigene Seinsweise besäße und das Gehirn bzw. die Materie eine andere. Das Paradebeispiel für eine solche Position war die von René Descartes, der dafür auch den terminologischen Grund gelegt hat. Dualistische Modelle gefallen uns meistens zunächst, weil sie unsere Alltagswahrnehmung unterstützen. »Ich« – als denkendes, empfindendes, wahrnehmendes, wollendes Etwas – bin selbstverständlich verschieden von Biertischen, Bockwürsten und Bäumen. Es braucht nämlich einiges an

Abstraktionsleistung, um von der Alltagserfahrung zur Akzeptanz eines wissenschaftlich-materialistischen Bewusstseinsbegriffs als emergenter oder sonstwie aus dem neuronalen Netz des Gehirns entstehender Eigenschaft zu kommen und diese Vorstellung zu bejahen.

Allerdings geraten alle dualistischen Modelle, zumindest wenn sie sich als Substanzdualismen verstehen, also als solche, die zwei verschiedene substanziell unterschiedliche Seinsbereiche fordern, in enorme begriffliche Schwierigkeiten. Sie müssen plausibel machen, wie denn eine kategorial völlig andere Substanz, der Geist oder das Bewusstsein, auf eine ihm entgegengesetzte, wesensfremde Substanz, die Materie einwirken kann. Der Dualismus hat auf seine Weise das gleiche Problem wie der Idealismus. Konnte dieser keinen wirklich überzeugenden Begriff der Materie aus dem Geist ableiten, so kann der Dualismus nicht gut klarmachen, wie zwei verschiedene Entitäten miteinander in eine vernünftige Wechselwirkung sollen treten können. Bereits Descartes hatte dieses Problem erkannt und die Zirbeldrüse als Wechselwirkungsorgan benannt, also eine Art Vermischungsmodul angenommen. Der moderne Dualismus etwa von John C. Eccles und Karl Popper, in der Version von Eccles und Friedrich Beck, versucht, Quantenschwankungen in den Vesikeln (= Bläschen, die im Stofftransport innerhalb und zwischen Zellen eine Rolle spielen) der Transmittersubstanzen als Interaktionsplatz zwischen Geist und Materie zu verstehen.[102]

Der Impuls der Wissenschaft sowie der spirituellen Traditionen ist im Grund immer ein monistischer gewesen. Daher haben dualistische Haltungen in beiden Lagern keinen guten Stand.[103] Die Wissenschaft hat immer nach möglichst einfachen Erklärungsansätzen für die uns umgebenden Phänomene gesucht und einen solchen Ansatz in der modernen Naturwissenschaft und ihrem Begriff der Materie gefunden. Die spirituellen Traditionen haben immer die große Intuition der Einheit des Seins weitergegeben und zu vermitteln versucht. Oftmals hat sich diese dann mit idealistisch-philosophischen Gedanken verbrüdert, weil sie näher bei der spirituellen Erfahrung zu liegen schienen als materialistische Grundgedanken. Muss es so sein? Muss eine spirituell orientierte Erfahrungstradition natürlicherweise entweder in ein idealistisches Weltbild, das dem Geist den Primat über die materielle Welt zuspricht, oder in eine dualistische Weltsicht münden, die natürlicherweise mit einer materialistischen Grundkonzeption, wie sie das Fundament der modernen Naturwissenschaft bildet, im Zwist liegt? Gibt es eine vermittelnde, etwa beide verbindenden Position? Ich meine, dass es eine solche gibt und dass der

Schlüssel hierfür sowohl eine sorgfältige Untersuchung dessen ist, was der moderne Materiebegriff impliziert, als auch, wie genau der Monismus der spirituellen Traditionen zu verstehen ist. Den Prozess selber will ich hier nicht schildern, sondern nur das Resultat. Der Schlüssel zum Verständnis liegt im Begriff der Komplementarität.

Komplementarismus

Der Begriff der Komplementarität liegt bekanntermaßen am Grund der modernen Konzeption der Quantenmechanik. Niels Bohr hatte den Begriff aus der Psychologie entlehnt – allerdings seine Quellen verschwiegen, wohl weil er befürchtete, man würde ihn sonst nicht ernst nehmen – und ihn in die Physik eingeführt.[104] Er wollte damit eine merkwürdige Situation kennzeichnen, die in seinem quantenphysikalischen Konzept von der Wirklichkeit unumgänglich war: Zur Beschreibung ein und derselben Sache mussten zwei sich gegenseitig ausschließende, maximal inkompatible (= miteinander unvereinbare) Beschreibungsweisen herangezogen werden:[105] Man konnte sich, experimentell gesehen, etwa für die Ortsmessung eines Teilchens entscheiden; dann wurde der Impuls maximal unscharf. Oder umgekehrt konnte man eine Impulsmessung durchführen und verlor damit die genaue Kenntnis des Orts, an dem sich das Teilchen befand. Beides aber, Impuls und Ort, gehören zur Charakterisierung eines Teilchens. War es in der Newton'schen Mechanik der Alltagsgegenstände noch möglich gewesen, beides getrennt zu messen, ohne das jeweils andere zu beeinflussen, so war eben genau dies in der Teilchenwelt der Quantenmechanik unmöglich geworden. Komplementarität ist also, was die materielle Beschreibung der Welt angeht, konstitutiv (= begründend) für die moderne Naturwissenschaft. Durch den Begriff der Komplementarität werden keine kontradiktorischen (= sich widersprechende) Gegensätze bezeichnet, wie sie kennzeichnend für Dualitäten sind, etwa hell – dunkel, trocken – nass, laut – leise, gerecht – ungerecht. Komplementarität bezeichnet maximal inkompatible Größen, die konstitutiv für ein und dieselbe Sache sind. Es ist von großer Wichtigkeit zu verstehen und zu betonen, dass dieser Begriff nicht nur eine Umdefinition von Altbekanntem ist, sondern in der Tat eine Neuentdeckung der Naturwissenschaft bezeichnet und qualitativ eine neue Art, zu denken und zu formulieren beschreibt, die in weiten Teilen anderer Wissenschaftsdisziplinen weder angekommen noch rezipiert ist.[106]

Ich schlage nun vor, diesen Begriff auf das Verhältnis leiblicher und seelischer Prozesse zueinander anzuwenden.[107] Damit lässt sich begrifflich ein ontologischer Monismus begründen, der gleichwohl einem phänomenologischen Dualismus Platz macht, wenn es um die Erscheinung in unserer phänomenalen Welt geht.[108] Demnach wären Geist und Materie – oder ihre Äußerungsformen Gehirn und Bewusstsein – komplementäre Erscheinungen einer einzigen zugrundeliegenden Wirklichkeit, die dann selbstverständlich noch grundlegender gedacht werden muss als unser Materiebegriff. Formal lässt sich ein solcher Begriff aus einer quantenmechanischen Beschreibung herleiten. Demnach wären leibliche und seelische Prozesse Ergebnisse eines Symmetriebruchs einer grundlegenden Dimension der Wirklichkeit.[109] Eine solche Position hätte gegenüber herkömmlichen subtil-materialistischen einige entscheidende Vorteile: Geist oder Bewusstsein würden nicht erst irgendwie entstehen, sondern bilden – immer schon – die komplementäre Seite von Materie. Damit wäre auch das Problem der Qualia, der subjektiven Phänomenologie unseres Bewusstseins besser verstanden. Es müsste nämlich nichts entstehen, und es gäbe nichts zu erklären, weil dieses Innen von Erfahrung immer schon die komplementäre Seite der materiellen Komplexität wäre. Gleichwohl ist dieser phänomenale Dualismus kein ontologischer: Die Einheit der Welt und der grundlegenden Phänomene in der Welt ist an keiner Stelle in Frage gestellt.

Eine solche Position erlaubt es nun auch, der inneren Erfahrung, und ganz gezielt der spirituellen Erfahrung, einen speziellen Platz einzuräumen, der einen erfahrungsmäßigen Zugriff auf die Wirklichkeit erlaubt, der eben genau nicht über die Sinnesorgane oder die äußere Erfahrung verläuft. Wir sind also mit einem solchen Begriff des Bewusstseins, der nicht-reduktiv und dennoch monistisch gedacht ist, der dem Bewusstsein einen phänomenal eigenen Zugang zur Welt einräumt und dennoch von einer einzigen Wirklichkeit ausgeht, in der Lage, der inneren Erfahrung einen epistemologisch (= erkenntnistheoretisch) eigenen Stellenwert einzuräumen, ohne davon ausgehen zu müssen, dass Bewusstseinserfahrungen nur Schwadronierungen eines in sich gefangenen neuronalen Systems auf Selbstbeschäftigungstour sein müssen. Ganz im Gegenteil: Wenn eine solche komplementaristische Haltung ernst genommen wird, dann kann und wird man sogar erwarten müssen, dass Innenerfahrungen komplementäre Repräsentanzen derselben Wirklichkeit sind, der sich auch die äußere Sinneserfahrung zuwendet und die von den Naturwissenschaften zu ihrer Grundlage gemacht worden ist.[110]

Wir sind also jetzt an jenem systematischen Ort angekommen, von welchem diese Untersuchung historisch ihren Ausgang nahm: an der

Verbannung von Innenerfahrung aus dem Kanon der Wissenschaft. Nunmehr ist die Zeit gekommen und der Ort erreicht, an dem dieser Modus der Erfahrung neu thematisiert werden kann. Wenn wir die komplementaristische Lösung des Bewusstseins- oder Leib-Seele-Problems zu akzeptieren bereit sind, dann folgt ganz natürlich, dass über das Bewusstsein ein Zugang zur Wirklichkeit ebenso möglich ist wie über die Sinne. Und genau dies ist der Modus der spirituellen Erfahrung. Nun liegt es aber im Wesen des Komplementären, dass es sich nicht um eine einfache Doppelung oder Spiegelung handelt. Dann könnte man sich den ganzen Zauber ja sparen und sich das Leben einfacher machen, indem man auf nur eine Modalität der Erkenntnis zurückgreift. Wesen des Komplementaritätsgedankens aber ist es auch, dass der je andere Zugang deswegen notwendig zur Beschreibung einer Sache dazugehört, weil diese Perspektive eben gerade nicht auch vom anderen Zugang eröffnet werden kann. Der Zugang der Innenerfahrung sollte uns also neue Elemente des Wissens und der Erfahrung über die Wirklichkeit vermitteln, die wir über den Weg der äußeren Erkenntnis, der Sinneserkenntnis der Natur, also über den Weg der Naturwissenschaft gerade nicht erreichen können. Dieser neue Zugang dürfte uns genau die fehlenden Elemente unserer Erkenntnis liefern, die wir so dringend benötigen, um die Aufklärung ans Ziel oder mindestens weiterzuführen: Das wird Erkenntnis über Werte und Sinnzusammenhänge sein, Erkenntnis nicht nur über den Aufbau, sondern über das Wesen der Wirklichkeit, Erkenntnis nicht nur über die Vergangenheit der Welt, sondern über eine mögliche Zukunft und ihre Gestaltung.[111]

Die Frage der Epistemologie: Innere Erfahrung als Zugang zur Wirklichkeit

Wenn wir also zu akzeptieren bereit sind, dass Bewusstsein nicht bloß ein Resultat materieller Anordnung, also ein Nebenprodukt neuronaler Aktivität, sondern als komplementaristischer Pol gleich ursprünglich und bedeutsam wie Materie ist, dann bereitet uns auch die Epistemologie der inneren oder spirituellen Erfahrung, mindestens der Theorie und der Sache nach, keine größeren Probleme mehr. So wie wir unsere äußeren Sinne schärfen und trainieren, sie durch wissenschaftliche Apparaturen und in ihrer Anwendung geübten Tätigkeit unterstützen können, um die Zusammenhänge der äußeren, materiellen Welt zu erforschen, so können wir auch unser Bewusstsein üben, um Zugang zur Tiefendimension der Welt zu erhalten. In diesem einen Punkt hat Ken Wilber meines

Erachtens Recht, wenn er sagt, dass innere Erfahrung der Struktur nach ebenfalls Erfahrung und dadurch eine Zugangsweise zur Wirklichkeit ist. Unklar ist allerdings der genaue epistemologische Status einer solchen Erfahrung, und noch unklarer sind entsprechende Kriterien der Wahrheit, Gültigkeit und Glaubwürdigkeit einer solchen Erfahrung. Gänzlich naiv ist es, zu glauben, dieselben Kriterien, die sich bei der Prüfung äußerer Erfahrung bewährt haben und die derzeit zum Methodenkanon der modernen Wissenschaft gehören, könnten auch auf innere Erfahrung angewandt werden, wie etwa die Replizierbarkeit (= Wiederholbarkeit), die eindeutige Kommunizierbarkeit, die Falsifizierbarkeit (=Widerlegbarkeit) etc.[112] Vielmehr wird man nicht umhinkönnen, eine neuartige Wissenschaft mit neuartigen Kriterien der Gültigkeit zu erschaffen. Sie wird vielleicht einmal als Psychologie des Bewusstseins oder als der inneren Erfahrung eigene Kriterien entwickeln. Dadurch, dass der gesamte Bereich der introspektiven (= selbstbeobachtenden) Wissenschaft, der inneren Erfahrung, der spirituellen Erfahrung aus dem Entwicklungsgang der Wissenschaft ausgesperrt blieb, war bislang wenig Möglichkeit, eine solche Wissenschaft zu entwickeln.

Franz Brentano

Ganz zu Anfang der wissenschaftlichen Psychologie war bereits einmal eine Spur in diese Richtung gelegt worden, von einem der Gründerväter der modernen Psychologie, von Franz Brentano (1838–1917); ich habe auf ihn im letzten Kapitel bereits einmal hingewiesen und greife diesen Faden hier wieder auf.[113] Brentano, übrigens ein Neffe des romantischen Schriftstellers Clemens Brentano, war einer der einflussreichen, wenn auch nicht allgemein bekannten Gründergestalten der modernen Psychologie. Er gab seine Priesterlaufbahn auf, nachdem er wegen der Verkündung des Unfehlbarkeitsdogmas des Papstes immer größere Schwierigkeiten mit seiner Obrigkeit bekommen hatte. Bereits bei seiner philosophischen Habilitation in Würzburg hatte er eine extrem provokative These vertreten: »Die Methode der Philosophie kann keine andere sein als die der Naturwissenschaft.« Damit war gemeint, dass sich auch die Philosophie einer Erfahrungsmethode bedienen würde müssen, wenn sie weiterkommen wolle, und sterile Spekulationen unbrauchbar seien. Brentano hat später, als er in Wien den Philosophie- und Metaphysiklehrstuhl innehatte, den nach ihm Ernst Mach übernahm und aus dem sich später der Wiener Psychologielehrstuhl entwickelte, ausgeführt, was er damit meinte: empirische Psychologie als Introspektion. Er unterschied die genetische oder biologische Psychologie, die die biologischen Voraussetzungen der Erfahrung klärt, von der deskriptiven Psychologie oder der Psychognosie, die introspektiv die Gesetze des Geistes klären helfen sollte.[114] Während er meinte, die biologische Psychologie sei notwendig unscharf, würde die deskriptive Psychologie klare, wissenschaftlich fundierte Erkenntnisse liefern. Brentanos erklärte Absicht war es also, eine Wissenschaft der Introspektion, der inneren Erfahrung zu begründen. Die Psychologie ging aber andere Wege, und bald wurde die Introspektion als wissenschaftlich unfruchtbar aufgegeben, bis sie in neuerer Zeit auf leisen Sohlen und an verschiedenen Orten wieder zurück in die Wissenschaft strebte. Ein systematischer Ort hierfür sind die qualitativ-narrativen Forschungsmethoden innerhalb der Sozialwissenschaften, die ausschließlich auf die Innensicht, die Introspektion und innere Erfahrung der Forschungspartner – Beforschtem wie Forscher – gründen. Sie werden interessanterweise vor allem von phänomenologisch-postmodernen Theorien begründet, die wiederum auf die Bemühungen Edmund Husserls zurückgehen, eine phänomenologische Wissenschaft zu begründen, mit der ein direkter Erfahrungszugang zur Wirklichkeit möglich sein soll. Husserl wollte mit diesem Ansatz die komplette Verobjektivierung der Erfahrung im szientistisch-positivistischen Wissenschaftszugang einerseits vermeiden, andererseits die indirekte Vermittlung der Wirklichkeit einer postkantianischen Philosophie durchbrechen und wieder einen direkten Zugang zur Welt der Erfahrung eröffnen. Husserl hatte die Vorlesungen Brentanos in Wien gehört und war damit direkt von dessen Idee einer inneren Erfahrung als Zugang zur Wirklichkeit beeinflusst.[115]

Eine andere Entwicklungslinie der Psychologie hatte Brentanos Idee aufgegriffen: die Psychoanalyse Sigmund Freuds. Auch Freud hatte Brentanos Vorlesungen in Wien gehört und, neben anderen, daraus seine Inspiration bezogen, dass es eine eigene, neue Methode psychologischen Forschens geben müsse, die der inneren Erfahrung des Menschen einen systematischen Ort einräumt.[116] Er fand diese Methode in seiner Analyse von Träumen und freien Assoziationen und in seiner ganz speziellen Art von Hermeneutik des dyadischen (= auf ein Gegenüber bezogenen) Verstehens in der analytischen Situation.

Gleichwohl steht damit schon am Anfang der empirisch-akademischen Psychologie ein Impuls, an den wir ausdrücklich anknüpfen wollen: eine Epistemologie der inneren Erfahrung zu errichten. War für Brentano und seine Nachfolger noch der »Normalzustand« des Bewusstseins interessant, so ist im Rahmen der hier vorgeschlagenen Wissenschaft der inneren Erfahrung oder der spirituellen Erfahrung ein spezieller, gesammelter Zustand des Bewusstseins von Interesse. Ich behaupte, dass in einem solchen Zustand das Bewusstsein von innen her erkenntnismäßigen Zugang zum Ganzen des Seins hat. Damit wäre der Anfang der wissenschaftlichen Psychologie neu und vertieft wieder aufgegriffen.

Damit ist auch angedeutet, warum dieser Zugang nicht alltäglich ist. Offenbar ist es ganz besonderen Ausnahmezuständen vorbehalten, außergewöhnlichen Zuständen der Sammlung des Bewusstseins, solche inneren Erfahrungen zu ermöglichen, die wir als spirituelle Erfahrung der Einheit, als mystische Erfahrung der Gottesverbundenheit oder, vielleicht etwas nüchterner, als innere Erfahrung von Wirklichkeit bezeichnen können. Anscheinend ist es auch so, dass diese Bewusstseinszustände in der Regel nicht automatisch und wohl auch nicht in großer Zahl und wiederholt auftreten. Sonst wären solche Diskussionen, wie ich sie hier führe, ohnedies überflüssig, weil die angesprochenen Sachverhalte Allgemeingut wären. Das dürfte einer der Gründe dafür sein, dass dieser innere Erfahrungsweg als eigene Epistemologie so schwer in die Wissenschaft integrierbar ist. Aber offenbar sind solche Erfahrungen immerhin häufig und mächtig genug gewesen, dass sie immer wieder dokumentiert wurden, immer wieder zu neuen Impulsen führten und des öfteren als eigener Zugang zur Wirklichkeit an die hohe Pforte der Wissenschaft klopften.[117] Gemäß einer Grundeinsicht der Hermeneutik könnte man sagen: Alles was Wahrheitsgehalt in sich birgt, wird immer wieder neu verstanden und aufgegriffen.

Wir können aufgrund der bisherigen Diskussion festhalten: Wenn man eine transzendental-monistische, komplementaristische Lösung des Leib-Seele-Problems zu akzeptieren bereit ist, in der Gehirn und Bewusstsein zwei komplementäre Seiten einer Wirklichkeit sind, dann sind beide Zugangswege zur Wirklichkeit legitim und möglich, die äußere Erfahrung der Sinne, mit der wir die materielle, äußere Welt erfahren, und die innere Erfahrung des Bewusstseins im Bewusstsein selber, mit der wir eine ganzheitlich-intuitive Erkenntnis über die Welt in ihrer Tiefe gewinnen. Und beides sind Erfahrungen von Wirklichkeit in je unterschiedlichen Aspekten. Die äußere Erfahrung der Sinne ist uns bekannt: Sie eröffnet uns einen Zugang zur äußeren Welt der Dinge und Gegenstände, abstrakt gesprochen, zur Welt der Materie. Was aber ist der Referent der inneren Erfahrung? Wenn sich in der inneren Erfahrung ebenfalls Wirklichkeit, nämlich in ihrer komplementären Form zeigt, wie ist diese anzusprechen? Womit haben wir es hier zu tun?

Der komplementaristische Ansatz, so haben wir gesehen, führt uns dazu, unser Bewusstsein und unsere Leiblichkeit als zwei komplementäre Aspekte einer Wirklichkeit, nämlich unserer Person, zu sehen. Im selben Sinn sind Geist und Materie, abstrakt gesprochen, zwei komplementäre Aspekte ein und derselben Wirklichkeit. Wenn wir nun in der äußeren, sinnlichen Erfahrung und in ihrer kollektiv-methodischen Manifestation, der Naturwissenschaft, die Welt der Materie erfahren und von ihr Kenntnis erhalten, so wird uns die innere Erfahrung, die Erfahrung des Bewusstseins, zu eben dieser Wirklichkeit in ihrer Totalität führen, und zwar als vollkommenes Innen. Innere Erfahrung, so könnte man pointiert sagen, führt uns ins Innen der Wirklichkeit, in das Bewusstsein des Ganzen selbst. Die christlich-mystische Tradition nannte diese Erfahrung die Erfahrung der Vereinigung mit Gott.

Aber ist Gott nicht immer der oder das ganz Andere, jenseitig und nicht vom Seienden selbst her bestimmt? Ist nicht in der jüdischen Tradition der Gottesname unaussprechlich und unsagbar? Ist nicht in anderen Traditionen eine Rede über den Grund von allem, oder das, was in der Wesenserfahrung erfahren wird, unsinnig, ja sogar verboten? Ja und nein zugleich. »*Esse est Deus*« – Gott ist das Sein – lautet einer der Kernsätze der scholastischen Tradition, von Meister Eckhart an den Anfang seines theologischen Werks gestellt.[118] Damit meinte er, dass erst die Gesamtheit des Seins – nicht die einzelnen seienden Dinge – als »Gott« angesprochen werden dürfe. Die christliche Tradition spricht von der Immanenz und gleichzeitigen Transzendenz Gottes, Cusanus von verschiedenen Begriffen und Metaphern der Unendlichkeit. Die buddhistische Tradition redet überhaupt nur in Paradoxien vom Dharma (= die universelle Ordnung). All dies zeigt uns schon, dass es keinesfalls einen einfachen, klar benennbaren Referenten dieser »inneren spirituellen Erfahrung von Allem« geben kann.

Womöglich ist auch diese Erfahrung so vielgestaltig, so unterschiedlich, ja widersprüchlich, wie es bereits die äußere Erfahrung von Wirklichkeit ist, die sich unseren Sinnen darbietet. Nicht einmal hier können sich zwei Personen, die ein und dieselbe Wirklichkeit wahrnehmen, leicht darauf verständigen, was sie sehen, was dieses Gesehene bedeutet, geschweige denn, wie sie darauf reagieren wollen. Wie soll es dann im Bereich der inneren Erfahrung anders sein? Daher ist auch der Versuch der apophatischen (= bezeichnet die Unmöglichkeit jeder Aussage über Gott) Form der Theologie gut zu verstehen: Man kann hierüber nur sagen, was nicht der Fall ist, also negativ sprechen, aber nicht positiv angeben, welche Attribute und Inhalte vorliegen. In der einfachsten, aber vielleicht auch am wenigsten sagenden Redeweise können wir vorläufig reklamieren: Wenn die hier gemachten Voraussetzungen und theoretischen Formulierungen akzeptabel sind, dann können wir in einer inneren Erfahrung wenigstens einigermaßen sicher sein, es mit einem Innenaspekt der Wirklichkeit zu tun zu haben. Ob und inwiefern es sich dabei gleich um die ganze Wirklichkeit, alles Sein – und damit in Eckharts Sprachgebrauch um Gott – handelt, das steht auf einem anderen Blatt. Allemal wäre damit behauptet, dass innere Erfahrung Zugang zu einem Innenaspekt der Welt eröffnen kann, zu ihrer inneren Struktur und zu ihrem totalen Bewusstsein gewissermaßen. Genauer gesagt, schwindet an dieser Stelle die klare Trennung zwischen außen und innen, wir werden uns der Künstlichkeit dieser Trennung bewusst und wissen, dass diese Trennungslinie einer gewissen Konventionalität unserer mentalen Verfasstheit folgt.[119] Wir werden uns auch der Tatsache bewusst, dass die Welt, so wie wir sie normalerweise wahrnehmen, nur von außen und in ihrer Materialität, nur die halbe Welt ist, so ähnlich, wie der Mond, den wir sehen, nur die Vorderseite des ansonsten kugelförmigen Trabanten ist. Anders als beim Mond können wir in der inneren, spirituellen Erfahrung auch die andere Seite der Welt, ihre Innensicht, zumindest ansatzweise, wahrnehmen. Und genau aus diesem Grund ist es auch möglich und denkbar, diesen Bereich im Rahmen einer noch ungeformten Wissenschaft der inneren Erfahrung oder einer spirituellen Wissenschaft als einen möglichen neuen Bereich in den Blick zu nehmen. Das wäre dann Spiritualität als Erfahrung ohne doktrinäre Bindung und Interpretation – oder jedenfalls vor solcher Bindung und Interpretation –, falls dies überhaupt möglich ist: undogmatische Spiritualität also.

JETZT SIND WIR ALSO, sachlich und systematisch gesehen, an dem Ort, an dem wir Spiritualität nicht nur als eine mögliche Beschäftigungstherapie für existenziell ausgehöhlte und alternde Zeitgenossen sehen können, sondern als Erkenntnisprogramm, das idealerweise sogar das Erkenntnisprogramm der Wissenschaft im Sinn der Aufklärung ergänzen und erweitern könnte, ja sogar müsste. Denn spirituelle Erfahrung ergibt sich aus einer konsequenten Wendung des Bewusstseins nach innen, als Modalität der Erkenntnis, die über den *sensus interior,* den »Innensinn«, in der Terminologie der mittelalterlichen Mystik gesprochen, vermittelt wird.[120] Das Bewusstsein, das sich als komplementäre Erscheinungsform der Materie und damit als Ausdruck der einen Wirklichkeit versteht, kann durch Rückwendung auf sich selbst möglicherweise Zustände erreichen, die von dem Zustand der alltäglichen Zersplitterung, den wir als den Normalzustand des Bewusstseins ansehen, genauso weit weg sind, wie beispielsweise Plasmazustände der Materie von dem eines Kristallgitters. Um dies präziser und genauer beschreiben zu können, würden wir eine Wissenschaft des Bewusstseins benötigen, die es vorderhand nicht gibt.

Eine solche Wissenschaft des Bewusstseins würde uns vielleicht erläutern, wie genau eine solche Veränderung des Bewusstseins zuwegezubringen ist, welche Konsequenzen dies hätte, welche Formen von unterschiedlichen Zuständen möglich sind und so fort. Uns muss hier ein grober Aufriss genügen.

Zusätzlich, und vielleicht etwas handgreiflicher und praktischer, könnte Spiritualität die Rolle eines wichtigen kollektiven psychohygienischen Instruments spielen, das Auswüchse lebensfeindlicher Elemente unserer Kultur von selbst korrigiert und präventiv dafür sorgt, dass Verhaltensweisen an das soziale und ökologische Umfeld angepasst werden. Dadurch, dass Spiritualität über die Modulierung des Bewusstseins direkten Einfluss auf wichtige neurobiologische Systeme nimmt oder zur Folge hat, ist es leicht vorstellbar, dass spirituelle Übung auch andere, beispielsweise sozial oder gesundheitlich relevante Konsequenzen hat. Durch die Regulierung neurobiologischer Systeme werden direkt oder indirekt Prozesse angeregt, die Auswirkungen auf unsere Affektlage, auf unsere kognitiven Fähigkeiten und auf unsere psychosozialen Kompetenzen haben. Das könnte auf individueller und kollektiver Ebene entscheidend sein, um mit den immer komplexer werdenden Anforderungen unserer Welt zurechtzukommen und an wichtigen Punkten richtige Entscheidungen zu treffen.

Wir werden in diesem Kapitel folgendermaßen vorgehen: Zunächst werden wir kurz und sehr kursorisch zeigen, dass unser alltägliches Verständnis von Bewusstsein und dessen »Normalzustand« durchaus nicht die einzige und nicht notwendigerweise die optimale Verfasstheit von Bewusstsein darstellt. Anschließend wird zu diskutieren sein, weswegen es überhaupt erstrebenswert sein kann, durchaus aus einer sehr egoistischen Perspektive gesehen, sich der Mühsal regelmäßiger spiritueller Praxis zu unterziehen. Dies wird durch zweierlei sichtbar werden: Die Diskussion der neurobiologischen Grundlagen von Belastung und die Effekte spiritueller Übung werden zeigen, dass regelmäßige spirituelle Praxis wohltuende und heilsame Effekte ausüben kann. Interessant ist aber, von der subjektiven Warte aus gesehen, weniger das Wissen darum, was in unseren Gehirnen und in unserem endokrinen System geschieht, als den fühlbaren und subjektiv bedeutsamen Konsequenzen nachzuforschen. Es wird deshalb zu untersuchen sein, inwiefern spirituelle Praxis auf einer konkret psychologischen Ebene Veränderungen und erstrebenswerte Effekte zur Folge hat. Daraus ergibt sich zwanglos die Diskussion der Vorteile kollektiver spiritueller Praxis für die Gemeinschaft. Wir wollen außerdem in einem kurzen Abschnitt unserer visionären Fantasie freien Lauf lassen und uns vorstellen, was passierte, wenn das anscheinend Unmögliche möglich würde und wir in einer kollektiven Kultur spiritueller Praxis lebten. Schließlich wenden wir den Blick auf den epistemologischen Aspekt und fragen uns, inwiefern spirituelle Praxis vor allem wissenschaftlich-erkenntnistheoretisch von Belang sein kann und welche Konsequenzen sich daraus für einen je veränderten Begriff der Wissenschaft, des Menschen und selbstverständlich unserer Kultur ergeben würde. Schließlich wird noch zu klären sein, welche Rolle traditionelle Religionen in einem solchen Verständnis spielen können. Ich werde mich dabei im Wesentlichen darauf beschränken, die Konsequenzen für die christliche Theologie zu skizzieren, deren Grundzüge mir gut genug vertraut sind. Lesern anderer Herkunft wird es dann leichtfallen, diese Übersetzungen und Weiterentwicklungen für sich selbst vorzunehmen.

Die Bedeutung des Bewusstseins und unterschiedlicher Zustände des Bewusstseins

Wir gehen normalerweise davon aus, dass unser Alltagsbewusstsein und sein Zustand der Optimalfall von Bewusstsein sind. Dieses Bewusstsein ist, phänomenologisch gesehen, im Alltagszustand geprägt durch Zerstreuung und Zersplitterung in viele Einzelbereiche, die zur gleichen Zeit aktiv sind, durch hohe Automatisierung von Routinen, die oft ohne unser bewusstes Zutun ablaufen, durch Konstruktion und Konstitution eines mehr oder weniger konsistenten Ichbewusstseins und einer Affektlage, die schwankend und abhängig von Umgebungsreizen und dem inneren Milieu des Körpers ist.[121] Unsere gesamte Psychologie, unser gesamtes Wissen über Lernen, Motivation, Emotion und Handlungssteuerung basiert auf diesem Verständnis von Alltagsbewusstsein und auf Untersuchungen, deren Daten meistens von Versuchspersonen im Zustand des Alltagsbewusstseins stammen. Unser gesamter Wissenschaftsprozess ist diesem Alltagsbewusstsein verpflichtet und entstammt ihm, wenigstens in den Ausprägungen der normalen Alltagswissenschaft.[122] Damit soll nicht gesagt sein, dass nicht auch wissenschaftliche Erkenntnis, vor allem in ihren herausragenden Errungenschaften, Ergebnis vertiefter oder erweiterter Zustände des Bewusstseins war und ist. Denken wir etwa an die Zeit zurückgezogener Sammlung, in der Albert Einstein seine Relativitätstheorie niedergeschrieben hat, oder an die selbstverordnete Klausur auf Sylt, die Werner Heisenberg seine Matrizenmechanik der Quantentheorie finden half. Jener Moment des Wissenschaftsprozesses, der mit dem kreativen Auffinden einer theoretischen Struktur verbunden ist und der mit dem Begriff der Abduktion (= Vorgang der Hypothesenbildung) charakterisiert wird, hat der Sache nach am meisten Ähnlichkeit mit einer spirituellen Erfahrung oder würde in einem anderen Sprachkontext womöglich auch als solche verstanden werden.[123] Insofern gibt es sehr wohl Berührungspunkte zwischen wissenschaftlicher Methode und Spiritualität. Näheres hierzu später.

Der Punkt, den ich hier betonen will, ist folgender: Im Normalfall ist unsere Gesellschaft auf die Realität und Realisierung unseres Alltagsbewusstseins hin angelegt. Jedenfalls gibt es nirgendwo im wissenschaftlichen Lehr- und Arbeitsprozess eine gezielte Kultivierung vertiefter Bewusstseinszustände und ihrer Nutzbarmachung, geschweige denn eine bewusste Kultur der Bewusstseinsmodulation. Daher können wir uns gar nicht vorstellen, welche Erkenntnismodalität, welcher Handlungsspielraum, welche Gesamtkultur möglich oder denkbar wären, wenn wir die Theorie und Nutzbarmachung unseres Bewusstseins genauso intensivieren und kultivieren würden, wie wir dies mit der Theorie der Materie getan haben.[124] Abbildung 3 gibt im Rahmen einer groben Skizze eine Möglichkeit wieder, Bewusstseinszustände zu kartografieren. Damit sei keineswegs gesagt, dass dies die einzige, die beste, oder gar »richtige« Landkarte ist. Es geht mir fürs erste lediglich darum, darzustellen, dass es eine Fülle von Bewusstseinsbereichen gibt.

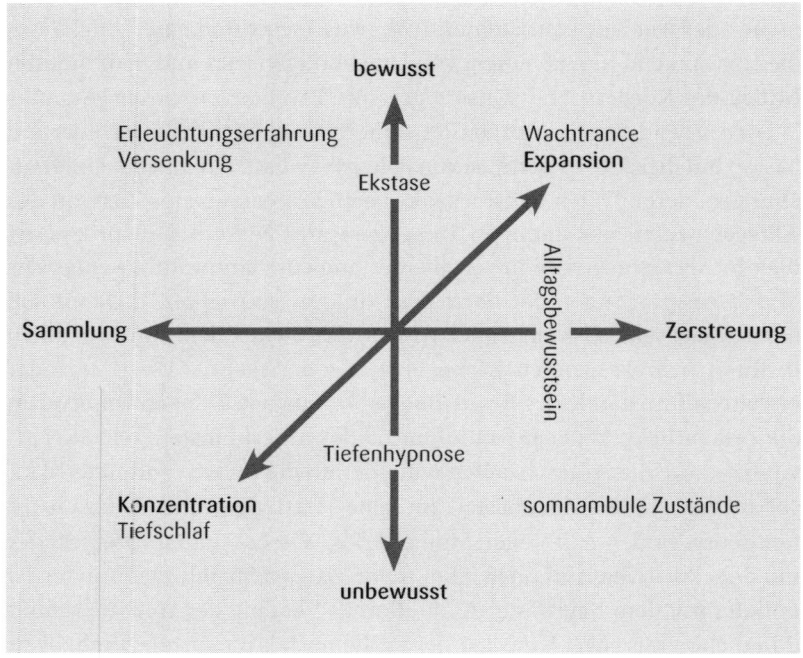

3 *Bewusstseinslandkarte, aufgespannt als dreidimensionales und bipolares Koordinatensytem zwischen den Polen bewusst – unbewusst, Sammlung – Zerstreuung, Konzentration – Expansion.*

Ich unterscheide hier drei Dimensionen, die bipolar geordnet sind: die Achse bewusst – unbewusst, die Achse der Sammlung zwischen den Polen Sammlung und Zerstreuung sowie die Achse Konzentration – Expansion, die die Qualität des Bewusstseins skizzieren sollen. Im Grund müsste man noch eine vierte Dimension einbauen, die die Zeitachse und damit Fluidität, Veränderung und Entwicklung verdeutlichte. Dies ließe sich allenfalls als Bildabfolge visualisieren.

Die Achse bewusst – unbewusst ist einigermaßen gut und intuitiv verständlich: Vor allem in zwischenmenschlichen Streitereien geschieht es immer wieder, dass uns andere Menschen Verhaltensweisen, Aussagen, Mimik, Gestik oder anderes vorhalten, von denen wir nie und nimmer glauben würden, wir hätten sie an den Tag gelegt. Wir vermuten dann Böswilligkeit, Lüge und Unterstellung beim Streitpartner. Bei solchen Gelegenheiten merken wir schmerzlich, wieviel von unserer Kommunikation und auch Wahrnehmung im Dunkel des Vorbewussten oder gar Unbewussten bleibt. Man muss nicht Anhänger von Freud oder der Tiefenpsychologie sein, um dies zu akzeptieren. Die moderne Kognitionspsychologie hat diesen Sachverhalt in einer Unzahl von Experimenten belegt und dafür Begriffe wie »implizites Gedächtnis«, »implizite Informationsverarbeitung« etc. geprägt.[125] Sie hat gezeigt, wie die Affektlage bestimmte Wahrnehmungsinhalte von unserer Wahrnehmung auszugrenzen hilft, wenn sie uns nicht ins Konzept passen, obwohl sie offensichtlich sind.[126] Soziale Wahrnehmungsstudien und Theorien haben klargestellt, wie Gruppendruck oder auch nur sozialer Konsens den Horizont dessen bestimmt, was wahrnehmbar ist und was tatsächlich wahrgenommen wird. Genauso ist es auch denkbar, dass wir die Bewusstheit dafür, was wir wahrnehmen oder wie lange wir die Aufmerksamkeit auf einen bestimmten Punkt halten können, verändern. Studien, ethnografische Dokumente und Berichte über meditative Praktiken belegen, dass das sehr wohl möglich ist und dass Zustände erhöhter, ja sogar übersteigerter Bewusstheit denkbar sind, in denen Dinge präzise wahrgenommen werden, die ansonsten im Hintergrundsrauschen untergehen würden.[127]

Etwas schwieriger ist die Achse der Sammlung zu verstehen, und sie ist sicherlich auch nicht so unabhängig von der Achse der Bewusstheit, wie es die Grafik suggeriert. Jeder kennt Zustände der Zerstreutheit, in der Fachsprache »Dissoziation« genannt: Wer schon einmal einen ziemlichen Rausch gehabt hat, weiß, dass man in solchen Zuständen des Bewusstseins Dinge erlebt, die hinterher nicht mehr erinnerbar sind. Von anderen auf sein Verhalten angesprochen, ist man der Meinung, es wäre von einem anderen Menschen die Rede. Jeder hat schon einmal Momente erlebt, in denen er oder sie im Auto unterwegs war und eine ganze Zeitlang gefahren ist und am Zielort ankam, ohne zu wissen, wie. Von Trauma-Opfern wissen wir, dass sie sich an manche Elemente einer traumatischen Erfahrung mit großer Präzision und Klarheit erinnern, andere wiederum, etwa dazugehörige Affekte, komplett vergessen haben, oder umgekehrt. In Zuständen veränderten Bewusstseins, etwa in tiefer Hypnose, können manchmal Ereignisse erinnert werden, die ansonsten dem Bewusstsein nicht verfügbar sind.[128] Im alltäglichen Bewusstseinsmodus tun wir in der Regel mehrere Dinge parallel. Wir telefonieren, während wir uns auf eine ganz andere Verabredung freuen, vielleicht gleichzeitig daran denken, was noch alles zu erledigen ist, und möglicherweise noch selbstvergessen vor uns hin zeichnen. Oftmals wechseln sich solche kognitiven Aktivitäten ganz rasch ab, vielmals laufen sie parallel. Von der Analogie moderner Rechnersysteme sind wir gewohnt, dass »Multitasking«, das Erledigen mehrerer Aufgaben gleichzeitig, so etwas wie ein Ausweis kognitiver Kapazität und Flexibilität sei. Genau das würde ein Meditationslehrer womöglich bezweifeln. Er würde eher die Fähigkeit, möglichst lange nur eine Sache zu tun – und nur die –, als einen Ausweis für kognitive Kapazität ansehen, die dann, wenn wirklich gefordert, auch in die Fähigkeit, viele Dinge rasch hintereinander und effektiv zu erledigen, umgewandelt werden kann. Eine einfache Meditationsübung kann uns helfen, dies zu demonstrieren:

Die Augen auf einem Punkt vor uns entspannt ruhen lassen, in Ruhe die Ein- und Ausatembewegungen zählen, von eins bis zehn, und wieder von vorne beginnen. Wann immer wir den Faden verloren haben, beginnen wir wieder bei eins.

Wer diese Anfänger-Zen-Übung macht, wird feststellen, dass selbst eine derart einfache Übung Schwierigkeiten birgt. Eine Vielzahl von Gedanken drängen sich dazwischen. Wir verlieren den Faden und vergessen, ob wir jetzt schon bei fünf waren oder nicht. Wir merken nicht, dass wir schon bei zehn waren, und zählen unbemerkt weiter bis elf, und so fort.

Die Fähigkeit, sich auf eine Sache ganz und gar einzulassen, sich zu sammeln, »sich zu konzentrieren«, wie es in der Umgangssprache etwas missverständlich heißt, ist zentral für alle spirituellen Wege und Praktiken. Sie wählen je andere Methoden, aber das Ziel ist, wenn ich es recht sehe, identisch. Das Verb »konzentrieren« ist deswegen missverständlich, weil es eine Einengung des Bewusstseinsfelds suggeriert, die nicht notwendigerweise geschehen muss. Es kann nämlich auch sein, dass man völlig gesammelt ist und ein sehr weites Bewusstseinsfeld hat, in dem auch noch die peripheren Reize komplett präsent sind. Deswegen ist in unserem Modell noch eine dritte Achse eingezeichnet, die diese unterschiedliche Weise der Sammlung bezeichnet. Sammlung kann fokussiert auf einen Punkt sein, sie kann aber auch weit und umfassend sein, so ähnlich, wie wir mit den Augen einen Punkt fixieren können und diesen dann scharf sehen oder einen sehr weiten, unfokussierten Blick haben können. Man kann sich das leicht mit einer Übung verdeutlichen:

Man halte seinen Zeigefinger in etwa 30 cm Abstand vors Gesicht und versuche, ihn scharf zu sehen.

Tut man dies, dann wird der Rest des Gesichtsfelds unscharf, und umgekehrt. Allerdings kann es auch Zustände geben, die beides beinhalten, und hier ist die Grenze der grafischen Analogie und Visualisierbarkeit erreicht: Wenn das Bewusstsein komplett gesammelt ist, ohne spezifische Gedanken und Inhalte, kann es sich zugleich auch weiten, und Inhalte treten ins Bewusstseinsfeld, die vorher nicht da waren – Ideen, Wahrnehmungen, Gedanken, Bilder, Affekte –, die manchmal von umfassender Totalität sein können und dann Zustände höchster Klarheit beschreiben. Wir haben also in diesem Fall gleichzeitige Bewusstseinssammlung bzw. Konzentration und Weite. Eigentlich müsste man sich die Metapher kugelförmig vorstellen, so dass der Pol der Konzentration in den der Erweiterung mündet. Anders ausgedrückt, kann Sammlung über Konzentration geschehen oder über eine kontinuierliche Weitung des Bewusstseinsfelds. Am Ende des Wegs treffen sie sich. Der erste Weg, der der Konzentration, ist der Weg vieler Meditationsübungen, die repetitive (= sich wiederholende) Strukturen anwenden, etwa vedische Tantra-Meditation, das orthodox-hesychastische Jesusgebet – eine kontemplative Praxis beispielsweise der Athos-Mönche –, gewisse Formen der Zen-Meditation oder manche tibetische Meditationspraxis. Der zweite Weg, der eher expansiv ist, ist der der Achtsamkeitsmeditation, mancher Traditionen der christlich-klösterlichen Praxis, wie etwa das Chorgebet, oder der Weg der jüdischen Kabbala. Ich vermute, dass der Effekt am Ende der gleiche ist und sich die Bewusstseinsverfassung so an den je anderen Pol annähert, dass beides zugleich realisiert wird, als hätten die Pole sich im Sinn einer Kugelgestalt auf der anderen Seite getroffen und verbunden. Im Grund ist auch diese Trennung ein bisschen künstlich. Denn wenn man die Weite der Achtsamkeit wirklich erleben und anwenden können will, dann benötigt man die Fähigkeit, die multiplen mentalen Prozesse anzuhalten und zu fokussieren. Umgekehrt mündet volle Konzentration automatisch in die Weite einer achtsamen Haltung.

Schließlich, wie gesagt, müssten wir noch eine vierte Dimension, die Zeitdimension, ins Modell einfügen. Das ist grafisch nicht gut möglich, kann aber leicht visualisiert werden, wenn man sich das Modell nicht statisch, sondern dynamisch vorstellt, etwa so, dass man bestimmte Mikrozustände wie einzelne Schnappschüsse sieht, aus denen dann über die Zeit ein Film entsteht. Dieser Film würde zeigen, wie sich Bewusstseinszustände abwechseln, etwa von Zerstreutheit zu Sammlung und zurück. Er würde, über längere Zeit aufgenommen, zeigen, dass sich die Qualität des Bewusstseins insgesamt gewandelt hat, indem längere Bewusstseinszustände der Sammlung oder der Konzentration möglich sind, dass diese sich auch wieder verlieren oder, umgekehrt, sich stabilisieren und so weiter.

Wir können nun verschiedene uns bekannte Zustände des Bewusstseins in diese Karte eintragen. Das ist zugegebenermaßen kein eindeutiger Prozess und dient fürs erste vor allem der Ordnung und der Einsicht, wie verschieden doch anscheinend ähnliche Bewusstseinszustände qualitativ sein können.

Der Zustand, der uns am bekanntesten ist, das Alltagsbewusstsein, wäre wohl eher nahe am Pol Zerstreuung anzusiedeln, wäre eine Mischung aus bewusster und unbewusster Operationsweise und würde sich zwischen den Polen Konzentration und Expansion eher auf der Nulllinie bewegen, also indifferent sein.

Somnambule (= schlafwandlerische) Zustände, also Zustände der vollständigen Dissoziation von Bewusstsein und Körper, wie sie am Anfang der Hysterieforschung standen und immer wieder über schlafwandelnde Menschen berichtet werden, sind am weitesten auf der Dimension der Zerstreuung oder Dissoziation zu verorten und gleichzeitig komplett unbewusst. Ein gutes Alltagsbeispiel hierfür kennt jeder, der Kinder hat: Man spricht mit ihnen, wenn sie im Traum reden; sie antworten vielleicht sogar, stehen auf, gehen aufs Töpfchen oder trinken Wasser und legen sich dann wieder schlafen. Am anderen Tag ist alles vergessen. Vermutlich ist auch hier die Dimension Konzentration – Expansion irrelevant, da diese Zustände nicht bewusst sind. Als polaren Gegensatz würde ich Zustände tiefer Versenkung bezeichnen, wie sie aus den Meditationstraditionen aller Religionen bekannt sind. Im Yoga werden sie als Samadhi bezeichnet, im Zen als Zanmai, in der christlichen Tradition, etwa bei Ignatius, werden sie als Gnadenzustände des kontemplativen Gebets bezeichnet etc. (Ich weiß, dass dies eine sehr vereinfachte Sicht der Dinge ist und man noch viele Differenzierungen anfügen müsste; indes geht es mir hier vor allem um grobe Strukturen.) Geht man noch weiter auf der Dimension zwischen Sammlung und Bewusstheit, würde man dort wohl – eigentlich außerhalb des Systems – das Erleuchtungsbewusstsein verorten, in dem gleichzeitig auch die Trennung zwischen Konzentration und Expansion und in gewissem Maß wohl auch die Trennung zwischen bewusst und unbewusst aufgehoben ist. Diese Erfahrung wird in der buddhistischen Tradition Satori, Kensho oder Wesensschau genannt, in der Sprache der christlich-mystischen Tradition dürfte es der Erfahrung der Vereinigung entsprechen, die von Theresa von Avila, von Ignatius von Loyola, Hugo de Balma, Bonaventura und anderen beschrieben worden ist. Wiewohl es schwierig ist, einen phänomenologischen Unterschied zur Ekstase zu benennen, so gehe ich doch davon aus, dass eine Differenzierung sinnvoll ist. Der Unterschied dürfte darin bestehen, dass sich bei der Ekstase auch Aspekte der Dissoziation bemerkbar machen können und nicht notwendigerweise die gleiche Sammlung vorhanden ist. Vielleicht hat Ekstase auch stärker mit einer expansiven Qualität des Bewusstseins zu tun. Mir kommt es hier weniger auf die definitive Verortung an als darauf, dass es sinnvoll sein kann, Differenzierungen von Bewusstseinszuständen vorzunehmen. Die Tiefenhypnose etwa müsste man klar von den genannten Zuständen abgrenzen. Sie hat auch eine deutlichere Komponente der Sammlung als das Alltagsbewusstsein, zugleich hat sie aber auch dissoziative Komponenten und ist näher an unbewussten kognitiven Inhalten. Vermutlich ist sie indifferent gegenüber dem Pol Konzentration und Expansion bzw. changiert auf dieser Dimension hin und her. Zustände der Wachtrance, wie wir sie vielleicht erleben, wenn wir uns von einer imaginativen Bilderwelt, wie etwa beim Tagträumen, anziehen lassen, sind stärker bewusst und näher beim dissoziativen Pol. Schließlich kann man noch Zustände des Bewusstseins benennen, die hoch gesammelt zu sein scheinen, aber unbewusst sind. Es ist davon auszugehen, dass manche Formen von Tiefschlaf in diese Kategorie gehören, in denen unser Geist intensiv an einer Sache arbeitet, wir dies aber nicht bemerken, weil wir schlafen. Wir erschließen dies dann, weil vielleicht ein Problem gelöst wurde, mit dem wir abends zu Bett gegangen sind, weil wir eine kreative Idee haben, die uns an der Grenze zum Erwachen direkt oder imaginativ in den Sinn kommt. Der Chemiker Friedrich August Kekulé soll so die Struktur des Benzolrings gefunden haben. Selbstverständlich gibt es auch Formen des Tiefschlafs, die an dieser Stelle indifferent sind und an der Nulllinie zwischen Zerstreuung und Sammlung zu verorten wären. Man könnte noch den Rausch einzeichnen, der je nach verursachender Substanz vermutlich näher an der Dimension Zerstreuung liegen würde, je nach Tiefe und Art stärker in die

Dimension bewusst oder unbewusst gehören und auf jeden Fall eher die expansive Seite des Bewusstseins darstellen würde.

Zusätzlich zu den benannten drei Dimensionen zusammen mit der vierten, der Zeitdimension, könnte man noch eine fünfte Dimension in die Betrachtung einschließen, allerdings nicht mehr sinnvoll grafisch darstellen. (Und allein an dieser Tatsache sehen wir, dass wir vermutlich noch ungleich komplexere und differenziertere Landkarten erstellen können.) Man könnte nämlich noch den Objektbezug des Bewusstseins verorten und nach Selbst- oder Fremdbezug differenzieren. Je nachdem, ob das Bewusstsein einen konkreten Inhalt zum Gegenstand hat, der »außen« zu verorten ist, oder nicht, sind nämlich wieder andere Begriffe und Ordnungsstrukturen notwendig. So kann eine vollkommene Sammlung und tiefe Konzentration beim Betrachten eines Gegenstands entstehen, beim Schreiben oder Lesen eines Textes, beim Sehen eines Films, beim Eintauchen in eine schöne Landschaft, oder sie kann aufgrund einer konsequenten Wendung des Bewusstseins nach innen entstehen. Ekstatische Zustände können durch die Teilnahme an einer tranceinduzierenden Gruppenaktivität oder im sexuellen Akt und damit bezogen auf jemand anderen initiiert werden. Oder aber sie können als Resultat einer Wendung des Bewusstseins nach innen und als Folge spiritueller Übung entstehen. Möglicherweise treffen sich auch hier die Extreme wieder in einer Kreis- oder Kugelgestalt. Jeder, der Berninis großartige Skulptur der Theresa von Avila in Rom gesehen hat, wird zugeben, dass jene Darstellung einer mystischen Verzückung einer orgiastischen Ekstase zum Verwechseln ähnlich sieht.

Im gleichen Sinn können wir Zerstreuung erleben, weil wir auf viele Dinge nach außen gerichtet sind, viele Sinneskanäle gleichzeitig offen halten und doch auf keinen richtig achtgeben. Und wir können auch Zerstreuung erleben, obwohl wir unsere Sinneskanäle abschalten, zu meditieren versuchen, die Augen schließen und formal alles tun, was man tun muss, um sich zu sammeln. Dennoch lassen wir vielleicht unseren Geist wandern, pendeln zwischen verschiedenen Inhalten hin und her, ohne sie genau zu registrieren. Solche Geisteszustände kennen wir, wenn wir uns etwa schlafenlegen und der Schlaf nicht sofort kommt, sondern unser Geist noch mit sich selbst beschäftigt ist, oder wenn wir müde unsere Gedanken ohne eine bestimmte Absicht baumeln lassen.

Sammlung und konsequente Wendung unseres Bewusstseins auf sich selbst ist also offenbar nicht einfach etwas, das sich von selber ergibt, sondern etwas, das eine gewisse Anstrengung, ja vielleicht Disziplinierung

4 *Verzückung der Heiligen Theresa, Altarbild der Cornaro-Kapelle in der Kirche St. Maria della Vittoria in Rom. Giovanni Lorenzo Bernini schuf die Skulptur aus weißem Marmor in den Jahren 1645 bis 1652.*

verlangt. Ebenso scheint die Abkoppelung unseres Geistes von Inhalten, das Suspendieren unserer »inhärenten Intentionalität« (= innewohnenden Gerichtetheit), um mit Franz Brentano zu sprechen, alles andere als selbstverständlich zu sein.

Wir sehen also: Eine differenzierte Betrachtung des Bewusstseins ist möglich und sinnvoll. Wenn man sie anstellt, entdeckt man, dass unser normales Alltagsbewusstsein keinen besonders ausgezeichneten Zustand von Bewusstsein darstellt, im Gegenteil. Unsere Reduktion von Denken, von kognitiver Aktivität, von Kultur, überhaupt von Bewusstseinsäußerungen im Wesentlichen auf die Dimension des Alltagsbewusstseins ist ungefähr so, als hätte die Physik sich bemüht, gültige Aussagen über die Materie anhand des Studiums von Kristallgittern zu treffen, und alle andere Materiezustände ignoriert. Dass wir unter diesen Voraussetzungen nicht zu unserer heutigen Theorie der Materie gekommen wären, liegt auf der Hand. Umgekehrt können wir uns nun auch vorstellen, dass eine differenziertere Nutzung, Kultivierung und Kenntnis von Bewusstseinszuständen durchaus hilfreich, wenn nicht überlebensnotwendig für die Menschheit werden kann.

Ich habe bereits angedeutet, dass wir implizit und unbemerkt in unserer Kultur immer auch verschiedene Bewusstseinszustände nutzen. Diese bewegen sich aber meistens eher in Richtung auf Dissoziation zu, haben oft die Eigenschaft, Bewusstheit zu reduzieren, und sind mit wenigen Ausnahmen weder expansiv noch konzentrativ. Wenn meine kulturkritische Analyse stimmt, dann sind wir dabei, kollektiv mehr oder weniger unabsichtlich immer stärker auf eine Kultur der Dissoziation und der Zerstreuung zuzusteuern. Wir geben dabei leichtfertig all jene Elemente preis, die dazu gedient haben oder dienen würden, Gegenpole zur Zerstreuung zu sein und Menschen dazu zu verhelfen, andere, kontrastierende Elemente in ihren Tages- und Lebenslauf zu integrieren, die Veränderungen und Modulation des alltäglichen Bewusstseinszustands ermöglichen.

Einige Beispiele: Jemand in einem einigermaßen anspruchsvollen Beruf hat heutzutage eine Menge Aufgaben gleichzeitig zu erledigen, oder mindestens kommt es einem so vor. Also versuchen wir, möglichst viele Dinge parallel zu tun. Wenn der Druck steigt, arbeiten wir noch mehr parallel und bewegen uns so auf der Achse Sammlung–Zerstreuung immer weiter auf den Pol der Zerstreuung zu. Wir ermüden und sind geschafft, was meistens mit negativem Affekt verbunden ist. Den versuchen wir zu heben, indem wir uns ein oder mehrere Bierchen genehmigen, gleichzeitig Musik hören oder den Fernseher einschalten. Vielleicht treffen wir uns auch mit Freunden in der Kneipe um die Ecke. Wir finden dann – und benennen das auch so –, dass uns »etwas Zerstreuung guttut«. Oftmals ist das auch noch damit verbunden, dass wir versuchen, Bewusstheit zu reduzieren – etwa dafür, wie unbefriedigend momentan unsere Arbeitssituation ist oder wie wenig hilfreich und anstrengend gerade die Beziehung ist, in der wir leben, und so fort.[129] Wir tun das, indem wir uns ablenken, etwa irgendeinen Film anschauen oder Alkohol und andere pharmakologisch aktive Substanzen zu uns nehmen. Die mehrheitlich zur Verfügung stehenden und kulturell vermittelten und akzeptierten Strategien, um Belastung im Beruf und den Zwang zur Zersplitterung mit dem einhergehenden negativen Affekt auszugleichen, führen meist zu mehr Zerstreuung. Dieser macht erst der Schlaf ein Ende, falls der überhaupt noch eintritt. Und selbst den versuchen viele Zeitgenossen zu verkürzen, indem sie versuchen, noch mehr Aktivität, Zerstreuung und Ablenkung in ihren Tag zu pressen.

Es gibt selbstverständlich noch viele Weisen, seinen Bewusstseinszustand zu verändern. Eine Möglichkeit besteht in der Teilnahme an Massenveranstaltungen – großen Konzerten, Kundgebungen, Sportereignissen –, bei denen meistens eine hypnoide Atmosphäre herrscht, die zu einem tranceähnlichen Zustand führt. Im Idealfall führt dies auch zu einer gewissen expansiven Qualität des Bewusstseins, der diese Veranstaltungen wohl ihre Beliebtheit verdanken, abgesehen von der Tatsache, dass sie auch einen Gegenpol zur Alltagserfahrung darstellen. Hier kann dann das isolierte, postmoderne Individualbewusstsein aus dem anstrengenden Aufrechterhalten seiner gewichtigen Identität ausbrechen und für eine relativ begrenzte und kontrollierbar Zeitspanne Einheit mit anderen, eine Senkung der Hemmschwelle und ein partielles Aufgeben der Ichgrenzen erleben.

Manche betreiben auch aktiv Hobbys zum Ausgleich, die es sich ebenfalls lohnt, unter dem Gesichtspunkt der Bewusstseinsveränderung zu analysieren. Sie spielen etwa ein Musikinstrument, gehen in einen Chor, in ein Musikensemble oder haben eine Band. Idealerweise wird dadurch eine Mischung aus konzentrativer und expansiver Sammlung unterstützt, die aber je nach Art der Praxis auch relativ starke unbewusste Komponenten enthalten kann. Wieder andere betreiben aktiv Sport, und auch hier wird sich je nach Sportart eine andere Veränderung der Bewusstseinslage feststellen lassen. Einige fahren gerne mit dem Auto oder dem Zug durch die Landschaft und hängen ihren Gedanken nach. Sie bringen sich sozusagen selber in einen tranceartigen Zustand und können so von ihrer Alltagsbefindlichkeit Abstand gewinnen. Andere sind künstlerisch tätig oder zum Ausgleich sonst irgendwie kulturschaffend. Auch das hat eine gewisse Komponente der Sammlung. Schließlich kennen die meisten westlichen Kulturen auch so etwas wie geordnete Orgien, bei denen kontrollierter Kontrollverlust möglich ist, so dass Ekstase, Rausch, Trance gesellschaftsfähig werden. Das ist in unseren Breitengraden etwa beim Fasching oder Karneval, auf Partys oder Tanzveranstaltungen der Fall. Andere Kulturen haben dafür religiöse Feste bereitgestellt. Und in den mitteleuropäischen Ländern waren früher die großen und kleinen Kirchenfeste, von denen es eine Vielzahl gab, Anlass, den Alltagstrott zu durchbrechen. Gerade hier hatte die verfasste Religion eine wichtige Funktion. Denn neben den ihr selbst wichtigen kognitiven Inhalten wurden eine Menge von bewusstseinsverändernden Techniken und Praktiken als Teilelemente zur Verfügung gestellt, und durch die Einbettung in die Gesamtkultur erhielten sie einen legitimen Status. Die repetitiven Gebetsformeln etwa, die man obendrein meistens nicht einmal verstand, waren geeignet, eine gewisse Form der Sammlung und Konzentration zu befördern. Eine Vielzahl kleiner, einander folgender Zustände von Mikrotrance induzierender Elemente reihte sich aneinander, von der möglicherweise einschläfernden Predigt bis zum Glöckchenklang, Elemente verdichteter Sammlung bis hin zu ekstatischer Jubelmusik und so fort.

Der Verlust der Selbstverständlichkeit dieser Kultur in unseren Tagen führt zu einem Verlust natürlicher Kontrapunkte gegenüber einer zerstreuenden Alltagswirklichkeit. Menschen sind verstärkt auf ihre private Suche angewiesen, wie sie das Vakuum zu füllen vermögen. Denn die existierenden Angebote der offiziellen Kirchen vermitteln dasjenige Element, das am wertvollsten und am seltensten ist, kaum mehr: spirituelle Erfahrung, die eine gewisse Form der Sammlung voraussetzt. Meine Vermutung, die ich später noch etwas genauer erläutern und begründen werde, lautet an dieser Stelle: Erst durch die spezielle Form von Sammlung und Bewusstheit, entweder über Konzentration oder Expansion, aber auf jeden Fall durch den Pol der Sammlung, ist eine wirkliche spirituelle Erfahrung systematisch möglich. Die Betonung liegt hier auf »systematisch«. Denn selbstverständlich ist unser Bewusstsein so flexibel und fluide (= beweglich wie eine Flüssigkeit), dass es als ein System mit vielen nicht-linearen Eigenschaften aus ganz vielen Positionen zu einer vertieften spirituellen Erfahrung gelangen kann. Das mag meinethalben sogar im Rausch möglich sein. Es dürfte auch bei tranceartigen Massenveranstaltungen denkbar sein, wenngleich dann zu diskutieren wäre, ob die

Qualität der Erfahrung und ihre Dauerhaftigkeit und Robustheit die gleiche ist. Selbstverständlich mag man sich auch in guter, alter, christlicher Tradition auf den Standpunkt stellen, dass nichts unmöglich ist und die Gnade immer und an jeder Stelle und in jeder Form von Bewusstsein wirken kann. All dies zugegeben, bestehen immer noch die Frage und das Problem, welche Art von Bewusstseinshaltung oder Zustand am ehesten dazu führen kann, dass spirituelle Erfahrungen statthaben. Noch einmal anders gefragt: Wann hat es die Gnade am leichtesten? Die Erfahrung und die Überlieferungstradition legen nahe, dass dies am ehesten dann geschieht, wenn jemand der Zerstreuung seines Bewusstseins bewusst und systematisch Akte der Sammlung entgegensetzt, die dazu führen, dass sich sein Bewusstsein verdichtet und gleichzeitig weitet.

Um hier einer unseligen Diskussion gleich im Vorfeld das Wasser abzugraben: In jeder ernsthaften Tradition, außer vielleicht in den Lehren von Splittergruppen, ist diese letzte Erfahrung, die in der östlichen Tradition mit dem Terminus »Erleuchtung« umschrieben wird und die in der christlichen Tradition im Bild der Gottesvereinigung oder der Verwirklichung der Christusnatur gefasst ist, immer als eine im letzten unverfügbare beschrieben. Es kann und wird nie darum gehen, etwas »zu machen«, »zu bewirken«, »herstellen zu können« oder »sich selbst zu erlösen«, wie die Befürchtungen vor allem aus traditionell christlichen oder fundamentalistischen Kreisen meistens lauten.[130] Diese letzte Erfahrung ist immer, auch für den systematisch Übenden, unverfügbar. Die christlich-scholastische Tradition prägte an dieser Stelle das Wort von der Gnade, die die Natur vollendet. Insofern ist die hier vertretene Meinung gut scholastisch: Die Gnade vollendet, was von Natur aus vorhanden oder erarbeitet wurde. Wenn sich die Natur des Menschen nicht bemüht, der Gnade entgegenzukommen, würde man in guter thomasischer Tradition sagen, dann hat es die Gnade schwerer und wird vielleicht auch weniger gut vollenden können. Umgekehrt ist systematische Übung der Sammlung die beste Voraussetzung, um der Gnade den Weg zu bahnen. In neutraler Sprache formuliert: Die Übung der Sammlung führt bis zur vollendeten Sammlung oder Versenkung. Das ist ein Zustand, der auf jeden Fall systematisch lehr- und erlernbar ist. Hier scheint mir das Ende der Systematik und das Ende der Übbarkeit erreicht zu sein, und es beginnt der Weg der unverfügbaren Erfahrung, die sich vielleicht auch sehr unterschiedlich äußert, die viele verschiedene Wege beschreiten mag und die zu klassifizieren und zu ordnen nicht Sinn und Aufgabe meiner rationalen Analyse sein kann.[131]

Im Moment ist mein Anliegen auch noch ein sehr bescheidenes: nämlich plausibel zu machen, dass eine Differenzierung von Bewusstseinszuständen im Sinn einer grundlegenden Kartografie nützlich ist, und zu
argumentieren, dass die meisten in unserer Kultur üblichen Formen der
Veränderung des Alltagsbewusstseins gerade nicht jene Elemente enthalten, die für gewöhnlich als Voraussetzung für eine spirituelle Erfahrung
und die Vertiefung eines spirituellen Wegs gesehen werden, jedenfalls
nicht, wenn man der Erfahrung von Meditierenden, Meditationslehrern
und den klassischen Texten folgt. Die Kartografie ist nützlich, weil sie ver-
deutlicht, dass unser Alltagsbewusstsein nur einen von vielen Zuständen unseres Bewusstseins darstellt. Und eine genauere Reflexion über die
Bewusstseinskultur in unseren Breiten zeigt uns sehr rasch, dass wir all
jene Elemente aus unserer Kultur verbannt haben oder im Begriff sind, zu
verbannen, die der Zerstreuung entgegenarbeiten:

Unsere Kultur ist hektischer geworden. Alles muss schneller, rascher
und effizienter geschehen. Zeit zum Nachsinnen, zum Erspüren und zum
inneren Anpassen bleibt selten, außer, wir nehmen sie uns aktiv. Das aber
wird von unserer Kultur nicht unterstützt. Die Spaßkultur der Postmoderne zwingt uns eher dazu, in der Freizeit noch mehr vom Gleichen zu
tun, nämlich uns noch mehr zu zerstreuen. War der Feierabend etwa in
der vorindustrialisierten Zeit, und teilweise auch noch später, eine Zeit
des zur Ruhekommens und Nachsinnens, schon bedingt durch den Mangel an Beleuchtung und entsprechenden Alternativen, so ist der Feierabend heute bei vielen Menschen zum Sozialstress geworden, der die
Zerstreuung im Beruf nicht beendet, sondern in anderen Bereichen weiterführt. Gab es noch vor gar nicht allzu langer Zeit einen klaren Takt
zwischen Tätigkeit und Ruhe, so kommt uns dieser immer mehr abhan-
den. Die Maschinen brauchen keine Entspannung, und so soll auch der
Mensch sich dieser Diktatur der Gewinnmaximierung beugen. Die Diskussion um die Lockerung der Abendverkaufs- und Sonntagsverbote
zeigt – bei aller Freiheit, die das mit sich bringt, und bei allen Vortei-
len für viele Berufsgruppen –, dass wir ein Gefühl der Bedrohung einer
Kultur der Sammlung bislang noch nicht verspüren. Dadurch, dass wir
die etablierte Religion immer mehr aus unserer säkularen Welt und ihrer
Gestaltung verdrängt haben, haben wir uns nicht nur von den negativen
Seiten, im Sinn der Aufklärung also von Bevormundung und Dogmatis-
mus, befreit. Wir haben auch die positiven Seiten verloren, die bei aller
Verkrustung immer noch vorhanden waren: die Ordnung der Zeit- und
Tagesabläufe, die bei bewusstem Vollzug durchaus spirituelle Erfahrung

in kleinen Dimensionen ermöglichen würden; Elemente der Sammlung im Tages- und Wochenrhythmus, die selbstverständlich waren; Räume und Orte, in denen Erfahrung, wenn schon nicht die Regel, so doch mindestens möglich war. Das alles ist ebenfalls mit der Verdrängung der Religion verlorengegangen. Nicht, dass ich jetzt ein Klagelied anstimmen will. Die Säkularisierung Europas ist ein konsequenter Schritt der Aufklärung und damit historisches Faktum, das es zuerst zu verstehen und zu akzeptieren gilt, bevor sich Neues entwickeln kann. Rückwärtsgerichtete Restauration von Gestrigem kann nicht die Lösung für Probleme sein, die durch die Säkularisierung entstanden sind. Eine solche restaurative Haltung wäre ahistorisch und damit auch im Tiefsten areligiös. Denn alle Religionen, auf jeden Fall die christliche und die entsprechenden Interpretationen des letzten Vatikanischen Konzils, erkennen im Gang der Geschichte immer auch einen kollektiven Weg hin zu einer vertieften Realisierung des Göttlichen in der Welt. Das hat im übrigen nichts mit Geschichtsklitterungen zu tun, wie sie sich der Kreationismus erlaubt, und ist auch keine teleologische (= auf ein Ziel gerichtete) Interpretation der Geschichte. Es geht vielmehr darum, zu verstehen, dass sich das Göttliche in einem spirituellen Sinn radikal nur im und durch den Gang der Geschichte zeigen kann.

Allerdings zeigen diese Beispiele, dass wir uns die Räume spiritueller Sammlung, die in einer säkularen Zeit verlorengegangen sind, zurückerobern müssen. Wir sind aufgerufen, eine neue Kultur undogmatischer Spiritualität zu erschaffen, in der ein Gegengewicht zu den zentrifugalen Kräften der Zerstreuung gesetzt wird. Wie eine solche aussehen könnte und was wir uns davon versprechen dürfen, wollen wir in der Folge skizzieren. Soviel steht fest: Eine neue Kultur der Sammlung nimmt das Individuum in die Pflicht, Verantwortung für den jeweiligen Zustand des Bewusstseins zu übernehmen.

Bevor wir dies tun, muss ich hier noch eine implizite Verbindung explizit erläutern, die ich gezogen habe: die zwischen Zerstreuung und negativem Affekt bzw. zwischen Sammlung und positivem Affekt. Anders gesprochen: Wir müssen klären, welchen Anreiz jemand haben soll, sich überhaupt der Anstrengung zu unterziehen, den relativ gängigen und einfachen Weg der Zerstreuung immer wieder neu und regelmäßig zu verlassen. Ist es denn überhaupt ausgemacht, dass Zerstreuung an der Wurzel der Probleme liegt, wie ich das suggeriere? Ist es denn richtig, dass Zerstreuung, »Multitasking« und Fun-Gesellschaft so schlecht für das persönliche und allgemeine Wohl ist, wie ich das zu unterstellen scheine? Ich werde das im folgenden, zugegebenermaßen kurzen und kursorischen Abschnitt über die neurobiologische und neuropsychologische Seite der Frage zu klären versuchen, bevor wir uns weiter voranwagen.

Neurobiologie und Physiologie der Sammlung und Entspannung

Psychoneuroimmunologie und die Physiologie der Belastung
Wir wissen, dass alle unsere Emotionen, Affekte, ja, global gesprochen, alle unsere Innenzustände konkrete physiologisch-materielle Reflexe besitzen. Diese sind zwar im Einzelnen und in ihrer prinzipiellen Interaktion zwischen mental-psychologischen und materiell-physiologischen Prozessen noch lange nicht verstanden, aber die Tatsache, dass dem so ist, ist unstrittig. Einige neue Forschungsdisziplinen haben dazu beigetragen, diese Erkenntnisse zu konkretisieren und zu vertiefen. Da ist zum einen die Psychoneuroendokrinologie, die sich mit der Frage befasst, wie psychische Zustände, Affekte positiver wie negativer Art, punktuelle Belastungen und psychologische Haltungen sich in Veränderungen von hormonellen Reaktionen zeigen, die dann wiederum unterschiedliche körperliche und psychische Veränderungen nach sich ziehen. Da ist zum anderen die Psychoimmunologie, die in den letzten Jahren gezeigt hat, dass psychisches Erleben eine andere wichtige körperliche Funktionsweise, die völlig unbewusst ist, nämlich unser Immunsystem, beeinflusst. Ihre zentrale Grunderkenntnis war, dass sogar das Immunsystem konditionierbar ist, dass also auch unsere Immunreaktionen – in Grenzen – durch Lernen überformt werden können. Dadurch lässt sich die Entstehung oder das Aufrechterhalten psychologisch ausgelöster und immunologisch vermittelter körperlicher Reaktionsweisen mindestens im Prinzip verstehen.[132] Beide Forschungsrichtungen sind in letzter Zeit zur Psychoneuroimmunologie verschmolzen, weil man zu verstehen begonnen hat, dass beinahe alle Hormone auch Funktionen innerhalb des Immunsystems haben und umgekehrt die meisten Elemente des Immunsystems mit dem hormonellen System interagieren.[133] Das Immunsystem, eine Art sechstes Sinnessystem für die Unterscheidung »eigen – fremd«, und das hormonelle System, unser körpereigenes Regulations- und Botensystem, sind im Tiefsten ein einziges Regulationssystem, das die Aufrechterhaltung der Funktionsgrenzen des Organismus nach außen und der Anpassung nach innen gewährleistet.

Diese Prozesse laufen normalerweise ohne bewusste Wahrnehmung ab. Wenn wir mit einem Rhinovirus in Kontakt kommen, der das Potenzial für eine Infektion mit nachfolgendem Schnupfen in sich birgt, lanciert unser Immunsystem eine Immunreaktion, die wir überhaupt nicht wahrnehmen und die im Idealfall mit der Elimination des Virus endet, ohne dass wir je bemerkt hätten, dass es überhaupt einen solchen Kontakt mit einem Virus gab. Täglich laufen Millionen solcher Immunreaktionen erfolgreich ab, ohne dass wir auch nur das Geringste merken, und erst, wenn einmal ausnahmsweise eine solche Abwehrreaktion erfolglos ist, spüren wir die Konsequenzen bewusst als Krankheitssymptome einer Erkältung oder Infektion. Jeden Tag reguliert unser Körper das Innenmilieu unseres Organismus so, dass wir maximal aktiv sein können, wenn wir ihn nicht daran hindern. Morgens führt ein starker Anstieg der Cortisolausschüttung dazu, dass unser Aktivitätsniveau steigt – die Körpertemperatur, der Blutdruck, die Herzfrequenz, der Grundumsatz –, und bereitet uns so aufs Aufwachen und Aufstehen vor. Abends geht die Ausschüttung von Cortisol zurück, wenn wir dem nicht entgegenarbeiten, und bereitet uns auf die Ruhephase vor. Viele solcher zyklischer Prozesse laufen den ganzen Tag über ab, zeitlich koordiniert durch viele Zeitgeber, unter anderen das Melatonin, ein Hormon der Zirbeldrüse. Die Ausschüttung dieses Hormons hängt stark mit der Wahrnehmung von Licht zusammen und regelt wiederum andere hormonelle Systeme. Am Abend führt die ansteigende Melatoninausschüttung dazu, dass wir müde werden und uns schlafen legen.

Viele stoffwechselaktive Hormone regulieren über den Tagesverlauf Nahrungsaufnahme, Ruhe und Verdauung. Und wenn wir kurzfristig auf Belastungen reagieren müssen, gibt es zusätzliche Systeme, die uns helfen, rasch die nötige Energieversorgung in Muskeln und im Gehirn parat zu haben. In diesem Fall führt eine unmittelbare, von zentralen Nervenimpulsen vermittelte Achse direkt von unserer Wahrnehmung von Bedrohung oder Belastung über das Gehirn und die Nebennieren zur Ausschüttung von Adrenalin und Noradrenalin, die die entsprechenden Bereitschaftsreaktionen vermitteln. Diese Verbindungen von unseren Sinnesorganen zum Gehirn sind neuronal so verschaltet, dass sie in den sogenannten thalamischen Kernen auf ihr Gefahrenpotenzial analysiert und sofort weitergeleitet werden, noch bevor sie bewusst wahrgenommen wurden. Das hat selbstverständlich einen sehr guten physiologischen Grund: Ein biologisches System kann sich keine Bewusstheit der Gefahr und die damit verbundene Zeitverzögerung leisten, wenn es darum geht, rasch darauf zu reagieren. In unserer komplexen Umwelt kann es sehr leicht sein, dass Reize, ohne dass wir dies überhaupt merken,

Gefahrenreaktionen mit allen hormonellen Konsequenzen auslösen. Das könnte etwa unterschwelliger Lärm sein, wie etwa das allgegenwärtige Geläute von Mobilfunkgeräten, visuelle Reize oder die Reizflut im Allgemeinen, ohne dass die konkreten Inhalte begrifflich und bewusst analysiert zu werden brauchen.

Wieder andere Hormonsysteme sind mit den Zyklen von Sexualität und Reproduktion betraut und interagieren intim mit den anderen. All das läuft normalerweise rund und ohne unser Zutun genau so ab, wie es optimal für den individuellen Organismus und unsere Art ist. Wenn nun spezielle äußere Situationen im Leben eine geänderte psychische Reaktions- oder Affektlage bedingen, so hat diese eine direkte und oft sehr komplexe Auswirkung sowohl auf die endokrinologische als auch immunologische Situation.

Wie äußert sich dies konkret? Hier ein paar Beispiele: Bleiben wir zuerst bei der berühmten »Stressreaktion«. Bei einer akuten Gefahr – sagen wir, einer Autofahrerin läuft ein spielendes Kind vors Auto – meldet unser gesamtes Wahrnehmungssystem sofort »Gefahr«. Noch bevor uns diese Gefahr bewusst wird, führt eine direkte Verschaltung über Neuronenkerne im Thalamus dazu, dass das sympathische autonome Nervensystem (ANS) aktiviert wird. Es heißt »autonom«, weil es neben dem Zentralnervensystem, dem ZNS, das für die Verarbeitung bewusster Reizverarbeitung und willkürlicher Motorik zuständig ist, unabhängig operieren kann. Die besagte »Gefahrensituation« wird nämlich als eine solche in Gehirnkernen analysiert, noch bevor die Wahrnehmung »Gefahr« als solche bewusst wird. Da hat das ANS bereits reagiert, Zentren im Stammhirn aktiviert, die das Herzkreislaufsystem beschleunigen, das Nebennierenmark aktiviert, die unter anderem Adrenalin und Noradrenalin in die Blutbahn ausschütten. Diese Hormone führen binnen Sekundenbruchteilen dazu, dass das durch die erhöhte Kreislaufaktivität vermehrte Blut und die entsprechenden Nährstoffe dorthin transportiert werden, wo sie gebraucht werden: in die Muskeln und ins Gehirn. Alle Stoffwechselprozesse werden auf »Aktivität« geschaltet, die Herzfrequenz wird beschleunigt, der Blutdruck erhöht, der Abbau von Energiereserven nimmt zu, damit genügend Energie zur Verfügung steht, und die Einlagerung von Energie in die Leber wird unterbrochen. Die Abwehrbereitschaft des Immunsystems wird kurzfristig erhöht: Bei einer akuten Gefahrensituation, bei der es potentiell zu Verletzungen und damit zum Eindringen von Erregern kommen kann, muss das Immunsystem gewappnet sein.

Auf einer zweiten, langsamer, aber dafür andauernder wirkenden Achse wird ein zweites System aktiviert, das über die Hirnanhangdrüse, die Hypophyse, das umgangssprachlich als »Stresshormon« bekannte ACTH (adrenocorticotropes Hormon) in den Blutkreislauf abgibt, das die Nebennierenrinde aktiviert, wo unter anderem Cortisol ausgeschüttet wird, das ebenfalls das Aktivitätsniveau des Organismus langfristig steigert und Stoffwechselprozesse auf die Bereitstellung von Energie hin reguliert. Diese zweite Achse wirkt synergistisch mit der ersten und ist stärker auf die langfristige Bewältigung von Belastung ausgelegt, während die erste Stressachse vor allem der raschen Reaktion dient. Da die zweite Achse aber vor allem die langfristige Bereitstellung von Energie zu sichern hat, werden all jene Prozesse reduziert, die nicht unbedingt diesem Zweck dienen. Dazu gehört auch die immunstimulierende Wirkung der ersten Bereitschaftsreaktion, die durch die Steroidhormone rückgängig gemacht wird. Cortisol und seine Verwandten haben vielmehr eine dezidiert immunsuppressive (= die Immunreaktion unterdrückende) Wirkung, die im physiologischen Fall dazu dient, eine angelaufene Entzündungsreaktion, wie sie typisch für die erste Phase einer Immunreaktion ist, wieder einzudämmen, so dass sie nicht den Organismus schädigt. Landläufig bekannt ist der weitverbreitete medikamentöse Einsatz von Kortison, einem Steroidhormon und Verwandten von Cortisol, zur medikamentösen Kontrolle verschiedener Entzündungsreaktionen, etwa bei der Neurodermitis oder bei der chronischen Polyarthritis oder bei all jenen Zuständen, bei denen überschießende Entzündungsreaktionen drohen.

All diese Prozesse sind immens hilfreich. Sie dienen unserem Organismus dazu, genau dann rasch und effektiv handlungsfähig zu sein, wenn es notwendig ist, und ansonsten die unnötige Verausgabung von Energie zu vermeiden. Wenn die Belastung vorüber ist, werden diese Prozesse im Normalfall zurückreguliert. Der zweite Ast des ANS und Gegenspieler des sympathischen Systems, das die Bereitstellung von Energie ermöglicht hat, nämlich der parasympathische, wird stärker aktiviert, und Aufbauprozesse beginnen. Wir werden müde, fühlen uns erholungsbedürftig, werden hungrig und essen, legen uns schlafen oder geben uns sonst einer erholsamen Tätigkeit hin.

Diese hormonellen Regelkreisläufe sind über Millionen von Jahren daraufhin von der Evolution bestärkt worden, dass sie auch lang andauernder Belastung standhalten können. Unsere Vorfahren mussten sich unter extrem widrigen Bedingungen behaupten, vielleicht lange Märsche überstehen, um einer feindlichen Bedrohung zu entkommen, länger dauernde Hungerperioden, um Zeiten der Nahrungsmittelknappheit zu überleben, ausgedehnte Feindseligkeiten aushalten und für Abwehr bereit sein, in Gefahrensituationen extrem schnell und effizient reagieren. Immer aber war auch hier ausreichend Zeit zur Erholung. Auch die längste Fastenperiode wurde wieder von einer Zeit des ausreichenden Nahrungsangebots abgelöst, mindestens für die, die überlebt hatten. Auch der längste Marsch kam irgendwann an sein Ziel. Auch die gefährlichste Situation war irgendwann überwunden, wenn sie nicht mit dem Tod des Individuums endete. Wir verdanken alle das Leben der Abstammung von genau solchen Individuen, deren Organismus zu früheren Zeiten in der Lage war, die entsprechenden Belastungen zu meistern und zu überleben. Dieses evolutionäre Argument erklärt vielleicht auch, warum wir, gesamtgesellschaftlich gesehen, so zäh im Aushalten von widrigen Bedingungen sind, bevor wir einbrechen.

Woran aber merkt der durchschnittliche Organismus, dass es Zeit für eine Gegenbewegung ist, Zeit zum Abschalten und Erholen? Im Normalfall am Affekt. Jeder aktivierte hormonelle Regelkreis führt immer, bereits kurz nach der Aktivierung, durch Rezeptoren für die entsprechenden Hormone dazu, dass ein negativer Rückkopplungskreislauf in Gang gesetzt wird, so dass etwa die Ausschüttung von weiterem Adrenalin oder Cortisol durch die bereits im Blut zirkulierende Konzentration unterbunden wird, außer ständige und starke Nervenimpulse geben immer wieder neu Anlass zu Aktivierungen. All diese hormonellen Prozesse führen also langfristig dazu, dass Gegenregulationen entstehen, deren Ziel es ist, die entsprechenden Ruhe- und Erholungsphasen dann einzufordern, wenn es für den Organismus möglich und notwendig ist.

Während wir durch die sogenannten Katecholamine Adrenalin und Noradrenalin aktiviert sind, erleben wir in der Regel sogar einen erhöhten positiven Affekt. Wir fühlen uns aktiv, energiegeladen, stark und wohl in unserer Haut. Das hat damit zu tun, dass Adrenalin, Noradrenalin und andere Hormone, die bei Belastung ausgeschieden werden, physiologische Wirkungen nicht nur in der Erhöhung der Bereitschaft des Organismus im Allgemeinen entfalten, sondern auch zentralnervös im Gehirn wirksam werden, entweder, indem sie direkt die Blut-Hirnschranke passieren und im Gehirn stimulierend wirken, oder indirekt über Rückkopplungssysteme, die das Niveau der Hormonausschüttung im Blut überprüfen und entsprechende Wirkungen im Gehirn nach sich ziehen. So ist etwa in letzter Zeit bei der Aufklärung der Prozesse, die zu Depression führen, neben dem Serotonin als wichtigem aktivitäts- und affekt-regulierendem Hormon auch das Noradrenalin oder Norepinephrin ins Zentrum der Aufmerksamkeit gerückt.[134] Diese direkt bei der Bereitstellungsreaktion des Organismus ausgeschütteten Hormone haben nämlich affektsteigernde Wirkung. Höchstwahrscheinlich wird bei der Auslösung der akuten Belastungs- und Bereitstellungsreaktion auch das körpereigene Morphinsystem, das sogenannte Endorphinsystem, aktiviert.[135] Dieses hat zum einen affektsteigernde Wirkung, zum anderen blockiert es die körpereigene Reizleitung und zentrale Verarbeitung von Schmerzen, was wiederum subjektiv zu einem Gefühl des Wohlseins und der Euphorie führt. Daneben hat es auch immunologische Wirkung und kann als ein Ursystem der Organismen zur Abwehr von Schaden gesehen werden, da es bereits bei Würmern nachweisbar ist. Wegen der affektsteigernden Wirkung des Endorphinsystems spricht der Volksmund etwas irreführend von »Adrenalinjunkies« und meint damit Menschen, die dauernd nach speziellen Belastungen und Erfahrungen gieren, etwa nach riskantem Motorsport, Bungee-Jumping oder anderen gefährlichen Extremsportarten, die genau jene physiologische Reaktion auslösen. Diese Menschen suchen selbstverständlich weniger die nicht unbedingt immer direkt fühlbaren Kreislauf- und Stoffwechseleffekte der beteiligten Hormone, sondern vor allem die zentralnervösen Effekte, die zu gesteigertem Wohlbefinden, Euphorie und Exaltation (= Übererregung) führen. Der physiologische Sinn dieser Reaktion ist selbstverständlich, dass wir alle kognitiven und motivationalen Reserven bei einer Belastung mobilisieren und uns nicht innerlich ab- sondern zuwenden.

Ist die akute Phase der Beanspruchung vorbei, und wird die erste Belastungsachse zurückreguliert, so führt der Rückgang des Katecholaminspiegels zu einer Reduktion des positiven Affekts. Dieser wird normalerweise durch die wohltuenden Wirkungen der Erholungsreaktion sofort übertönt und in Wohlgefühl münden, vorausgesetzt, die Erholung setzt ein.

Die zweite Achse der Belastungsregulation, die über thalamische Kerne, die Hypophyse und die Nebennierenrinde gesteuert wird, führt vor allem über Cortisol dazu, dass sich die Affektlage gegenüber der euphorischen der ersten Belastungsphase allmählich verändert. Möglicherweise ist diese Affektveränderung auch immunologisch vermittelt, nämlich durch die immunmodulierende Wirkung der Stresshormone.[136] Jedenfalls wird das Endorphinsystem wieder zurückreguliert. Rückkopplungskreise führen dazu, dass die Ausschüttung der Katecholamine gedrosselt wird. Auch wenn die Einzelheiten noch nicht im Detail bekannt sind, ist die affektive Konsequenz andauernder und nicht durch entsprechende Erholung unterbrochener Belastung bekannt: Wir erleben negativen Affekt in verschiedenen Schattierungen. Dieser kann sich einfach dadurch ergeben, dass gesteigerter positiver Affekt fehlt und daher ein negativer Affekt als Mangel an positivem Affekt wahrgenommen wird. Er kann sich aber auch dadurch ergeben, dass negativer Affekt physiologisch induziert wird.

Wir fühlen uns müde und schlapp, wir werden lustlos und im Ernstfall sogar niedergeschlagen. Die immunsuppressive Wirkung der Steroidhormone kann sogar so weit führen, dass wir eine Infektion erleben, so dass Fieber als Antwort darauf entsteht und Zytokine, also Botenstoffe des Immunsystems, ausgeschüttet werden, die zum Erleben von schwerer Müdigkeit, Desinteresse und Lustlosigkeit führen und den Wunsch, nur noch zu schlafen, auslösen. Normalerweise würde dies dazu führen, dass wir uns ins Bett legen, unser Fieber auskurieren und nach einer überschaubaren Zeit wieder arbeitsfähig wären.

Während sich die äußeren Umstände, die Typen und Erscheinungsweisen von Belastung in relativ kurzer Zeit drastisch gewandelt haben, haben sich die evolutionären Mechanismen der Anpassung und der Reaktion auf Belastung seit Millionen von Jahren nicht verändert. Wir geraten immer häufiger in Situationen, für die unser Organismus nicht gerüstet ist. Am gefährlichsten scheint mir dabei die Missachtung der zyklischen Prozesse zu sein, die die Basis der physiologischen Funktionsweise organismischer Systeme darstellt. Der Organismus meistert alle Belastungen – bis auf jene, die nicht mehr durch Erholungsprozesse unterbrochen werden. Wenn beispielsweise der womöglich immunologisch bedingten Erschöpfung mit den entsprechenden Symptomen von Müdigkeit und Fieber am Ende einer langen Belastungsperiode keine entsprechende Erholung mehr folgt, kann das Repertoire des Organismus durcheinandergeraten. Wir verfügen heute über die pharmakologischen Substanzen, um beispielsweise die Fieberreaktion mit den entsprechenden physiologischen Begleiterscheinungen selektiv zu unterdrücken, und meinen dann, wir hätten die Infektion überwunden. Wenn also unser moderner Einzelkämpfer, der nach einer langen beruflichen Belastungsperiode mit wenig Schlaf, viel Arbeit unterschiedlicher Art, unterbrochen durch Reisen und neuerliche Belastung von, sagen wir, Verhandlungen, die wegweisend für künftige Finanzierungen sind, »unterstützt« durch pharmakologisch relevante Mengen von Koffein, Alkohol und am

Ende auch noch Nikotin, erschöpft zu Hause ankommt und die Symptome von Fieber und Erschöpfung konstatiert (falls er dazu überhaupt noch in der Lage ist), dann wird er, wenn er vernünftig ist, auf seinen Organismus hören und sich einige Tage ins Bett legen. Sein Körper fordert dann das Ausmaß an Erholung ein, das er ihm in der letzten Belastungsperiode geraubt hat. Kann oder will unser Einzelkämpfer das nicht tun, wird er vielleicht wieder mit pharmakologischer Unterstützung die Erholungsreaktion seines Organismus unterdrücken, um für die nächste Belastung gerüstet zu sein, die schon wieder am Horizont aufzieht. Wenn seine Konstitution gut genug ist, wird das vielleicht glimpflich ausgehen. Wenn er Pech hat, läuft sein Immunsystem Amok. Dann werden zwar die unmittelbaren Fiebersymptome gut bekämpft, aber die Regelkreise, die zur Auslösung der entsprechenden Reaktionen geführt haben, bleiben unangetastet. Dann bleibt die Erschöpfung zurück, obwohl es längst keine Infektion mehr gibt. Dann bleiben die bleierne Müdigkeit, das Schlafbedürfnis, die Unlust und der negative Affekt, obwohl äußerlich gar kein Grund mehr vorliegt. Eine Ursache dafür mag sein, dass manche Interleukine, Kommunikationspartner im immunologischen Steuerungskonzert, nicht vom Immunsystem herunterreguliert wurden.[137] Normalerweise würde im Zug einer gelungenen Immunantwort das Immunsystem selbst diejenigen Steuerungskomponenten und Zytokine wieder zurückregulieren, die die Immunantwort vorangebracht haben. Wird diese physiologische Immunantwort durch Eingriffe von außen gestört, kann es sein, dass eine solche Rückregulation unterbleibt. Teilelemente des Immunsystems vagabundieren frei herum und gaukeln dem Organismus eine Infektion vor, wo keine mehr ist.

Was ich eben skizziert habe, ist eine der vielen Möglichkeiten, wie das chronische Müdigkeitssyndrom entstehen kann, eine Krankheit, die im Vormarsch begriffen ist und bei den Betroffenen zu extrem starken Müdigkeitssymptomen führt, die sich durch Schlaf und Erholung nicht bessern und die Patienten oftmals sogar ans Bett fesseln. (Weil der Organismus ein nicht-lineares System ist, gibt es sehr viele Möglichkeiten, wie ein solcher Endzustand erreicht werden kann; es können auch Belastungen durch Chemikalien, psychische Belastungen oder noch andere, unbekannte Gründe zu einer solchen Erkrankung führen. Hier geht es nur ums Beispielhafte.)[138]

In diesem Fall ist der Auslöser für eine solche Erkrankung schwerlich festzumachen. Waren es vielleicht die Missachtung des Affekts der Unlust und des Impulses, sich Ruhe zu verschaffen? Das wäre fehlgeleitetes Verhalten. Der Grund hierfür mag blanke wirtschaftliche Notwendigkeit gewesen sein. Lag die tiefere Ursache vielleicht im Karrieredenken? Möglicherweise waren unserem postmodernen Manager die Aufstiegsmöglichkeit und ein höheres Gehalt wichtiger als das Hören auf seine physiologischen Signale. Vielleicht war die Ursache aber einfach eine kulturell vermittelte und sanktionierte Taubheit und Blindheit gegenüber der eigenen physiologischen Verfasstheit. Keiner lässt sich gerne von einer albernen Erkältung an seinen Plänen hindern. Nicht alle haben gelernt, auf ihre psychische Verfasstheit achtzugeben und sie ernst zu nehmen. Und wenn ein Mensch von Kindheit an aus einer Kultur der Missachtung physiologischer Signale kommt, dann wird er Körpersignale nicht immer richtig deuten können. Wir wissen mittlerweile aus Tierexperimenten, dass entscheidende immunologische und endokrinologische Regelkreisläufe bereits im frühesten Lebensalter konditioniert werden können, die Art etwa, wie auf Schmerzreize reagiert wird und ob dies zu einer subjektiv beeinträchtigten Schmerzwahrnehmung führt oder nicht.[139] Ein rechtzeitiges Erkennen der Belastungssituation und ein angemessenes Gegensteuern, etwa durch bewusstes Einplanen von Erholungsmöglichkeiten, hätte den Zyklus von Belastung und unangemessener Reaktion zu verhindern geholfen. In diesem Sinn ist eine Kultur der größeren Bewusstheit, wie wir nachher noch sehen werden, auch globale Gesundheitsvorsorge in hohem Maß.

Nicht immer hat eine ausgedehnte oder übergroße Belastung die skizzierten dramatischen Konsequenzen. Es ist aber bereits ein ausgedehnter negativer Affekt, der missdeutet oder auf den unangemessen reagiert wird, Grund zur Besorgnis. Denn aus einer solchen Affektlage, und vor allem aus der unangemessenen Reaktion darauf, ergibt sich eine Fülle von Problemen. Manche versuchen, einem sich anbahnenden negativen Affekt dadurch auszuweichen, dass sie in eine neue Belastung flüchten, die die akute Bereitstellungsreaktion mit allen affektiv positiv besetzten Konsequenzen auslöst. Positiver Affekt wird auf Kosten anderer physiologischer oder verhaltensmäßiger Konsequenzen »eingekauft«. Das kann sehr lange gutgehen und funktioniert prima in einem isolierten Kosmos, wenn man etwa die ökologischen Kosten nicht einrechnet oder die Energie- oder Gesundheitskosten, die manche extremen Sport- oder Freizeitbeschäftigungen mit sich bringen. Spätestens dann aber, wenn der gesamte Kontext – und damit meine ich immer einen Blick auf die ganze Welt – eingerechnet wird, sieht man, dass die Folgen einer globalen Kultur, die auf aufkeimenden negativen Affekt mit auf die Erregung der primären Bereitstellungsreaktion ausgelegten Aktivitäten reagiert, unverantwortbar sind. Man muss sich nur vorstellen, in ganz Asien oder China würde es Mode werden, mit Geländefahrzeugen durch die Gegend zu fahren, um seine Frustration zu bezwingen. Dann sieht man, dass eine nur auf Extraversion (= nach außen gerichtete) und Befriedigung von Reizhunger ausgelegte Strategie der Erholung, um mit den Folgen negativen Affekts infolge von dauernder oder unangemessener Belastung fertig zu werden, nicht die letzte Weisheit sein kann.

Illustrieren wir die Bedeutung psychischer Prozesse für körperliche Gesundheit und umgekehrt noch an einem anderen Beispiel. Wir haben gesehen, wie unsere Belastungsreaktionen ursprünglich sehr hilfreich sind. Wenn sie nicht rechtzeitig in Erholungsreaktionen münden, können ausgedehnter und vertiefter negativer Affekt, Überlastungen und Krankheit die Folge sein. Wir haben als eine mögliche Endstrecke das chronische Müdigkeitssyndrom genannt. Wir hätten genauso gut hohen Blutdruck oder eine immunologisch bedingte Erkrankung wählen können. Sehen wir uns letzteres an:

Es ist eine allgemeine Erfahrung, dass man Erkältungen und Infektionen leichter bekommt, wenn man unter Belastung steht. Das ist inzwischen gut belegt. Wegweisend hierfür war unter anderen folgende experimentelle Untersuchung:[140] 394 gesunde Freiwillige wurden mit verschiedenen Viren infiziert und eine Weile unter Quarantäne gehalten und beobachtet. Nicht bei allen Personen konnte die Infektion auch im Serum nachgewiesen werden, und nicht alle, bei denen eine Infektion nachgewiesen werden konnte, erlebten auch Symptome. Das ist ein erster interessanter Befund. Wir gehen in der Regel davon aus, dass Ansteckung ursächlich für Infektionen ist. Das ist nur bei äußerst wenigen, sehr aggressiven pathogenen Keimen so, nämlich bei solchen, auf die der menschliche Organismus mangels Kontakten und mangels evolutionärer Lerngelegenheiten keine Möglichkeit hatte, sich einzustellen, etwa bei Tollwutviren. Bei den Allerweltsbakterien und -viren, die in diesem Experiment verwendet wurden, hatten offenbar eine Reihe von Menschen so gute immunologische Abwehrprozesse verfügbar, dass sie trotz einer physischen Einbringung in den Organismus und Kontakt mit dem Erreger in der Nasenschleimhaut keine Infektion erlitten, die nachweisbar war. Hier war das Immunsystem offenbar so effizient, dass sich der Erreger erst gar nicht verbreiten konnte. Eine andere Gruppe von Versuchsteilnehmern erlebte zwar eine Infektion im physiologisch-immunologischen Sinn, das heißt, dem Virus gelang es, Zellen zu befallen und ihre Strukturen für seine Reproduktion, wenigstens in Grenzen, nutzbar zu machen. Das wurde daran sichtbar, dass das Virus bzw. die vom Immunsystem produzierten Antikörper im Serum nachweisbar waren. Aber offenbar war das Immunsystem hier immer noch effizient genug, um die Infektion schnell genug einzudämmen und das Virus unschädlich zu machen. Ein kleinerer Prozentsatz von Versuchsteilnehmern erlitt tatsächlich klinische Symptome – Schnupfen, erhöhte Temperatur, Hals- oder Kopfschmerzen.

Wir lernen aus diesem Versuch, dass die Frage, ob ein Organismus von einem pathogenen Keim infiziert wird, nicht nur eine Funktion des Keims, sondern vor allem der Effizienz des Immunsystems ist. Die Keime können wir kaum beeinflussen: Alle antibiotischen und hygienischen Maßnahmen führen letztlich nur dazu, dass Keime Resistenzen ausbilden und uns wieder einen Schritt voraus sind.[141] Die Effizienz des Immunsystems können wir sehr wohl beeinflussen. In besagtem Versuch nämlich hatten diejenigen Personen, die stärker unter Belastung standen als andere, stärkere Symptome und waren klinisch gesehen krank. Die momentane Belastung und der negative Affekt bestimmen dabei vor allem, ob sich eine klinisch manifeste Infektion überhaupt entwickelt oder nicht. Die Anzahl von relevanten Belastungen in der jüngeren Vergangenheit dagegen ist mit Art und Stärke der klinischen Symptome assoziiert, die jemand entwickelt. Offenbar haben also akuter Stress und der damit verbundene negative Affekt einen direkten Einfluss darauf, ob wir einer Infektion erliegen oder nicht, und die jüngere Geschichte der Belastungen darauf, wie stark sich die Erkrankung ausbreiten kann. Der Grund hierfür ist in der bereits besprochenen immunsuppressiven Wirkung der Stresshormone, vor allem der Kortikosteroide (Cortisol), zu suchen. Wir sahen: Von einem physiologischen Standpunkt aus ist es sinnvoll, im Dienst der Gefahrenbewältigung all jene physiologischen Prozesse zu suspendieren, die zu Erholung, Ruhe und aufbauenden Stoffwechselprozessen Anlass geben. Wer sich also einer Dauerbelastung aussetzt oder diese nicht vermeiden kann, kompromittiert in der einen oder anderen Weise sein Immunsystem. Die Anfälligkeit für Bagatellinfektionen ist dabei noch die weniger spektakuläre Konsequenz. Manchmal können immunologische Entgleisungen dazu führen, dass unser Immunsystem die Unterscheidung zwischen »eigen« und »fremd«, die ja basal für seine Kompetenz ist, nicht mehr korrekt durchführt und körpereigene Zellen angreift. Eine Fülle von relativ schwer zu behandelnden Erkrankungen kann die Folge sein und ist eine direkte Konsequenz fehlgeleiteter Immunreaktion. Nicht immer muss Belastung die Ursache dafür sein. Aber häufig dürften Belastungsfaktoren mindestens am Zustandekommen oder am Wiederaufflammen solcher Erkrankungen beteiligt sein. Dazu gehören etwa die entzündlichen Darmerkrankungen Colitis ulcerosa und Morbus Crohn, bei denen das Immunsystem gegen Zellwände des Darms aktiv wird, eine Reihe von rheumatischen Erkrankungen, wie rheumatoide Arthritis (Polyarthritis), bei denen Entzündungsreaktionen gegen Gelenkbestandteile ablaufen. Auch die sogenannten atopischen Erkrankungen Asthma und Neurodermitis werden durch eine Überreaktion des Immunsystems aufrechterhalten. Der jugendliche Diabetes verdankt sich einer fehlgeleiteten Immunreaktion, und auch bei Herz-Kreislauf-Erkrankungen werden in neuerer Zeit immunologische Prozesse als mitursächlich diskutiert.[142] Diese Beispiele sollen auf keinen Fall suggerieren, dass sämtliche Menschen, die an solchen Krankheiten leiden, zu viele Belastungen erleben oder schlecht mit Belastungssituationen umgegangen sind. Die Zusammenhänge sind meist viel subtiler. Aber bei einer Reihe dieser Erkrankungen ist mittlerweile gut belegt, dass Belastungen zu Verschlimmerungen führen, auch wenn vielleicht eine genetisch bedingte Überempfindlichkeit oder eine Infektion in der Kindheit der ursprüngliche Auslöser waren. Manchmal ist in der Tat eine Reihe von Belastungen in der Kindheit als ursächlich für den Beginn solcher Krankheiten auszumachen, und in der Folge verselbständigt sich dann das Krankheitsgeschehen. Das kann daran liegen, dass auch das Immunsystem lernt und Fehlreaktionen konditioniert sein können, das heißt Immunreaktionen von eigentlich belanglosen oder mittlerweile bedeutungslosen Reizen ausgelöst werden können.

Das wird durch das Parade-Experiment der Psychoneuroimmunologie anschaulich dargestellt, mit dem diese Disziplin ihren Aufstieg erlebte. Robert Ader konditionierte Ende der 70er Jahre Ratten, indem er ihnen ein Immunsupressivum (= die Abwehr hemmendes Medikament), gekoppelt mit einem Süßstoff, verabreichte. Später zeigten die Ratten die immunsuppressive Reaktion auch dann in erheblichem Ausmaß, wenn nur der Süßstoff verabreicht wurde. Da dieser Süßstoff für Ratten aversiv (= unangenehm) war, war damit eine affektive Reaktion, die Geschmacksaversion, an eine immunologische gekoppelt. Damit war mindestens im Prinzip gezeigt, dass ein an sich immunologisch irrelevanter Reiz – hier ein Geschmacksreiz mit aversivem Charakter – eine Immunreaktion modulieren kann. Die Trennung zwischen dem vermeintlich autonom operierenden Immunsystem und dem zentralen Nervensystem war damit nicht mehr haltbar. Von dort war es nur ein kleiner Schritt zum Verständnis, dass das Immunsystem ein »mobiles Gehirn« darstellt, wie es ein einflussreicher Forscher in einem Überblicksartikel einmal nannte, das mit dem Gehirn im Schädel in dauernder Interaktion steht.[143] Bewusst oder unbewusst verarbeitete Reize, die unsere Affektlage bestimmen und unsere Gefühlsreaktionen beeinflussen, haben immer auch eine direkte Auswirkung auf das Immunsystem und umgekehrt. Alle Immunzellen haben Rezeptorstellen für Hormone, und umgekehrt gibt es im Gehirn, vor allem im Hypothalamus, Areale, die offenbar die Immunreaktion des Körpers beobachten und entsprechend unsere affektive Lage und unser Verhalten modulieren. Wir erwähnten es schon: Zytokine, also Botenstoffe, die das Immunsystem zur Signalisation verwendet, führen bei stärkeren Infektionen zu einem gedrückten Affekt und dazu, dass wir uns zurückziehen und ins Bett legen. Umgekehrt lässt sich bei manchen Formen der Depression eine Fehlregulation des Zytokinnetzwerks feststellen.[144] Auch wenn noch viele Detailfragen zu klären bleiben, ist die grundsätzliche Erkenntnis nicht mehr umkehrbar, dass im Grund jede affektive und körperliche Belastung über das Maß hinaus, starke hormonelle und immunologische Auswirkungen hat, und damit werden Belastungsfaktoren immer stärker zu krankheitsbedingenden Faktoren. Während wir unsere Genetik und die Keime, mit denen wir konfrontiert sind, nur in sehr engen Grenzen kontrollieren können, sind die Belastungsfaktoren, mit denen wir uns selber konfrontieren, zu einem großen Teil hausgemacht, und wenn sie schon nicht unter unserer direkten und unmittelbaren Kontrolle stehen, so sind doch unsere Reaktionsweisen in unserer Hand und damit die meisten Belastungsfaktoren unter unserer mittelbaren Kontrolle. Denn wir können etwas dafür tun, dass wir uns nicht von ihnen überrollen lassen, und angemessen reagieren. Es spricht Bände über die Kultur, die wir geschaffen haben, dass wir es anscheinend sinnvoller finden, unsere Genetik an unsere Umwelt anzupassen und unvorstellbare Geldsummen in entsprechende Programme investieren, als unsere Arbeitswelt und unseren Umgang mit unserer Umwelt lebensdienlich zu gestalten. Anstatt das zu ändern, was wir unmittelbar und direkt ändern können – unser Bewusstsein und unser Verhalten –, wenden wir uns lieber einer Veränderung der Genetik zu.

Stress, Belastung – Anforderung und Leistung
An dieser Stelle scheinen mir ein paar Worte zu den implizit verwendeten Begriffen »Stress« und »Belastung« angebracht, um das Missverständnis zu vermeiden, ich würde hier einem langweiligen Dauerurlaub im All-

tag das Wort reden wollen. Unser Organismus ist darauf ausgelegt, Belastung zu erleben und mit Belastung fertigzuwerden, ja sogar Belastung als Herausforderung und als positiv zu erleben. Erlebt er keine Belastung und Forderung, so wird der Organismus krank. Man kann das an den vielen Erkrankungen erkennen, die durch mangelnde Bewegung bedingt sind. Bewegung ist Anforderung und Belastung – der Muskulatur, der Sehnen, Bänder und Knochen, aber auch des Gehirns. Vermeiden wir diese Anforderung aus Faulheit oder weil wir zu wenig Zeit haben, dann vergeben wir uns eine Chance, unseren Körper physiologisch gesund zu erhalten. Muskulatur wird abgebaut, Knochenmasse schwindet, Bänder werden lasch, und Rückenschmerzen, Bandscheibenvorfälle und ähnliches sind die Folgen. Im gleichen Maß ist auch psychisch-geistige Belastung und Stimulation notwendig. Ein Beruf, der unsere ganze Kraft fordert und uns auch geistig an die Grenze treibt, ist sicherlich nicht an sich gesundheitsschädlich. Auch eine Leistungsanforderung, die uns zu temporären Höchstleistungen anspornt oder uns zwingt, das Beste zu geben, das wir haben, ist an sich sogar gut, weil sie in uns Reserven mobilisiert und eine neue Stimulation darstellt, die wieder zu Wachstum und Erweiterung anregt.

Was belastend ist, ist Einseitigkeit und fehlende Rhythmik, gepaart mit einem Mangel an Spielräumen. Bedenklich ist die Dauerbelastung, die nicht mehr durch physiologische Erholung unterbrochen wird. Zermürbend sind Belastungen, die nicht mit einer wirklichen Handlungsmöglichkeit gekoppelt sind oder mit einer realistischen Chance, das gesteckte Ziel zu erreichen. In der Arbeitsweltforschung hat sich gezeigt, dass nicht die Belastung an sich das Problem ist, sondern eine Belastung, die nicht entsprechend honoriert und entlohnt wird, sowie eine Belastung, die in ganz engen Handlungsspielräumen verläuft, so dass Arbeitnehmer keinen Gestaltungsraum mehr haben.[145]

Und vielleicht ist sogar am belastendsten, dass wir in einer Gesamtkultur der Hetze und des unreflektierten Konsumzwangs leben, der selbst noch aus unserer Erholungszeit Stress im Dienst des Profits macht. Und weil alle mitmachen, findet es niemand merkwürdig. Und weil alle mitmachen, will man auch dabei sein. Genau an dieser Stelle wollen wir einhaken.

Neurobiologie und Physiologie der Regeneration
Ist eine Belastungssituation vorüber, so führen verschiedene physiologische Prozesse dazu, dass der interne Gegenspieler des sympathischen

Nervensystems, das parasympathische System, aktiviert wird. Dadurch reduziert sich die Bereitstellung von Energie. Die Ausschüttung von Katecholaminen und Kortikosteroiden wird reduziert. Die Herzfrequenz und der Blutdruck sinken. Der Abbau der körpereigenen Energiereserven wird beendet, und der Organismus stellt sich auf Erholung ein. Wir bekommen Hunger und essen. Wir werden wohlig müde. Oftmals sinkt die Körpertemperatur, und wir haben das Bedürfnis, uns ins wärmende Bett zurückzuziehen. Unsere Gesamtaktivierung nimmt ab, und unser Bedürfnis, nach draußen zu gehen, uns neuen Anforderungen zu stellen, verschwindet manchmal fast schlagartig. Jeder kennt das Gefühl, nach einer anstrengenden körperlichen Wanderung oder anderen sportlichen Aktivitäten nicht mehr weitermachen zu wollen. Ist aus irgendwelchen Gründen eine erneute Anstrengung notwendig, so kostet sie viel innere Kraft. Wer auf einer Bergtour noch nicht ganz am Ziel ist, tut gut daran, nur kurze Pausen zu machen und die Nahrungsaufnahme auf das zu beschränken, was an Energie verbraucht wurde, und zwar in einer solchen Form, dass die Energie schnell wieder verfügbar wird. Alles andere – überlange Pause mit viel Essen – führt dazu, dass unser Erholungssystem aktiviert wird. Wir fühlen uns dann faul und nicht motiviert, weitere Leistungen zu erbringen.

Unser Körper stellt sich also nach einer Anstrengung von selber auf die notwendige Erholung ein. Affektiv macht unser Organismus uns durch Unlust zu weiteren Anstrengungen darauf aufmerksam, dass unsere Reserven erschöpft sind und eine Pause nötig ist. Wenn wir dann dieser Unlust nachgeben können, uns Erholung gönnen, essen und ein wenig faul sind, verspüren wir positiven Affekt, allerdings in anderer Form als den elektrisierenden in der Anfangsphase der Belastung. Diese Form des positiven Affekts ist etwas ruhiger und würde umgangssprachlich wohl am ehesten als Gefühl des Wohlseins, der wohligen Ruhe, der Zufriedenheit beschreibbar sein.

Die Aktivierung des parasympathischen Arms des autonomen Nervensystems hat deswegen positive affektive Konsequenzen, weil der negative Affekt, der durch die Aktivierung der Hypophysen-Nebennieren-Achse zustandekommt, zurückreguliert wird. Dadurch entsteht das Gefühl des Wohlseins. Denn der treibende, überaktivierende Aspekt der Dauerbelastung hat aufgehört. Positiv gesehen, werden aber durch das parasympathische System auch andere neurobiologische Prozesse angeregt, die noch nicht in ihrer Gänze bekannt sind. Grob skizziert, geschieht dadurch Folgendes:

Ein zweiter Arm des körpereigenen Opiatsystems, das Enkephalinsystem wird angesprochen. Dadurch wird zum einen das vor allem durch Dopamin und Serotonin vermittelte Belohnungs- und Motivationszentrum im Gehirn angeregt. Das führt dann zu einem positivem Affekt und dazu, dass wir solche Erholungs- und damit Belohnungszustände in Zukunft wieder aufsuchen. Es wird gleichsam eine positive affektive Spur gelegt. Zum anderen wird im Gehirn und im Nervensystem sogenanntes konstitutives Stickoxid ausgeschieden, dessen Bedeutung erst jüngst erkannt wurde. Es hat selber positiv-affektsteigernde Wirkung. Landläufig bekannt ist die anästhetische Wirkung von »Lachgas«, das seinen Namen von dem positiven Affekt hat, das kleine Mengen auslösen. Verschiedene Untersuchungen haben etwa gezeigt, dass man Lachgas in kleinen Mengen dazu einsetzen kann, Alkoholiker wirksam zu entziehen, ohne dass der bekannte negative Affekt auftritt, der vielen den Entzug unmöglich macht. Das hängt mit den affektsteigernden Wirkungen von Stickoxid zusammen. Es wird auch im Körper und im ZNS selbst produziert und hat dort, selbstverständlich in viel geringerer Dosis, aber dafür an den Orten, an denen es benötigt wird, ähnliche positiv-affektive Auswirkungen. Zusätzlich dazu hat es noch eine Fülle von immunologischen Effekten – es wirkt bakterizid und antiviral – und trägt zur Gefäßerweiterung bei, was das Gefühl des wohligen Warmseins verstehen lässt, das zu einer tiefen und erholsamen Entspannung gehört. Physiologisch ist dies überaus sinnvoll, weil dadurch Blut und die in ihm enthaltenen Nährstoffe und Immunzellen überall dorthin transportiert werden können, wo Reserven aufgefüllt und potenzielle Infektionsherde bekämpft werden müssen.[146]

Obwohl also durch parasympathische Aktivierung ebenfalls das körpereigene Opiatsystem angeregt wird, scheint dies ein anderer Zweig zu sein, der auch durch andere, parallele neurobiologische Systeme unterstützt oder moduliert wird. Der in der Entspannung erlebte positive Affekt ist also nicht nur phänomenologisch ein anderer als der als »Adrenalinstoß« erlebte positive Affekt in der Anfangsphase einer Belastung, sondern er hat auch andere neurobiologische und physiologische Ursachen. Zusätzlich dazu sorgt unser Organismus dafür, dass er mit dem Belohnungssystem gekoppelt ist, was sicherstellt, dass wir nicht gleich wieder »vergessen«, wie lohnend es ist, sich zu entspannen.

Auf diese Art und Weise sind die beiden grundlegenden, antagonistischen (= als Gegenspieler wirkenden) Systeme in unserem Körper, das Belastungs- und Bereitstellungssystem, das unter anderem durch das sympathische ANS und durch die Hypophysen-Nebennieren-Achse gebildet wird, und das Erholungs- und Regenerationssystem, das vor allem durch das parasympathische ANS und parallele hormonelle Systeme vermittelt wird, aufeinander abgestimmt und wirken zusammen, um den Organismus für Belastungen zu rüsten und vor Überlastungen zu schützen. Im Grund laufen diese Prozesse immer parallel ab, und einmal tritt das eine, ein andermal das andere System mehr in den Vordergrund. Gesunde Physiologie zeichnet sich durch die Balance zwischen den Systemen und durch den raschen, reibungslosen und effizienten Wechsel zwischen den Modalitäten aus.

Dieser Wechsel wird schon durch unseren Tagesablauf, in dem sich idealerweise Anstrengung und Ruhe die Wage halten, markiert. Er sollte sich auch in größeren Zeiträumen durch Phasen der Aktivität und der Ruhe zyklisch gestalten: Auf Tage großer Anstrengung sollten Perioden der Ruhe und der Erholung folgen, und umgekehrt sollten lange Erholungs- und Ruhephasen wieder in Zeiten von Aktivität und Abenteuer münden. Wenn wir diese rhythmischen Wechsel missachten, gerät unsere Physiologie aus den Fugen, und unsere affektive Welt kommt durcheinander. Wir bezahlen die Missachtung dieser physiologischen Notwendigkeiten mit Zeiten gesteigerten negativen Affekts – und eine Missachtung dieses negativen Affekts meistens mit mehr oder weniger schwerer Krankheit. Schon die wenigen Andeutungen in den vorangegangenen Abschnitten haben hoffentlich deutlich gemacht, dass der Weg vom andauernden und starken negativen Affekt zu einer Krankheit ziemlich direkt sein kann, vermittelt über die immunologische Wirkung der beteiligten Hormone. Umgekehrt kann ein positiver Affekt schützend und heilend wirken. Ein Grund mehr, auch unter dem Gesichtspunkt der allgemeinen Gesundheit über die Konsequenzen unmäßiger Belastung und unphysiologischer Erholung nachzudenken.

Erholung, Entspannung, Sammlung

Klar geworden dürfte sein, dass und warum Belastung und Erholung sich abwechseln müssen. Warum aber sollte man sich von irgendwelchen Gurus und selbsternannten Weltverbesserern sagen lassen, welche Erholung man suchen soll? Ist nicht jede Erholung, die einem guttut, gut genug? Soll nicht jeder nach eigener Façon selig und nach seinem Dafürhalten entspannt werden? Müssen es gleich ein Meditationsretreat, ein autogener Entspannungsworkshop, eine Kontemplationswoche sein? Sind ein Urlaub auf Gran Canaria, ein Abend in der Tanzbar, ein Samstagnachmittag auf der Zuschauertribüne des Fußballplatzes, ein gemütliches Essen in einem schönen Restaurant nicht ausreichend, um uns die entsprechenden Momente der Erholung zu sichern? Müssen denn unbedingt Spiritualität und spirituelle Praxis in unseren Alltag, um dem Wahnsinn der Hektik und der Selbstverständlichkeit der Überlastung Einhalt zu gebieten? Wäre eine klare Selbstdisziplin in der Tagesgestaltung, mit entsprechenden Arbeits- und Erholungszeiten, nicht ausreichend und sozialpolitisch, kulturell und von der allgemeinen Meinung her viel leichter durchzusetzen?

Ja, jein und nein.

Ja deshalb, weil Entspannung jeder Art, konsequent eingehalten, zu den gleichen physiologischen Effekten führt.

Jein deshalb, weil wir uns oftmals gar nicht darüber im Klaren sind, welche Art von Entspannung uns wirklich guttut und was wir brauchen. Oftmals sind wir innerlich zu entfernt von unseren eigentlichen Bedürfnissen, als dass wir spontan die richtige Entscheidung treffen könnten. In der Regel sind wir zu sehr von äußeren Reizen, Meinungen und dem Vorbild anderer bestimmt, um die innere Kraft und Konsequenz zu haben, das, was uns wirklich guttut, gegen eine Mehrheit anders denkender und handelnder Zeitgenossen durchzusetzen, ganz zu schweigen von der Schwierigkeit, einen Lebensstil der physiologischen Ausgeglichenheit zu finden in einer Zeit und in einem Umfeld, die eher das Gegenteil fördert und fordert.

Jein auch deshalb, weil wir uns sehr leicht an nicht dem Leben dienliche Situationen gewöhnen können. Die meisten unserer Sinne sind sehr adaptiv. Anpassung fehlt unserem Organismus nur für ganz wenige Reize, und zwar nur für die, bei denen Anpassung absolut gefährlich wäre, etwa beim Schmerz. Wir kennen das Phänomen aus unserem Alltag. Wir können uns sehr lange in einem Raum mit schlechter Luft aufhalten, ohne es wirklich zu bemerken. Wir spüren den mangelnden Sauerstoff höchstens indirekt: an unserer Müdigkeit, an leichten Kopfschmerzen oder am Konzentrationsmangel. Jemand, der von außen in den Raum kommt, bemerkt die schlechte Luft sofort und öffnet das Fenster. Täte sie es nicht, innerhalb kurzer Zeit wäre auch die neu Hinzugekommene an die schlechten Verhältnisse angepasst. Im gleichen Sinn fehlt uns häufig das Sensorium für großflächige Missstände, in unserem Leben, im Alltag und in unserer Gesellschaft. Es bedarf der Schärfung unserer Sinne, der bewussten Distanzierung und Neuausrichtung, um entsprechende Gegenmaßnahmen in Gang setzen zu können. Man kann sich rasch an ein Leben mit sieben Arbeitstagen und sechzig oder mehr Arbeitsstunden die Woche gewöhnen. Ich kenne so manche Zeitgenossen, die sich ihr Leben gar nicht mehr anders vorstellen können und für die mein eigener Lebensstil, in dem ich mir mindestens den Sonntag und am liebsten auch den Samstag freihalte, wann immer es geht, an Faulheit grenzt. Man kann sich auch ganz schnell daran gewöhnen, dass man in seiner Freizeit nicht diejenigen Dinge tut, die einem wirklich guttun, die man brauchen könnte oder die physiologisch sinnvoll wären, sondern das, was »man« als Freizeitbeschäftigung empfindet. Deshalb etwa, weil alle anderen auch so empfinden, oder deshalb, weil clevere Werbung einem suggeriert hat, dass dieses oder jenes Konsumverhalten identisch sei mit Freiheit, Freizeit oder Erholung. Der Zugang zu unseren »eigentlichen« Bedürfnissen, zu unserem »tieferen« Wesen, zu dem, was uns wirklich gut bekommt – wie auch immer man dieses Phänomen beschreiben will –, er ist eben nicht (mehr) ungebrochen. Wir wollen uns nicht in Spekulationen verlieren, woran das liegt. Man mag ein kulturelles Phänomen dahinter sehen. Man mag die Gebrechlichkeit der menschlichen Natur als Argument bemühen. Andere vielleicht sind mit verschwörungstheoretischen Konstruktionen zur Hand, die die Interessen des Kommerzes, des Profits und der Wirtschaft als das verantwortliche Schurkenpack ausgemacht haben. Man mag die komplexer gewordene Welt mit ihren Anforderungen als Hintergrund sehen, also die ganz normale, unaufhaltsame Entwicklung der menschlichen Gesellschaft. Wie dem auch sei, man wird zugestehen müssen, dass es höchst zweifelhaft ist, ob wir Menschen, in unserer momentanen modernen Kultur auf uns selbst gestellt, optimale und mit dem Gemeinwohl verträgliche Wege der Erholung und Regeneration finden, individuell und als Gesellschaft, wenn wir nicht Elemente der bewussten Entspannung, Sammlung und Abstandnahme in unser tägliches Leben einbauen.

Im Grund aber scheint mir auf die oben aufgeworfenen Fragen ein klares Nein die einzig sinnvolle Antwort zu sein. Zusätzlich zu den eben aufgeführten Gründen kommen noch einige positive Gründe hinzu:

1. Erholung, Entspannung und Sammlung sind weder von ihrer Art noch von ihrer Auswirkung her gleich und austauschbar. Es kann Zeiten geben, zu denen Erholung und Entspannung ohne gezielte Sammlung guttut; wo es sinnvoll ist, die Füße baumeln zu lassen und sich keinerlei Zwang auszusetzen, auch nicht einem vermeintlichen Zwang zur spirituellen Sammlung. Dann sind andere Formen der Erholung nützlich, nicht unbedingt Meditation oder spirituelle Übung. Dann ist es viel-

leicht angeraten, wirklich einmal einige Tage zu faulenzen, viel zu schlafen, zu lesen, den Garten zu bestellen, zu wandern, Rad zu fahren oder was auch immer. Manchmal ist die einzig sinnvolle Form der Erholung das bewusste Seinlassen von Anspannung in jeglichem Sinn. Manchmal aber kann uns diese Form der Erholung nicht mehr weiterhelfen. Dann muss gezielt Entspannung eingesetzt werden. Aber oftmals ist dann unser Geist so ausgelaugt, sind unsere mentalen Kapazitäten so erschöpft, dass wir selbst dann keine Entspannung finden, wenn wir sie bewusst suchen. Manchmal liegt der Schlüssel zur gezielten Entspannung nämlich nicht darin, dass wir Zeit finden, irgendetwas Entspannendes zu tun, sondern darin, dass wir das Bewusstsein wecken, was in dieser Zeit eigentlich Sinnvolles anzufangen sei.

2. Physiologische Entspannung ist nur eine, und zwar eine relativ nebensächliche, Seite spiritueller Praxis. Sie ist eine Dreingabe, die sich von selber einstellt. Möglicherweise sind sich verschiedene Methoden der Entspannung sogar ziemlich ähnlich darin, wie stark und in welchem Ausmaß sie physiologische Entspannungsreaktionen fördern. Verschieden dürften sie allerdings darin sein, wie stark sie dauerhafte Bewusstheit dafür fördern, welche Verhaltensweisen uns zuträglich sind und welche nicht; wie sehr sie uns dafür sensibilisieren, wie wir mit uns und anderen umgehen; wie nachhaltig sie in uns Erfahrungen verankern, die unsere Umgangsweise mit uns und anderen im Sinn des eingangs umschriebenen Begriffs der Erfahrung nicht nur in der Erkenntnis, sondern auch in der motivationalen Komponente verändern. Allerdings sind diese Punkte noch nicht untersucht und wären ein wichtiger nächster Schritt. Wenn wir nämlich nicht nur symptomatisch Probleme zu bekämpfen lernen wollen, wenn sie auftauchen, sondern auch Veränderungen an der Quelle herbeiführen wollen, so dass die Probleme nach Möglichkeit gar nicht mehr auftauchen, dann brauchen wir mehr als nur erfolgreiche Strategien zur Stressbewältigung. Dann brauchen wir Einsicht in die Mechanismen, wie wir selbst uns durch unsere gesamte Lebensgestaltung, durch die Art, wie wir unsere Ziele setzen und sie anstreben, unter Druck bringen. Dann benötigen wir einen Standort jenseits des Tagesgeschäfts und seiner Notwendigkeiten, einen etwas erhabenen Ausblick gewissermaßen, von dem aus sich unsere Lebenslandschaft aus der Distanz betrachten lässt. Nur so werden wir immer wieder neu die nötigen Anpassungen und Veränderungen vornehmen können.

Es ist ein bisschen so wie mit immer wiederkehrenden Erkältungen. Wir haben verschiedene Möglichkeiten, damit umzugehen. Wir können uns Vermeidungsstrategien zurechtlegen und alle möglichen Expositionen meiden; bei kaltem Wetter nur mit Mütze und Schal ins Freie gehen, wenn überhaupt; allen Ansteckungsmöglichkeiten ausweichen und bei Grippewellen auf öffentlichen Verkehr, Aufenthalt an öffentlichen Plätzen und Menschenkontakt verzichten. Wir können uns Bekämpfungsstrategien überlegen. Dann wird der eine seine Packung Aspirin-Plus im Handschuhfach des Autos haben, die nächste zu Echinacin-Tropfen oder den bewährten Husten-Halsweh-Grippeteemischungen aus Omas Rezeptur greifen, und die allerfortschrittlichsten Zeitgenossen verordnen sich gar irgendwelche Antibiotika und viralen Transkriptasehemmer. Wir können aber auch unsere Widerstandsfähigkeit mit einem individuell angepassten Programm aus regelmäßigen Wechselbädern oder -duschen, Saunabesuchen, gepaart mit einem individuellen Bewegungs- und Fitnessprogramm im Freien, verbessern. Zerstreuung und Erholung gleicht der Vermeidungsstrategie zur Bekämpfung wiederkehrender Infekte. Das kann sicherlich eine kurzfristig sehr sinnvolle Maßnahme sein, vor allem dann, wenn epidemische Grippewellen durch die Lande rollen und wir aus Erfahrung um unsere Empfindlichkeit wissen. Genauso hilft rechtzeitige Erholung, einer ungesunden Dauerbelastung vorzubeugen. Beide ändern aber nichts an der äußeren Situation. Bekämpfungsstrategien bei wiederkehrender Erkältungsneigung gleichen den Entspannungsstrategien: Wie diese wirksam sind, um zu verhindern, dass sich Symptome einer Erkältung zu einer Erkrankung auswachsen, so sind auch die Entspannungsstrategien bei der Verhinderung von Überlastung nützlich. Ein individuelles Programm zur Abhärtung gleicht stärker den spirituellen Praktiken: Sie zielen beide auf eine Veränderung des gesamten Felds, in dem Krankheit bzw. Überlastung entstehen können. Erholung und Entspannungsverfahren haben dieses Potenzial nur insofern, als sie auch, gleichsam nebenbei, die Voraussetzung für spirituelle Erfahrungen und vertiefte Einsicht schaffen und damit solche auch erleichtern. Allerdings sind vertiefte Erfahrungen im Bereich von Entspannungsverfahren und Erholung eher Nebeneffekte und sicher nicht systematisch erreichbar. Insofern scheint um spirituelle Praxis dann kein Weg herumzuführen, wenn wir eine Methode suchen, die uns dazu verhelfen soll, immer wiederkehrende Situationen von Überlastung, von leidvollen Interaktionsformen, von lebensfeindlichen Umgebungsfaktoren insgesamt zu erkennen und entsprechend zu ändern. Wer tiefergehende und längerfristige Veränderungen in seinem Leben installieren will, genauer gesagt, wer die Veränderung dann, wenn sie nötig wird, zum Prinzip seines Lebens machen will, wird nicht darum herumkommen, irgendeine Form der spirituellen Praxis in seinem Leben zu verankern. Selbstverständlich kann man mit Psychotherapie oder anderen Formen der Fremdhilfe in schwierigen Lebenslagen auch ohne spirituelle Praxis zurechtkommen, und oft sogar gut. Ich spreche jetzt von einer selbstverantworteten und ohne fremde Hilfe erreichten Veränderung.

3. Wenn unsere geistigen Ressourcen aufgebraucht sind, unsere »Weisheit« am Ende, wenn wir in einer Sackgasse im Leben stecken und merken, dass mehr vom Gleichen uns nicht weiterhilft, wenn es darum geht, Neuorientierungen ins Leben zu bringen, dann werden uns auch die beste Entspannungsmethode und das hundertunddritte Selbsthilfebuch zur Sinnfindung nicht mehr weiterhelfen, solange wir uns nicht selbst auf den Weg begeben, unseren Sinn zu finden. Wenn wir bemerken, dass wir auch in unserer Erholungszeit nur von Event zu Event hetzen, nicht mehr zur Ruhe kommen und auch die gewohnten Erholungselemente nicht mehr helfen, etwa wenn uns kein Film mehr interessiert, kein Buch mehr fesselt, unsere Lieblingsmusik uns keine Gänsehaut mehr beschert, kein sportlicher Tenniszweikampf mit unserer Partnerin mehr Faszination bietet, kein Fernziel auf Reisen mehr genug Verlockung birgt, kurz, wenn wir eine existenzielle Unruhe bemerken, die nicht durch schnelllebige Gegenmaßnahmen behebbar ist, dann wird es Zeit, spirituelle Praxis und Übung als Antidot (= Gegengabe) gegen die Leere zu versuchen. Auf existenzielle Fragen und Probleme gibt es womöglich nur eine sinnvolle und in den meisten Fällen auch ausreichende Antwort: spirituelle Praxis.

4. Damit sind wir wieder bei unserem ursprünglichen Motiv angelangt: Spirituelle Praxis und innere Erfahrung haben es an sich, zusätzlich zu allen wohltuenden Effekten der Entspannung, der Entschleunigung und Intensivierung des Lebens, vertiefte Erkenntnis zu vermitteln, gerade in den Bereichen, in denen es uns ausgehöhlten postmodernen Seelen so mangelt: vertiefte Erkenntnis über die Sinnzusammenhänge unseres eigenen Lebens, und vielleicht sogar darüber hinaus des Lebens insgesamt. Im Idealfall wird sie sogar unser Verhalten so überformen, dass wir uns nicht nur fürsorglich gegenüber uns selbst, sondern auch gegenüber anderen und im großen Gesamtkontext verhalten. Die Terminologie der Alten hat hierfür den Begriff der Weisheit im Gegensatz zur Erkenntnis parat. Weisheit, so lehren uns die mystischen Schriftsteller des Mittelalters, hat seinen Namen vom Verschmecken und Verkosten. Der lateinische Begriff für Weisheit lautet *sapientia*, das vom Verb

sapere – »schmecken, verkosten« abgeleitet ist. Damit meint also Weisheit eine sinnenfälligere, ja quasi-sinnliche Form der Erkenntnis, die man nur dem Schmecken vergleichen kann. So ähnlich wie man die Raffinesse eines guten Weins oder eines exquisiten Gerichts nur begrenzt in Worte fassen kann und tatsächlich nur die eigene Geschmackserfahrung hinreichend ist, so ähnlich ist auch Weisheit als eine Form der Erkenntnis an diese eigene, innere Erfahrung gekoppelt. Das, was ich eingangs als ganzheitliche Modalität der Erkenntnis in der spirituellen Erfahrung zu charakterisieren versucht habe, ist es, was der zu Unrecht aus der Mode gekommene Begriff der Weisheit zu vermitteln versucht.[147] Damit ist eine Erkenntnisform gemeint, die genauso wenig über das Studium von Literatur und Büchern direkt vermittelbar ist wie die unmittelbare Erfahrung eines gehaltvollen Weins über das Lesen eines Weinführers. Daher sind sich Autoren aus allen religiösen und spirituellen Traditionen einig: Nur die Erfahrung selbst kann lehren, was in ihr zu erfahren ist. Kein Buch, keine Predigt, keine Schrift kann sie ersetzen. Sie können wohl dazu hinführen, motivieren, ja sogar dazu anstacheln, aber gehen muss man den Weg schließlich selber.

In diesem Sinn impliziert die in der Überschrift enthaltene Sequenz tatsächlich eine gewisse Abstufung und wechselseitiges Einbeschließen: Erholung ist der grundlegendste Begriff. Nur ein einigermaßen ausgeruhter und erholter Körper und Geist sind überhaupt imstande, sich spiritueller Übung zu unterziehen. Umgekehrt ist spirituelle Übung unter diesen Voraussetzungen auch immens erholsam. Aber Erholung ersetzt Sammlung nicht. Wer sich wirklich zu entspannen versteht, erholt sich automatisch. Wer sich im rechten Sinn sammelt, sofern sie oder er dazu aufgrund ihrer körperlichen und geistigen Verfassung in der Lage ist, wird gleichsam nebenbei erholt und entspannt. Allerdings führt nicht gleich jede Erholung oder Entspannung auch zur Sammlung.

Spirituelle Praxis – die tägliche Psychohygiene

Wir haben gesehen: Neurobiologisch gesehen, spricht einiges dafür, Elemente der vertieften Entspannung und Sammlung im Alltag zu installieren. Damit beugen wir, physiologisch gesehen, der Erschöpfung unserer körperlichen und geistigen Ressourcen vor. Darüber hinaus aber, so meine implizite Behauptung, wird uns nur regelmäßige spirituelle Praxis vor Aushöhlung und Auslaugung wirkungsvoll und dauerhaft schützen. Das hängt damit zusammen, dass die nötigen geistigen Veränderungen nur dann eintreten, wenn wir sie durch entsprechende Erfahrungen in unserer Persönlichkeit verankern können. Im Grund behaupte ich also, dass nur regelmäßige spirituelle Erfahrung und ihre Vertiefung eine Haltung in uns befördert, die auf Belastungen rasch mit entsprechenden Entspannungsmaßnahmen reagiert, unzuträgliche Lebensbedingungen rechtzeitig erkennt und wirkungsvoll verändert, soweit dies möglich ist, oder innere Anpassungen vornimmt, um nicht-veränderbare Umstände so zu integrieren, dass wir einigermaßen in Frieden mit diesen Umständen leben können und nicht daran zerbrechen. Um dies nun etwas systematischer zu illustrieren, wollen wir zunächst noch einmal auf die Physiologie zurückkommen und nun vor allem die Neurobiologie der Meditation genauer beleuchten, nachdem wir die Physiologie der Entspannung bereits kurz umrissen haben. Komplementär hierzu wollen wir die Psychologie der Meditation etwas genauer betrachten. Daraus wird sich dann zwanglos ergeben, inwiefern Meditation als tägliche psychohygienische Praxis ähnlich sinnvoll sein kann, ja vielleicht sogar als Maßnahme der öffentlichen Gesundheit, wie, sagen wir, das tägliche Zähneputzen.

Da Meditation die vermutlich am besten untersuchte spirituelle Praxis ist, scheint es mir sinnvoll, vor allem sie zu betrachten. Inwiefern andere Formen spiritueller Praxis davon verschiedene Effekte zu erzeugen imstande sind, mag dann die künftige Forschung erschließen oder jeder für sich selbst ableiten.

Neurobiologie der Meditation

Wir haben nun gesehen, dass es einen physiologischen Regelkreislauf gibt, der auf Erholung und Entspannung ausgerichtet ist und der von verschiedenen Regenerationsprozessen begleitet und von diesen befördert wird. Es handelt sich um den parasympathischen Zweig des autonomen Nervensystems (ANS), der vor allem Regenerationsprozesse steuert. Parallel zu ihm scheint es einen dem Belastungssystem der Hypophysen-Nebennieren-Achse (HPNA) analogen hormonalen Zweig zu geben, der die Entspannungsreaktion unterstützt. Dieser verläuft über das Enkephalinsystem und mobilisiert zentral Stickoxid, das die entsprechenden euphorisierenden und affektiv positiven Effekte zeigt.

Das parasympathische ANS hat die Eigenschaft, die Kreislaufaktivität zu drosseln. Die Atmung wird langsamer. Die Herzfrequenz nimmt ab, und der Blutdruck fällt leicht. Die Gefäße der Peripherie weiten sich, Stoffwechselprozesse werden auf Aufbau umgestellt. Parallel hierzu wird das hormonelle System aktiviert, das ich kurz beschrieben habe und das diese Prozesse unterstützt. Umgekehrt können nun aber diese Erholungs- reaktion und die Aktivierung des Parasympathikus beschleunigt werden, wenn über die Atmung aktiv in die Regulation des ANS eingegriffen wird. Genau das ist der Ansatzpunkt der meisten Meditationspraktiken. Egal, welcher Herkunft, Meditation setzt immer beim Atem an. Ob es sich nun um relativ stark strukturierende Übungen, wie etwa das Qigong oder das Taijiquan, handelt, bei dem der meditative Prozess durch gezielte, aufmerksam durchgeführte und mit dem Atem koordinierte Körperü- bungen begleitet wird, oder ob es sich um völlig anti-interventionistische (= nicht eingreifende) Meditationstechniken wie die Achtsamkeitsmedi- tation handelt, bei der der Atem nicht geleitet, sondern nur beobachtet wird, immer ist der Atem in der einen oder anderen Art Fokus der Auf- merksamkeit. Selbst die, oberflächlich gesehen, relativ wenig meditativen Praktiken des Chorgebets oder des Rosenkranzgebets in der christlichen Tradition haben atemregulierende Wirkung, weil die entsprechenden Sätze oder Phrasen immer auf einen gemeinsamen Atem gesprochen und die Sprechrhythmen anhand des Atems koordiniert werden. Auch wenn der Atem überhaupt nicht verändert wird, sondern sich nur die Aufmerksamkeit auf ihn richtet, immer wird dadurch das parasympa- thische System aktiviert.[148] Entweder verlangsamt sich der Atem direkt, durch die bewusste Intervention, oder indirekt. Denn auch durch Beo- bachten wird der Atem langsamer. Ähnlich, wie durch die Aktivierung des Parasympathikus der Atem langsamer wird, wird umgekehrt durch Verlangsamung des Atems der Parasympathikus aktiviert. Verschiedene Untersuchungen haben gezeigt, dass durch Meditation ein Zustand tiefer Entspannung erreicht wird, der zugleich mit höchster innerer Aufmerk- samkeit einhergeht, physiologisch aber durch einen hypo-metabolischen Zustand gekennzeichnet ist: Alle Stoffwechselprozesse laufen langsamer ab, der Energieumsatz ist geringer, Atmung und Herzfrequenz nehmen ab, erhöhte Cortisolspiegel werden abgesenkt, andere hormonelle Regel- kreisläufe, die den Belastungsachsen antagonistisch gegenüberstehen, werden aktiviert. Durch die innige Verzahnung von Atmung und Herz- schlag wird durch die Regulation der Atmung auch die ganze Herzkreis- laufaktivität beeinflusst. Zusätzlich senkt die Aktivierung des Parasym- pathikus die Herzschlagfrequenz direkt am Herzen selbst.[149]

Die peripher-physiologischen Prozesse sind also vor allem durch die parasympathische Aktivität, die Reduzierung der Stoffwechselprozesse und die entsprechenden hormonellen Veränderungen gekennzeichnet. Zusätzlich zur Reduktion der physiologischen Prozesse kommt es aber auch zu einer Koordination und Harmonisierung. Wenn wir etwa die Herzfrequenz betrachten, so ist nicht nur die absolute Schlagzahl eine wichtige Variable, sondern auch die Variabilität, also der feingliedrige Wechsel von raschen und langsameren Schlagepisoden. Kennzeichen eines gesunden und stabilen Herzkreislaufsystems etwa ist nicht die rigide Schlagabfolge, sondern ein rasches Changieren in den Schlagabfolgen, das schnell und physiologisch sinnvoll auf veränderte Anforderungen reagiert, die wiederum durch die Atemfrequenz und deren Einwirkung auf die entsprechenden Anforderungen moduliert werden.[150] Durch die entsprechenden Atemrhythmen lassen sich auch Modulationen der Herzfrequenzvariabilität induzieren, wodurch wiederum eine Synchronisierung des gesamten kardiovaskulären (= das Herz und die Gefäße betreffenden) Systems geschieht, dessen Konsequenz eine gesteigerte Fähigkeit des Systems ist, auf entsprechende Anforderungen zu reagieren.

Diese peripheren Prozesse, so wichtig sie sind, machen aber nur einen Teil der physiologischen Reaktionen aus. Vielleicht noch zentraler, wenngleich noch weniger gut verstanden, dürften die zentralnervösen Veränderungen sein, also jene Veränderungen, die im Gehirn und im zentralen Nervensystem direkt bewirkt werden. Wir wissen hierüber erst ansatzweise Bescheid, und von einer kompletten neurobiologischen Theorie der Meditation und der spirituellen Erfahrung sind wir noch weit entfernt. Unser Wissen stammt auch aus Studien unterschiedlicher Meditationsformen, und es ist nicht klar, ob wir berechtigt sind, es auf verschiedene Formen zu verallgemeinern.[151] Folgendes scheint jedoch so etwas wie ein kleinster gemeinsamer Nenner zu sein:

Bei der Meditation werden im Gehirn relativ rasch die für reduzierte Gehirnaktivität typischen Alpha-Rhythmen sichtbar. Darunter verstehen wir rhythmische Potenzialschwankungen des Electroencephalogramms (EEG) im Frequenzbereich zwischen 7 und 10 Hz, die für entspannten Wachzustand bei geschlossenen Augen typisch sind und die mit subjektiven Gefühlen von Entspannung korrelieren. Bei vertieften Meditationszuständen können aber auch langsamere EEG-Aktivitäten, im Delta- (4–7 Hz) und Theta-Bereich (3 Hz und kleiner) ausgemacht werden. Diese tauchen normalerweise prominent nur im Tiefschlaf auf und sind offenbar charakteristisch für eine langsame Gehirnaktivität und Korrelat einer reduzierten zentralnervösen Aktivität. Immer wieder wurde auch von besonders starken Aktivitäten im Gamma-Bereich (in diesem

Fall 40-Hz-Aktivität) berichtet.[152] Diese Aktivität wird mit höchster geistiger Tätigkeit und vor allem mit der sogenannten Bindung in Beziehung gebracht.[153] Damit ist die Fähigkeit unseres neuronalen Systems gemeint, einzelne Elemente eines zusammengehörigen Wahrnehmungsfelds zwar in verschiedenen Gehirnarealen weit voneinander getrennt zu bearbeiten, aber doch die Zusammengehörigkeit all dieser Elemente nicht zu verlieren. Diese 40-Hz-Aktivität führt offenbar dazu, dass wir das, was wir erleben, immer als Eines erleben, und koordiniert unterschiedliche Sinnesmodalitäten und Wahrnehmungselemente zu einem einzigen Perzept (= Wahrnehmungserlebnis).[154] Was dies bei einem meditativen Zustand sein könnte, bei dem es ja per definitionem gerade keine Außenwahrnehmung, sondern nur Innenwahrnehmung gibt, kann an dieser Stelle nur gemutmaßt werden. Es wäre denkbar, dass es sich hierbei entweder um Elemente intensiv vorgestellter Inhalte handelt, also um die Lebendigkeit einer imaginierten geistigen Gestalt, wie etwa eines vorgestellten Meditationsobjekts. Es wäre aber auch denkbar, dass es sich um ein Korrelat der Erfahrung der Einheit gleichsam von innen heraus handelt. Wie dem auch sei, die Studien zur EEG-Aktivität zeigen, dass Meditation mehr ist als nur entspanntes Dösen. Es finden sich Hinweise auf entspannte geistige Tätigkeit, Reduktion von geistiger Tätigkeit und intensives inneres Erleben zugleich. Nimmt man die phänomenologischen Berichte hinzu, so wird man davon ausgehen dürfen, dass es sich beim meditativen Zustand durchaus um einen distinkten (= abgegrenzten) Bewusstseinszustand handelt, der auf der einen Seite von vollem Wachsein und höchster Klarheit gekennzeichnet ist, auf der anderen Seite aber auch von tiefer Entspannung.

Aber nicht nur welche Art von EEG-Aktivitäten dominant ist, spielt eine Rolle, sondern auch die Kohärenz (= Zusammenhang) der Aktivitäten. Darunter verstehen wir die Tatsache, dass nicht nur einzelne Areale stark in einem Bereich aktiv sind und dadurch das EEG-Spektrum dominieren, während andere in anderen Bereichen schwächer aktiv sind, sondern dass globale Areale, etwa eine ganze Gehirnhemisphäre oder das Gehirn als Ganzes, koordiniert und kohärent aktiviert ist. Man nimmt an, dass solche Kohärenzzustände im EEG einen ganzheitlichen, globalen Aktivierungszustand des Gehirns widerspiegeln, der vielleicht, im Gegensatz zu den ansonsten eher modulären Arbeitsprozessen, einen ganzheitlichen Verarbeitungsmodus begleitet. Interessanterweise weisen nun einige Studien in die Richtung, dass Meditation, insbesondere bei fortgeschrittenen Meditierenden, mit einer hochgradigen Kohärenz des EEGs einhergeht, das oftmals das ganze Gehirn, manchmal vor allem eine Hemisphäre betrifft. Das bedeutet, dass sich die Aktivität, gleich, in welchem Spektrum sie ihren Ausgang nimmt, global über weite Areale verbreitet und damit einen globalen Verarbeitungsmodus nahelegt.[155]

Neuere Theorien der Persönlichkeit gehen etwa davon aus, dass es neben den sequenziellen Prozessen, die zu bewussten, rationalen und hochselektiven Verarbeitungen Anlass geben, auch solche gibt, die weit verzweigt sind und sogar das gesamte Netzwerk des Gehirns nützen. Diese massiv parallelen Prozesse, die eher eine ganzheitlich-holistische Verarbeitungsweise widerspiegeln, sind sehr oft nicht bewusst explizierbar (= präzise zu bestimmen), sondern nur in ihrem affektivem Gehalt greifbar. Sie vermitteln uns etwa das Gefühl, was es heißt, »wir selbst« zu sein, mit allen dazugehörigen Erfahrungen, Eigenschaften, Wünschen, Hoffnungen, Fähigkeiten und Glaubensüberzeugungen – wobei dies an ein gefühltes, sinnstiftendes, tiefes Wissen heranreicht.[156] Solche Prozesse, die weite Gehirnareale integrieren, sind es, die durch globale Korrelationen von Gehirnaktivität angeregt werden. Es könnte also vor dem Hintergrund dieser neueren Persönlichkeitsmodelle durchaus sein, dass die globale Kohärenz, die man am EEG Meditierender beobachtet hat, so etwas wie die Integration und ganzheitliche Aktivierung vieler Einzelelemente darstellt. Sie könnten subjektive Gefühle von ganzheitlicher Wahrnehmung, tiefer Sinnerfahrung oder dem Gefühl des Ganzseins spiegeln, die bekanntermaßen phänomenologisch eine Begleiterscheinung von spiritueller Praxis darstellen.

Solche Daten über die Kohärenz des EEGs wurden aus verschiedenen Meditationstraditionen berichtet, vor allem aus Studien zur Transzendentalen Meditation (TM), einer modernen Fassung vedischer Mantra-Meditation, aber auch bei Meditierenden aus der tibetisch-buddhistischen Tradition und bei Zen-Meditierenden.

Ein weiteres Ergebnis der Forschung gilt es zu referieren und zu kommentieren: Der Wiener Neuropsychologe Giselher Guttmann hat sich mit Hilfe der Erforschung der langsamen Gleichspannungspotenziale des Gehirns dem Phänomen Meditation genähert. Diese Potenziale schwanken langsam und werden als Bereitschaft des Gehirns, auf höhere, der Gehirnrinde nähere und damit kognitive Prozesse zuzugreifen, interpretiert. Bei der Zen-Meditation wurde eine globale Positivierung der Gehirnrinde in diesen langsamen Potenzialen beobachtet. Das deutet darauf hin, dass die Bereitschaft, auf höhere kognitive Prozesse zuzugreifen, abnimmt. Während beim Betrachten affektiver Bilder ein ähnlicher

Prozess, allerdings nur sehr lokal auf bestimmte Areale begrenzt, eintritt, ist diese Positivierung oder Desaktivierung der Hirnrinde bei der Meditation global. Bei affektiven Bildern nimmt man an, dass die Positivierung der Potenziale durch die abnehmende Bereitschaft zur kognitiven Analyse aufgrund des Affektgehalts der Bilder induziert wird. Anders gesprochen: Die Hemmung höherer kognitiver Prozesse geht mit einer Aktivierung tieferliegender Hirnareale einher, die bei der affektiven Verarbeitung eine wichtige Rolle spielen. Ähnlich dürfen wir vermuten, dass durch die Meditation eine Hemmung höherer kortikaler (= in der Hirnrinde stattfindender) Prozesse eintritt, die vermutlich mit einer Aktivierung tieferliegender, den Affekt auslösender Prozesse einhergeht. Das Hören von Entspannungsmusik führt nicht zu diesen Ergebnissen. Das weist darauf hin, dass wir es bei der Meditation mit einem qualitativ anderen Prozess zu tun haben.[157]

Interessanterweise spricht Hugo de Balma davon, dass die erfahrungsmäßige Gotteserkenntnis oder die Erfahrung der Vereinigung ganz leicht so zu erreichen sei, dass man alle kognitive Aktivität – Denken, Analyse, Imagination – einstellt und sich ganz vom »Pfeil glühender Affekte« tragen lässt. Die Erfahrung der Vereinigung stelle sich dann ganz automatisch ein. Ob der Sprachgebrauch Hugo de Balmas beim Begriff »Affekt« mit dem modernen identisch ist, darf zwar bezweifelt werden. Aber einen klaren Berührungspunkt gibt es doch: Die Hemmung höherer kortikaler Prozesse, die geistige Aktivität, Denken, Vorstellen, bewusstes Anstreben, konzeptuelles Analysieren begleiten, scheint zumindest ein Teil des meditativen Prozesses zu sein und dürfte die Integration und Aktivierung tieferliegender, emotional-affektiver Inhalte erleichtern.

Der Befund der globalen Harmonisierung und kohärenten Verarbeitungsmuster und der Aktivierung tieferliegender Gehirnareale zeigt sich auch in neueren Studien, die mit Hilfe von Positronen-Emissions-Tomografie (PET) oder funktionaler magnetischer Resonanz-Bildgebung (fMRI) untersuchen, welche Gehirnareale bei der Meditation vor allem beteiligt sind. Dabei sollte man im Blick behalten, dass diese Verfahren, anders als das EEG, nur eine relativ grobe zeitliche Auflösung erlauben und nicht die Gehirnaktivität direkt widerspiegeln, sondern die mit der Aktivität einhergehenden Stoffwechseltätigkeiten im Gehirn. Trotz dieser Begrenzung sind diese Verfahren sehr wertvoll, weil sie im Unterschied zum EEG eine leichtere örtliche Auflösung der Aktivität in höhere und tiefere Hirnareale erlauben. Solche Arbeiten bestätigen im Wesentlichen den Befund, der durch die früheren EEG-Studien festgestellt wurde: Die

Gehirnrinde, die mit kognitiver Aktivierung assoziiert wird, wird deaktiviert, mit Ausnahme der Areale, die für die jeweiligen Meditationsprozesse von Bedeutung sind. Das sind meistens die präfrontalen Areale, die man mit bewusster Aufmerksamkeitsfokussierung assoziiert, und bei visuellen Meditationsformen die entsprechenden okzipitalen (= im Hinterhauptlappen befindlichen) Areale, die die visuelle Verarbeitung bereitstellen. Ansonsten werden tieferliegende Areale stärker aktiviert und insgesamt eine Globalisierung der Stoffwechselaktivität beobachtet.[158]

Neurotheologie

Erste theoretische Integrationsansätze verschiedener Befunde hat die sogenannte Neurotheologie geleistet. Hinter diesem Begriff muss man den Versuch verstehen, die Neurowissenschaft und ihre Methoden und Erkenntnisse für das Verständnis religiöser Erfahrungen nutzbar zu machen. Das neurotheologische Modell ist zunächst ein rein materialistisch-physiologisches, das nur über die Außenseite der spirituellen Erfahrung Auskunft geben kann und will. Es sagt nichts darüber aus, ob der Referent dieser Erfahrung irgendetwas mit der Wirklichkeit an sich zu tun hat oder ob es sich dabei einfach um eine grandiose Spielwiese unseres neurologischen Systems handelt, eine Art spiritueller Kirmes zur Unterhaltung und Motivation. Wenn man einen rein reduktiv-materialistischen Lösungsansatz des Körper-Geist-Problems verfolgt, dann wäre dies die entsprechende Interpretation. Wir haben bereits darauf hingewiesen, dass ein komplementaristischer Ansatz, in dem die seelische Wirklichkeit als komplementäre und ebenso wirkliche Seite der materiellen Organisation angesehen wird, dieses Problem lösen würde. Zum Verständnis möglicher Gehirnprozesse und zur neurologischen Modellbildung aber ist dies vermutlich das gegenwärtig am weitesten ausgearbeitete Modell. Dabei stehen die veränderten Bewusstseinszustände im Vordergrund, die sich durch die Meditations- oder eine sonstige spirituelle Praxis ergeben, insbesondere der Versuch, zu verstehen, was bei einer vertieften spirituellen Erfahrung im Gehirn passiert oder passieren könnte. Da meines Wissens noch keine mystische Vereinigungserfahrung oder Erleuchtungserfahrung genau dann, wenn sie eintrat, von einer EEG-, PET- oder sonstigen bildgebenden Apparatur aufgezeichnet wurde, handelt es sich hierbei selbstverständlich vor allem um Versuche, aus bereits vorhandenem Wissen ein Puzzle zusammenzusetzen, das uns Aufklärung und theoretisches Verständnis über die vermutlich bei spiritueller Praxis zu erwartenden neuronalen Prozesse bringen kann.

Einiges an diesem Modell wurde bereits kurz angerissen. Dennoch sei es hier in Kürze vollständig skizziert.[159] Die Neurotheologen Andrew Newberg und Eugene D'Aquili unterscheiden zwei grundlegende Operatoren im Gehirn: den kausalen und den holistischen. Damit sind Funktionszusammenhänge gemeint, die teilweise mit anatomischen Strukturen identisch sind, teilweise solche Strukturen übergreifen. Ein Operator ist eine bestimmte Art der kognitiven Verarbeitung, die jeweils mit unterschiedlichen anatomischen Strukturen im Gehirn in Verbindung gebracht wird. Der Kausaloperator etwa ist dafür zuständig, in einem wahrgenommenen Strom von Sinnesdaten Abhängigkeiten zu analysieren, Anfänge und Konsequenzen auszumachen. Kausalität (= die ursächlich voneinander abhängige Folge von Ereignissen) kommt ja nicht in der Wirklichkeit vor, sondern wird von unserem kognitiven System aus den Sinnesdaten extrahiert und als abstraktes Konzept überlagert.[160] Wir sehen etwa in der Ferne Rauch und schließen, dass dort ein Feuer sein muss. Oder wir sehen in einem hohen Gras- oder Maisfeld neben den regelmäßigen Bewegungen, die der Wind zeichnet, unregelmäßige zusätzliche Bewegungen und schließen daraus, dass sich dort ein Tier befindet. Wir sehen einen Ball durch die Luft fliegen, hören kurz darauf ein klirrendes Geräusch und folgern, dass der Ball eine Glasscheibe zerbrochen hat. Sofort versuchen wir, die Ursache für den geschossenen Ball auszumachen. Wir blicken uns um und sehen in einer Gruppe einen Buben stehen, der merkwürdig dreinblickt, und vermuten, er sei der Schuldige. In diesem Sinn ist der Kausaloperator in unserem Gehirn ein System, das ursächliche Zusammenhänge isoliert. Findet der Kausaloperator keinen sinnvollen Anfang im Datenstrom der Sinne, so setzt er schlicht einen, der ihm am wahrscheinlichsten vorkommt. In unserem Beispiel gehen wir davon aus, dass der Bub, der sich am merkwürdigsten verhält, auch derjenige war, der den Ball geschossen haben muss. Das muss nicht unbedingt richtig sein. Er könnte ja ausgerechnet kurz zuvor eindringlich davor gewarnt haben, hier zu spielen, weil zu wenig Platz sei und weil die Nachbarn unangenehm seien, und sieht sich nun in seinen düsteren Vorhersagen bestätigt ... Der Kausaloperator ist also stark mit der sequenziellen Analyse von Wahrnehmungsprozessen beschäftigt und dient uns dazu, die Umwelt analytisch in sinnvolle und separate Sequenzen von Ursache und Wirkung zu zergliedern, damit wir sie leichter handhaben können.

Er ist ein extrem mächtiger und wichtiger Operator im Kontext der Evolution, weil er uns geholfen hat und hilft, Regelmäßigkeiten und Abhängigkeiten aus den Erscheinungen der Sinneswelt zu extrahieren.

Anatomisch ist dieser Operator vor allem mit dem linken Parietallappen (= Scheitellappen) assoziiert – und damit mit der sprachdominanten Hemisphäre des Gehirns – und arbeitet mit dem anterioren (= vorderen) Frontallappen zusammen.

Antagonistisch hierzu operiert der holistische oder Gestaltoperator, der mit dem kontralateralen, also rechten und nicht dominanten Parietallappen assoziiert wird. Seine Aufgabe ist die Gestalterkennung, die ganzheitliche Analyse von Wahrnehmungssituationen und das Einbeziehen vieler zusätzlicher, oftmals impliziter und nicht notwendigerweise bewusster Informationen. Damit er dies leisten kann, muss er auf einen Fundus von Informationen zurückgreifen, und ist daher weitverzweigt und mit vielen Elementen des Cortex verbunden. Die Operation dieses Gestalterkennens ist uns aus der eigenen Erfahrung bekannt: Wir sehen einen Menschen oder denken an jemanden in irgendeinem Zusammenhang. Er kommt uns bekannt vor, aber genauere Informationen kommen uns momentan nicht in den Sinn. Etwas am Klang der Stimme, in der Bewegungsart ist uns sehr vertraut … Wir tun vielleicht sogar zwischendurch etwas anderes, während unterdessen viele assoziative Verbindungen aufgebaut werden, bis uns plötzlich ein Name, eine Erinnerung, ein klares Bild einfällt. Oder wir sehen etwas, begegnen einer Person, kommen in eine bestimmte Situation, und prompt steigt in uns ein Handlungsimpuls oder Gefühl hoch, von dem wir oft nicht sagen können, woher sie stammen und welches Element unseres Wahrnehmungsfelds auslösend dafür war. Unser Gestaltoperator hat blitzschnell die Situation erfasst, und zwar ganzheitlich, ohne auf die Teile zu achten, und oftmals über subkortikale, also nicht notwendigerweise bewusstseinspflichtige Verbindungen einen Handlungsplan generiert, dessen Zustandekommen und Begründung uns zwar völlig unklar, dessen Dringlichkeit aber evident ist.

Der Gestaltoperator arbeitet also sehr stark über weitverzweigte, parallele Systeme und ist auf die ganzheitliche Analyse einer Situation ausgelegt. Er kommt mit Unsicherheiten und Ungenauigkeiten aus und hilft bei der gefühlsmäßigen, oftmals raschen und intuitiven Einschätzung einer Situation oder hilft uns bei der Erkennung von Mustern. Er ist häufig nicht in seiner Gänze bewusstseinspflichtig, und häufig bemerken wir nur die Resultate, nicht aber die vielen Zwischenschritte. Er funktioniert, indem er möglichst viele Informationen holistisch verarbeitet.

Der Kausaloperator dagegen geht sequenziell und analytisch vor, indem er Datenströme zerlegt, zergliedert und eingrenzt. Damit sein Resultat sinnvoll nutzbar ist, muss die Analyse relativ bewusstseinsnah sein, auch wenn es viele Elemente gibt, die wir nicht immer bewusst wahrnehmen. Während der ganzheitliche Operator auf Einbeziehung möglichst vieler Informationen aus allen Kanälen gerichtet ist, also einer Art Weitwinkelobjektiv gleicht, ist der Kausaloperator auf die Isolation der zentralen Merkmale einer Situation aus und gleicht damit mehr einem Teleobjektiv.[161]

Vermutlich können diese Systeme auch in gewisser Weise parallel arbeiten. Dennoch wird es zeitweilig und auch von Person zu Person verschiedene Schwergewichte geben. Während der eine vielleicht eine stärker ganzheitlich wahrnehmende Person ist, hat jemand anderer eine Begabung zur Analyse von Situationen. Beim Betrachten eines Kunstwerks etwa wird man vielleicht beide Prozesse im Wechsel anwenden: Erst wird ein ganzheitliches Aufnehmen des Bilds, der Farben, Formen und Gestalten stattfinden, ein gefühlsmäßiges Ertasten der Botschaft. Später wird vielleicht eine genauere Analyse dazukommen – man liest etwas über den Titel und den Künstler, über die Entstehungszeit, man zieht bewusst Vergleiche mit anderen Werken, die man kennt, man analysiert Formen und Farbwechsel, entdeckt bewusst Unerwartetes, stellt sich Fragen und so fort.

Die Neurotheologie geht nun davon aus, dass durch die speziellen Arten verschiedener spiritueller Übung eine Abkoppelung und gleichzeitige Aktivierung des holistischen Operators geschieht. Dieser wird auf der einen Seite aktiviert, auf der anderen Seite werden ihm Afferenzen (= Zuflüsse von Information) vorenthalten, die normalerweise aus den Sinneskanälen stammen und ihn mit Informationen versorgen. Gleichzeitig wird der kausale und sequenzielle Operator, der auch für Sprache und logisches Denken zuständig ist, stillgelegt. Dadurch wird die Empfindung der Ganzheitlichkeit befördert, die für spirituelle Erfahrungen phänomenologisch so typisch ist. Diese ist stark mit einem positiven Affekt assoziiert. Da nun aber der Referent dieser Aktivierung nicht im Außen liegt, sondern innen, wird damit ein Zustand erzeugt, den die Autoren die Erfahrung von *Absolute Unitary Being* (AUB) – absolutem und »einsseiendem« Sein – nennen. Dies kann geschehen, weil durch verschiedene Elemente der Übung das parasympathische und das sympathische System gleichzeitig aktiviert werden. Wenn nämlich das parasympathische System zuerst stark aktiviert wird, so kippt der Zustand am Ende, und das antagonistische, also das sympathische System wird ebenfalls erregt, und umgekehrt. Dadurch können sowohl ekstatische Trancetechniken als auch beruhigende Meditationstechniken in den gleichen Endzustand münden, nämlich eine starke Erregung beider Systeme zugleich.

Bei einer meditativen, repetitiven Technik, beispielsweise einer Mantra-Meditation mit Aufmerksamkeitsfokussierung auf Atem und Klang, wird durch die Beruhigung des Atems und die Fokussierung der Aufmerksamkeit das parasympathische System aktiviert. Gleichzeitig wird durch die repetitive Struktur und das Abschalten der Sinneskanäle der Kausaloperator stillgelegt, also die kognitive Aktivität suspendiert und gleichzeitig der holistische Operator, abgekoppelt von seinen Außenverbindungen, aktiviert. Wenn dies intensiv genug geschieht, so die Theorie, dann wird irgendwann durch die starke und ausschließliche Aktivierung des Parasympathikus ein Zustand erreicht, indem gleichzeitig auch das antagonistische System, der Sympathikus, aktiviert wird. Diese Doppelaktivierung führt dann zu einer starken Erregung des holistischen Operators mitsamt den dazugehörigen tieferen Hirnstrukturen im Thalamus und erzeugt dann die Erfahrung des absoluten und einzigartigen Seins oder die spirituelle Einheitserfahrung.

Den gleichen Weg kann man sich umgekehrt vorstellen, wenn durch repetitive Trancetechnik, sagen wir, ekstatische Trommeltänze, das sympathische System übererregt wird, gleichzeitig aber durch die Repetition und durch die mangelnde Zufuhr von abwechselnden Sinnesreizen – bedenken wir, dass all unsere Sinneskanäle immer auf das Entdecken von Unterschieden ausgelegt sind und bei repetitiven Strukturen adaptieren (= sich anpassen) oder ermüden – der holistische Operator aktiviert und der kausale deaktiviert wird. Auch in einer solchen Situation wird also die kognitive Tätigkeit stillgelegt. Wenn dann die sympathische Aktivierungsmöglichkeit erschöpft ist, kippt das System, und eine starke parasympathische Aktivierung ist die Folge. Das Endresultat ist wiederum das gleiche: eine starke Aktivierung des holistischen Operators ohne entsprechende Afferenzen von den äußeren Sinnen und gleichzeitige Aktivierung von sympathischem und parasympathischem System mit den entsprechenden Tiefenstrukturen im Thalamus.

Die Strukturen, die bei diesem Prozess beteiligt sind, sind vor allem die Amygdala (= Mandelkern) und der Hippocampus. Die Amygdala ist eine Ansammlung von Kernen, deren neurobiologische Aufgabe vor allem die rasche Analyse von Sinnesreizen auf deren affektiven Gehalt hin ist. Entsprechend werden dann Handlungssequenzen gebahnt und Affekte generiert, die nicht notwendigerweise immer analysiert werden oder analysierbar sind. Die Amygdala scheint vor allem einen aktivierenden Einfluss auf den holistischen Operator auszuüben. Umgekehrt ist der Hippocampus für explizite Gedächtnisleistungen zuständig. Er wird aktiviert, wenn wir uns an etwas erinnern oder uns etwas merken wollen. Er hat die Eigenschaft, dass er sehr lange, oszillierende Zustände generieren kann, die offenbar notwendig sind, um die entsprechenden physiologischen Veränderungen zu bewirken, die zur Erzeugung einer Gedächtnisspur benötigt werden. Eine Aktivierung des Hippocampus führt in Zusammenarbeit mit Elementen der Aufmerksamkeitssteuerung, die in den präfrontalen Bereichen vermutet werden, zu einer expliziten Hemmung der Sinneswahrnehmung und des kausalen Operators. Wir kennen diese Situation aus eigener Erfahrung: Wenn wir versuchen, uns etwas einzuprägen, sagen wir, Vokabeln einer Fremdsprache, eine Telefon- oder PIN-Nummer, dann wiederholen wir uns das Einzuprägende eine Weile lang laut oder leise. Dabei wenden wir unsere Aufmerksamkeit komplett von der Außenwelt ab. Wir nehmen bestimmte Dinge außen nicht wahr, und unsere gesamte kognitive Kapazität wird durch bewusste Aufmerksamkeitslenkung auf diesen zu memorierenden Inhalt gerichtet. Werden wir abgelenkt, dann kann es sein, dass der Inhalt aus unserem Arbeitsgedächtnis verschwunden ist, und wir müssen wieder von vorne beginnen. In der Regel konzentrieren wir deshalb bei solchen Gedächtnisübungen unsere Aufmerksamkeit komplett auf eine Sache. Alle anderen Reize, und vor allem deren genauere Analyse, werden ausgeblendet. Im gleichen Sinn wird durch spirituelle Übung und durch die Aktivierung der präfrontalen Areale die Aufmerksamkeit fixiert. Dadurch wird der Hippocampus aktiviert, was wiederum zu einer Hemmung der Sinnesafferenzen und zu einer Hemmung der Aktivität des kausalen Operators führt.

Auf diese Weise kann durch reziproke (= wechselseitige) Hemmung des kausalen und Aktivierung des holistischen Operators bei gleichzeitiger Deafferenzierung (= Abschalten) aller Sinneskanäle ein Aktivierungszustand entstehen, der durch langsame Oszillationen zwischen höheren und tieferen Hirnzentren gekennzeichnet ist, bei dem keine Verarbeitung von Außenreizen stattfindet und dennoch das neurologische System in einen meta-stabilen Zustand kommt.

Weil nun aber die linke, sprachdominante Hemisphäre, und damit der Kausaloperator, auch für die Unterscheidung von »selbst« und »fremd« zuständig ist, führt dieser Zustand auch zu einer Auflösung der Ich-Grenzen oder zu einer subjektiven Erfahrung der Entgrenzung. Das ist ein häufig berichtetes phänomenologisches Element der spirituellen Erfahrung. Durch die Aktivierung des holistischen Operators ergibt sich die

Erfahrung der Ganzheit, während die Deaktivierung des kausalen Operators zu einer Erfahrung der Ich-Entgrenzung führt. Gleichzeitig sind die erwähnten tieferen Hirnzentren auch für die Generierung und Steuerung der Affekte zuständig. Wenn also der Hippocampus und die Amygdala gleichzeitig aktiviert werden, dann ist mit dem Entstehen vertiefter Affekte zu rechnen.

Die neurotheologische Theorie geht nun davon aus, dass die typische Formung des Affekts davon abhängt, welche Bereiche des Hippocampus erregt werden. Werden bestimmte Teilbereiche des Hippocampus erregt, dann ist die Emotionalität ekstatisch gefärbt und wird begleitet von den Affekten der Liebe, der Hingabe und der Vereinigung, wie sie für die christliche Mystik typisch ist. Ist der Affekt eher neutral, entsteht die Erfahrung der Einheit, wie sie für östliche Meditationserfahrungen phänomenologisch typisch ist. Gemeinsam jedoch wäre all diesen Erfahrungen, dass sie eine Erfahrung der Einheit mit einer transzendenten Wirklichkeit sind und mit einer Aufhebung der typischen Ich-Grenzen und einer mindestens zeitweiligen Auflösung des Selbstkonzepts einhergehen.

Soweit also in Skizze das theoretische Konzept der Neurotheologie. Es ist vor allem ein Modell der spirituellen Einheitserfahrung. Diese ist selbstverständlich bei kaum irgendjemandem, der spirituell praktiziert und etwa regelmäßig meditiert, tägliches Brot. Eher ist es wohl so, dass solche Erfahrungen als Gipfelpunkte immer wieder auftauchen, als Geschenk erlebt werden und sowohl die Motivation als auch die Energie für weitere spirituelle Praxis darstellen. Gleichzeitig führt die weitere spirituelle Übung dazu, dass solche Erfahrungen »integriert« werden. Darunter versteht man, dass der Alltag und sein Vollzug so gestaltet werden, dass sie mit der Erfahrung und dem, was sie impliziert, in Einklang kommen. Dadurch kann es im Idealfall dazu kommen, dass die spirituelle Landschaft, die anfangs einer Wanderung durch tiefe Täler und hoch erhabene Gipfel gleicht, immer mehr zu einem Weg durch eine ebenmäßige Landschaft wird, in der sich der anfangs so drastische Unterschied zwischen Alltagswirklichkeit und spiritueller Erfahrung immer mehr auflöst. Das kann deshalb geschehen, weil die tägliche und dauerhafte Übung dazu führt, dass das Außergewöhnliche immer stärker zum Normalen wird und die Fülle in jedem Augenblick präsent ist.

Die Ergebnisse der Meditationsforschung vermitteln uns also das Wissen, dass die spirituelle Übung, egal welchen Hintergrunds, ganz spezifische Veränderungen im Gehirn bewirkt. Während die meisten Ergebnisse sich vor allem auf die Meditationspraxis beziehen, hat das Modell von Newberg und D'Aquili ein neurobiologisches Verständnis der spirituellen Einheitserfahrung im Blick. Letzteres ist vorläufig eine plausible neurobiologische Theorie, die aber in einigen Bereichen sicherlich noch erhärtet werden muss. So ist beispielsweise noch keine Erleuchtungs- oder Vereinigungserfahrung direkt mit irgendeinem bildgebenden oder messenden Verfahren dokumentiert worden. Immerhin zeigt das Modell, dass unser heutiges Wissen bereits so geordnet werden kann, dass ein biologisches Verständnis der begleitenden Prozesse möglich erscheint.

Insgesamt ergeben diese Befunde also, bei aller Vorläufigkeit, dass Meditation offenbar ein eigener Zustand ist, der von einfacher Entspannung abgrenzbar ist. Anders ausgedrückt: Die phänomenologisch offensichtliche Andersartigkeit meditativer Übung im Vergleich mit Entspannung wird durch verobjektivierende Befunde der Gehirnforschung gestützt. Es ist auch möglich, eine konsistente, neurobiologische Theorie der spirituellen Einheitserfahrung zu fassen, wie uns die Neurotheologie lehrt, die mit den Befunden der Hirnforschung im Allgemeinen und mit denen aus der Meditationsforschung im Besonderen kompatibel ist. Ob dies am Ende eine wirklich zutreffende theoretische Beschreibung ist, spielt zunächst gar keine so zentrale Rolle, weil es vor allem darum geht, zu zeigen, dass ein solcher Ansatz vernünftig und mit dem Stand des Wissens vereinbar ist.

Es wird also nun Zeit, dass wir uns der phänomenologischen Seite zuwenden und die Psychologie der Meditation beschreiben.

Psychologie der Meditation und der spirituellen Übung

Phase 1: Ausblick

Subjektiv und phänomenologisch gesehen, ist Meditation für den Anfänger zunächst eine anscheinend schwierige, ja fast unmögliche Übung. Unseren geistigen und inneren Akten immer und überallhin mit einer feinen Achtsamkeit zu folgen, ohne sich von anderen geistigen Prozessen ablenken zu lassen, scheint kaum möglich zu sein. Die Psychologie der Aufmerksamkeit lehrt uns, dass es nicht zu unserem psychologischen Repertoire zu gehören scheint, unsere Aufmerksamkeit länger als etwa sieben Sekunden auf ein und derselben Sache ruhen zu lassen, ohne abzuschweifen.[162] Wer die vorhin kurz skizzierte Anfänger-Zen-Übung für sich gemacht hat, wird das bejahen: Es ist anfangs kaum möglich, seinen Atemzügen mit voller Aufmerksamkeit so zu folgen, dass man jeden Zug nur einmal zählt, geistig nichts anderes dabei tut, und doch alle Züge bis zehn verfolgt und dann wieder von vorne beginnt.

Das Anfangsstadium wird also zunächst einmal eine Disziplinierung der Aufmerksamkeit sein. Denn das ist die Voraussetzung jeglicher spiritueller Übung, so ähnlich wie eine gewisse Muskelkraft und Ausdauer nötig ist, wenn man, sagen wir, lange Radtouren über gebirgiges Gelände machen will. Wer nicht die nötige Kraft und Ausdauer hat, muss sich diese antrainieren, etwa indem er oder sie immer wieder kurze Etappen regelmäßig fährt, vielleicht mit einigen leichter zu bewältigenden Steigungen, und dann seine Distanz und seine Übungszeit langsam steigert. Wer nicht so verfährt, sondern sich untrainiert auf eine Durchquerung des Schwarzwalds einlässt, wird sich Frustration und Erschöpfung einhandeln. Wer aber die vorbereitenden Trainingswochen durchgemacht hat, wird sogar Freude an der körperlichen Anstrengung verspüren, die mit einem Aufstieg von mehreren hundert Höhenmetern in steilem Gelände verbunden ist. So ähnlich wird es auch dem Anfänger in der Meditation ergehen: Regelmäßige Übung des anscheinend Unmöglichen in kleinen, verdaubaren Etappen wird die innere Kapazität für Aufmerksamkeit langsam steigern.

Dazu gehört auch, dass der Körper sich erst daran gewöhnen muss, die entsprechende hilfreiche Haltung über längere Zeit ohne Verspannung einzunehmen. Meditation ist zwar im Grund in jeder Körperhaltung möglich. Die Erfahrung zeigt aber, dass aufrechtes und freies Sitzen ohne Unterstützung des Rückens eine erleichternde Funktion hat, die der Sammlung hilft. Versucht man als Europäer schließlich, eine Sitzhaltung auf einem Bodenkissen einzunehmen, wie dies bei östlichen Meditationspraktiken üblich ist und sich aus der Erfahrung als hilfreich erwiesen hat, so müssen Bänder und Gelenke erst an die eher untypische Belastungssituation gewöhnt werden.

Alle Meditationstraditionen kennen diese oftmals mit Widerständen verbundene Anfängerphase, in der man sich durch Disziplin zu einer gewissen Regelmäßigkeit in der Übung motivieren muss. Die christliche spirituelle Tradition spricht hier vom Weg der Reinigung, auf den der Geist erst vorbereitet werden muss. Ohne die in der mystischen Tradition üblichen theologischen Konnotationen kann man dies ganz pragmatisch als die Erkenntnis verstehen, dass es zunächst gilt, den Boden vorzubereiten, Geist und Körper entsprechend zu üben.

Vor allem für Anfänger ist es deshalb nützlich, die Meditationsübung in ein Ensemble von Lernschritten einzubinden, bei dem Körperübungen zur Entspannung chronisch verspannter Muskelpartien, Dehnübungen zur Dehnung von Sehnen und Bändern, leichte Yoga-Übungen zur Fokussierung der Aufmerksamkeit auf Atem und Körper mit gleichzeitiger körperlicher Vorbereitung hilfreiche Elemente darstellen.[163]

Um die Fokussierung der Aufmerksamkeit zu erlernen, verwenden unterschiedliche Traditionen verschiedene Techniken: Man kann auf die Atemzüge achten und diese von eins bis zehn zählen. Dabei nimmt man sich entweder das Ausatmen vor, das Einatmen oder beides. Wenn man bei zehn angelangt ist, beginnt man wieder von vorn. Wenn man abschweift, ebenso. Kommen irgendwelche Gedanken dazwischen, so ist das natürlich und soll nicht zu vertiefter Analyse Anlass geben, vielmehr wird die Aufmerksamkeit immer wieder auf den Atem zurückgeführt. Das ist die Grundtechnik vieler Meditationstraditionen, unter anderem beim Zen.

Andere Techniken bestehen darin, auf die Körpersensationen zu achten, die man beim Atmen wahrnimmt, etwa die Aufmerksamkeit auf die Temperaturempfindung in der Nase zu richten. Beim Einatmen spürt man dann an einer bestimmten Stelle die Kühle der einströmenden Atemluft, beim Ausatmen die Wärme.

Die Achtsamkeitsmeditation lehrt, dass man mit allen inneren Vorgängen achtsam umgeht und dies übt, indem man das Ein- und Ausatmen nebst allen Gefühlen und Gedanken, die dabei entstehen, mit seiner Aufmerksamkeit verfolgt.

Wichtig bei all diesen Übungen ist, dass man sich eine regelmäßige Übungszeit vornimmt, sich diese Zeit im Tagesplan reserviert und wirklich regelmäßig einhält. Sie kann anfangs kurz sein, etwa fünf bis zehn Minuten, und sollte nach einer gewissen Zeit auf mindestens zwanzig, besser fünfundzwanzig oder dreißig Minuten gesteigert werden. Erfahrungsgemäß lassen sich auch in einen geschäftigen Tagesablauf mit etwas Planung und Disziplin einmal oder zweimal zwanzig oder fünfundzwanzig Minuten Übungszeit einbauen. Das von uns wissenschaftlich untersuchte Programm der achtsamkeitsbasierten Stressreduktion, ein verhaltensmedizinisches Training, bei dem die Teilnehmenden Grundelemente der Achtsamkeitsmeditation erlernen, geht davon aus, dass man acht Wochen lang mindestens zwanzig Minuten am Tag, besser zweimal zwanzig Minuten am Tag üben muss, um dauerhafte und wohltuende Effekte so zu erleben, dass man anschließend auch motiviert und willens ist, die Übung von sich aus weiterzumachen. Unsere Daten zeigen, dass dies tatsächlich auch von etwa 80 Prozent der Kursteilnehmer eingehalten wird.[164] Man darf sich auch bei dieser Übung und Disziplinierung, wie bei allen anderen, einen Tag der Pause gönnen, wenn man ansonsten regelmäßig dabei bleibt.

Anfangs wird man vermutlich noch wenige direkte Effekte feststellen. Hat man die Anfangswiderstände überwunden, so stellt sich indes relativ rasch die Erfahrung ein, dass die mit Meditation oder spiritueller Übung einhergehenden Veränderungen wohltuend sind. Eine gewisse Entspannung des Körpers wie auch des Geistes ergibt sich meistens von selbst. Zustände vertiefter Ruhe treten ein, die affektiv sehr angenehm sind. Je nach Intensität der Übung und vielleicht auch Begabung stellt sich früher oder später die Erfahrung tiefer Ruhe ein. Das dauernde Geschwätz im Kopf, das wir zunächst gar nicht wahrnehmen und dem wir in der Anfangszeit der Meditation verstärkt ausgesetzt sind, weil wir es dann nämlich erst bemerken, verstummt, zumindest zeit- und phasenweise. In dieser inneren Stille können neue Ideen und Einsichten reifen. Subjektiv und phänomenologisch nehmen wir dies als inneres Abstandnehmen war. Der Griff der vermeintlich so unausweichlichen, unerbittlichen und unveränderbaren Wirklichkeit löst sich. Wir erleben mindestens für mehr oder weniger kurze Momente, dass es auch ohne das dauernde Denken an die viele Arbeit oder die Sorge um den Job geht, ja sogar gut geht. Wir entdecken, dass wir nicht permanent darüber nachgrübeln müssen, ob wir für unsere Partnerin oder unseren Partner noch immer attraktiv sind, oder umgekehrt, ob wir je den Mann, die Frau des Lebens oder was auch immer finden werden. Kurz, der Griff der Realität und unserer Wünsche lockert sich, und in diesen Momenten stellt sich innere Ruhe ein, in denen unser kognitiver Apparat wirklich zum Schweigen kommt, weil unsere Gedanken und Fantasien so lange ins Leere gelaufen sind, bis sie sich zur Ruhe legen. In diesen Augenblicken stellt sich eine tiefe Erfahrung der Freiheit und auch der Freude ein. Anders ausgedrückt: Durch diese Übung wird in uns die Erfahrung geboren, dass wir selbst nicht mit unseren inneren Akten identisch sind. Die Alltagserfahrung legt oft eine gewisse Notwendigkeit und Unausweichlichkeit dessen nahe, was wir erleben – wir müssen unbedingt noch dieses schnell erledigen, wir müssen ganz dringend jetzt noch dieses und jenes kaufen, wenn wir diese Arbeit nicht gleich jetzt erledigen, dann passiert ein Unglück, dieser Schmerz ist so groß, er wird nie mehr aufhören ... Hingegen erleben wir in Momenten der inneren Ruhe und Freiheit, dass dem nicht so ist. Körperliche und psychische Schmerzen treten mindestens kurz und phasenweise in den Hintergrund. Die Dringlichkeit vermeintlich nötiger Tätigkeiten schwindet. Die Unerbittlichkeit der alltäglichen Notwendigkeit zeigt eine heitere Seite. Und eine wichtige Grunderfahrung bahnt sich an: die Erfahrung der Freiheit. Die Erfahrung, dass wir selbst in gewisser Weise Urheber unserer Innenwelt sind und damit auch die Möglichkeit zu ihrer Gestaltung haben. Wichtige Einsichten unser persönliches Leben betreffend, wichtige Ideen, auf die wir schon lange hingearbeitet haben, bedeutende Erkenntnisse erschließen sich plötzlich. Wir erleben das als glückliche Zu-Fälle, Ein-Fälle, kreative Momente, oder schlicht als Momente der kreativen Freiheit.

Phase 2: Einblick
Spirituelle Traditionen benennen diese Erfahrung unterschiedlich, wenn sie es überhaupt tun. In der christlichen Tradition wird meist vom Weg der Erleuchtung gesprochen (nicht zu verwechseln mit dem gleichlautenden buddhistischen Begriff). Andere Traditionen sprechen davon, dass Beobachter-Bewusstsein aufgebaut wird. In der Vedanta-Tradition und anderswo geht man davon aus, dass durch diese Übung ein höherer Aspekt des Selbsts, der normalerweise eher unbewusst bleibt, bewusst wird und damit in eine mehr oder weniger andauernde Aktivität überführt wird, wodurch sich das Leben immer stärker nach ihm ausrichtet. In der buddhistischen Tradition wird dieser Zustand als Zanmai oder Ruhezustand beschrieben. Die kognitiven Begleiterscheinungen – Ideen, Affekte, Einfälle etc. – werden hier weniger beachtet, weil die gesamte Übung auf das Erreichen der Einheitserfahrung ausgerichtet ist.

Durch fortgesetzte Übung wird die Fähigkeit, innerlich Abstand zu nehmen und relativ rasch in einen erholsamen Entspannungszustand zu gelangen, generalisiert. Gleichzeitig steigt damit auch die Fähigkeit, sich vom Sog der vermeintlichen Notwendigkeiten stärker und vor allem rascher zu distanzieren. Psychologisch nennen wir das eine verstärkte »Resilienz« oder Widerstandsfähigkeit gegen Stress und Belastung. Die Fähigkeit, sich von Belastung rasch zu erholen, ist nämlich nur eine Seite der Medaille. Ändert sich nichts an der Außenwelt oder an unserem Verhältnis zur Außenwelt, dann werden die belastenden Ereignisse immer wiederkehren, möglicherweise sogar verstärkt, und wir geraten in einen sogenannten Jo-Jo-Effekt, wobei wir ständig von der Belastung in die Entspannung und wieder zurück pendeln. Es ist deshalb notwendig und wünschenswert, dass sich unsere gesamte Art und Weise, mit Belastung und mit unserer Alltagswelt im Allgemeinen umzugehen, ändert. Längerdauernde Meditationsübung verhilft uns dazu in mehrfacher Weise:

Zentral für die nötigen Veränderungsprozesse dürfte eine gesteigerte Achtsamkeit sein. Darunter verstehen wir ein wohlwollendes, aufmerksames und nicht-urteilendes Verweilen bei allem, was uns widerfährt.[165] Achtsamkeit impliziert dreierlei: erstens die Fähigkeit, bewusst wahrzunehmen, was gerade jetzt, im Augenblick, vor sich geht. Es kann sich dabei um innere Prozesse handeln – Emotionen, Gedanken, Körperempfindungen – oder um äußere Wahrnehmungen. Zentral für Achtsamkeit ist auch die Fähigkeit, möglichst unverstellt wahrzunehmen. Eine Angewohnheit unseres kognitiven Systems, normalerweise nützlich, weil Zeit und Energie sparend, ist es nämlich, rasch zu kategorisieren und einzuordnen. Das bedeutet, dass frühzeitig automatische Verarbeitungsroutinen Platz greifen und nur dann, wenn in unserem Wahrnehmungsfeld Ungewohntes auftaucht, Aufmerksamkeitsprozesse mobilisiert werden. Das führt häufig dazu, dass wir nicht akkurat wahrnehmen, sowohl was unsere Innenzustände als auch die äußeren angeht. Äußere Umstände werden dann vorschnell mit Etiketten versehen, deren Gültigkeit zweifelhaft ist. Wir sagen beispielsweise, etwas sei »normal«, »natürlich«, »nicht zu ändern«, »immer schon so gewesen«, ohne uns Rechenschaft darüber zu geben, ob es wahr ist. Nicht umsonst ist in der Achtsamkeits- und Zen-Tradition oft die Rede vom »Anfängergeist«.[166] Das meint, dass uns die Meditation lehrt, den frischen Blick desjenigen zu üben, der etwas zum ersten Mal sieht. Es ist der Blick des Kindes auf die Welt, das etwas zum allerersten Mal wahrnimmt. Das Neue Testament kennt eine analoge Aussage: »Wenn ihr nicht werdet wie die Kinder, könnt ihr nicht ins Himmelreich eingehen.«[167] Damit ist dasselbe Phänomen gemeint: Erst wenn wir wieder neu lernen, unsere Kategorien zu suspendieren und Situationen, Menschen, Gegebenheiten je neu, ganz von vorne, wahrzunehmen, können wir uns aus dem Gefängnis befreien, das unser Geist und unsere unbewussten Gewohnheiten im Lauf der Zeit um uns legen und das vor allem daher rührt, dass wir kognitive Gewohnheiten verfestigen.

Achtsamkeit ist ein direktes Resultat meditativer Übung und gleichsam eine Generalisierung der meditativen Haltung in den Alltag hinein. Sie hilft uns also dabei, kognitive Gewohnheiten je neu zu hinterfragen. Sie hilft uns aber auch dabei, Auslöser für lebensfeindliche und belastende Situationen zu erkennen, bevor wir ihnen zum Opfer fallen. Bezeichnenderweise haben wir in der erwähnten Pilotstudie, bei denen Menschen in einem Beruf mit hoher Belastung ein Achtsamkeitstraining zur beruflichen Weiterbildung gemacht haben, gesehen, dass zunächst die Unzufriedenheit mit der belastenden Berufssituation ansteigt. Die Menschen bemerken zuallererst die Umstände, die Auslöser und die Gesamtsituation, die in ihnen den Druck erzeugen. Doch dadurch wird auch die Spur für die Veränderung gelegt.[168]

Die meditative Übung führt also, zweitens, dazu, dass wir die Haltung der Ruhe und Entspannung in den Alltag generalisieren (= verallgemeinern) und dadurch weniger rasch unter Druck geraten. Sie führt aber auch dazu, dass wir Umstände zu erkennen beginnen, die den Druck auslösen oder aufrechterhalten. Damit aber haben wir erst die Handhabe zur Veränderung bereit. Entspannung allein ist wie Aspirin gegen Kopfschmerz: ein wirksames Mittel gegen akuten Druck und Anspannung. Will man Kopfschmerz vermeiden, muss man sich andere Strategien ausdenken. Will man die immer wiederkehrenden Umstände ändern, die zu Druck, zu lebensfeindlichen Verhaltensweise, zu Unzufriedenheit und Uneinfühlsamkeit führen, dann muss man stärker an der Wurzel anpacken. Und dazu verhilft uns Achtsamkeit.

Wir sind dann vielleicht erstmals in der Lage, zu erkennen, wie wir uns von angeblich notwendigen Erfordernissen unter Druck setzen lassen. Womöglich spüren wir dann nach und nach, wie wir einem Muster der Selbstausbeutung unterliegen, nicht nur in unserer beruflichen Situation, sondern auch in privaten Beziehungen. Vielleicht bemerken wir dann allmählich, wie wir auf innere Not immer zuerst mit Betäubung reagieren oder auf Kränkung von außen mit Niedergeschlagenheit und Depression, statt zur Abwechslung einmal mit Entrüstung und Gegenwehr. Die Beispiele dafür, wie ein achtsames, aufmerksames Umgehen mit der Sequenz unserer Erlebnisse dazu führt, dass wir Bewusstsein dafür erlangen können, wie unsere Lebenssituation erträglicher gestaltet werden kann, ließen sich beliebig verlängern.

Drittens kann eine einfache, aber regelmäßig durchgeführte Meditation durch das beständige Üben der Aufmerksamkeit bei gleichzeitiger tiefer Entspannung unserem Bewusstsein die Schärfe und Präsenz geben, die wir brauchen, um unsere Ressourcen dann zu aktivieren, wenn es notwendig ist, und ansonsten mit unseren Kräften sparsam umzugehen. Gleichzeitig entsteht ein Referenzpunkt im Bewusstsein, der auch aus verschiedenen kognitiven Theorien als sogenanntes Beobachterbewusstsein bekannt ist.[169] Dieser erlaubt es uns, Automatismen, unbemerkte emotionale, körperliche oder kognitive Reaktionsweisen zu erkennen und dadurch auch zu durchbrechen. Die Achtsamkeit im Umgang mit uns selbst wird aber als Haltung auch auf andere Menschen, auf die Dinge um uns herum, auf die gesamte Mitwelt generalisiert.

In der Tradition der Achtsamkeit ist es ein altbewährtes Wissen, dass die Übung der Achtsamkeit, also Meditation, auch zu einer Erweiterung unserer Herzensqualitäten führt. Denn durch Achtsamkeit für uns selber erwerben wir auch die Fähigkeit, uns besser in andere einzufühlen, besser zu verstehen, was andere bewegt und motiviert. Dadurch wird es uns leichter möglich, auf andere Menschen angemessen zu reagieren. Wir erspüren dann vielleicht eher die Not, die einen Jugendlichen oder ein Kind zu einer zunächst frech und präpotent anmutenden Äußerung treibt, auf die wir versucht sind, mit einem ablehnenden, zurechtweisenden Wort zu reagieren. Können wir uns in die Situation des betreffenden Kindes einfühlen, gelingt es uns vielleicht, unseren Gesprächspartner mit einer Bemerkung, einer Geste oder einem einfachen Zeichen so zu erreichen, dass ein unglückliches Missverständnis und eine Verschärfung der Situation vermieden wird. Es mag uns dann auch eher möglich sein, die Begrenzungen bei den Menschen besser zu verstehen, die uns nahestehen und auf deren Zurückweisung wir meist viel empfindlicher reagieren als bei anderen. Wenn wir achtsamer im Umgang mit anderen werden, ist es uns leichter möglich, einen Moment der Ruhe, der Aufmerksamkeit zwischen eine erlebte Brüskierung und eine mehr oder weniger automatische Reaktion zu schalten. Wenn es sonst unsere gewohnte automatische Reaktionsweise ist, sofort in eine innere Rückzugshaltung zu gehen, gelingt es uns nunmehr, das zu bemerken und aus diesem Bewusstsein heraus neue Handlungsmöglichkeiten zu finden. Wir werden dann vielleicht, im Unterschied zu sonst, den anderen einmal darauf hinweisen, dass sein Verhalten brüsk und unangemessen war, dass es uns schmerzt und in die innere Distanz treibt. Daraufhin werden sich wiederum neue Interaktionsmöglichkeiten eröffnen, und so fort. Oder, wenn unser normaler Automatismus ein lauter Widerspruch und Gegenwehr ist, werden wir etwa lernen, einmal innezuhalten, den Motiven und der inneren Befindlichkeit des anderen nachzuspüren. Wir entdecken dort vielleicht Hilflosigkeit und entscheiden uns, diese nicht noch durch unsere Anwürfe zu vergrößern, und stecken zur Abwechslung einmal zurück. Wir sehen: Es wird nie Patentrezepte geben, weil die Situationen, auf die zu reagieren ist, so verschieden wie das Leben und die Menschen sind. Achtsamkeit ist nicht zu verwechseln mit einer neuen Verhaltensroutine. Sie ist vielmehr eine Haltung, die es uns erlaubt, aus Routinen auszubrechen, wenn dies notwendig ist, und sie beizubehalten, wenn es ökonomisch ist. Die achtsame Musikerin wird nicht bei jeder Note bewusst nachvollziehen, wie sich ihre Fingermuskeln bewegen, kontrahieren und entspannen, um zu einem perlenden Lauf auf dem Klavier zu werden. Sie wird aber sehr wohl ein Bewusstsein für die gesamte Gestimmtheit ihres Körpers, für die Reaktion des Publikums und für die subtilen Interaktionen zwischen ihrem Spiel und der Atmosphäre im Raum entwickeln. Bei ihr werden sich Achtsamkeit und größere Bewusstheit etwa so bemerkbar machen, dass sie mit dem, was sie tut, komplett eins wird, so dass sie selbst ganz zu ihren virtuosen Fingern, zu den perlenden Läufen und zum Klang im Raum wird.

Das Resultat einer längeren Meditationspraxis wird also im Idealfall die Generalisierung der in der Meditation geübten Bewusstseinshaltungen sein: geschärfte Aufmerksamkeit und gerichtete Sammlung bei gleichzeitiger großer Entspannung; Offenheit für alles, was kommt, ohne darauf reagieren zu müssen; und, nicht zu vergessen, ein heiterer, stabiler Grundaffekt, der nicht so leicht in Panik oder Verzagtheit, in Verzweiflung oder Traurigkeit umschlägt. Meditation ist, das sahen wir oben, immer auch damit vergesellschaftet, dass tieferliegende Gehirnareale angesprochen und ausbalanciert werden, die für die affektive Steuerung unserer Handlungen und Kognitionen (= gedanklichen Prozesse), für die Verankerung von Erfahrungen in unserem Gedächtnis und für die Motivation unseres Verhaltens verantwortlich sind. Übermäßige und einseitige Aktivierung von Körpersystemen führt immer zu Überlastung und damit zu negativem Affekt, der gleichzeitig ein Signal zur Veränderung darstellt. Durch achtsamen Umgang mit uns selbst lernen wir, rechtzeitig auf diese Signale zu achten. Die Übung für sich genommen, hat aber ebenfalls einen emotional ausgleichenden Effekt. Positive Affekte von wohliger Entspanntheit bis zu tiefer, friedvoller Ruhe, von Freude und Heiterkeit bis hin zu ekstatischen Glücksgefühlen sind in aller Regel Begleiterscheinungen richtig praktizierter Meditation. Durch vertiefte und längerfristige Erfahrung wird diese affektive Lage generalisiert und selbstverständlich. Dadurch ergibt sich in aller Regel ein heiterer Grundaffekt, eine positive und vertrauensvolle Ausrichtung aufs Leben, die nicht so leicht durch alltägliche Streitereien und Belastungen zu erschüttern ist. Das ist eine enorm wertvolle psychologische Ressource. Wieviele unangemessene Interaktionen zwischen Menschen, wieviele problematische Verhaltensweisen sind durch negativen Affekt verursacht, den manche Zeitgenossen nicht konstruktiv zu regulieren gelernt haben? Praktisch alle Abhängigkeitserkrankungen, von der Alkohol- über die Nikotin- bis zur Opiatsucht, sind labiler und ineffizienter Affektregulation geschuldet. Eine Fülle von zwischenmenschlichen Dramen rührt daher, dass Menschen in Belastungssituationen nicht die Ressourcen haben, angemessen mit ihren Affekten umzugehen. Im Zweifelsfall sind es fast immer die Affekte, die unreguliert unsere kognitiven Kapazitäten lähmen, die in Belastungssituationen den Ausschlag dafür geben, dass wir nicht mehr richtig funktionieren. Triebfunktionen verselbständigen sich dann und geben Anlass zu impulsivem Verhalten, angefangen von übermäßiger Fress- oder Sauflust bis hin zu Zerstörungswut bei Jugendlichen oder sexuellen Impulshandlungen bei Erwachsenen. Allein wenn man an das Leid denkt, das durch Menschenhandel von Kindern und jungen Erwachsenen für den Sexmarkt erzeugt wird, der ja ausschließlich durch die Nachfrage von schlecht impulskontrollierten Erwachsenen floriert, die eine zu geringe emotionale Regulationskompetenz haben, dann wird man leicht einsehen, wie wohltuend für die gesamte Gesellschaft eine erweiterte Kompetenz in der Affektregulation möglichst vieler Menschen wäre. Wer nämlich nicht von Gefühlen innerer Leere, Wert- oder Machtlosigkeit mit ihren affektiven Konsequenzen geplagt wird, der wird auch nicht von unkontrollierbaren Impulsen überschwemmt, die ihn dazu bringen, Triebbefriedigungen zu suchen, die seiner eigenen Würde, derer von anderen Menschen und ganz nebenbei auch noch der Gesundheit schaden.

Ein weiterer Aspekt ist die verbesserte kognitive Kapazität. Meditation ist eine Übung, die dazu führt, dass wir unsere Aufmerksamkeit lenken lernen. Als Resultat führt sie auch dazu, dass wir uns über wesentlich längere Zeiträume auf eine Sache konzentrieren können und mit unserer Aufmerksamkeit wesentlich präsenter sind, als es durchschnittlich der Fall ist.[170] Das hat eine Reihe von wohltuenden Konsequenzen: Wenn unsere Aufmerksamkeit geschärfter ist, fällt es uns leichter, wichtige Sachverhalte aufzunehmen. Unser Gedächtnis wird dadurch stärker aktiviert. Wir sahen bei der Besprechung der Neurotheologie, dass die Autoren aufgrund empirischer Befunde von einer Aktivierung des Hippocampus ausgehen, jener Struktur, die für Gedächtnisleistungen zuständig ist. In der Tat ist es eine Erfahrung vieler Menschen, die regelmäßig meditieren, dass sich ihre Gedächtnisleistungen verbessern. Durch die Verhinderung permanenter Ablenkung und die Entwicklung der Fähigkeit, sich hingebungsvoll mit einer Sache vollständig zu beschäftigen, nämlich mit dem, was gerade notwendig und vor Augen ist, werden unsere Aufmerksamkeit gelenkt und unsere Gedächtnisleistung maximiert.

Entscheidend scheint mir persönlich die Integration von Sinnes- und kognitiven Daten zu sein, die durch eine gut fokussierte Aufmerksamkeit gelingt. Dadurch wird das heutzutage moderne »Multitasking« eingeschränkt, und kognitive Prozesse werden gebündelt. Es ist gelegentlich durchaus möglich, dass wir mehreres zugleich wahrnehmen, denken und kognitiv verarbeiten können. Unsere Behandlung des Konzepts konzentrative versus expansive Sammlung zu Beginn des Kapitels hat dies ja schon nahegelegt. Folgt man den Erkenntnissen der Gedächtnispsychologie, dann ist es von entscheidender Bedeutung, dass wir möglichst viele Elemente eines Inhalts – auditive, visuelle, haptische, olfaktorische, kognitive – gemeinsam verarbeiten und dass wir Inhalte möglichst tief mit dem bereits bestehenden Netzwerk von Kenntnissen verankern. Beides wird durch gute Aufmerksamkeitsfokussierung erst möglich. Hören wir einem Gespräch hingegen nur mit halbem Ohr zu und denken gleichzeitig an einen Verhandlungstermin, für den wir noch etwas erledigen müssen, so wird weder die Information aus dem Gespräch richtig verarbeitet, noch der Verhandlungstermin gut vorbereitet werden. Gute kognitive Kompetenz wird es uns jedoch ermöglichen, dem Gespräch mit voller Aufmerksamkeit zu lauschen, die nötigen Schlüsse und Konsequenzen daraus zu ziehen und uns anschließend mit voller Kraft der Vorbereitung unserer Verhandlung zu widmen. Achtsamkeit im Umgang mit uns und unseren Gesprächspartnern wird uns vielleicht sogar dabei helfen, überflüssige Zeitverschwendung zu vermeiden. Dadurch werden Gespräche und geschäftliche Termine effektiver, und Zeit wird uns geschenkt, von der wir meinen, wir hätten sie nicht. Statt unsere Kapazitäten in parallelen Aktivitäten zu verzetteln und damit die Effizienz unserer Tätigkeit zu reduzieren, lehrt uns spirituelle Arbeit und stetige Meditationsübung, uns punktuell zu vertiefen und dann durch Sammlung und Konzentration Dinge effektiver zu erledigen, Wichtiges von Unwichtigem schneller zu unterscheiden und weniger Zeit mit Unnötigem zu verlieren.

Wir können uns dieses kleine Geheimnis oder Paradox der Intensivierung durch Sammlung an einem Bild veranschaulichen: Stellen wir uns einen Kreis vor, der radial in Segmente eingeteilt ist, ähnlich wie ein Spinnennennetz. Je weiter nach außen wir uns bewegen, desto langwieriger und mühsamer ist es, von einem Segment durchs nächste zu wandern, bis wir den ganzen Kreis durchmessen haben. Wenn wir uns vorstellen, dass zentrifugale Kräfte den Kreis immer größer machen, dann wird die Aufgabe umso schwieriger, je größer der Kreis durch die zentrifugalen Kräfte wird. Stellen wir uns jedoch vor, dass der Kreis durch zentripetale Kräfte immer kleiner wird, dann gelangt man schneller von einem Segment ins nächste, ohne dass dadurch weniger Segmente durchwandert werden. In Abbildung 3 ist dies grafisch veranschaulicht.

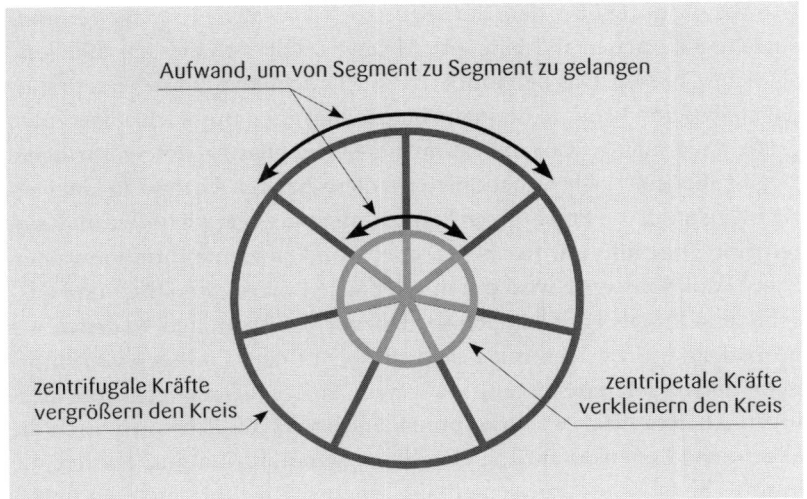

Aufwand, um von Segment zu Segment zu gelangen

zentrifugale Kräfte
vergrößern den Kreis

zentripetale Kräfte
verkleinern den Kreis

5   *Zentripetale Kräfte verkleinern, zentrifugale Kräfte vergrößern den Kreis.*
    Entsprechend sinkt oder steigt der Aufwand, von Segment zu Segment zu
    gelangen.

Das ist selbstverständlich nur eine Analogie. Sie macht aber deutlich, dass die Angst, man könne durch allzu konzentriertes Vorgehen ineffizient werden, unbegründet ist, ja dass höchstwahrscheinlich das Gegenteil der Fall sein dürfte.

Bei dieser Steigerung von Effizienz bei der Bewältigung von Alltagsaufgaben und kognitiver Leistung scheint mir auch noch folgender Sachverhalt wichtig zu sein: Gerade in unserer westlich-aufgeklärten Kultur, die so viel Wert auf Rationalität, rationale und logische Analyse legt – und dies zu Recht! – wird das komplementäre System unserer kognitiven Kompetenz, nämlich die Fähigkeit zur holistischen, intuitiven Analyse, die ganzheitlich vorgeht, leider zu wenig genutzt. Wir haben bei der Diskussion der Neurotheologie gesehen, dass der holistische Operator gerade durch die spirituelle Praxis besonders aktiviert wird. Dadurch ist leicht zu verstehen, dass dieses weit verzweigte, oftmals implizit und wenig bewusst arbeitende System verstärkt auch für die Bewältigung von Alltagsaufgaben nutzbar wird. Ich habe es mir beispielsweise mit zunehmendem Alter und wachsender Sicherheit zur Angewohnheit gemacht, im Zweifelsfall auf meine Intuition und nicht auf meine »Vernunft« oder rationale Analyse zu hören. In der Terminologie der Neurotheologie gebe ich im Zweifelsfall dem Ergebnis der holistischen (= ganzheitlichen) Analyse Vorzug gegenüber dem der sequenziell-kausalen (= schrittweise aus einzelnen Ursachen abgeleiteten). Meistens stellt sich dies anschließend als richtig heraus. Das heißt nicht, dass ich nicht klar denken oder rational analysieren kann. In meinen Alltagstätigkeiten muss ich sogar einen großen Teil meiner Zeit mit rational-sequenzieller Analyse verbringen. Es gibt aber sehr viele Situationen, wo diese Art der Analyse zu langwierig ist, zu unklaren Ergebnissen kommt oder wo es gar nichts zu analysieren gibt. Dort hilft nur rasche, geschulte und effiziente Intuition weiter. Diese Funktionsweise wird durch spirituelle Praxis unterstützt und ausgebildet. Oftmals ergibt es sich so, dass wir in Situationen, in denen wir normalerweise viel Zeit mit Lageanalyse, mit dem Einholen von Informationen und deren Sichtung verbringen, mit Hilfe einer gezielten intuitiven Analyse rasch weiterkommen. Selbstverständlich spielt auch die allgemeine Lebenserfahrung als Hintergrundinformation, auf der die intuitiv-holistische Analyse aufbaut, eine wichtige und nicht zu unterschätzende Rolle. Richtig und gezielt intuitiv handeln kann nämlich nur, wer auch eine gewisse Erfahrung in bestimmten Bereichen erworben hat. Aber unabhängig davon spielt die Zugriffsmöglichkeit auf diese Form der Informationsverarbeitung einen wichtigen Part. Sie wird durch spirituelle Übung geschult. Das ist aus meiner eigenen Erfahrung sehr zeitsparend und verhindert viele Sackgassen und Umwege.

All diese Veränderungen und Verbesserungen des Lebens sind in aller Regel das Resultat vertiefter spiritueller Praxis. Erinnern wir uns, was Roger Bacon schon 1274 gesagt hat: »Wer in diesen [gemeint ist die spirituelle Praxis oder die erweiterte Erfahrungswissenschaft] Erfahrungen [...] sorgfältig geübt ist, der kann sich und anderen nicht nur über die spirituelle Wirklichkeit, sondern auch über alle anderen menschlichen Wissenschaften Sicherheit verschaffen [...] Wir benötigen also eine Wissenschaft, die als Erfahrungswissenschaft im weitesten Sinn durchgehen kann.«

Phase 3: Tiefblick
Wer regelmäßig eine spirituelle Praxis verfolgt, sei es Meditation in einem buddhistischen Kontext, sei es den Kontemplationsweg einer christlichen Tradition oder irgendeine sonstige wird früher oder später einmal Momente einer speziellen Tiefenerfahrung erleben. Die bereits aus der Meditationsübung im Alltag bekannten Augenblicke der vertieften Ruhe, Stille und des Friedens, der Freiheit und des Glücks werden ins scheinbar Unermessliche geweitet. Es ist, als würde plötzlich eine Wand ver-

schwunden sein, vor der man sonst immer stand. Aus dem Theater oder neuerdings bei bestimmten Glasscheiben, etwa bei den neuen ICE-Zügen, bei denen man dem Fahrer zusehen kann, kennt man den Effekt, dass ein Vorhang oder die Scheibe bei Beleuchtung oder unter Stromspannung plötzlich transparent werden. Unvermittelt sieht man völlig ungehindert, was ansonsten hinter einem Schleier verborgen scheint. Man fragt sich, warum man das nicht immer sieht, und da man die genaue technische Idee dahinter nicht versteht, kann man die Frage nicht wirklich beantworten, sondern nur staunen. So ähnlich ist es mit den vertieften Erfahrungen bei der Meditation auch, die wir eingangs als »spirituelle Erfahrung« zu umschreiben versucht haben. Auf einmal ist ein Wirklichkeitsbereich sichtbar, spürbar, hörbar, fühlbar, der immer schon da war und ist und der sich gleichwohl jetzt erst in seiner vollen Art und Eigenheit erschließt. Die Erfahrung fühlt sich an, als würde sich eine Tür auftun, eine Wand wegbrechen, als sei man in eine komplett andere Dimension eingetaucht.

In den klassischen Texten wird die Erfahrung damit verglichen, dass sich der Mond in einem See so lange als fragmentiert in viele kleine Monde und Lichtflecken zeigt, wie ein Wind übers Wasser geht und Wellen aufwirft. Wenn das Wasser aber ganz still ist, gleicht es einem Spiegel, in dem sich der Mond spiegelt, eins und ganz. Diese Erfahrung, die in der buddhistischen Tradition mit »Wesensschau« oder, in der übertragenen Wiedergabe, als »Erleuchtung«, in der Originalfassung als »Kensho« oder »Satori« beschrieben wird, scheint auch in anderen spirituellen Traditionen vorzukommen und beschrieben worden zu sein. Es ist immer noch unklar, ob es sich dabei wirklich um Erfahrungen gleichen Typs handelt oder ob die Erfahrung selbst derart von kulturellen und sprachlichen Elementen geprägt ist, dass man eigentlich eine östlich-buddhistische Kensho-Erfahrung und eine westlich-christliche Erfahrung des Einssein mit dem Göttlichen nicht vergleichen kann. Es gibt nicht wenige ernstzunehmende Forscher und Gelehrte, die von einer wesenshaften Verschiedenheit der Erfahrungen ausgehen, weil wir nie die kulturelle Prägung verlassen können, die unserem gesamten neuronalen System inhärent (= innewohnend) ist. Auf der anderen Seite sind phänomenologische Beschreibungen dieser Erfahrung, die durch die Zeiten und über Kulturen hinweg überliefert werden, so ähnlich, dass es wohl eher gerechtfertigt ist, einen moderat uniformen Standpunkt einzunehmen, wie ich ihn hier vertrete: dass nämlich diese Erfahrungen in ihrem Kern identisch und vergleichbar sind, dass aber ihre Fassung zum Zweck der Mitteilung, der Verarbeitung und ihre kulturellen Einbettung verschieden ist.[171] Ein Grundelement dieser Erfahrung ist nämlich ihre kategorienübergreifende Form; damit ist gemeint, dass sie nicht als sprachlich verfasste vor sich geht. Zwar ereignen sich in ihr »Wissen« oder »Einsicht«, aber nicht als kategorial-sprachliche im Sinn einer propositionalen (= eindeutige Zuschreibungen machenden) Satzstruktur.

Ich bediene mich einer Analogie, um dies zu vermitteln, und weise ausdrücklich darauf hin, dass es sich um eine Analogie handelt: Im Formalismus der Quantenmechanik gibt es einen sogenannten Superpositionszustand. Dieser enthält virtuell alle Möglichkeiten, die eine bestimmte Wahrscheinlichkeitswelle einnehmen könnte, wenn sie denn einmal aktuell gemessen und ihr Zustand festgestellt würde. Wenn dies geschieht, spricht man vom Kollaps der Wellenfunktion. Die vielen Möglichkeiten verdichten sich dann zu einer ganz konkreten, die einen festen mathematischen Wert hat, gemessen, kommuniziert und auch technisch verwendet werden kann.[172] Dies ist vergleichbar mit unserer normalen, propositionalen (= eine eindeutige Aussage vermittelnden) Struktur von Erkenntnis. Dann bilden wir klare, mehr oder weniger eindeutige Sätze. Der Zustand, den ich mit jener nicht-propositionalen Struktur von Erkenntnis meine, der in der vertieften Einheits- oder Erleuchtungserfahrung offenbar vermittelt wird, ist eher vergleichbar mit dem Superpositionszustand einer Welle, in dem alle Möglichkeiten enthalten sind. Es gibt derzeit durchaus ernstzunehmende Spekulationen, denen zufolge unser Gehirn weniger einer propositionalen Rechenmaschine, also einem konventionellen Computer gleicht, sondern eher einem Quantencomputer, der eben genau mit einer bestimmten Form von Superpositionszuständen, nämlich mit sogenannten verschränkten Zuständen arbeitet. Diese sind dadurch gekennzeichnet, dass eine Koppelung bebobachtet werden kann, obwohl keine Teilchen oder kausale Signale übertragen werden. Ein solcher Quantencomputer ist theoretisch bereits entwickelt, und meines Wissens sind einzelne Elemente auch schon im Labor funktionstüchtig. Die Frage, ob unser Gehirn wirklich Funktionsweisen enthält, die einem Quantencomputer gleichen, ist derzeit sehr strittig, aber höchst interessant.[173] Jedenfalls zeigt diese Diskussion, dass Erkenntniszustände, die eben nicht kategorial und propositional sind, möglicherweise tatsächlich vorkommen.[174]

Die phänomenologische Beschreibung solcher Erfahrungen quer durch die Zeiten und Kulturen legt zum einen nahe, dass es sehr viel Ähnlichkeiten und Konstanten gibt, und zum anderen, dass es sich dabei tatsächlich auch um Erfahrungen handelt, bei denen Einsicht eine wichtige Rolle spielt. Daher auch der häufige Begriff »Erleuchtung«.

Es gibt also einige Konstanten dieser Erfahrung und sehr viele Einkleidungen. Konstanten scheinen folgende Elemente zu sein, die im Wesentlichen schon von William James zusammengetragen worden sind:[175]

1. Die Erfahrung des Einsseins   Bereits eine relativ oberflächliche Analyse unserer Welt führt uns zu der rein intellektuellen Einsicht, dass alles zusammenhängt, ja, dass das Heraustrennen von Einzelelementen aus einem Gesamtkontext eine künstliche und eigentlich unzulässige Operation ist. Wir hängen in unserer Existenz immer und zu jedem Zeitpunkt von allem anderen ab. Im Unterschied zu dieser philosophischen Einsicht, die man bereits nach wenigen Wochen intensiven Studiums philosophischer, spiritueller und wissenschaftlicher Literatur gewinnen kann, ist die Erfahrung der Einheit eine tiefere. Sie enthält nicht nur jene emotionalen und motivationalen Komponenten, von der ich in der eingangs gegebenen Definition von Erfahrung gesprochen habe. Sie vertieft auch die Einsicht so, dass sie handlungsleitend wird, dass sie unsere Wahrnehmung und unsere Denkgewohnheiten, unsere Planung und unser Streben prägt. Sie ist damit wesentlich tiefer verankert. Diese Erfahrung des Einsseins mit anderen — Menschen, Tieren, der Natur, der Welt insgesamt — kann so weit gehen, dass wir, mindestens für eine gewisse Zeit, deren Leid erleben, deren Freude erfahren, deren Gedanken denken und vielleicht sogar für einen kurzen Moment »alles Leid der Welt« tragen, wie es Heine etwas ironisierend seinem »unglückseligen Atlas«, der mythischen Gestalt in seinem gleichnamigen Gedicht, zuschreibt. Wenn etwa der Dichter Rainer Maria Rilke einmal bei einer Essenseinladung den vorgesetzten Hirschbraten mit den Worten kommentiert hat, »ich schmecke das Leid des Waldes«, so ist das durchaus kein blasiertes Gerede, sondern vermutlich einer authentischen Erfahrung des Einsseins geschuldet, nimmt man seine anderen Gedichte als Indikatoren dafür, dass er wohl ein Sensorium, eine Begabung, ja vielleicht sogar ein Schicksal hatte, solche Erfahrungen vertieft zu machen. Im gleichen Sinn kann man meines Erachtens auch das christlich-jüdische Liebesgebot verstehen, das ja in direkter Übersetzung lautet: »Liebe deinen Nächsten, denn er ist [wie] du.« Die Liebe, nicht verstanden als Gefühlsduselei, sondern als konsequentes Verhalten der Achtung, der Akzeptanz, der bedingungslosen Unterstützung, ergibt sich eben in diesem Kontext nicht aus Sympathie, sondern aus der Erfahrung der Einheit. Weil im Tiefsten Einheit waltet, deshalb nur kann ein solches Gebot als moralisches Gebot sinnvoll sein. Und an unserer eigenen Unfähigkeit, eine solche Haltung authentisch gegenüber anderen zu vollziehen, können wir auch leicht ermessen, inwiefern wir selbst noch einer Vertiefung dieser Erfahrung bedürfen. Die christliche Tradition hat deshalb auch vor allem die praktische Haltung, die aus einer vertieften Erfahrung erwächst, zur Messlatte von spirituell reifem Verhalten gemacht, auch wenn sie selber, historisch gesehen, sehr häufig hinter ihr eigenes Ideal zurückgefallen ist und dies immer noch tut. Denn an unserer Fähigkeit zur Liebe in diesem völlig unsentimentalen Sinn wird sich unsere behauptete oder tatsächliche Erfahrung messen lassen müssen, wenn sie irgendeine praktische Relevanz haben soll.

Nichtsdestoweniger ist die Erfahrung der grundlegenden Einheit meines Erachtens auch in der christlichen Tradition die Voraussetzung für die Fähigkeit, dieses Gebot zu verstehen und sein Leben entsprechend auszurichten. In der buddhistischen Tradition gilt etwas Analoges: Wer die rechte Einsicht hat, der oder die wird auch das rechte Mitgefühl entwickeln. Denn dieses kommt aus der tiefen Einsicht, dass alle Wesen eins sind. Selbstverständlich gibt es in allen spirituellen Traditionen auch den umgekehrten Weg, den der Askese, der Übung. Er verläuft so, dass man die entsprechend als wichtig erkannte Haltung einübt, auch wenn man sie nicht immer authentisch und aus tiefer eigener Einsicht vollziehen kann. Das erleichtert die Erfahrung selbst. Und möglicherweise bedingen sich beide, das Praktizieren einer Haltung, auch wenn einem nicht immer danach zumute ist oder auch dann, wenn man nicht aus Verständnis und Einsicht handeln kann, und die Erfahrung selbst, als deren Ziel sich die Haltung ergeben würde.

Zugleich sehen wir daran, dass diese Realisierung, diese Wesensschau oder Erleuchtung nicht einfach ein Alles-oder-nichts-Prozess ist, sondern auch Stufungen, Gradierungen oder Phasen aufweisen kann. Eine erste Einsicht in die grundlegende Natur, eine initiale Durchbruchserfahrung, kann man schon nach relativ kurzer, konsequenter Übungszeit erfahren. Diese gilt es dann aber zu pflegen, zu hüten und zu vertiefen.

Die Zen-Tradition hat hierfür die »zehn Ochsenbilder« als Ikonografie parat.[176] Anfangs macht man sich auf die Suche nach dem Ochsen, ein Bild für die wahre Natur oder die Einheitserfahrung. Man sieht ihn nur kurz im Wald, aber dies schon sehr bald, nämlich im dritten Bild. Dann gilt es, den Ochsen zu fangen und zu zähmen, also die Erfahrung zu vertiefen und im praktischen Leben wirksam zu machen. Dazu sind dann die Etappen der weiteren Bilder da.

2. Die Erfahrung der wahren, eigentlichen Natur In der Zen-Tradition des Buddhismus wird diese Erfahrung auch als »Wesensschau« bezeichnet, als Einsicht in die eigene Buddha-Natur. Das ist, im Vergleich zur älteren buddhistischen Tradition, in der die Erfahrung als die der Nicht-Wirklichkeit des Ichs bezeichnet wird, eine positive Fassung. Wahrscheinlich wird es auch noch viel Gelehrtenstreit darum geben, ob es sich denn bei diesen beiden Fassungen tatsächlich um die gleiche Erfahrung handelt. Aber es ist lohnend, zu vermerken, dass die Negativ-Formulierung, die Erfahrung sei eine Erfahrung der Nicht-Wirklichkeit des Ichs, also eine Einsicht in die Nicht-Substanzialität eines von der Welt getrennten Ichs, auch eine positive Seite hat, nämlich die Einsicht in das tiefere Wesen, das in der späteren buddhistischen Tradition als Buddha-Natur bezeichnet wird. Damit können wir vorläufig und behelfsmäßig ein Selbstverständnis bezeichnen, das seiner eigenen, aufs eigene Wohl bedachten Existenzweise keinen substanziellen Platz mehr einräumt, sondern einer Existenzweise Vorrang gibt, die die Verbundenheit mit allem realisiert. Es ist ein häufiges Missverständnis, vor allem bei Autoren der westlichen Tradition, zu meinen, die Erleuchtungs- oder Kensho-Erfahrung impliziere einen Verlust des Ichs. Wahrscheinlich gibt es sogar jenseits und über die Kensho-Erfahrung hinaus eine solche Erfahrung, und zwar als spirituelle Vollendungserfahrung. Das ist in der traditionellen und zeitgenössischen Literatur gut bezeugt. Und auch ein absoluter Schlüsseltext der christlichen Tradition spricht davon: Im Philipper-Hymnus, der die theologische Stellung von Christus beschreibt, lesen wir: »Christus war Gott gleich, hielt aber nicht daran fest, Gott gleich zu sein, sondern entäußerte sich und wurde wie ein Sklave und den Menschen gleich.« Das Schlüsselwort hier heißt: »entäußerte sich«. Im griechischen Original steht dafür das Verb *ekenosen heautou. Ekenosen* ist hierbei eine Perfektform des Verbs, das so viel heißt wie »ausleeren«. Wir kennen diesen Wortstamm noch aus dem geläufigen Wort »Kenotaph«, das einen leeren, nur zu rituellen Zwecken aufgestellten Sarg bedeutet. *Heautou* ist ein Reflexivpronomen im Genitiv und heißt »von sich«. Die Einheitsübersetzung ist also durchaus richtig. Das Verständnis des Worts gelingt aber besser, wenn wir uns von der wörtlichen Bedeutung her nähern. Dann heißt es nämlich: »Er entleerte sich seiner selbst«, oder »er machte sich leer seines Selbstes«, »er leerte sich sein Selbst aus«. Wir sehen: Die Sonderstellung des hymnisch besungenen Christus besteht darin, das er von seinem Selbst radikal abließ, sich seiner selbst entäußerte. Ich will meine Piratentheologie hier abbrechen und den Impuls anderen überlassen.

Ich hoffe, der kurze Exkurs hat gezeigt, dass man bei entsprechender Text- und Sachkenntnis Parallelen zu dieser buddhistischen Grunderfahrung des »Leerwerdens vom Selbst« auch in der christlichen Tradition findet, wenn man sucht (übrigens auch ein christliches Grunddiktum). Meine Vermutung ist, dass diese radikale Form der tiefen Ent-Selbstung, die als die umfassendste Realisierung der Einheitserfahrung dokumentiert ist und von der immer wieder berichtet wird, eine sehr tiefgehende und möglicherweise auch seltene und außergewöhnliche Erfahrung ist, die am Ende eines langen Kontinuums von Erfahrungstiefe stehen mag. Dieses Kontinuum oder die Typen von Erfahrung nach der initialen Einheitserfahrung zu beschreiben, liegt weder in meiner Absicht noch in meiner Kompetenz. Es ist für die grundlegende Argumentation dieses Buches auch nicht von Belang, und es soll uns hier genügen, darauf hingewiesen zu haben, dass es jenseits dieser Erfahrung möglicherweise noch viele Differenzierungen und Typisierungen gibt.

Wichtig für unser weiteres Verständnis ist Folgendes: Die Erfahrung selbst ist erst der Anfang. Danach führt der spirituelle Weg zunächst einmal zu einer Vertiefung und authentischeren Gestaltung unseres Lebensausdrucks. In der Bildersprache der Ochsenbilder: Das Sehen und Finden oder Fangen des Ochsen ist nicht ausreichend. Er muss auch gezähmt werden, bis er schließlich geritten werden kann, ja bis er schließlich ganz in Freiheit gesetzt werden kann und überflüssig wird.

Texte in der Tradition des Vedanta sprechen oft von einem »höheren Selbst«, also einer Art Tiefenstruktur des Ichs, das sich dann bemerkbar macht und die Führung übernimmt. In der christlichen Tradition wird häufig davon gesprochen, dass sich die Christus-Natur oder das innere göttliche Abbild zeigt. Die mystischen Texte kennen dafür viele Bilder und sprechen meistens von einer Vereinigung – und zwar im Sinn einer liebenden Vereinigung – der Seele mit Gott, in der das Ich stirbt. Meister Eckhart spricht vom Entwerden, vom Ablassen von allen ichbezogenen Akten. Gelingt dies, dann kann, in der Formulierung Eckharts, Gott in der Seele geboren werden, dann wird am Grund der Seele Gottes Sohn selbst geboren. Die zeitgenössische akademische Eckhart-Interpretation geht normalerweise davon aus, dass es sich dabei um Begriffe handelt, die der neuplatonischen Tradition geschuldet sind, die zur damaligen Zeit nach der Einnahme von Byzanz durch die Kreuzfahrer und die allmählich bekannt werdenden Schriften vermehrt in den Westen kam.[177] Das ist sicherlich richtig, was die Begriffs- und Sprachelemente angeht. Aber man muss, meine ich, tiefer blicken und Eckharts Gesamtintention betrachten, nicht nur seine philosophischen und theologischen Texte. Aus dieser Intention erschließt sich nämlich, dass er ein Interesse daran hatte, seinen Zuhörern – und das waren in seinen deutschen Predigten meistens Nonnen der oberdeutschen und elsässischen Dominikanerinnenklöster und seine dominikanischen Mitbrüder – den Geschmack und die Methode der mystischen Innerlichkeit nahezubringen und ihnen umgekehrt ein Begriffsgefäß für ihre eigenen Erfahrungen zu vermitteln. In der christlichen Tradition gibt es selbstverständlich kein anderes Begriffsgefäß für die Grunderfahrung der Einheit als den Begriff »Gott«. Aus genau diesem Grund ist Meister Eckhart in guter scholastischer Tradition, wenn er zu Anfang seiner unvollendeten theologischen Summe sagt »*Esse est Deus*« – Gott ist das Sein. Damit wird jede grundlegende Seinserfahrung in seiner Terminologie zur Gotteserfahrung und umgekehrt. Das entsprechende analoge Theologem, das die christliche Tradition dafür bereitstellt, ist das der Einheit von Gottes Sohn, Christus, mit Gott und analog hierzu die Vereinigung der Seele mit Christus selbst. Die platonische Tradition der spätantiken Väter – der Autoren des 2. bis 6. Jahrhunderts nach Christus – stellt dafür den Begriff der »*Homoiosis theo*«, der »Angleichung an Gott« zur Verfügung.[178]. Athanasius etwa sagte in seiner Weihnachtspredigt: »Gott, der Logos [damit ist in Anlehnung an das Johannes-Evangelium Christus gemeint], wurde Mensch, damit wir Menschen Gott werden.«[179] Das sind keine hohlen theologischen Floskeln, sondern dahinter verbirgt sich die Erfahrung der Einheit allen Seins, die dann eben mit den zur Verfügung stehenden sprachlich-begrifflichen Mitteln ausgedrückt wurde. Meister Eckhart interpretiert die Erfahrung und frühere Theologeme neu und prägte dafür den Begriff der Gottesgeburt in der Seele. Ernst (und nicht bloß wörtlich) genommen, ist damit die Erfahrung einer über das eigene, begrenzte Ich hinausgehenden Realität gemeint, die am Grund unseres Wesens »immer schon« gegenwärtig ist und auf Realisierung harrt.

Ob es zulässig ist, diesen christlichen Begriff der Gottesgeburt in der Seele oder der Vereinigung der Seele mit Gott, wie ihn andere Mystiker verwendet haben, mit dem buddhistischen der Erfahrung der »wahren Natur«, der »Buddhanatur« oder der »Nicht-Substanzialität des Selbsts« gleichzusetzen, diskutieren wir hier nicht weiter. Vielleicht ist diese Diskussion auch nur akademisch und nicht praktisch von Interesse. Ich vermute, dass es sachlich und phänomenologisch gerechtfertigt ist, von einer strukturellen Ähnlichkeit dieser Erfahrungen auszugehen. So oder so wird diese grundlegende Wesenserfahrung in verschiedenen Traditionen mit Metaphern für die Erfahrung des »wahren Wesens« belegt. Und sicher ist eigentlich nur, dass alles Reden darüber Unfug ist, weil die Erfahrung der Fülle, der multiplen Wahrheit anscheinend widersprüchlicher Sachverhalte, der Gleichzeitigkeit sich scheinbar ausschließender Beschreibungen durch unsere Sprache in eine lineare, propositionale und kategoriale Struktur gepresst werden muss.

3. Die Erfahrung von grenzenlosem Glück, unbegrenzter Freiheit und unbedingter Güte Konstanten einer solchen Erfahrung scheinen die affektiven Begleiterscheinungen zu sein. Die Erfahrung wird meist mit Gefühlen höchsten Glücks, ja sogar ekstatischen Gefühlszuständen assoziiert. In der christlichen mystischen Literatur begegnen uns häufig Formulierungen, dass sich darin der Himmel auf Erden zeige oder dass es ein Vorgeschmack auf die himmlische Glückseligkeit sei, diese Erfahrung der Vereinigung zu machen. Oftmals ist auch ein Element des absoluten Gutseins von allem in dieser Erfahrung konnotiert. Dies ist sicherlich ein extrem schwieriger Begriff. Wie kann das Böse, der Mörder, der anderen aus Eigennutz das Leben nimmt, wie kann die Katastrophe, die Unschuldige zu Waisen und Krüppeln macht, wie kann all das gut sein? Die uralten Fragen der Theodizee regen sich sofort, nach der Rechtfertigung eines vermeintlich guten Gottes angesichts des Leids in der Welt. Es liegt mir fern, eine Lösung für diese Frage anzubieten. Ich bin vielmehr der Meinung, dass der Versuch, vorschnell Lösungen anzubieten, ein Zeichen für mangelnde Einsicht und fehlenden Tiefgang darstellt. Dennoch, und das ist das Paradox, scheint ein wichtiges Element dieser Erfahrung das intuitive Wissen zu sein, dass alles, was ist, und so wie es ist, gut ist, auch wenn im Einzelfall unverständlich sein mag, warum es zu diesem oder jenem Leid kommt. Dennoch sind Leid und Schmerz in der Gesamtheit dieses Seins geborgen. In der buddhistischen Tradition ergibt sich aus dieser Grunderfahrung, dass nichts permanent bleibt, auch nicht das tiefste Leid, und dass Leiden aus Anhaftung entsteht, also aus unserer Unfähigkeit, von uns selbst und unseren Bedürfnissen abzusehen. In der jüdisch-christlichen Tradition ist in der letzten Wirklichkeit alles, auch das Leid, irgendwie geborgen. Auch wenn jenes Wirken im einzelnen geheimnisvoll bleibt, so wird uns in dieser Erfahrung das Vertrauen in das grundlegende Wohlwollen der Natur- und Weltordnung geschenkt. Die Erfahrung des historischen Jesus scheint es gewesen zu sein, dass die letzte Wirklichkeit uns in liebevoller Haltung zugetan war, weshalb er vom »Vater« spricht. Aus jener Erfahrung wächst die Gewissheit der Geborgenheit in dieser

Welt und auch in dieser historischen Zeit. Dass die Erfahrung der Geborgenheit nicht an äußere Umstände gebunden zu sein braucht, davon legte Dietrich Bonhöffer ein Zeugnis ab, der noch kurz vor seinem Tod, der ihm im KZ gewiss war und dem er ins Auge sah, noch sagen konnte: »Von guten Kräften wunderbar geborgen, erwarten wir getrost, was kommen mag.« Aus dieser Erfahrung wachsen auch die Freiheit und die Kraft, sich mit seinen Lebensumständen so zu arrangieren, dass sie konstruktiv nutzbar werden, und sich notfalls auch gegen sie zu stemmen, wenn die Einsicht es gebietet. Es ist ein weitverbreitetes Missverständnis, dass Innerlichkeit zu unpolitischer und brav nickender Übereinstimmung mit den »Verhältnissen« führe, daher reaktionär sei und politisch der herrschenden Situation diene. Bereits ein Blick ins Leben führender Gestalten, quer durch die Zeiten und Religionen, zeigt, dass dies ein krasses Missverständnis ist. Der historische Jesus wurde als vermeintlicher Gotteslästerer unter dem Vorwand des politischen Umsturzes umgebracht, so wie alle seine unmittelbaren Anhänger. Praktisch alle großen Gestalten der christlichen Mystik sind irgendwann einmal mit der Orthodoxie zusammengeprallt und haben davon mehr oder weniger Schaden erlitten. Es gibt, wenn ich es richtig sehe, kein einziges Beispiel, in dem recht verstandene Innerlichkeit zu einer Kumpanei mit Unrechtsstrukturen oder Mechanismen der lebensfeindlichen Ausbeutung geführt haben. Es gibt zwar mittlerweile gut aufgearbeitete Beispiele, inwiefern auch spirituelle Praktik, etwa im Zen während des zweiten Weltkriegs, von politischen Interessen instrumentalisiert worden ist. Und es gibt auch viele Einzelbeispiele, wie einzelne Lehrer ihren spirituellen Nimbus als Lehrer und Guru für ganz profane Eigeninteressen ausnutzen, angefangen von der Befriedigung sexueller Bedürfnisse durch hörige oder gefügig gemachte Schülerinnen bis hin zu platter materieller Bereicherung. Es gibt ebenfalls viele Beispiele, wie Einzelpersonen trotz einiger spiritueller Erfahrung immer noch vergleichsweise unsympathische und selbstzentrierte Zeitgenossen sind, die von der hier beschworenen Freiheit noch weit weg zu sein scheinen.

Man sollte über all der hier vorgenommenen Idealtypisierung nicht vergessen, dass auch der spirituelle Weg lang ist, die Kneipen am Wegrand einladend sind und die menschliche Natur verführbar ist. Eine lärmende Wandergruppe, die sich in einem Wirtshaus betrinkt, straft die Schönheit einer Wanderung aber genauso wenig Lügen, wie ein sexueller Wüstling unter spirituellen Lehrern oder Priestern das Ideal der Freiheit, das sich aus der spirituellen Erfahrung ergibt, ruinieren kann. Sie belegen höchstens eines: In der spirituellen Erfahrung zeigt sich, gleichsam aufblitzend, die Fülle und Schönheit der eigenen Natur und des Seins. Je nachdem, wie tiefgreifend die Erfahrung ist, wie stabil und psychologisch gesund die Person, die sie macht, und je nachdem, wie gut eingebunden die Erfahrung in einen kulturellen Gesamtkontext ist, vermag sie mehr oder weniger fruchtbringend weiterzuwirken. Wenn etwa eine Person, die aus innerer Not heraus meditiert und die narzisstisch, gebrechlich und bedürftig und somit psychologisch wenig integriert ist, eine Durchbruchserfahrung macht, dann kann es leicht sein, dass sich ein hungriges, bedürftiges Ich dieser Erfahrung bemächtigt und sie als Flicken verwendet, um die Löcher im eigenen Gewand zu stopfen, anstatt als Motor für weitere Entwicklung.[180] Wenn dann eine solche Person noch dazu in keine Gemeinschaft und möglicherweise auch nicht in eine spirituelle Begleitung eingebunden ist, dann kann es dazu kommen, dass diese Erfahrung verzerrt und sogar völlig ins Gegenteil verkehrt wird. Jesus pflegte diesbezüglich ein Gleichnis zu erzählen: Mit dem Himmelreich (wir hören: mit der Erfahrung des Einsseins) ist es wie mit einem Sämann, der Samen ausstreute. Vieles fällt daneben, auf den Weg, in die Dornen, auf schlechte oder trockene Erde, auf Steine, wird von Vögeln weggefressen oder keimt schnell auf und verdorrt in der Hitze, weil es zu wenig Feuchtigkeit und Nahrung gibt. Weniges aber fällt auf guten Boden, wächst und gedeiht und bringt so viel Frucht, dass das, was untergegangen ist, hundertfach aufgewogen wird.

Es bedarf also der Pflege, um die Möglichkeit des Glücks, der Freiheit, der Güte, die in jenem Blitz der Erfahrung realisiert wird, in die Wirklichkeit seines eigenen Lebens zu überführen – und das ist die Aufgabe eines spirituellen Wegs. Zu ihm gehören regelmäßige Übung und Praktizieren als wichtigstes Element, aber auch das Eingebundensein in eine wie auch immer geartete Gemeinschaft und mit Sicherheit am Anfang auch eine entsprechende Begleitung, Beratung und Führung.

Die Ochsenbilder des Zen zeigen deutlich: Das Suchen des Ochsen kommt rasch ans Ziel. Die erste Erfahrung ist vergleichsweise leicht zu haben. Dann aber folgt das Einfangen und Zähmen, das Vertiefen und Nähren der Erfahrung. Es ist wie mit einer Quelle, die man in trockenem Grund ansticht: Anfangs tritt sie deutlich hervor, droht aber zu versiegen und sich in der Tiefe zu verlieren, wenn man nicht nachgräbt, sie fasst, ein Behältnis zur Verfügung stellt, in dem sich das Wasser sammeln kann, ohne zu versickern, und in dem sich die Schwebstoffe setzen können. Durch Übung werden schließlich die anfänglichen Erfahrungen von

Glück, Freiheit und dem Gutsein der Welt vertieft. Das betrifft sowohl die Einsicht als auch das Realisieren dieser Haltungen im eigenen Leben. Und ich betone es nochmals: Noch nie hat die mangelnde Perfektion das Ideal selbst aufheben können. Vielmehr ist die unmittelbare Realisierung des Ideals in dieser Erfahrung Anstoß und Impuls, sie ins Leben zu bringen, zumindest, wenn die Erfahrung echt und tief genug war.

4. Die Erfahrung von Licht und Liebe   Eine phänomenologische Konstante eines solchen Erlebens scheint die Erfahrung des Lichts zu sein. Die meisten Beschreibungen, die ich kenne, sind mit Metaphern oder wörtlichen Beschreibungen von Licht und Klarheit verbunden. Entweder wird tatsächlich von der Wahrnehmung von Licht gesprochen, dass es plötzlich hell wurde, dass Licht irgendwo strahlte – schon der Begriff »Erleuchtung« konnotiert diese Erfahrung. Oder aber das Licht, das Hellwerden, wird als Metapher bemüht. Im Alten und Neuen Testament sind solche Erfahrungen, in denen irgendeine jenseitige Realität in die Alltagswelt eintritt, fast immer von irgendwelchen Lichtassoziationen begleitet. Entweder tauchen Engel in weißen Kleidern auf, oder Licht strahlt vom Himmel etc.

Diese Erfahrung wird meist auch von dem Gefühl, bedingungslos akzeptiert oder geliebt zu sein, begleitet. Interpretiert man die Taufe Jesu im Jordan als eine solche Schlüsselerfahrung der Einheit, in der der historische Jesus zu seiner eigenen Berufung fand, dann finden wir diese Elemente, mindestens teilweise, wieder. In der Fassung der Geschichte nach Markus sieht Jesus – er selbst, nicht aber die Umstehenden; allein dieses kleine Sprachdetail weist die Stelle als einen theologischen Text oder vielleicht besser als Erfahrungsbericht aus – den Himmel offen, den Geist in Gestalt einer Taube auf sich herabkommen und hört eine Stimme, die ihn als »geliebter Sohn« anspricht.

Interessanterweise gehen die Erfahrungen von Licht und Liebe meist Hand in Hand. Dahinter verbirgt sich wieder die uralte Einsicht, dass Lieben und Erkennen identisch sind. Die hebräische Sprache hat meines Wissens ein und dasselbe Wort für beides. Wir haben es schon diskutiert und wiederholen hier nochmals: Erst wenn man einen Menschen in der Tiefe versteht, also wirklich erkennt, kann man ihn oder sie lieben, und umgekehrt erzeugt Liebe auch immer Verstehen. Ein kleines psychologisches Hilfsmittel fürs tägliche Leben lässt sich sehr leicht aus diesem Zusammenhang gewinnen: Wenn uns, etwa in einer intimen Partnerschaft, oder sonst in einer engen menschlichen Bindung, die Liebe abhandenkommt, dann ist es nützlich, sich um Verständnis zu bemühen. Dies können wir etwa erreichen, indem wir uns in die Innenwelt des betreffenden Menschen einfühlen, indem wir etwas über Hinter- und Beweggründe seines Handelns in Erfahrung bringen. Sobald das Verständnis wächst, wächst auch die Zuneigung (wieder neu).

Das Gefühl, akzeptiert und geliebt zu werden, das die spirituelle Erfahrung meistens begleitet oder das sich aus ihr ergibt, kann umgekehrt auch Quelle sein dafür, dass wir selber imstande sind oder in die Lage versetzt werden, unsererseits Liebe und Verständnis für andere aufzubringen. Es ist mittlerweile ein psychologischer Gemeinplatz, dass nur solche Menschen liebesfähig sind, die selber ausreichend Liebe erfahren haben, und dass Lieblosigkeit und mangelnde Fürsorge in der Kindheit oder Gewalt und Missbrauchserfahrungen Menschen so zeichnen, dass es ihnen später schwer wird, Bindungen einzugehen, Liebe zu geben, ja sogar zu empfangen. Die Erfahrung des Einsseins kann, wenn schon nicht rückwirkend wiedergutmachen, so doch mindestens einen Ersatz für mangelnde Geborgenheit geben, indem sich in dieser Erfahrung alle Liebe des Kosmos zu verdichten scheint.

Dieser Sachverhalt erklärt vielleicht auch ein bisschen, warum wir in spirituellen oder geistlichen Berufen gehäuft auf Menschen treffen, die etwas Gebrochenes vermitteln und die vielleicht tiefe psychische Wunden haben. Wunden und mangelnde Fürsorge aus der Kindheit sensibilisieren wohl für spirituelle Erfahrung, machen einen dafür aufgeschlossen und bereit und beschleunigen sie möglicherweise auch. Ein Zyniker könnte sogar sagen, dass die spirituelle Erfahrung nichts als der Versuch eines komplexen Systems ist, sich die Erfahrung der Liebe selber zu organisieren, die in der Anfangszeit gemangelt hat. Mag sein. Ich glaube aber, es gibt viele andere Hinweise, die diese Interpretation als zu kurz gegriffen belegen. Wohl trifft es aber zu, dass die Erfahrung der unbedingten Liebe, die die Einheitserfahrung begleitet, so manchen Mangel beheben und ausbessern kann und gleichzeitig für die Notwendigkeit sensibilisiert, andere wohlwollend und einfühlsam zu behandeln. Diese Zusammenhänge machen aber auch verständlich, warum es gerade in diesem Sektor so viel Verdorbenes und Halbgegorenes gibt: Menschen mit schlimmen Erfahrungen aus ihrer Kindheit sind nicht nur auf der Suche nach Liebe, sondern haben meistens auch eine fragile Persönlichkeitsstruktur. Während die Erfahrung der Einheit zwar einen Teil des Liebesbedürfnisses zu stillen vermag, mindestens kurzfristig, sind die Persönlichkeit und die Bindungsfähigkeit nicht so rasch zu reparieren. Hier ist langfristig Arbeit angesagt, manchmal auch mit professioneller Hilfe von Therapie. Je nachdem, wie tiefgreifend die Erfahrung, wie zerbrechlich die Persönlichkeit und wie gut das soziale und persönliche Eingebundensein sind, wird eine spirituelle Erfahrung mehr oder weniger tiefe Verwandlungen möglich machen. Oft kommt es vor, dass anfängliche Erfahrungen Menschen auf einen spirituellen Weg locken. Sie werden dann sogar Mitglieder eines geistlichen Stands oder engagieren sich in diesem Bereich. Da der weitere geistliche Weg oft steinig und langwierig ist und da nicht immer ausreichend gute Schulung und Begleitung vorhanden ist, kommt es eben vor, dass jemand auf halbem Weg steckenbleibt.

Aber auch hier sollten negative Gegenbeispiele nicht das Prinzip selber in Frage stellen, sondern uns ein Verständnis für die Zusammenhänge vermitteln. Letztlich ist es die universelle Liebe, die alle suchen, viele gefunden haben, einige zu ihrem Lebensprinzip zu machen versuchen und sehr wenige auch in ihrem Leben ganz verwirklichen konnten: »O luce eterna [...] l'amor che move il sole e l'altre stelle« – »O ewiges Licht [...] die Liebe, die die Sonne treibt und alle Sterne«, wie Dante am Ende seiner »Göttlichen Komödie« sagt.[181]

5. *Einsicht und Erkenntnis*   Damit sind wir bei einem letzten und zentralen Element der Erfahrung der Erleuchtung angelangt, das bereits im Namen mitschwingt. Diese Erfahrung transportiert immer auch Wissen und Erkenntnis, das Gefühl, etwas, einen Teil der Welt, vielleicht sogar die Welt insgesamt in der Tiefe verstanden zu haben. Es gibt kaum einen Bericht über eine solche Erfahrung, in dem nicht auch von Einsicht, Verständnis oder Erkenntnis berichtet wird. Ein klassischer christlicher Text ist die autobiografische Beschreibung, die Ignatius von Loyola, der Begründer des Jesuitenordens, von seiner eigenen Erfahrung seinem Sekretär diktiert hat. Er schreibt von sich selbst in der dritten Person Singular:[182]

»Einmal führte ihn seine Andacht zu einer Kirche, die etwas mehr als eine Meile von Manresa entfernt war und – wie ich glaube – den Namen des heiligen Paulus trug. Der Weg dorthin führt den Fluss entlang. In Andacht versunken, ging er so dahin und setzte sich eine kleine Weile nieder mit dem Blick auf den Fluss, der tief unten dahinfloss. Wie er nun so dasaß, begannen die Augen seines Verstandes sich ihm zu eröffnen. Nicht als ob er irgendeine Erscheinung gesehen hätte, sondern es wurde ihm das Verständnis und die Erkenntnis vieler Dinge über das geistliche Leben sowohl wie auch über die Wahrheiten des Glaubens geschenkt.

Dies war von einer so großen Erleuchtung begleitet, dass ihm alles in neuem Licht erschien. Und das, was er damals erkannte, lässt sich nicht in Einzelheiten darstellen, obgleich es deren sehr viele waren. Nur dass er eine große Klarheit in seinem Verstand empfing. Wenn er im ganzen Verlauf seines Lebens nach mehr als zweiundsechzig Jahren alles zusammennimmt, was er von Gott an Hilfen erhalten und was er jemals gewusst hat, und wenn er all dies in eines fasst, so hält er dies alles doch nicht für so viel, wie er bei jenem einmaligen Erlebnis empfangen hat. Dieses Ereignis war so nachdrücklich, dass sein Geist wie ganz erleuchtet blieb. Und es war ihm, als sei er ein anderer Mensch geworden und habe einen anderen Verstand erhalten, als er früher besaß.«

Die Beschreibung dieser Erfahrung ist in einer sehr nüchternen Sprache gehalten, aber sie enthält alle bisher angesprochenen Elemente. Er spricht dort von Licht und von tiefer Einsicht in die Geheimnisse der Welt in einem Augenblick. Und er spricht davon, dass er ein anderer Mensch geworden sei.

Andere, zeitgenössische Berichte von heute, wie sie uns beispielsweise von dem westlichen Zen-Meister Philipp Kapleau überliefert werden, beschreiben beinahe ohne Ausnahme irgendein Element des Wissens, der vertieften Erkenntnis als ein Wesensmerkmal dieser Erfahrung.[183] Es ist, als ob sich dadurch das Wissen um das Gefüge der Welt durchaus auf einer nicht unbedingt explizierbaren (= rational erklärbaren) Ebene erweitert hat. Bleiben wir in der modernen Metapher der Quantensuperposition, die ich vorhin gewählt habe, dann ist es so, als ob wir nicht nur die aktuell vor uns liegende Wirklichkeit kennen würden, sondern auch eine Fülle von Zwischenzuständen. Dieses Wissen impliziert möglicherweise sogar Zugriff auf Informationen, die man, rational betrachtet, unmöglich haben kann. Phänomenologisch wird immer wieder davon gesprochen, dass die Schwelle zwischen Raum und Zeit weggewischt ist, dass wir Dinge wissen, die sich anderswo oder zu anderen Zeiten zugetragen haben, dass wir schwer erklärbares Wissen von und über andere haben. All diese Berichte sollten selbstverständlich so gesehen und gehört werden, dass es sich hierbei um blitzhaft zusammengefasste Erfahrungen aus einem mehr oder weniger gedehnten Jetzt handelt, in dem die Zeit zu fließen aufgehört hat. Die Mystiker im Gefolge von Augustinus sprachen deshalb immer vom *nunc stans*, vom ewigen Jetzt.

Irgendwann wird auch die tiefste Erfahrung und das noch so gedehnte Jetzt wieder in die Modalität des sequenziell-kausalen Ablaufs der gewöhnlichen Welt zurückführen. Damit wird auch das gewöhnliche

Leben mit einfachen Verrichtungen, mit seinen kleinen Freuden und Leiden weitergehen, wenn auch bereichert um jene Tiefendimension, die man für einen intensiven Augenblick geschaut hat. Hugo de Balma war zwar der Meinung, man könne eine solche Vereinigungserfahrung sehr oft, ja sogar hundertmal am Tag erreichen. Damit meinte er vermutlich, dass sich der Grundzustand der inneren Ruhe, aus dem eine solche tiefe Erleuchtungserfahrung geboren wird, häufig realisieren lässt, wenn wir in der Lage sind, unsere kognitiven Akte zu suspendieren und aufhören zu denken, inneren Bildern nachzuhängen oder zu analysieren. In einem solchen Zustand sind wir sozusagen »immer schon« eins mit einem Bewusstsein, das, phänomenologisch gesprochen, größer ist als wir selbst mit unserem kleinen Ich. Wenn es uns gelingt, diese Phasen zu intensivieren, dann haben wir die Voraussetzung für eine vertiefte Erleuchtungserfahrung geschaffen. Manchmal haben wir viele Mikromomente solcher Erleuchtungen, könnte man sagen. In diesen Zuständen greifen wir offenbar auf Wissen zu, das über uns hinausgreift. Die Inspiration von Künstlern, Komponisten, kreativ Tätigen, vielleicht sogar Wissenschaftlern, und die vielen alltäglichen Inspirationen gehören aus meiner Sicht in diese Kategorie. Und manchmal und ausnahmsweise kann ein solcher Zustand in eine tiefe Erfahrung – Hugo würde sagen, der Vereinigung mit Gott, die Zen-Tradition würde von einer Erleuchtungserfahrung sprechen – einmünden, die zu grundlegenden Veränderungen Anlass gibt.

Hugo de Balma lässt keinen Zweifel daran, dass die Erfahrung selbst, wiewohl nicht kognitiv vermittelt, sondern vielmehr durch ein Aufhören aller kognitiven Aktivität ermöglicht, dennoch einen Zustand größerer Erkenntnis zurücklässt, die er »erfahrungsmäßige Erkenntnis Gottes« nennt. Andere Autoren, und Hugo mit ihnen an anderer Stelle, bezeichnen die so zustandegekommene Erkenntnis als *sapientia* – »Weisheit«. Damit meinen sie, wie gesagt, eine Form der Erkenntnis, die nicht durch rationale Analyse, sondern durch den »Geschmack« (*sapere* = schmecken) zustande gekommen ist.

Wir können auch sagen, es ist eine Form des intuitiven Schauens oder der ganzheitlichen Sicht auf die Welt. Jedenfalls ist diese Erfahrung immer mit einer vertieften Form der Erkenntnis verbunden, die so etwas wie die grundlegende Fähigkeit der Unterscheidung von sinnvollen und weniger sinnvollen Aussagen, Konzepten oder Lösungsmöglichkeiten enthält. Es geht dabei weniger darum, immer schon alles zu wissen oder gewusst zu haben, wiewohl gerade bei platonisierenden Auslegungen der Erfahrung freilich auch dies vertreten wird. Mir scheint es sinnvoller zu sein, diese Erkenntnis als eine grundlegende Fähigkeit zu sehen, im alltäglichen Leben rasch und einigermaßen treffsicher Unfug von Hilfreichem zu unterscheiden. Auch die tiefste Erfahrung wird uns vermutlich nicht vermitteln können, wie die Welt sich in, sagen wir, zwanzig Jahren entwickeln wird und welche Probleme dann konkret zu bewältigen sind. Aber sie wird uns vermitteln, was grundlegende Verbundenheit ist sowie die Fähigkeit, aus ihr heraus zu handeln und je neu passende und kreative Lösungen zu entwickeln und genau zu spüren, wann ein Vorschlag, eine Strategie oder eine allgemeine Mode dieser grundlegenden Verbundenheit zuwiderläuft. Diese grundlegende Fähigkeit, von ganz bestimmten Grundkonstanten aus, wie etwa der Verbundenheit oder dem Bedürfnis, dem Leben dienen zu wollen, zu urteilen, gepaart mit gleichzeitiger maximaler Offenheit garantiert eine kognitive Haltung, die wichtige, vielversprechende Lösungsmöglichkeiten nicht übersieht, wenn sie auftauchen, und die zugleich nicht auf billige, vereinnahmende und lediglich ideologisch verankerte Konzepte hereinfällt. Die Tradition der christlichen Mystik kennt für diese Form der Erkenntnis das Wort von der Unterscheidung der Geister. Ursprünglich war damit gemeint, dass man fähig werden müsse, innere Seelenregungen, die von »guten Engeln« eingegeben werden, von jenen zu unterscheiden, die von »Teufeln und verführenden Geistern« vermittelt werden. Wenn wir bereit sind, die figürliche Sprache der alten Tradition einen Moment lang zu übersetzen, dann sehen wir, dass damit das gemeint war, was ich vorhin skizziert habe. Wenn man diese Fähigkeit nun aus dem Bereich der Askese hinaus in ein weiter gefasstes Feld des Anteilnehmens an der Welt insgesamt trägt, dann meint der alte Begriff von der Unterscheidung der Geister genau dies: dass uns die Erfahrung einen inneren Maßstab übermittelt, mit Hilfe dessen wir uns orientieren können. Wir können es vielleicht mit einer allgemeinen Fähigkeit vergleichen, die in vielen Situationen hilfreich angewandt werden kann, wie etwa die Fähigkeit, eine neue Sprache zu lernen. Es geht dann weniger darum, dass wir gleichsam alle Sprachen sprechen können, sondern dass wir besser dazu imstande sind, alle Sprachen, wenn nötig, zu lernen. Oder nehmen wir das Kartenlesen als Vergleich: Wer einmal gelernt hat, topografische Karten zu lesen, der findet sich auch in unbekanntem Gelände rasch zurecht und wird anhand der Karte sehen, ob er bei schlechter Witterung einen Abstieg über eine Scharte im Gebirge wagen kann oder ob es besser ist, einen weniger steilen Umweg zu gehen.

Nichts ist verführerischer, gefährlicher und zugleich auch potenziell nützlicher als eine vermeintlich oder vielleicht tatsächlich aus der Tiefe kommende Erkenntnis. Verführer aller Couleur haben diesen Topos genutzt, um Massen zu täuschen. Und die Strecke vom Scharlatan zum rettenden Propheten ist extrem kurz. Hitler hat sich auf seine Eingebungen und auf die »Vorsehung« berufen. Demgegenüber haben Dietrich Bonhöffer oder Alfred Delpp gewusst, dass die Nationalsozialisten eben nicht aus reiner Quelle trinken und zu trinken geben und haben dafür ihr Leben gelassen. Hier kommt eine neue Facette des alten Themas der »Unterscheidung der Geister« ins Spiel. Wie können wir selbst entscheiden, ob eine Erkenntnis, die aus einer inneren Erfahrung zu stammen scheint, wirklich aus dem vertieften inneren Kontakt mit der Wirklichkeit und nicht nur aus unseren Fantasien und aus unserem Größenwahn geboren ist? Woran können wir erkennen, dass anderer Leute Gerede nicht nur hohles Geschwätz ist, sondern tatsächlich Fundament hat? Woran könnte der Leser dieser Zeilen erkennen, dass meine Motivation, diesen Text zu verfassen, nicht (nur) darin besteht, dass ich mir davon ein paar Tantiemen und öffentliche Aufmerksamkeit verspreche, sondern weil ich ein genuines Anliegen habe, von dem ich glaube, dass es aus meinem eigenen Kontakt mit jenem tieferen Grund der Wirklichkeit stammt? Woran kann ich es selber erkennen?

Beginnen wir bei Ihnen, liebe Leserin, lieber Leser, und bei mir. Falls Sie mir überhaupt bis hierher gefolgt sind – und dies nicht deswegen, weil Sie vergattert sind, eine Buchkritik zu schreiben und ohnedies schon überschäumen vor Wut – dann haben Sie vermutlich bis hierher gelesen, weil Sie eine innere Resonanz, Neugier, Sympathie, Interesse, ja vielleicht im Idealfall sogar Begeisterung gespürt haben. Das sind schon einmal erste wichtige Kriterien. Aber haben nicht auch die Massen, die Joseph Goebbels in seiner berüchtigten Filmpalast-Rede auf dessen Frage, ob sie den totalen Krieg wollten, ein hirnloses Ja zugebrüllt haben, Begeisterung verspürt? Vermutlich durchaus. Also sind Resonanz, Sympathie, Begeisterung allein keine Kriterien. Die Tradition hat ein sehr einfaches Kriterium parat, um zu erkennen, ob etwas tauglich ist: Trost. So nannte Ignatius von Loyola diejenigen inneren Regungen, die weiterhelfen. Trost ist die Übersetzung des lateinischen Worts *consolatio*. Darin ist das Wort *sol* – »Sonne« – enthalten. Wenn sich innerlich etwas aufhellt, Friede und Ruhe einkehrt, Freude und eben Trost, dann liegen wir richtig. Wenn Unruhe, Zweifel, Traurigkeit die Folge sind, liegen wir falsch. Mindestens stimmt dies meistens. Die Sache ist dann etwas komplizierter, wenn wir bereits etwas weiter in die Materie eingedrungen sind. Dann ist es häufig so, dass wir meinen, genau zu wissen, wo es lang geht. Wir glauben, wir hätten die Weisheit gefunden und stecken möglicherweise in einer langweiligen und freudlosen Routine fest: morgens aufstehen und meditieren oder beten oder beides. Dann einem Beruf nachgehen, der eigentlich keine Freude mehr macht. Dann etwas essen mit Leuten, die einen eigentlich langweilen. Schließlich wieder einem Beruf nachgehen, dessen Sinn man gegen Ende des Tages ernsthaft bezweifelt. Und schließlich einer Abendbeschäftigung nachgehen, die man nun auch schon lange genug geübt hat. In einer solchen Situation kann es sogar notwendig sein, dass sich der Zweifel an unserem vermeintlich ehrbaren und lauteren Leben nährt, bevor wir für eine vertiefte Erfahrung bereit sind.

Es gibt in jeder spirituellen Tradition ein sehr klares, bestechend einfaches und trotzdem nicht immer angewandtes Kriterium: die Praxis. Nur die Praxis, das Leben, die Resultate zählen, nichts sonst. »An ihren Früchten werdet ihr sie erkennen«, ist der simple Lehrsatz, den das Neue Testament bereithält. Und hier ist kein Zweifel mehr möglich. Was aus der Begeisterung der Hitler-Jünger geworden ist, das konnte man schon erkennen, als das politische Gerüst der Nazis noch intakt war, und diejenigen, die es erkannt haben, haben ihre Konsequenz gezogen. Diejenigen, die im Filmpalast gejubelt haben, hätten wissen können, dass die Konsequenz ihres Jubels der Tod von Millionen war. Und in diesem Sinn gibt es ein entscheidendes zusätzliches Kriterium für die Stimmigkeit innerer Resonanz: die Außenwelt.

Im Fall von Ideen und Gedanken übernimmt die Geschichte die Filterfunktion. Was nichts taugt, überlebt die Mühlen der Geschichte nicht. Insofern kann ich getrost meine Worte in die Welt schicken und sie der Geschichte anheimstellen. Hans-Georg Gadamer hat im Zug der philosophischen Hermeneutik das Prinzip der Wirkungsgeschichte wieder belebt: Was Wirkung zeigt, kommt immer wieder neu zum Vorschein. Was immer wieder neu zum Vorschein kommt, hat Wahrheitsgehalt. Insofern ist schon die Tatsache, dass ich mir Zeit nehme, diese Zeilen zu schreiben, Beleg dafür, dass ich einem Anliegen Ausdruck zu verschaffen suche, das gehört werden will, wie unbeholfen auch immer ich es anfange. Wer nun wissen will, wie brauchbar meine Gedanken sind, der kann zum einen auf seine innere Resonanz hören, darauf, mit welchen Gefühlen ihn oder sie das Gelesene zurücklässt, ob es fesselt oder langweilt, anzieht oder nicht, anspricht oder kalt lässt. Wer sich dann immer noch nicht sicher ist, der müsste in diesem konkreten Fall prüfen, ob mein Leben und meine Früchte überzeugend sind oder nicht. In den Sozialwissenschaften und sogar in der Medizin setzt sich langsam die Einsicht durch, dass es in den seltensten Fällen Klarheit über einen Sachverhalt aus einer einzigen Datenquelle allein gibt. Meistens benötigt man mehrere Perspektiven. Indem man diese zusammenführt, erhält man ein einigermaßen klares Bild der Wirklichkeit. In Anlehnung an die Landvermessung spricht man von Triangulation. So ähnlich ist es auch hier: Nur die Innenperspektive, die innere Resonanz mit einer Idee, das wohlige Sich-Anfühlen eines Gedankens ist meist zuwenig. Man benötigt auch eine Bestätigung von außen, eine pragmatische Absicherung durch äußere Informationsquellen.

Wenn ich etwa beim Schreiben dieses Texts neben der Mühsal, die es bedeutet, am Rand der normalen Arbeit immer noch eine Stunde oder zwei abzuknapsen, sich wieder neu in einen Text hineinzudenken und an ihm entlang zu arbeiten, der ansonsten wenig mit der täglichen Routine zu tun hat, nicht auch Freude und Erfüllung spüren würde, würde ich das Unterfangen schon nach den ersten Seiten abgebrochen haben. Wenn ich dann beim Lesen des Texts nach einer Weile der Ruhe und der Distanz nicht selber das Gefühl hätte, dass er brauchbar ist und etwas Mitteilenswertes enthält, würde ich ihn nicht weiterverfolgen. Wenn ich dann von vertrauenswerten Freunden und auch kritischen Erstlesern keine unterstützende Rückmeldung erhalten würde, würde ich die Publikation nicht mehr weiterverfolgen. Schließlich ist der abschließende Test jeder Speise das Mahl selbst: Wenn sich kein Verleger findet, hat die Wirklichkeit bereits ein Urteil gesprochen, noch bevor es die Öffentlichkeit tun kann. Freilich könnte der Verleger einem Irrtum aufsitzen und den Nutzen des Buchs falsch einschätzen, aber dann wäre es der kaufmännische Misserfolg, der das Korrektiv darstellte. Die Brauchbarkeit meines eigenen Unterfangens kann also ein gutes Beispiel dafür abgeben, wie sich jene Unterscheidung von Sinn und Unsinn, von Nützlichem und Unfug in der Praxis bewerkstelligen lässt.

Wenn ich also zu Beginn dieses Abschnitts gesagt habe, die Frucht der Einheitserfahrung ist eine gewisse Erkenntnis und Einsicht, die sich als allgemeine Fähigkeit, Unterscheidungen zu treffen, bemerkbar macht, so kann es durchaus sein, dass die Entscheidung im Einzelfall je neu zu treffen ist. Aber die allgemeinen Richtlinien, die Wesensmerkmale einer guten Entscheidung und die Kriterien, um zu ihr zu finden, haben sich verankert. Diese Kriterien sind nicht doktrinär oder ideologisch vorgegeben, so dass sich eine simple Ableitung treffen ließe. Sondern sie entwickeln und ergeben sich je neu aus der Erfahrung der Verbundenheit und der Heiligkeit des Lebens.

Dies heißt nicht, dass es nicht auch in der Zeit nach der Erfahrung schwierige Situationen zu bewerkstelligen gäbe, Krisen, bei denen die Lösung nicht sogleich offenbar ist, Problemsituationen, die nicht gleich auf den ersten Blick eine Öffnung freigeben. Nein, all das ist damit nicht gemeint. Selbstverständlich wird es Krisen, Probleme, anscheinend ausweglose Situationen geben. Aber es wird auch die Sicherheit und das Repertoire gegeben sein, damit umzugehen, plötzlich, vielleicht kreativ, einen Ausweg zu finden oder einen Ausweg dann zu erkennen, wenn er sich anbietet.

6. *Offenheit und Kreativität*   Dies leitet über zu unserem letzten Element. Die Erfahrung selbst ist eine Erfahrung der radikalen Öffnung, eine Erfahrung der Weitung des Horizonts. Denkgewohnheiten, Wahrnehmungsgewohnheiten, ja, ganze Handlungsmuster werden suspendiert und können idealerweise je neu verhandelt werden. Vor allem ist die Erfahrung der Öffnung, in der viele alte Gewohnheiten, Glaubensweisen und -inhalte sterben, die Erfahrung eines mehr oder weniger großen Todes, aus dem neues Leben erwächst. Wer diese Erfahrung einmal macht, weiß, dass es nichts gibt, was sein Leben so durcheinanderbringen wird, dass es nicht irgendwie wieder weitergeht, und zwar möglicherweise sogar besser als zuvor. Diese Erfahrung installiert eine konstitutionelle Neugier und Freude am Neuen oder eben grundlegende Offenheit. Ein berühmtes Zen-Koan (= Lehr-Rätsel) enthält als Antwort auf die Frage, was denn der ehrwürdige Weg des Buddhas sei, die Antwort: »Alles Weite. Nichts von heilig.« Im Psalm 18 lesen wir: »Du führst mich hinaus ins Weite, weil du mich liebst.« Diese Erfahrung der Weitung ist die grundlegende Voraussetzung für Kreativität und kreative Erkenntnis. Phänomenologisch ist es so, als würden unser eigenes Denken, unsere eigenen Ideen zur Ruhe kommen und schweigen, um einem größeren, globalen Denken Raum zu verschaffen. Dinge kommen uns dann in den Sinn, Ideen, Lösungen, die sich anfühlen, als würden sie uns von anderswoher zugeweht kommen, als hätte sie der Wind vorbeigebracht und zufällig an unserem Fenstersims abgesetzt wie ein Blütenblatt aus einem fernen Garten.

Kreativität ist ja bekanntlich die Fähigkeit, etwas grundlegend Neues zu denken, zu schaffen, zu sehen, zu gestalten. Das kann man nicht lernen, systematisch erzeugen oder wollen. Jeder kennt das Paradox des Befehls: »Nun sei endlich mal kreativ!« Je mehr man es anstrebt, desto weniger gelingt es. Erst das Lassen, erst das radikale Öffnen und Absehen von eigenen Begrenzungen ermöglichen diese Kreativität. Und damit sind wir am eigentlichen Ziel dieser Diskussion: Hier kommt die grundlegende Kreativität auch des Denkens und des Wissenschaftsprozesses ins Spiel, und deswegen begegnen sich hier Spiritualität und Wissenschaft, ja haben eigentlich ein grundlegend ähnliches Anliegen. Gute Wissenschaft und aufrechte Spiritualität haben nämlich zahlreiche Gemeinsamkeiten und vertragen sich tatsächlich gut. Sie sind beide einer radikalen Offenheit verpflichtet. In der Wissenschaft wird diese Offenheit häufig unter dem Namen »Skepsis« verhandelt und meint dann den institutionalisierten, methodischen Zweifel an überliefertem Wissen oder an Vermutungen. Dort, wo aus inhaltlichen, machtpolitischen oder strategischen Gründen diese Offenheit hinter anderen Werten zurückbleibt, verkommt Wissenschaft zur Dogmatik, ganz ähnlich wie Spiritualität ohne die dauernde Offenheit und den erfahrungsmäßigen Nachvollzug zu formalistischer Religion degeneriert. Nur wenn das bestehende Gerüst des Wissens in der Wissenschaft als Ausgangsbasis für Neuentdeckung einerseits und das tradierte Gebäude des Verständnisses in der Religion als nachzuvollziehender Erfahrungsgehalt andererseits verstanden werden, dann können beide, Wissenschaft und Religion, ihre eigentliche Funktion erfüllen. Diese besteht im Fall der Wissenschaft darin, die Gesetzmäßigkeiten zu verstehen und zu nützen, nach denen unsere Welt funktioniert. Die Funktion der Religion ist es, Ausdruck und Gefäß für spirituelle Erfahrung zu schaffen und darin den Bezug der jeweiligen konkret-geschichtlichen Situation zur Ganzheit der – notwendigerweise transzendenten – Wirklichkeit zu garantieren. Die Antithese von Wissenschaft und Religion bzw. Wissenschaft und Spiritualität rührt daher, dass jeder Bereich den je anderen nur verkürzt, als Zerrform oder als dogmatisch erstarrten Rahmen wahrnimmt. Das kommt selbstverständlich nicht von ungefähr, wie wir gesehen haben, ist aber dennoch eine Fehlwahrnehmung in der Sache. In dem hier transportieren Sinn sind Spiritualität und Wissenschaft zwei komplementäre Seiten einer Sache, nämlich des menschlichen Bemühens um Verständnis der Welt. Sie sind komplementär in dem bereits erwähnten Sinn: Man kann nicht beides zugleich tun und Außenwahrnehmung und Innenausrichtung pflegen, sondern muss sich zumindest zeitweise für das eine oder das andere entscheiden. Aber für ein vollständiges Verständnis sind sie beide nötig.

Ein häufiges Selbstmissverständnis der Wissenschaft ist es, davon auszugehen, es gebe so eine Art Kanon des Nicht-Bezweifelbaren, und Wissenschaft folglich inhaltlich und nicht methodisch zu definieren. Dies ist mit der Haltung einer radikalen Offenheit nicht vereinbar. Die Historie lehrt, dass eine solche Definition von Wissenschaft, die von Inhalten und nicht von methodischen Gesichtspunkten ausgeht, noch nie nützlich war. Definiert man Wissenschaft so – und ich vermute, dass eine große Zahl von Wissenschaftspolitikern und sogar Wissenschaftlern dies implizit tun – dann sind bestimmte Inhalte automatisch von wissenschaftlicher Untersuchung ausgeschlossen.[184] Hier wirkt dann noch immer das positivistische Metaphysikverbot nach, das bestimmte Inhalte (und nicht bestimmte Herangehensweisen!) als »unwissenschaftlich« deklariert. Dann ist es eben nicht »wissenschaftlich«, sich mit Spiritualität zu beschäftigen, weil man glaubt, eine bestimmte Fassung des Bewusstseinsproblems, nämlich eine reduktiv-materialistische, sei die einzig mögliche. Dann ist es »unwissenschaftlich«, Themen zu verfolgen, die im Vergleich zum momentanen Hauptstrom der wissenschaftlichen Bemühungen randständig sind. Eine solche Konzeption ist aber ähnlich dogmatisch wie die Dogmatik der Religion, die etwa davon ausgeht, dass es per definitionem häretisch (= abwegig, ketzerisch) ist, wenn man das Dogma der jungfräulichen Geburt nicht biologisch, sondern spirituell deutet, oder wenn man nicht die Meinung vertritt, vorehelicher Geschlechtsverkehr sei automatisch sündhaft. Der Struktur und der Sache nach sind die Dogmen der Wissenschaft, wenn sie nicht aus einer offenen, methodischen Definition von Wissenschaft, sondern von einer inhaltlichen ausgehen, in keiner Weise weniger albern als die Dogmen der Religion, sofern sie sich selbst nicht als hermeneutische (= deutende) Strukturen, sondern als Tatsachenfeststellungen missverstehen. Blickt man in die Geschichte der Wissenschaft, dann war genau diese inhaltliche Definition immer ein Problem für ihren Fortschritt, und alle großen Durchbrüche sind nur gelungen, weil Einzelne den Mut hatten, solche inhaltlichen Festschreibungen zu hinterfragen, meistens gegen die mächtige Mehrheit der Orthodoxie.

Bekannt ist das Beispiel der kopernikanischen Revolution. Die Aufgabe des geozentrischen Weltbilds war keine Frage der Empirie oder der besseren Theorie, sondern eine Frage der Macht und eine Frage der inhaltlichen Definition dessen, was Wissenschaft zu tun habe. Nur der Mut und die unbeirrbare Haltung in diesem Fall wichtiger Wissenschaftler und auch einiger weitsichtiger Kleriker – schließlich war Kopernikus selbst Kirchenmann – gegen die kirchlichen Institutionen haben zu einer Weiterentwicklung geführt.

Zur Zeit, als William Harvey um 1613 den Blutkreislauf entdeckte, galt die auf Aristoteles zurückgehende Mehrheitsmeinung, dass das Herz ein Konvektionserwärmer sei und das Blut durch Wärme im Körper aufsteige und vom Gehirn gekühlt wieder absteige. Infolgedessen gab es in diesem Weltbild keinen Platz für ein pumpendes, schlagendes Herz. Deshalb behaupteten führende Kontrahenten von Harvey noch in einer Publikation von 1648, dass es niemanden in Venedig gäbe, der ein Herz schlagen höre, und dass das auch nicht vorstellbar sei.[185] Wir lachen heute über derlei Aussagen und bemerken nicht, dass unsere eigene Haltung gegenüber dem, was uns möglich und nicht möglich erscheint, oftmals nicht weniger provinziell ist. Auch in diesem Fall wurde Wissenschaft nicht mit Offenheit und stringenter Methodik gleichgesetzt, sondern mit dem Glauben an einen Bestand von Wissen.

Lange galt die Doktrin: *Natura non facit saltus* – »die Natur macht keine Sprünge« – oder, anders ausgedrückt, das Dogma der Kontinuität. Erst als sich Isaac Newton und etwa zur gleichen Zeit Gottfried Wilhelm Leibniz über die inhaltliche Begrenzung dessen, was Wissenschaft darf oder nicht darf, hinwegsetzten, wurde es möglich, die Limes-Rechnung und aus ihr das Integral und das Differenzial zu entwickeln, was wiederum neue Entwicklungsmöglichkeiten der Wissenschaft und der Technik nach sich zog. Erst mit ihr wurden viele Methoden möglich, die man etwa zur Berechnung mechanischer Gesetze benötigt. In der Physik herrschte das Kontinuitätsdogma bis zum Jahr 1900, als Max Planck es wagte, seinen Messungen und Berechnungen zu trauen und zu postulieren, dass Energie nicht kontinuierlich, sondern in kleinen Einheiten, den Lichtquanten oder Photonen abgestrahlt wird.

Louis Pasteur musste seine Theorie der Mikroorganismen und der Keime gegen die Mehrheitsmeinung einer ebenfalls aus der alten Physiologie abgeleiteten Theorie der Schaffung neuen Lebens aus dem Nichts durchsetzen und wurde anfangs nur ausgelacht.[186]

So nötig Theorien sind, um unsere Wahrnehmung zu informieren, uns darin zu leiten, wohin wir überhaupt blicken sollen, so kontraproduktiv werden sie, wenn wir sie verabsolutieren und Wissenschaft als Ganze über den Theoriehorizont definieren, den wir jeweils gegenwärtig haben.

Ähnlich haben wir heute mit inhaltlichen Definitionen von Wissenschaft zu kämpfen, die Wissenschaft und Wissenschaftlichkeit über den Horizont momentanen Wissens definieren und die sich nicht vorstellen können, dass dieser verschoben, grundsätzlich verändert oder erweitert werden könnte. In diesem Sinn ist Offenheit als Antithese zur Dogmatik sowohl für Wissenschaft als auch für Spiritualität nicht nur eine Grundtugend, sondern auch ein Resultat guter Praxis.

Und erst aus der Offenheit, aus dem Kontakt mit der Wirklichkeit jenseits unserer Theorien und Vorstellungen, gewinnen wir einen Zugang zu Kreativität, zu neuem Verständnis und zu nie dagewesenen Einsichten. Der Kontakt, den verschiedene führende Vertreter der Wissenschaft mit spirituellen Lehrern hatten und haben, zeigt, dass die beiden Disziplinen sich dort treffen, wo beide ins noch nicht Bekannte blicken, und zwar vermittels der Offenheit.[187] Und genau an dieser Schnittstelle zeigt sich die Kreativität des Lebensprozesses selbst.

7. Die weitere Vertiefung Ich habe vorhin versucht, separat zu diskutieren, was sich wohl in unterschiedlicher Schwerpunktsetzung und als je individuelles Amalgam als wesentliche Elemente einer vertieften spirituellen Einheits- oder Erleuchtungserfahrung finden lassen. Dabei ist es wichtig, daran zu erinnern, dass die Erfahrung selbst möglicherweise im Sinn der physikalischen Zeit in Minuten, Stunden und, seltener, in Tagen zu messen ist. Aber irgendwann geht der Ausnahmezustand wieder in einen mehr oder weniger alltäglichen Bewusstseinszustand über. Essen will beschafft sein, Kleider wollen gewaschen werden, Leute rufen an, Freunde melden sich, eine Arbeitsstelle wartet, Mann oder Kinder wollen Aufmerksamkeit, andere Verpflichtungen stehen vor der Tür, die Mutter wartet auf einen Besuch und so fort. Dann ist der Ausnahmezustand vorbei und muss irgendwie in den Alltag integriert werden. Wenn es sehr gut und sehr glimpflich abgeht, dann enthält die Erfahrung auch gleichzeitig das Rezept für diese Integration, vor allem dann, wenn sie sich aufgrund einer methodischen Vorbereitung im Rahmen einer regelmäßigen spirituellen Übung ereignet. Es gibt ein Zen-Sprichwort, das diesen Sachverhalt treffend beschreibt. Es lautet sinngemäß: Vor der Erleuchtung sind Bäume Bäume, Berge sind Berge, und Gräser sind Gräser. Während der Erleuchtung sind Bäume keine Bäume mehr, Berge keine Berge, Gräser keine Gräser. Nach der Erleuchtung sind Bäume Bäume, Berge sind Berge, und Gräser sind Gräser.

Der Ausnahmezustand will in den Alltag überführt werden, und nur so hat er überhaupt einen Sinn gehabt, das haben wir bereits mehrfach gesehen. Erst wenn es uns gelingt, das Geschaute als dauerhafte Wirklichkeit in unserem Handeln zu befestigen, erst wenn wir die Einsicht und Erfahrung auch in Aktion bringen können, erst wenn wir unser Leben auch anders und für uns und andere besser leben können, erst dann hat die

Erfahrung Frucht gebracht. Alle spirituellen Traditionen sind voll von Warnungen, nicht in der Erfahrung und in der Suche nach immer neuen Erfahrungen steckenzubleiben, sondern fruchtbar zu werden. Alle spirituellen Traditionen sind sich einig darin, dass die Erfahrung selbst wenig Wert hat, es sei denn, sie wird zum Motor und Ansporn für verändertes Leben und Handeln. Das Neue Testament und mit ihm die gesamte christliche Tradition legen alle Betonung auf das Resultat der Erfahrung: liebevollen Umgang mit sich und anderen. Darüber wird in unseren Breiten häufig vergessen, dass man sich diese Lebensweise nicht aus den Rippen schneiden, sondern dass sie nur aus der entsprechenden Erfahrung heraus authentisch gelebt werden kann.

Die buddhistische Tradition kennt das Ideal des Boddhisattvas, eines aus der Kette der Widergeburten ausgetretenen Weisen, der alle Erleuchtung erlangt hat und aus Mitgefühl für die Geschöpfe in der Welt wirkt, wie überhaupt das Mitgefühl eine zentrale Größe für die buddhistische Tradition ist. Auch im Islam und im Judentum ist das rechte Handeln zentral. Nur eine einseitige Interpretation der Kirchengeschichte, verbunden mit feudalen Machtstrukturen, hat dazu geführt, dass wir Religion und Spiritualität weitgehend mit korrektem Glauben und Bekenntnis identifizieren konnten, und es wird nicht leicht sein, diese Verzerrung wieder loszuwerden.

Die Erfahrung kann und darf also kein Selbstzweck sein, sondern will Impulse zu verändertem Leben geben. Dazu gibt es in den spirituellen Traditionen viele Ansatzpunkte. Manche führen die theoretische Diskussion über noch subtilere, noch tiefere Bewusstseinszustände weiter, die es zu erreichen gilt, damit die Befreiung vollendet ist. Die Vipassana-Tradition, die Yoga-Psychologie und das Vedanta etwa kennen eine Reihe von Differenzierungen des Bewusstseins nach erlebter Einheitserfahrung. Ich will nicht in Abrede stellen, dass es solche Differenzierungen gibt und auch nicht, dass solche Differenzierungen sinnvoll sein können. Indes genügt mir hier ein erster Aufriss des Problems, und ich bin nicht sicher, ob irgendeiner der modernen Autoren, die sich über Differenzierungen des Bewusstseinsspektrums jenseits der Erfahrung der Einheit wie über die Länge von Schnürsenkeln unterhalten, dies aus authentischer Erfahrung oder aus angelesenem Wissen heraus tun. Ich enthalte mich jeglicher Spekulation darüber und gebe freimütig zu, dass diese Diskussion nicht mehr im Rahmen meiner Kompetenz liegt.

Ich habe bereits auf folgende instruktive Begebenheit hingewiesen und wiederhole sie nochmals: Als Thomas von Aquin nach einem geschäftigen

Leben als Theologe, Hochschullehrer und Autor und nach einem frommen Leben voller regelmäßiger spiritueller Übung wohl eine sehr tiefe spirituelle Erfahrung hatte, beschloss er, das Schreiben aufzugeben. Er war mitten im letzten Teil seiner theologischen Summe, seinem Hauptwerk. Er sagte zu seinem Sekretär, Wilhelm von Tocco: »Was ich geschrieben habe, ist wie Stroh im Vergleich zu dem, was ich geschaut habe.« Und, wie gesagt, Thomas hat sehr viel und sehr viel Klares geschrieben.

In diesem Sinn stehe ich allen vermeintlichen Offenbarungen subtiler Bewusstseinszustände mit einer gehörigen Portion Skepsis gegenüber. Es wäre schon viel gewonnen, wenn der durchschnittliche Zeitgenosse sich zu einer regelmäßigen Praxis der Sammlung aufraffen könnte und wenn die eine oder andere dadurch zu einer vertieften Erfahrung der Wirklichkeit geführt würde. Mehr ist wohl mit Mitteln der Schreiberei und der verbalen Predigt nicht zu erreichen.

Nicht zu vernachlässigen jedoch ist die weitere Einbindung der Erfahrung durch spirituelle Praxis. Wohl mag dadurch eine noch tiefere, noch umfassendere Erfahrung im Sinn der angedeuteten Bewusstseinszustände zu gewinnen sein. Aber sie ist sicherlich nicht das eigentliche Ziel der Übung, sondern allenfalls ihr Resultat. Denn Ziel muss es sein, dieses Bewusstsein in den Alltag zu transportieren, das tägliche Handeln in allen seinen Facetten so zu integrieren, dass es Ausdruck der Erfahrung wird. Das wird von unseren kleinen, täglichen Ritualen bis zu unseren Essgewohnheiten, unserer Beziehungsgestaltung, unserer Bewältigung des Berufs bis hin zum Umgang mit Konflikten reichen. Erst da zeigt sich, was eine Erfahrung wert ist oder nicht. Das Neue Testament weist klar darauf hin: Den Umgang mit seinen Freunden kann ja jeder rasch zu beiderseitigem Wohlgefallen gestalten. Dazu braucht man keine tiefgreifende Wirklichkeitserfahrung. Der Umgang mit »Feinden« jedoch, also mit solchen, die einem aktiv ans Leder wollen, der ist der Prüfstein für vermeintlich oder wirklich vertieftes Bewusstsein der Einheit. Erst im Umgang mit Widersachern, mit aktiven und böswilligen Gegenspielern bewährt sich die Einheitserfahrung. Erst wer auch dann nicht aus der Realisierung der gemeinsamen einen Wirklichkeit fällt, wenn er von einem Gegner physisch oder psychisch attackiert wird, der hat seine Erfahrung wirklich so integriert, dass sie bedingungslos fruchtbar geworden ist. Das ist jedenfalls meine bescheidene Lesart des christlichen Gebots der Feindesliebe. Und in diesem Kontext ist die Subtilität des realisierten Bewusstseins einerlei. Hier zählt nur eines: die Integration ins Leben und die radikale Umsetzung in die Praxis.

In diesem Sinn könnte man jetzt noch einiges über die spirituell äußerst wichtige Zeit nach der ersten großen Erfahrung sagen. Man müsste dann die Bedeutung der weiteren regelmäßigen Übung ansprechen, die Bedeutung der Begleitung durch einen erfahreneren Lehrer, die Bedeutung der Einbindung in eine Gemeinschaft, die Dürre- und Trockenzeiten, die dann auf einen warten, die Haupttugenden des Durchhaltens und der Treue, die dann gefragt sind. Das müsste dann Gegenstand eines eigenen, wohl auch sehr langen Kapitels sein, das im Idealfall ein sehr alter, sehr erfahrener geistlicher Lehrer schreiben sollte, der schon viel erlebt und erfahren hat, sowohl an sich selbst als auch an anderen. Dazu bin ich nicht qualifiziert. Abgesehen davon, ist es nicht meine Absicht, ein Erbauungs- und Übungsbuch für Fortgeschrittene zu schreiben. Mir kommt es an dieser Stelle lediglich auf den Hinweis an, dass ich gut 35 Jahre intensiven Übens, Praktizierens und Meditierens auf wenigen Seiten verdichte und dass diese Komprimierung nicht als Indiz für die relative Bedeutungslosigkeit dieser Phase gewertet werden sollte. Ich habe schon darauf hingewiesen, dass insgesamt sechs bis sieben der insgesamt zehn Ochsenbilder des Zen genau diesem Prozess gewidmet sind. Der Ochse will gezähmt werden, erst dann kann man ihn reiten. Wenn man ihn schließlich lang genug geritten hat, kann man wieder von ihm absehen, kann die Frage nach Art und Bedeutung der Erfahrung hinter sich lassen. Und von dort ist es immer noch ein Weg bis zur vollständigen Realisierung der Einheit, bis sie schließlich so im Handeln und Leben integriert ist, dass sie zur ersten Natur geworden ist.

All dies bedarf der regelmäßigen Übung und könnte noch in vielen Etappen durchleuchtet und beschrieben werden. In einer gewissen Form der Zen-Tradition setzt erst hier die Koan-Schulung ein mit dem Ziel, die Erfahrung zu verdichten und in die Praxis zu bringen. Wir wollen indes die Diskussion des spirituellen Wegs wie den ersten Band eines Entwicklungsromans an der Stelle beenden, an der der Held erwachsen geworden ist und zum ersten Mal die Erfahrung der Liebe gemacht hat. Wir wissen: Er wird noch viel Enttäuschungen, viel Leid, viele Freuden und viele Unwägbarkeiten erleben. Aber eine erste Etappe haben wir detaillierter miterlebt.

Jetzt ist es endlich an der Zeit, unsere anfangs angestoßene Diskussion wieder aufzugreifen und vor allem dahingehend zu vertiefen, inwiefern nun Spiritualität hilfreich, kompatibel, ja sogar notwendig für die Weiterführung des aufklärerischen Impulses ist, der aus der Wissenschaft kommt.

BEVOR ICH ZUM ENDGÜLTIGEN GEDANKEN dieses Buchs komme, will ich abgrenzend und zugleich mit positiver Vision zusammenfassen, was eine solche erweiterte Form der Rationalität einbringen kann, wie und warum sie sich von beliebiger Esoterik unterscheidet und warum sie überhaupt als Thema so tabuiert ist.

Der Nationalsozialismus und die Spiritualität

Um zu verstehen, warum in unserer Gesellschaft, vor allem in Deutschland, das Thema »Spiritualität« so tabuiert ist und rasch mit Totschlagetiketten wie »Esoterik« oder »Magie«, »Voodoo« oder »Irrationalität« in Verbindung gebracht wird, warum professionelle Aufklärer im Journalismus oder Intellektuelle dieses Landes so zögerlich sind, sich dem Thema konstruktiv zu nähern, reicht es nicht, die Tradition der Aufklärung gegen die Religion zu bemühen. Man muss daran erinnern, dass sich der Nationalsozialismus nicht nur als eine politische Bewegung verstanden hat, sondern auch und zuallererst als eine weltanschauliche. Ein wichtiges Motiv des Nazismus war es, der geknickten deutschen Volksseele wieder ein bisschen Selbstbewusstsein einzuhauchen. Die Nazi-Ideologie tat dies, indem sie die Herrlichkeit der germanischen Vergangenheit, die mythische Religion der Germanen, die Spiritualität eines neuen deutschen Arierreichs gegen die alten Religionen, allen voran die jüdische, aber auch die christliche, ausspielte. In den inneren Zirkeln der SS wurden pseudoreligiöse Riten praktiziert, und Albert Speers Zentrum einer künftigen nationalsozialistischen Kultstätte, die Wewelsburg bei Paderborn, enthielt eine Reihe von Kulträumen, die dem Zelebrieren dieses Kults gewidmet waren.[188] Anscheinend ist dieser Ort immer noch ein beliebter Treffpunkt rechtsradikaler Splittergruppen. Heinrich Himmler hatte großes Interesse an esoterischen Praktiken und wird von manchen regelrecht als ein hausgestrickter Schwarzmagier gehandelt. Die Affinität Adolf Hitlers zu esoterischen Lehren ist ebenfalls bekannt.[189] Hitler hat sich stets auf seine Sendung durch die »Vorsehung« berufen und war vermutlich auch persönlich davon überzeugt, eine quasi-religiöse Mission zu erfüllen.[190] So kann es nicht verwundern, dass das katastrophale Scheitern jener vermeintlichen Mission bei den überlebenden Zeitgenossen, die den esoterisch-spirituellen Zirkus der Nazis miterlebt hatten, und bei den Nachgeborenen ein tiefes Misstrauen gegenüber allen möglichen »spirituellen« Lehren eingepflanzt und dadurch, systemisch gesprochen, ein Tabu über die ganze Gesellschaft gelegt hat. Das Perfide an dieser negativen Dialektik ist es gerade, dass eine klarerweise abwegige Form von Spiritualität dazu geführt hat, dass jegliche, auch die konstruktive Auseinandersetzung mit Spiritualität in einen Generalverdacht mündet, man würde sich gegen die Aufklärung und Rationalität stellen wollen. Dem ist nur durch einen gezielten, bewussten und möglicherweise schmerzhaften Tabubruch zu entgehen. Erst wenn wir wieder einigermaßen ungezwungen Spiritualität und spirituelle Erfahrung in die Diskussion bringen können, haben wir uns wirklich vom Fluch der Nazi-Ideologie befreit.

Esoterik

Der Begriff »Esoterik« wird gerne verwendet, um mit Rationalität ganz und gar unvereinbare Methoden und Konzepte zu bezeichnen. Dahinter verbirgt sich, meine ich, eine andere Spielform der intellektuellen Angst vor dem Unwägbaren. Sie hat vielleicht weniger mit den tiefbraunen Volkstümeleien der Nazis zu tun als mit der Angst vor dem Unberechenbaren, Unverfügbaren und vielleicht auch prinzipiell Irrationalen. Als »Esoterik« wird eine Lehre bezeichnet, die geheim und nicht der Mehrzahl der Menschen bekannt ist. Früher, als es das ideologische Monopol der Kirchen gab, war es gefährlich, andere Weltanschauungen zu haben. Dort, wo sich noch altes Volksbrauchtum, etwa in der Medizin oder Heilkunde bewahrt hatte, wurde häufig solches Tun als »Hexerei« gebrandmarkt, und im Verein mit den wirtschaftlichen Standesinteressen der aufkommenden Ärzteschaft half die kirchliche Obrigkeit, nach dem Rechten zu sehen. Nicht selten kamen die Beteiligten dabei als Hexen ums Leben.[191] Dass dann solche Lehren und Traditionen in den Untergrund abwanderten, muss nicht verwundern.

Andere »Geheimlehren« stammten aus dem Umkreis der jüdischen Kabbala, einer speziellen Form der Mystik, die sich die Zahlenwerte der hebräischen Buchstaben und die Eigenschaft, dass bei hebräischen Worten nur die Konsonanten geschrieben werden, zunutze macht. Dadurch lassen sich aus einem gegebenen Text der Thora beinahe unendlich viele Bedeutungen ableiten oder aber auch tieferliegende Geheimnisse erschließen, von denen man meint, sie seien im Text verborgen. Die mystische Kabbala verwendet die raschen Permutationen von möglichen Worten gleichsam als Meditationsform.[192] Bereits in der Renaissance war es Mode geworden, altes Wissen in alten Texten zu suchen und geheime Lehren zu postulieren und ihnen nachzuforschen. Es wird auch immer wieder solche alten und nur Wenigen bekannte Texte gegeben haben, die zu einer Zeit des Doktrinenmonopols durch die Kirchen aus naheliegenden Gründen im Untergrund zu bleiben hatten und nur einem kleinen Zirkel von Eingeweihten bekannt waren. Insofern heißt in diesem Kontext »esoterisch« schlicht soviel wie »im Verborgenen weitergegeben« oder »einem kleinen Kreis Vertrauter bekannt«. Der Gegenbegriff ist »exoterisch«, Lehren, die in der Öffentlichkeit bekannt und gelehrt werden.

Eine andere Bedeutung von »esoterisch«, eher eine übertragene, ist diejenige, die die nach außen verkündete Lehre vom Geist oder vom erfahrungsmäßigen Kern abgrenzt. Oftmals wird dann »esoterisch« und »mystisch« in dem hier vertretenen technischen Sinn austauschbar verwendet. Ein solches Verständnis kann sich auf Paulus berufen, der ja bekanntlich den Geist, der lebendig macht, gegen den Buchstaben stellt, der tötet.[193] So gesehen, wäre die hier vertretene Meinung in der Tat ein Votum für ein »esoterisches«, also »erfahrungsbezogenes« Verständnis von Religion, das von innen heraus kommt. Allerdings unterscheidet sich dieses Verständnis von dem Kampfbegriff einer aggressiv-rationalistischen Aufklärung, die nichts anderes gelten lässt als den Horizont des momentan Bekannten und das, was sich eine beschränkte Fantasie noch vorzustellen getraut, und alles andere als »esoterisch« ausgrenzt. Ich wende mich explizit gegen diese Diffamierung, will aber einem solchen Verständnis auch keinen Vorschub leisten und lehne daher den Begriff »esoterisch« generell als nicht sehr hilfreich ab.

Rationalismus, verkürzte Aufklärung und eine erweiterte Rationalität

Ich hoffe, ich habe bis hierher ausreichend belegt, dass es mir nicht um eine Abschaffung der Rationalität im Dienst einer vagen Mystik geht. Wenn es um eine Abschaffung von irgendetwas geht, dann um die Abschaffung eines Selbstmissverständnisses der Vernunft als die alleinige Fähigkeit, im Rahmen einer aristotelischen, zweiwertigen Logik, also einem vorgegebenen Regelwerk, Entscheidungen über richtig und falsch zu treffen. Wenn wir Vernunft verkürzen auf eine algorithmische (= einer Rechenregel folgenden) Vernunft, dann können wir das Geschäft des Denkens an Computer übergeben. Die sind bessere Rechenmaschinen als wir Menschen. Wenn wir allerdings Denken und Vernunft in einem erweiterten Sinn auffassen, dann spielt Spiritualität eine wichtige Rolle. Denn sie bringt uns mit den Quellen des Denkens und der Vernunft in Verbindung und führt uns gleichzeitig darüber hinaus. Sie führt insofern darüber hinaus, als die Grundstruktur dessen, was als Grund der Wirklichkeit erfahren wird, sich nicht in logische Sätze von »wahr-falsch«, »entweder-oder« pressen lässt, sondern diese übersteigt. Darauf habe ich schon hingewiesen. Jean Gebser hat deutlich gemacht, dass wir in einer Epoche leben, die man als »mentale« bezeichnen kann.[194] Es herrscht das Idealbild der zweiwertigen Logik, des rationalen Durchdringens, das aus einem gewissen Abstand heraus das Objekt des Forschens beziehungslos betrachtet und emotionslos analysiert. Die Signatur dieser Zeit und Seinsweise ist für Gebser die Erfindung der Perspektive, die eine Distanzierung des Beobachters von seinem Gegenstand möglich macht. Dieses »mentale Bewusstsein« identifiziert sich im Wesentlichen mit seiner Rationalität und ist in Gefahr, seine eigenen Tiefenschichten, seine Leiblichkeit und Emotionalität und andere Seiten seines Unbewussten zu vergessen, um nicht zu sagen: zu verraten. In gleicher Weise übersieht das mentale Bewusstsein auch, dass es in den Gesamtkontext der Natur eingebettet ist.

Gebser war der Meinung, dass sich in unseren Tagen eine neue Form des Bewusstseins bemerkbar macht, das er mit dem Begriff »integrales Bewusstsein« oder auch als »aperspektivisches Bewusstsein« bezeichnete. Es sei erst in Anzeichen zu erkennen. Verschiedene Entwicklungen in Kunst und Wissenschaft – etwa die Multiperspektivität kubistischer Kunst, die Lichtzeichnungen Pablo Picassos, in denen die Zeit stillsteht, die paradoxe Struktur der Quantenmechanik, um nur einige Beispiele zu nennen – waren ihm Anzeichen dafür, dass sich eine neue Form von Bewusstsein langsam, aber sicher, Bahn bricht. Man darf wohl davon ausgehen, dass Gebser eine Art »Erleuchtungsbewusstsein« im Auge hatte. Wie genau dies beschaffen sein würde, darüber sagt er nichts Abschließendes. Es sei ja erst im Entstehen begriffen, und man könne es erst in Ansätzen bemerken. Aber eines steht fest: Es geht über das mentale Bewusstsein hinaus, ohne es auszulöschen. Vielmehr schließt es das mentale Bewusstsein ein, ohne sich von ihm begrenzen zu lassen.[195] Das mentale Bewusstsein – und alle anderen Stufen des Bewusstseins vor ihm, etwa das mythische und magische – stehen dem integralen zur Verfügung und sind in ihm »aufgehoben« in einem Hegel'schen Sinn. Das integrale Bewusstsein reicht jedoch noch darüber hinaus. Es vermag etwa multiperspektivisch verschiedene, auch sich scheinbar ausschließende Aspekte der Wirklichkeit und ihrer Teil-Wahrheiten gleichzeitig zu sehen und gelten zu lassen. Es ist nicht irrational, sondern allenfalls »über«-rational, vermag also eine Mehrung der Rationalität zu erreichen.

In diesem Sinn ist die hier vertretene These relativ nahe an Gebsers Begriff eines integralen Bewusstseins, wiewohl es mir weniger um vermeintliche Strukturen und Fähigkeiten geht als um relativ praktische psychohygienische Aspekte und die Konkretisierung des Geschäfts der Aufklärung. Man kann freilich sehr leicht Begriffshülsen wie »Esoterik«, »Magie«, »Abschaffung der Rationalität« aus dem Ranzen ziehen, meinen Versuch dazustopfen und meinen, man habe der Aufklärung einen Dienst getan. Eigentliches Denken zeichnet sich allerdings dadurch aus, dass es genau dort, wo alles brüchig wird, an den Rändern und darüber hinaus, beginnt, aktiv zu werden und sich eben nicht auf bekanntes Terrain zurückzieht. So ist zu erwarten, dass Spiritualität, die sich nicht an eine bestimmte Form der Doktrin bindet, sondern sich ergebnisoffen der Erfahrung stellt, auch dem Denken und der Rationalität einen Dienst erweist, indem sie diese über sich selbst hinausführt. Es besteht also kein Grund zur Besorgnis, dass durch Spiritualität Denken, Rationalität oder gar die Vernunft schlechthin abgeschafft werden würden.

Schon der Versuch, Erfahrungen zu versprachlichen, bringt sie in Berührung mit der Welt der Aussagelogik, mit der Frage der Widersprüchlichkeit und Vereinbarkeit mit bekanntem Wissen. Hier beginnt das Geschäft des Denkens. Lässt sich eine Erfahrung mit dem Bestand dessen, was wir sonst wissen, verbinden? Kann man bekannte Lehren, etwa aus Theologie oder Philosophie, verwenden, um eine Erfahrung auszudrücken? Wie stimmt meine Erfahrung mit der kollektiven Erfahrung meiner Kultur und der hergebrachten Tradition überein? All diese Fragen fordern zum Denken und Nachforschen auf. An dieser Stelle passiert etwas, das sehr interessant und möglicherweise zentral ist:[196] Hier wird die individuelle Erfahrung, die in der ersten Person Singular nur von mir handelt, mit der kollektiven Erfahrung konfrontiert, die gemeinhin Tradition genannt wird. Sie wird damit zum »Wir« oder muss sich mindestens diesem »Wir« stellen, der ersten Person Plural. Damit findet ein Prozess statt, bei dem die Kultur die individuelle Erfahrung befruchtet

184

und die Erfahrung gleichzeitig diese Kultur verändert. Dialogische Denker wie Martin Buber haben immer darauf hingewiesen, dass sich nur in einem solchen Dialog Wahrheit manifestieren kann, die letztlich im »Zwischen« residiert, zwischen meiner persönlichen, sehr individuellen Erfahrung und dem Wir der anderen, der Tradition. Erst im Dialog und im Austausch wird aus dieser Erfahrung Erkenntnis, und diese Erkenntnis verändert gleichzeitig den Bestand der Tradition, wenn auch vielleicht nur unmerklich. An einem rationalen Diskurs führt somit kein Weg vorbei, insbesondere, wenn man sich mit dem Thema Spiritualität zu Wort meldet. Damit meine ich, dass Spiritualität im Rahmen der Forschung, der akademischen Ausbildung, in Vorlesungen und Seminaren, in Konferenzen und Tagungen, und schließlich auch in den öffentlichen Foren und Feuilletons zum Thema werden muss. Es kann auch nicht darum gehen, Rationalität an der Garderobe abzugeben. Aber es könnte darum gehen, einzusehen, dass wir gegenwärtig kollektiv in einer sehr beschränkten Form von Rationalität gefangen sind, die nur bestimmte Dinge in den Blick nimmt, nur gewisse Methoden kennt und auf diese Weise nicht zu ihrer eigentlich Kraft erwächst. Ich plädiere deshalb für eine erweiterte Rationalität im Sinn von Gebsers »integralem Bewusstsein«, in der rationale Analyse eine wichtige, aber nicht allein gültige Rolle spielt. Spirituelle Erfahrung wäre hier eine Möglichkeit, Einblick in die Struktur von Wirklichkeit zu nehmen, die über die sequenzielle, algorithmische Vorgehensweise der Rationalität hinausgeht. Ich habe schon einmal den Vergleich zur Kreativität bemüht. Es ist ein bisschen wie das kreative Finden einer neuen theoretischen oder künstlerischen Struktur. Dieses findet in einem einzigen Moment einer ganzheitlichen Schau statt. Aber das entbindet nicht davon, das einmal Geschaute auch in konkrete Wirklichkeit zu übersetzen. Der Komponist muss sich dann hinsetzen und mühsam seine Noten hinmalen.[197] Der bildende Künstler holt seine Farben oder seinen Meißel hervor und gibt seiner Schau Ausdruck. Der Wissenschaftler beginnt, Formalismen aufzustellen, Experimente durchzuführen und so fort. All das sind Prozesse, bei denen Vernunft, logische Analyse und rationale Fertigkeiten gefragt sind. Tatsächlich ist das Verhältnis von Spiritualität und Rationalität im erwähnten Sinn komplementär: Beides ist nötig, um den Prozess der menschlichen Erkenntnis zu beschreiben, keines alleine reicht aus, und keines ist auf das andere reduzierbar oder überführbar.[198] Daher reicht auch der Begriff der Vernunft aus meiner Sicht alleine nicht aus, um dieses Erkenntnisstreben zu verstehen oder ihm eine gültige Gestalt zu geben. Beides wird nötig sein, und wenn Spiritualität richtig verstanden und ohne dogmatische Bevormundung eingesetzt wird, dann kann sie sehr wohl das Denken bereichern und vollenden und wird nicht mit Rationalität im Widerspruch stehen.

Vereinnahmungen

Das Schlüsselwort und gleichzeitige Caveat (= Warnsignal) im letzten Satz ist die Einschränkung »ohne dogmatische Bevormundung«. Spiritualität kommt heute fast nur in expliziter oder impliziter Bindung an ein Glaubenssystem vor, zumindest wird sie weitestgehend so wahrgenommen. Ob das so sein muss, ist eine Frage, die ich vorerst nicht beantworten kann, aber es ist vielleicht eine realistische historische Bestandsaufnahme. Es ist auch alles andere als leicht, sich von solchen dogmatischen Vereinnahmungen zu lösen und die Erfahrung von ihrer Interpretation im Rahmen eines solchen doktrinären Systems zu trennen. Die Verführung, eine Erfahrung sofort und möglicherweise einseitig festzulegen und sie als Beleg einer ganz bestimmten Interpretation von Realität auszugeben, also Erfahrung und Interpretation – zunächst – nicht zu trennen, ist groß. Unser menschliches Bedürfnis nach Zugehörigkeit, unsere Gewohnheiten drängen uns dazu. Aber es ist absolut essenziell, sich einer solchen vorschnellen Interpretation zu enthalten. Nur so können wir verhindern, dass wir unsere Erfahrungen im Dienst einer bestimmten Doktrin instrumentalisieren oder, anders ausgedrückt: Nur wenn wir solche Instrumentalisierungen durch uns und andere verhindern, können wir die Sprengkraft der Erfahrung bewahren und auch zu einer möglichen Veränderung der Doktrin beitragen. Viel Leid entstand aufgrund der menschlichen Tendenz, unsere mentalen Strukturen – Glaubenssätze, Theorien, Modelle – mit der Wirklichkeit zu verwechseln. Kriege wurden um solche Doktrinen geführt in der Meinung, man täte der Wahrheit etwas Gutes. Spiritualität hat hier eine korrigierende Funktion, indem sie immer wieder darauf hinweist, dass unsere Meinung oder unser Modell von der Wirklichkeit nicht die Wirklichkeit selbst ist. Denn sie fördert unsere eigene Erfahrung und damit unsere Möglichkeit, die uns zur Verfügung stehenden Modelle auf Plausibilität zu prüfen.

Selbstverständlich haben auch die Kritiker einer solchen Haltung, die darauf verweisen, dass es gar keine Erfahrung ohne Interpretation geben kann, einen wichtigen Punkt erkannt. Wir sind immer geneigt, unsere – neue – Erfahrung mit bereits bestehenden semantischen (= Bedeutung herstellenden) Strukturen zu koppeln und damit zu interpretieren. Aber zum einen gibt es Erfahrungen, die – zunächst – nicht interpretierbar sind oder herkömmliche Interpretationen sprengen. Alle klassischen Bekehrungserfahrungen gehören in diese Kategorie. Zum anderen gibt es auch die Möglichkeit, neue Erfahrungen zunächst einmal zu halten, sich vorschneller Interpretationen zu enthalten oder möglicherweise multiple Interpretationen zuzulassen.

Narzissmus

Die postmoderne Seele des Westens leidet kollektiv an einer andauernden narzisstischen Kränkung. Nicht nur sind wir nicht so gut, wie wir immer denken, nicht so schön, wie wir gerne wären, nicht so begehrenswert, wie wir uns erträumen, nein, es gibt auch ziemlich viele andere die genauso clever, gut, schön und begehrenswert sind wie wir oder gar noch darüber hinausreichen. Die Luft an der Spitze ist dünn, und aufs Siegerpodest passen immer nur einer oder zwei. Wer in dem kulturellen Klima der westlichen Gesellschaft des 20. und 21. Jahrhunderts aufgewachsen ist, der hat eine mehr oder weniger grundlegende narzisstische Problematik mit auf den Weg bekommen.

Damit meine ich freilich keine veritable klinische Diagnose eines pathologischen Narzissmus, wiewohl der vermutlich in westlichen Gesellschaften auch häufiger vorkommt als in anderen. Aber ich meine eine Grundthematik, mit der wir fertigwerden müssen. Das gilt auf drei Ebenen: auf der persönlichen, auf der kollektiv-kulturell-politischen und auf der spirituellen. Das muss ich kurz erklären:

In einer Erweiterung der psychoanalytischen Theoriebildung in den 60er Jahren und später entwickelte sich aus der ursprünglich Freud'schen Analyse die sogenannte Selbst- oder Objekttheorie. Heinz Kohut und Otto Kernberg sind die wichtigsten Autoren dieser Entwicklung.[199] Vor allem Kohut hatte gesehen, dass neben der Entwicklung der primären Triebe Sexualität und Aggression auch noch das Bedürfnis nach Anerkennung der eigenen Person eine davon unabhängige Entwicklungslinie beschreibt. Damit meinte er unser Gefühl für uns selbst, dass wir selber uns als wertvolle, zufriedene Menschen erleben. Idealerweise durchlaufen wir eine Entwicklung, an deren Ende wir uns, vor allem aufgrund befriedigender und konstruktiver menschlicher Kontakte zu unseren Eltern, aber auch anderen Personen in unserer Umwelt, als angenommen, geliebt und wertvoll erleben. Das bezeichnete Kohut mit dem Begriff eines gesunden Narzissmus. Narzissmus meint damit das gute

Gefühl gegenüber dem eigenen Ich und ist als solches zunächst ein positiver Begriff, der einen natürlichen Zustand beschreibt. Wenn nun diese wohltuenden Austauschprozesse mit unserer Umwelt mangelhaft sind, etwa weil unsere Eltern in wesentlichen Punkten uneinfühlsam reagiert haben oder weil die Spiegelung[200], die wir als Kinder alle nötig haben, nicht stattgefunden hat, dann erleidet dieses Selbstwertgefühl Brüche, und die im Volksmund so genannten Minderwertigkeitskomplexe stellen sich ein. Unser Selbstbild bekommt Risse, und manchmal befällt uns dann das Gefühl, nicht wirklich etwas zu können, nichts wert zu sein, andere könnten es besser und so fort. Es kann aber auch sein, dass solche Risse im Ichgefühl kompensiert werden und jemand sich schließlich als der unschlagbare König fühlt, als der, dem alles zusteht und dem alle zu Diensten zu sein haben. Beide Formen der Selbstdarstellung können Spielformen eines brüchigen narzisstischen Selbstgefühls sein. Das muss nicht heißen, dass daraus bereits klinisch manifeste Probleme entstehen, obwohl das bei schwereren Fällen wahrscheinlich ist. Aber vieles von unserem Alltagsknatsch – Enttäuschung in Beziehungen, Krach mit dem Chef oder den Kollegen, Ärger mit dem Partner oder in Vereinen – hängen mit solchen narzisstischen Verletzungen zusammen.

Man könnte nun eine gesellschaftliche Analyse anschließen und unsere Vergangenheit im Nationalsozialismus als eine kollektive narzisstische Reaktion auf die entwürdigende Situation im Gefolge der Versailler Verträge und der Niederlage des Ersten Weltkriegs sehen. Die Nationalsozialisten haben mit Sicherheit die Rhetorik des kollektiven Minderwertigkeitsgefühls und seiner Kur durch eine Überhöhung der deutschen Nation geschickt bedient. Gleichzeitig hat der Niedergang dieser Illusion in den Flammen des Zweiten Weltkriegs dazu geführt, dass ein noch stärkeres narzisstisches Inferno über die Nation hereingebrochen ist: Eltern, die zuerst nicht für ihre Kinder da waren, weil sie Aufbauarbeit leisten mussten, und sie anschließend nach vollbrachtem Wirtschaftswunder mit materiellen Gütern überfütterten. Auf solche Art haben wir heute kollektiv das doppelte Dilemma narzisstischer Kränkungen auszutragen: die Entbehrung emotionaler Wärme auf der einen Seite und den materiellen Überfluss bei gleichzeitiger emotionaler Verwahrlosung auf der anderen Seite.

Das äußert sich in einem krampfhaften kollektiven Versuch, Individualität zu sichern und zu bewahren. Der Ego-Kult scheint ungebrochen, vielleicht stärker denn je. Das Individuum in seinem Bemühen, seine Gewichtigkeit zu behaupten, steht unter narzisstischem Dauerstress.

Ständig neue Klamotten, um auch sichtbar zu bleiben, sich abheben zu müssen vom Rest, sich als klug und unschlagbar präsentieren zu müssen – es ist kaum auszuhalten. Die Castingshows vermitteln jedermann und jederfrau, dass wir alle Stars sein können, aus der Masse herausgehoben. Die »Ich-AG«, jenes Unwort der Sozialreform, trifft auch auf einen entsprechenden Zeitgeist: Ich bin der Größte, nur haben es noch nicht alle gemerkt (und ich glaube es auch nicht so recht). Daraus ergeben sich fragile Beziehungen und noch fragilere Persönlichkeiten.

Spirituell gesehen, wird es immer darum gehen müssen, sein begrenztes Ich auf die eine oder andere Art zu transzendieren. Aber bevor das geschehen kann, muss da zunächst einmal ein Ich sein, das der Rede wert ist und das stabil genug ist, spirituelle Erfahrungen auszuhalten. Wenn sich eine narzisstisch fragile Person im Rahmen spiritueller Erfahrungen versucht, selber zu heilen, ist eine nicht unerhebliche Gefahr gegeben, dass solche Erfahrungen missbraucht werden. Man überhöht sich selber, und anstatt demütiger und sozial funktionstüchtiger zu werden, wird man arroganter und unduldsamer. Man fühlt und benimmt sich wie der Guru selbst und freut sich über den Zustrom der Bedürftigen, die sich einem an die Lippen hängen, weil sie meinen, sie fänden hier die Weisheit des Lebens. Dabei merkt man nicht, wie wenig originär und wie provinziell diese Lehren eigentlich sind. Narzissmus in der spirituellen Gemeinde ist ein weit verbreitetes Problem.[201]

Spirituelle Erfahrung kann durchaus dazu beitragen, narzisstische Wunden zu heilen – etwa wenn man sich mit einem Mal in ein größeres Ganzes eingebettet fühlt oder Zugang zu seinen inneren Quellen findet, die Sinn und Zugehörigkeit vermitteln. Doch die vielleicht subtilste Verführung und schwerste Herausforderung ist es, zwischen einer wahren Quelle der Erfahrung und einem hilflosen Ich auf der Suche nach plastischer Chirurgie für narzisstische Wunden zu unterscheiden – zumindest für denjenigen, der in der Gefahr steht, die Bedeutung des eigenen Ichs zu erhöhen. Für Außenstehende ist dies, mit einigem Abstand und sofern sie im Besitz ihres gesunden Menschenverstands sind, meistens leicht erkennbar. Der Weg der spirituellen Erfahrung führt ab einem bestimmten Punkt immer in die Selbstaufgabe insofern, als vermeintlich unverfügbare Ziele unseres Ichs plötzlich zur Disposition stehen oder womöglich sogar aufgegeben werden müssen, um einem inneren Imperativ zu folgen. Das kann bei dem einen heißen, dass eine lange als unabdingbar empfundene Freiheit von Verpflichtungen plötzlich in die Bindung an einen Menschen mündet, oder für die andere, dass eine lange für unmöglich gehaltene öffentliche Wirksamkeit plötzlich als unabwendbar gespürt wird. Meistens wird es darum gehen, von vertrauten Bildern von uns selbst, vom alten Selbstverständnis zu lassen, damit Neues entstehen kann. Dazu gehört fast immer auch die schmerzhafte Einsicht in die Unzulänglichkeit unserer bisherigen Selbstkonstruktionen, die nicht immer wohltuende Erkenntnis, wie sehr wir uns selber auf den Zehen stehen und uns das Weiterkommen erschweren oder gar dieses durch liebgewordene, aber im Tiefsten schädliche Gewohnheiten sabotieren. Es ist die Einsicht, dass wir uns immer zunächst selbst durch die Art, wie wir uns verhalten, wie wir uns selber konstruieren, durch das, was wir für unbedingt wichtig halten, von unserer Wurzel und Quelle entfremden. Die traditionelle Theologie hat für diesen Sachverhalt den gründlich missverstandenen und kaum mehr vermittelbaren Begriff der »Sünde« parat. In der hier vertretenen Lesart, die im übrigen ohne weiteres biblisch und theologisch belegbar ist, handelt es sich dabei um eine grundlegende Entfremdung von uns selbst und unserer Lebensquelle. Diese Einsicht ist eine narzisstische Kränkung, weil sie uns in unserer vermeintlichen Brillanz und Grandiosität relativiert. Wenn es in verschiedenen spirituellen Traditionen immer wieder heißt, das Ich müsse sterben oder das Ich müsse aufgegeben werden, dann geht es zunächst und meistens darum, solche Fassaden der Selbsterhöhung einzureißen, damit unser wahrer Kern immer deutlicher zum Vorschein kommt. Das geht nur über den Weg der vielen kleinen Tode dessen, was wir im Lauf unseres Lebens an Krücken und Hilfskonstruktionen errichtet haben, um uns einen gewissen Selbstwert und das Gefühl des Speziellen zu sichern.

Wenn eine Person psychologisch gesund ist und ein gut verankertes Gefühl des eigenen Werts hat, ohne sich zu über- oder unterschätzen, ist diese Erfahrung meistens problemlos integrierbar und führt eher zu einer größeren psychologischen Kraft. Aber wir müssen davon ausgehen, dass viele von uns – durch unsere kollektive und individuelle Geschichte – mehr oder weniger schwere narzisstische Wunden in sich tragen. Die Bedingungen, unter denen wir aufgewachsen sind, das politisch-historische Erbe des kollektiven Narzissmus des »Tausendjährigen Reichs« der NS-Propaganda legen dies noch für die jüngste Generation nahe. Unter solchen Bedingungen sind spirituelle Erfahrungen nicht einfach nur Balsam auf die alten Wunden. Sie können oft auch Vorwand dafür sein, sich eben gerade nicht mehr um diese alten Wunden zu kümmern. Aus diesem Grund scheint mir in unserer Zeit und gerade in unserem Kulturkreis die Einbettung spiritueller Arbeit in gekonnte klinisch-psychologische Kontexte wichtig zu sein. Ob dies geschieht, indem der spirituelle Begleiter eine klinische Ausbildung hat oder jemand spirituelle und psychologische Arbeit parallel oder sequenziell ins Leben einführt, dürfte einerlei sein. Wichtig scheint mir zu sein, dass wir ein Sensorium für die Existenz dieses Problems. Es wird dazu beitragen können, dass wir sowohl bei uns selbst als auch bei vermeintlichen Gurus und Lehrern kritischer erkennen können, wo es sich um echte Erfahrungen und gelungene Umsetzungen handelt und wo sich ein fragiles Ich dieser Erfahrung bemächtigt, um sich in seiner Brüchigkeit zu schützen.

Aber auch ein starkes und gefestigtes Ich wird, psychologisch gesprochen, nicht um eine Dekonstruktion herum kommen. Denn die Erfahrung der inneren Verbundenheit hat es an sich, dass die Bedeutung, die wir uns selbst geben, abgeschwächt wird, angesichts des Leids in der Welt, das in der Erfahrung auch zu unserem wird, angesichts der Aufgaben, die es zu bewältigen gibt und die unsere individuellen Ziele von Glück und Ruhe relativieren. Es heißt, die ultimative Erfahrung sei die des völligen Aufgebens des Ichs. Das wird wohl kaum bedeuten, dass wir unsere Ichfunktionen – wollen und handeln, denken und fühlen, wahrnehmen und empfinden zu können – aufgeben. Es wird eher heißen, dass wir unsere höheren Konstrukte, unsere Glaubenshaltungen, das, was wir von uns und der Welt denken und wie wir uns selbst verstehen, aufgeben oder je neu revidieren müssen. Das wird nur ein in sich ruhendes und gefestigtes Ich verkraften. Daher ist aus meiner Sicht erst eine psychologische Heilung narzisstischer Bedürftigkeit nötig, bevor wir den ultimativen Schritt einer Transzendierung unseres Selbsts machen können.

Wie erkennen wir aber, ob wir einem Guru aufsitzen, der seine spirituelle »Erfahrung« dazu benützt, seine eigene narzisstische Bedürftigkeit zu nähren, oder ob wir einen gereiften Lehrer vor uns haben? Das wird nicht immer leicht sein, aber hier ist eine grobe Richtschnur: Die »Unterscheidung der Geister«, die ich bereits erwähnt habe, ist auch hier hilfreich. Letztlich muss man sich immer fragen können und dürfen – und wenn es verboten scheint, diese Fragen zu stellen, ist auf jeden Fall etwas faul –: Hilft mir meine spirituelle Übung, Zugehörigkeit und Ausrichtung an einem bestimmten Lehrer dabei, freier zu werden, glücklicher zu sein, und dabei, andere Menschen besser zu akzeptieren und ihnen Raum zu geben? Freiheit, Glück und Liebesfähigkeit scheinen mir die am leichtesten zu erkennenden und wichtigsten Indikatoren zu sein.

Wenn narzisstisch motivierte Gurus am Werk sind, erkennt man das häufig an folgenden Zeichen: Widerspruch taucht so gut wie nie auf.

Wenn jemand solchen Widerspruch äußert, ist er oder sie irgendwann verschwunden, ohne dass darüber gesprochen wird. Die Themen werden nicht aufgegriffen, und man meint, mit der Person, die das Thema zur Sprache bringen wollte sei auch das Problem beseitigt. Das Gespräch dreht sich häufig nicht um die Sache selbst, sondern darum, wie grandios und einzigartig der Meister und Lehrer ist. Und noch wichtiger: Dieser tut, wenn er dies bemerkt, nichts dagegen, auf das Podest gehoben zu werden. Ich habe schon darauf hingewiesen: Es gibt in allen echten spirituellen Traditionen Rituale und Lehren, die auf eine Selbstentmachtung des Lehrers und Meisters zielen. Die christliche Tradition hält dafür das Symbol der Fußwaschung bereit. Lehrer, die nichts unternehmen, wenn sie merken, dass ihre Schüler oder die von ihnen Abhängigen sie vergöttern und über Gebühr anhimmeln, und sich geradezu noch darin sonnen, scheinen mir nicht bewusst genug mit der Gefahr umzugehen, solche Beziehungen potenziell narzisstisch zu missbrauchen.

Jeder, der seine Erfahrung ausnutzt, um sich selber narzisstisch zu überhöhen, sammelt früher oder später narzisstisch Bedürftige um sich, die lieber im anderen die innere Größe und Stärke anhimmeln, als sie in sich selbst zur Geltung zu bringen. Deshalb kann man narzisstische spirituelle Systeme daran erkennen, dass eine Vielzahl von relativ kritiklosen und oft auch wenig kreativen Anhängern um das Zentralgestirn, den angeblichen Meister, kreisen wie Planetenstaub um die Sonne. Reife spirituelle Gemeinschaften haben meist dezentrale Strukturen. Dort werden Aufgaben und Macht, Kompetenzen und Entscheidungen geteilt, und obwohl es auch dort einen Lehrer geben mag, wird er sich eher als Erster unter Gleichen, als *Primus inter pares* verstehen und ein solches Verständnis bei seinen Schülern fördern. Er wird starke junge und nachrückende Schüler darin bestärken, ihren eigenen Weg zu gehen.

Narzisstische Systeme sind auch daran erkennbar, dass kaschierte Strukturen der Ausbeutung und Selbstausbeutung vorherrschen. Das kann dann so aussehen, dass es belohnt wird, wenn jemand über die Zeit und Gebühr Arbeit verrichtet, dass Geld oder geldwerte Leistungen eingefordert werden und, im schlimmsten Fall, dass emotionale und sexuelle Abhängigkeiten erzeugt werden bzw. die spirituelle Hingabe zu einer emotionalen oder sexuellen Hörigkeit verbogen wird.

Ich meine, gerade in unserer westlichen Kultur mit ihrer Geschichte ist eine offene und bewusste Auseinandersetzung mit dem Thema Narzissmus im Kontext spiritueller Erfahrung unverzichtbar. Denn schließlich geht es in der Spiritualität immer darum, das eigene Ich zu transzendieren, alte Strukturen aufzugeben, damit Neues wachsen kann. Ichstrukturen klammern sich ans Überleben, wie einzelne Organismen das auch tun. Es wird daher notwendigerweise immer das Narzissmusthema angeschlagen, wann immer spirituelle Erfahrung ernsthafte Konsequenzen im Leben einfordert. Gleichzeitig scheint mir die kollektive Auseinandersetzung mit Spiritualität auch die einzige Möglichkeit dafür zu sein, die kollektiven narzisstischen Wunden und Aufgaben anzugehen, die auf uns warten. In diesem Sinn ist die hier skizzierte Spiritualität als grundlegende, undogmatische Erfahrungsrealität von Menschen nicht nur Spielfeld für gelangweilte Yuppies, sondern Überlebensstrategie einer Menschheit, deren Entwicklung der Vereinzelung von Individuen ohne Verbundenheit mit der Welt den Planeten an die Grenze des Tragbaren gebracht hat. Gerade der Narzissmus als psychologischer Mangel zeigt uns den Weg zur Lösung des Problems, getreu dem Hölderlinwort: »Wo Gefahr ist, wächst das Rettende auch.« Wir müssen uns im Bannkreis der Spiritualität mit unserem individuellen und kollektiven Narzissmus auseinandersetzen, mit unseren persönlichen und kollektiven Wunden in der Fassade unseres Ichs, daran führt kein Weg vorbei. Aber wir finden durch Spiritualität auch zu einer Heilung genau dieser Wunden, und vermutlich nur durch spirituelle Erfahrung und keine andere, nämlich durch das Verständnis, dass wir nur in Verbundenheit mit anderen und mit allem wirklich und im Tiefsten wir selbst sein können. Ob wir dann sagen, wir hätten unsere tiefere Natur gefunden, unser eigentliches Wesen, oder wir hätten unser Ich hinter uns gelassen, ist womöglich einerlei.

Nun sind wir so weit, uns dem Thema endgültig zu stellen.

6____Die Aufklärung weiterführen:
Die Notwendigkeit undogmatischer Spiritualität

ICH WERDE NUN EINIGE HAUPTPROBLEME, die mir relativ offensichtlich erscheinen, beschreiben. Ich werde zeigen, dass sich diese Probleme ohne einen spirituellen Ansatz nur schwer, nur mit Hilfe von Gewalteinsatz oder gar nicht lösen lassen. Und wir wollen in der Folge sehen, inwiefern Spiritualität hierfür eine Hilfe darstellen könnte.

Sinnkrise und die Gefahr des Fundamentalismus

Wir haben nun gesehen: Die alten Instanzen, die bislang Sinn vermittelt haben, büßen an Einfluss ein. Die Reichweite der verfassten Religionen, in unseren Breiten zumindest der christlichen, scheint abzunehmen, wenn man die Statistiken der Kirchenein- und -austritte als Gradmesser nimmt. In das Vakuum sind der Kommerz und die Unterhaltungsindustrie eingeströmt. Konsum und Unterhaltung, so hübsch und kurzweilig sie sein können, dürften nicht die Antworten auf die tieferliegenden Fragen parat haben, die viele Zeitgenossen plagen: die Frage nach dem Sinn ihres Lebens oder der Welt, die Frage nach der Art, wie wir am besten leben sollen, die Frage nach den richtigen Entscheidungen in wichtigen Lebensthemen.

Die alten Wegweiser sind unwiederbringlich verloren, verbogen, verrostet oder zeigen nach rückwärts. Die postmoderne Befindlichkeit ist, ob es ihr gefällt oder nicht, auf sich selbst angewiesen. Konnte die existenzialistische Welle noch einen gewissen masochistischen Lustgewinn aus der Not zur Freiheit und Entscheidung ziehen, so gibt es viele Zeitgenossen, die es gerne bequemer hätten. Und schon tauchen am Horizont Fundamentalismen jeder Couleur auf. Sie versprechen Sicherheit, Reduktion der Komplexität, klare Handlungs- und Lebensanweisungen und Schonung im Aquarium einer fest umrissenen Welt. Sie entmündigen und entwürdigen aber auch all jene, die sich ihnen andienen. Und sie stellen eine Gefahr fürs Wohl der Welt als Ganzer dar. Fundamentalismen und reduktive Sichten auf die Wirklichkeit funktionieren nur in Kompartmenten (= abgetrennten Räumen) und in einer aufgeteilten Welt, und sie funktionieren nur auf Kosten von anderen, die als Gegner, Feinde und zu Bezwingende hingestellt werden müssen, damit das System stimmt. Vor allem: Sie beschwören im Gefolge Kampf, Krieg und Gegnerschaft herauf und in letzter Konsequenz Untergang.

Ein islamischer Fundamentalist mag etwa der Meinung sein, alle Probleme kämen aus dem christlich-jüdisch dominierten, westlichen Kulturkreis und dieser Art, die Welt zu sehen und zu behandeln. Also kann es nur eine Lösung geben: diese Welt zu bekämpfen und ein weiteres Vordringen zu verhindern. Genau das ist es, was geschehen ist. Und die Antwort des bekämpften Gegners ist genau so ausgefallen, wie zu erwarten war: Die amerikanische Politik hat sich als Opfer definiert, die Kreuzzugsrhetorik bemüht, einen vermeintlichen Freiheitskampf begonnen und mit gleicher Münze heimgezahlt. Das Resultat kann in jeder Tageszeitung besichtigt werden: Kampf, Terror, Leid und Armut. Der Verdacht drängt sich auf, dass das eigentliche Motiv für den Kampf weniger hehr war, aber dafür sehr greifbar: Kommerz und Gewinn.

Nun wird sich, als Antwort auf den Fundamentalismus islamischer Prägung, christlicher Fundamentalismus regen, der ähnlich zu den Waffen ruft wie seinerzeit Papst Urban. Die Waffen werden andere sein und vielleicht oftmals nur Waffen im übertragenen Sinn. Aber solange wir uns auf der Ebene der Doktrin bewegen, solange ein Fundamentalismus gegen den anderen steht, wird es weder konstruktive Lösungen noch ein Weiterkommen geben. Denn es kann nur Sieger und Unterlegene geben. Und allzu oft ist der Sieger am Ende der Besiegte.

Solange wir politische Führer haben und politisches Kaderpersonal, das nur in Kategorien von Schwarz und Weiß, von Gut und Böse, von Richtig und Falsch denken kann, wird die gleiche Problematik immer wieder neu auftauchen. Das Problem des Fundamentalismus ist nicht auf der politischen Ebene in den Griff zu bekommen. Es ist nur so zu lösen, dass sich Sinnfindung auf der individuellen Ebene und im Hinblick auf eine zu schaffende kollektive Sinnkultur aus der Möglichkeit und Verfügbarkeit von spiritueller Erfahrung von selbst ergibt. Wer aufgrund eigener Erfahrung einen Sinn in seinem Leben gefunden hat und seinem Leben Sinn zu geben imstande ist, der fällt Verführern weniger leicht anheim, ist resistenter gegenüber Dogmen und Fundamentalismen und benötigt keine von außen an ihn herangetragene Reduktion der Komplexität unserer Wirklichkeit.

Derart mündige Bürger sind bei Politikern und Kirchenführern weniger beliebt, weil sie sich nicht alles vormachen lassen. Aber sie sind die einzige Chance für eine stabile und für alle lebenswerte Zukunft.

Das Denken in isolierten Einheiten und die Klima- und Energiekrise

Denken, das von der Erfahrung der grundlegenden Einheit ausgeht, kann wissenschaftliche und politische Konzepte nicht gutheißen, die dieser Einheit widerraten. Unser gesamtes Energie- und Wirtschaftssystem ist gegenwärtig so aufgebaut, als könnten wir uns und unsere Volkswirtschaften vom Rest der Welt isolieren. Und wo der Globalisierungsgedanke bereits zum Schlachtruf geworden ist, da wird er so verwendet, als wäre Globalisierung zwar raumübergreifend, aber zeitinvariant (= zu jeder Zeit das gleiche Verhalten zeigend). Wir wirtschaften auf Kosten von anderen und vor allem auf Kosten der Zukunft. Es ist eine seit vielen Dekaden bekannte Binsenweisheit, dass unser Wohlstand nur durch den Import von relativ günstiger Energie und billigen Rohstoffen und den Export hochwertiger Güter zu sichern ist. Da die meiste Energie, die wir verbrauchen, fossil ist, heizen wir die Atmosphäre auf. Da wir das Gesamtsystem der Erde noch zu wenig verstanden haben, wissen wir nicht wirklich, was für Konsequenzen das haben wird. Wenn es gut ausgeht, stabilisiert sich der Planet auf einem anderen Gleichgewicht erneut selber, so wie er das bereits zur Kreidezeit getan hat, als noch um einiges höhere Temperaturen als heute geherrscht haben. Es könnte aber sein, dass diese Stabilisierung auf Kosten anderer Bereiche erfolgt. Es könnte etwa eine Niederschlagsverschiebung geben, einen Anstieg des Meeresspiegels, eine Umkehr großräumiger Meeresströme mit unvorhersagbaren Folgen. Was auch immer geschieht, es geschieht, weil wir nicht imstande sind, ganzheitliche Konzepte des Wirtschaftens, der Politik und des Krisenmanagements umzusetzen. Wo Wissenschaftler, die in diesem Szenario noch die einzige global operierende Einheit darstellen, sich ausnahmsweise einmal einig sind, nämlich darin, dass die Erderwärmung hausgemacht und gefährlich ist, fallen die Handlungskonsequenzen der Provinzialität politischer Überlegungen anheim, weil Politiker Angst haben, sie könnten einer grummelnden Bevölkerung keine einschneidenden Veränderungen zumuten, ohne die Macht zu verlieren.

Möglicherweise macht ja auch das Versiegen der fossilen Brennstoffe der Erderwärmung ein Ende. Dann können wir mit Atomenergie weiterwirtschaften, als würde es sich um wiederverwendbare Zink-Kohle-

Batterien handeln. Wir können ignorieren, dass wir Spaltprodukte produzieren, deren Verwaltung wir Hunderten von Generationen nach uns aufbürden. Wir können ignorieren, dass wir dadurch Energie billig produzieren, aber den Preis hoher politischer und gesundheitlicher Risiken dafür bezahlen.

Denken, das aus der ganzheitlichen Sicht der Einheitserfahrung befruchtet ist, wird versuchen, zu Lösungen zu kommen, die mit dem Ganzen kompatibel sind. Solches Denken hätte schon zu einer Zeit, als die Atomenergie noch überall staatlich gefördert wurde, bereits nach Alternativen Ausschau gehalten. Es ist nicht auszudenken, wo unsere Energietechnologie heute stünde, wenn all die Anstrengungen, die ins Spalten von Atomen geflossen sind, aus militärischer und ziviler energiepolitischer Motivation ins Entwickeln von alternativen und systemverträglicher Energienutzung geflossen wären. Das könnte neben der photovoltaischen Energiegewinnung eine Fülle anderer Technologien sein, angefangen von der Kernfusion bis hin zu solarer Wasserstofftechnologie. Die Grundlagen für all diese Konzepte sind mindestens genauso lange bekannt wie die für die Atomspaltung. Es war eine politisch motivierte Entscheidung, die aus einer ganz bestimmten Mentalität heraus getroffen wurde, die dieser Entwicklung den Vorrang einräumte.

Es ist eben nicht nur die getreuliche Abfolge wissenschaftlicher Entdeckungen, die unsere Welt und die technische Entwicklung steuern. Sondern es sind vor allem grundlegende Entscheidungen auf höchster politischer Ebene, die Weichen dafür stellen, welche Trends verstärkt mit staatlichen Mitteln gefördert werden sollen. Und diese Entscheidungen sind von unbewussten oder aber sehr bewussten Wertsetzungen und Denkmustern informiert. Erst wenn sich auf dieser Ebene eine Kultur der Achtsamkeit und der Handlung aus der Verpflichtung gegenüber dem einen Ganzen durchsetzt, werden die Weichenstellungen so sein, dass auch die Wissenschaft in ihren Einzelprozessen Wege gehen kann, die dieser Entwicklung dienen. Und diese Kultur wird sich erst durchsetzen, wenn wir an der Spitze Politiker haben, die furchtlos sind und aus innerer Überzeugung heraus Wege gehen, die sie für richtig halten, egal, wie es um ihre Wiederwahl, ihre Pfründen oder Anhänger bestellt ist. Möglicherweise wird nur eine globale Kultur der Achtsamkeit dazu führen, dass die Überzeugungen, die politische Entscheidungen nähren, auch aus einem sachlich tragfähigen Kontakt mit der Wirklichkeit entstehen, und nicht aus kurzsichtigen egoistischen Interessen.

Die Bedrohung des Friedens und der Frieden zwischen den Religionen

Der Theologe und Kirchenkritiker Hans Küng hat vor einigen Jahren die These formuliert, dass der Frieden zwischen den Nationen davon abhängt, ob es gelingen wird, einen Frieden zwischen den Religionen zu stiften.[202] Dabei ist weniger von Interesse, ob die Religionen selbst die kriegstreibenden Kräfte sind oder ob sie das allgemeine Denkmuster für Politiker liefern, die Krieg als Option bereits in ihrem Geheimgepäck haben. Tatsache ist, dass seit dem Zweiten Weltkrieg mehr Menschen in Kriegen und an ihren Folgen umgekommen sind als in diesem gewaltigen Krieg selbst. Tatsache ist, dass die Situation für viele so desaströs geworden ist, dass sich nach Schätzungen der WHO eine Million Menschen im Jahr das Leben nehmen, eine Art Dauerkrieg gegen sich selbst. Tatsache ist auch, dass die Religionen manchmal direkt oder indirekt Anstoß zu Kriegen geben. Zwar hat der verstorbene Papst Johannes Paul II. als unermüdlicher Rufer gegen den Krieg und für die interreligiöse Gesprächskultur geworben und damit zumindest, was das offizielle Gesicht der katholischen Kirche nach außen angeht, eine wichtige Wendung vollzogen. Aber erst wenn sich im Herzen der Angehörigen von Religionsgemeinschaften selbst die Einsicht und Erfahrung durchsetzt, dass wir alle aus einer grundlegenden Einheit heraus unsere je eigenen und oftmals beschränkten Glaubenshaltungen entwickeln, erst wenn die Religionen je für sich ihren Absolutheitsanspruch nach außen aufgeben und in konstruktive Koexistenz treten, erst dann ist ein Verhaltensmuster für Frieden bei gleichzeitiger Anerkennung der Andersartigkeit gespurt. Ein Blick auf die Liste der heißen Tageskonflikte genügt, um zu sehen, dass zumindest ein großer Teil der Konfliktherde der Welt mit religiösem Brennstoff befeuert werden. Allen voran ist dies der andauernd schwelende Nahostkonflikt und in seinem Gefolge alle anderen zwischen den Ländern des mittleren und nahen Ostens und westlichen Staaten. Aber auch die unseligen Kämpfe im Sudan und so mancher Konfliktherd in Afrika ist einem grundlegenden Konflikt zwischen Islam und Christentum geschuldet.

Erst wenn in den Führungsebenen der entsprechenden Religionsgemeinschaften eine Kultur der spirituellen Erfahrung Einzug hält, wird sich an dieser Situation etwas ändern. Das heißt nicht, dass jede Religion auf die andere hin konvergieren (= aufeinander zustreben) muss und am Ende eine Art Einheitsgemisch steht. Das ist weder machbar noch wünschenswert. Aber wenn jede Religionsgemeinschaft ihre eigenen spirituellen Wurzeln nährt, ihre je eigene spirituelle Berufung erkennt und sie verwirklicht, dann werden sie die gemeinsame Verbundenheit mehr betonen als die Verschiedenheit, dann wird Brüderlichkeit ein wichtigerer Wert sein als doktrinäre Reingläubigkeit. Vor allem wird dann ein Verständnis für den Wert der Verschiedenheit wachsen. Und ohne dieses Verständnis wird es nur den Versuch der Dominanz geben, geboren aus der Arroganz, das bessere, »wahrere«, menschlichere System sein eigen zu nennen.

Wenn Religionen nicht mehr zum Kampf instrumentalisiert werden können, sei es von Machtcliquen oder von Religionsführern, dann fällt eines der historisch mächtigsten Motive und Rechtfertigungsinstrumente zur Kriegsführung weg. Dann kann man zwar immer noch Kriege führen, weil man Vorherrschaft anstrebt, weil man Machtbereiche sichern will, weil man sich Profit erwartet. Aber dann liegen die Karten auf dem Tisch. Dann führt man eben Krieg, weil man Platz für eine Pipeline begehrt, und nicht, weil man der westlich-jüdisch-christlichen Kultur zum Durchbruch verhelfen will. Dann bekriegt man eben einen Gegner, weil man dessen Bodenschätze will, aber nicht, weil er einer vermeintlich bedrohlichen Staats- und Religionsauffassung huldigt.

Stellen wir uns für einen Moment das Unfassbare vor: All jene kreativen Köpfe, die in diesem Augenblick an der Entwicklung und Perfektionierung neuer Waffensysteme arbeiten, die an der Eindämmung vermeintlich bedrohlicher Feindstaaten basteln, die Strategien und Szenarien für künftige Kriege ausarbeiten, all diese würden an konstruktiven Problemlösungen arbeiten. An gemeinverträglichen Energiequellen. An Abfallbeseitigungs- und -wiederverwendungsstrategien. An wirtschaftlichen Kreisläufen, die allen dienen. An der genaueren Durchleuchtung der Prozesse, die im Gefüge der Welt das Zusammenwirken von Einzelnen und Ganzem steuern. Stellen wir uns vor, die Milliarden Dollar schweren Ressourcen würden zur Abwechslung in die Entwicklung einer Kultur des Friedens fließen. – Vielleicht würde uns in einem solchen Utopia bald langweilig werden, und irgendein besonders kluger Kopf würde wieder den Krieg als Zeitvertreib erfinden. Vielleicht aber würde sich dadurch auch eine bislang ungeahnte Entwicklungsmöglichkeit abzeichnen. Kaum auszudenken.

Jedenfalls scheint mir nur eine Kultur der Erfahrung der Verbundenheit die Kraft, die Motivation und das Rüstzeug vermitteln zu können, das die Kriegskräfte in Friedenskräfte umwandeln kann.

Wir scheinen es individuell und kollektiv akzeptiert zu haben, dass unser Wirtschaftssystem eben so beschaffen ist, wie es ist, und es damit zur Produktion nicht nur von Waren und Gütern, sondern auch von Reichtum und Armut führt. Wer leben will, muss produzieren. Wer produziert, muss wirtschaften. Wer wirtschaftet, muss belohnen und bezahlen. Wer das tut, der muss differenzieren. Und wer differenziert, der erzeugt Reichtum und Armut. Dadurch, dass Reichtum und Macht über weite Strecken eng miteinander verzahnt, wenn nicht gar gekoppelt sind, wird sich auch kaum etwas an dieser Situation ändern, sofern wir nicht bereit sind, das gesamte System zu hinterfragen. Und auch das hilft nur dann etwas, wenn das Hinterfragen von denen vollzogen wird, die maßgeblich an der Aufrechterhaltung des Systems beteiligt sind.

Ich bin kein Wirtschaftswissenschaftler und habe deswegen keine Patentrezepte parat, wie es anders sein könnte, als es ist. Ich weiß nur, dass unser gegenwärtiges System nicht optimal sein kann, weil es immer auf der Armut einer Mehrheit zugunsten des Reichtums einer Minderheit aufbaut. Eine Spiritualität der Verbundenheit, die sich aus einer vertieften Einheitserfahrung ergibt, würde sich hier vermutlich intelligentere Konzepte des Wirtschaftens einfallen lassen können. Solche Konzepte gibt es auch bereits, nur sind sie nicht weit genug bekannt und nicht mehrheitsfähig. Man könnte beispielsweise das Horten von Geld durch Entwertungsmechanismen bestrafen, wie dies bei manchen Gutscheinen oder lokalen Währungen der Fall ist. Man könnte überhaupt ganz neue Mechanismen der Güterzuteilung finden. Man könnte etwa aus dem gemeinsam erwirtschafteten Wohlstand allen das Lebensnotwendige zuteilen, unabhängig von ihrer Arbeitsleistung, und ansonsten auf Mechanismen des Interesses, der Teilhabe, der Verpflichtung aufs Gemeinwohl setzen. Es ist klar, dass noch viel passieren müsste, um solche Konzepte mehrheitsfähig und funktionstüchtig zu machen. Aber es ist anzunehmen, dass aus einer Kultur der grundlegenden Verbundenheit heraus sowohl das Entwickeln solcher Konzepte als auch das Einhalten der notwendigen Regeln leichter möglich ist. Was die Waldenser im Mittelalter bereits in kleinen Modellgemeinden fertiggebracht haben, das sollte eigentlich in einer vermeintlich aufgeklärten Gesellschaft des 21. Jahrhunderts ebenfalls möglich sein.

Die Produktion lebensdienlichen Wissens und das Problem der Steuerung des Wissenschaftsprozesses

Die Wissenschaft hat zusammen mit Hollywood die Kirchen als mythenbildende Institution weitgehend abgelöst. Aber sie liefert auch den Rohstoff für politisches Handeln: Wissen, Erkenntnisse, neue Entdeckungen und Möglichkeiten des Eingreifens in die Welt. Dieses muss von der Politik gesteuert werden und wird es auch. Die Politik kann durch die Bereitstellung und Widmung von Fördergeldern den Gang der Wissenschaft wesentlich beeinflussen. Wenn Wissenschaftspolitiker im Verein mit Wissenschaftlern zur Ansicht kommen, dass die Aufklärung der Genetik einer der wichtigsten Aufgaben der Zukunft ist, dann werden Geld und Anstrengungen in diesen Bereich fließen. Ob dies ein vielversprechendes Forschungsfeld ist und ob die vorgenommenen Strategien fruchtbringend sind, wird sich nicht von vorneherein sagen lassen. Es gehört zur Natur des Forschungsprozesses, dass er nicht vorhersagbar ist. Aber was planbar ist, ist die Richtung, in die die Forschung gehen soll. Unsere detailgenaue Kenntnis der Zusammensetzung der Materie etwa haben wir unter anderem auch der Tatsache zu verdanken, dass etwa zur Zeit des Zweiten Weltkriegs Wissenschaftler auf beiden Seiten der Front zu der Erkenntnis kamen, dass durch die Spaltung von Atomkernen enorme Energien freisetzbar sind, die dann wiederum auch für Kriegszwecke taugen. Hätte sich diese Vorhersage nicht aus der Atomtheorie ergeben, ist zu bezweifeln, dass soviel Energie, Geldmittel und menschliche Arbeitskraft in dieses Feld gesteckt worden wären. In der Folge hat sich die Wissenschaft, diesem Sog folgend, auf die Detailaufklärung des materiellen Aufbaus gestürzt, zum Teil mit überraschenden Folgen.

Man sollte sich durchaus das Denkexperiment erlauben, zu überlegen, was geschehen würde oder geschehen wäre, wenn ähnlich große Ressourcen in die genauere Erforschung des Bewusstseins, seiner Möglichkeiten und Grenzen, in die Bedeutung außergewöhnlicher Erfahrungen des Bewusstseins und vor allem der spirituellen Einheitserfahrung und ihrer Nutzbarmachung investiert worden wären. Möglicherweise hätten wir dann heute keine Atombombe, keine Atomkraftwerke, keine Sekundenkleber und Raumschiffe, aber vielleicht ein besseres Sozialgefüge, eine friedlichere Welt und andere Errungenschaften, von denen wir nicht einmal zu träumen wagen.

Dieses Gedankenexperiment soll keine Nostalgie und schon gar keine falsche Wissenschaftsfeindlichkeit schüren. Der Gang der Historie ist, wie er war, weder gut, noch schlecht. Aber das Experiment kann zeigen, dass die Entwicklung der Wissenschaft keine Notwendigkeit ist, sondern ein menschlich verursachter und gesteuerter Prozess. Deshalb ist er auch beeinflussbar. Nicht auszudenken, was passieren würde, wenn unsere Wissenschaftsminister, und vor allem auch ihr Stab, aus dem Zugriff auch auf intuitive Quellen handeln würden. Kaum vorstellbar, was geschehen würde, wenn unsere Wissenschaftler, die Speerspitze unserer gesellschaftlichen Intelligenz, nicht nur ihre rationalen Kräfte in den Dienst ihrer Arbeit stellen würden, sondern sich auch von einem tieferen Kontakt mit der Wirklichkeit befruchten lassen würden, der ihrer spirituellen Praxis entstammte.[203] Möglicherweise würden dann Wege verfolgt werden, die derzeit nur deswegen völlig unpopulär sind, weil die meisten Leute zu wenig Fantasie haben, um sich konstruktive Konsequenzen vorzustellen. Wir wissen beispielsweise nicht, was geschehen wäre, wenn Wilhelm Wundt, Sigmund Freud und die anderen Väter der modernen Psychologie die Erforschung außergewöhnlicher Bewusstseinszustände explizit in ihr Programm aufgenommen hätten. Es ist nicht abwägbar, was geschehen würde, wenn die Summen Geldes, die in die Erforschung von Nanotechnologien und überhaupt technischer Anwendungen gesteckt werden, in die Erforschung sozialer Bindungs- und Konfliktlösungsprozesse fließen würden.

Immer gibt es, vor aller Forschung, vor allen Ergebnissen, mehr oder weniger intuitive Entscheidungen auf höchster Ebene, wie die weitere Forschung zu fördern ist. Diese intuitiven Entscheidungen sind zwar auch aus bisheriger Forschungserfahrung gespeist. Sie werden aber oft von persönlichen Eitelkeiten und Interessen wissenschaftlicher Ratgeber der Politik und von vermeintlichem Sachverstand politischer Interessensgruppen selbst überformt. Sie werden durch nationale Interessen genährt. Und sie stammen immer auch aus einer vorwissenschaftlichen und mehr oder weniger unbewussten Vorstellung darüber, wie die Welt beschaffen sei.

Es sind genau diese unreflektierten Vorentscheidungen darüber, wie die Welt beschaffen sei, was sich im Weiteren zu untersuchen lohne, wie vorzugehen sei, die den weiteren Gang der Wissenschaft maßgeblich beeinflussen. Und genau diese Vorentscheidungen sind so gut wie keiner wissenschaftlichen Kritik und Analyse unterzogen und unterziehbar. Sie sind sozusagen die wissenschaftlichen Mythologeme, die unser Handeln prägen. Derzeit sind etwa folgende Mythologeme in Mode und bestimmen den Gang der weiteren Forschung:

- Unser Gehirn ist ein Supercomputer, und Neuronen sind die einzelnen Bausteine darin. Es erzeugt Bewusstsein, genauso wie die Leber Galle produziert.
- Alles, was wirklich ist, ist materieller Natur oder von ihr abgeleitet. Die einzige nicht-materielle Wirklichkeit, mathematische Strukturen, kommen in materieller Realisierung vor und haben keine eigenständige Wirklichkeit.
- Individuen sind die primäre Wirklichkeit. Gemeinschaften und das Gesamt der Wirklichkeit sind aus der Konstitution einzelner Elemente verständlich.

Angenommen, diejenigen, die für den Wissenschaftsprozess verantwortlich sind, ja vielleicht sogar die Wissenschaftler selber, hätten aufgrund ihrer eigenen spirituellen Erfahrung intuitiven Zugang zur grundlegenden Wirklichkeit, die die Wissenschaft auf ihre Weise zu explizieren versucht. Dann würden diese gültigen wissenschaftlichen Mythologeme möglicherweise in Frage gestellt werden. Dann würden vielleicht Ideen und Einsichten auftauchen, die ansonsten in sequenzieller Folge noch hundert Jahre warten müssen, bis sie entdeckt werden. Dann würden vielleicht Sackgassen vermieden werden, und zwar weniger, weil man, wie das heute der Fall ist, nach langem Abwägen den eindeutigen Beleg dafür gefunden hat, dass ein Weg in eine Sackgasse führt, sondern weil man intuitiv spürt, dass ein Projekt nicht zukunftsweisend ist. Ein gutes Beispiel scheint mir die Entwicklung von Atomkraftwerken und Atombomben zu sein. Es ist durchaus denkbar, dass ein aufgrund spiritueller Erfahrung informiertes Leitungsgremium zu der Entscheidung gekommen wäre, diese Technologie nicht im großen Stil weiterzuverfolgen, schlicht deswegen, weil es dem Prinzip der Ganzheitlichkeit und der allseitigen Verbundenheit zuwiderläuft. Dann könnten vielleicht auch zukunftsweisende Entwicklungen rascher in Angriff genommen werden, weil deren grundsätzliche Richtigkeit im Sinn der Verbundenheit mit dem Ganzen auf der Hand liegt.

Wenn man etwa aus einem grundlegend spirituellen Verständnis heraus Heilkunde oder Therapie betreibt, dann wird man einem Therapieverständnis, das den Organismus als ein etwas komplizierteres Auto und Medizin als akademisches Mechanikertum missversteht, nur eine sehr begrenzte Gültigkeit zugestehen, etwa zur Bewältigung eines Schocks oder im Notfall. Dann wird sich ein ganzheitliches Therapieverständnis von selbst ergeben und muss nicht mühsam in vielen Kongressen, Publikationen und Absichtserklärungen beschworen werden.

Dann ist es ganz selbstverständlich, dass ein Hausarzt bei depressiven Beschwerden seines Patienten nicht einfach routinemäßig zum Rezeptblock greift, sondern sich etwas ausführlicher nach Lebensumständen, Auslösern, Beziehungsgeflecht und familiärem Hintergrund erkundigt. So kämen wir auch zu einem Gesundheitssystem, das ein solches Vorgehen stützt und fördert.

Wir haben im letzten Abschnitt gesehen, dass die spirituelle Erfahrung eine Komponente der Einsicht in sich trägt. Wir haben auch gesehen, dass es lediglich eine Voraussetzung braucht, um zu verstehen, dass man auf dem Weg der Innerlichkeit tatsächlich in gewisser Weise ebenfalls Kontakt mit der Realität haben kann, ganz so, wie man auf dem sinnlichen Weg der Äußerlichkeit und der verfeinerten Analyse der Sinnesdaten in der Wissenschaft Erkenntnis über die Welt gewinnen kann. Der Unterschied besteht offenbar darin, dass diese Erkenntnis aus sehr allgemeinen Strukturen besteht, die für das Bewusstsein insgesamt gültig sind und gleichwohl zum Bestand der Welt gehören, weil das Bewusstsein selbst Element dieser Welt ist. Die einzige Voraussetzung, die nötig ist, damit diese Konstruktion funktioniert, und von der ich sage, sie sei vernünftig, ist die, dass man die reduktive Fassung des Leib-Seele-Problems ablehnt und davon ausgeht, dass Bewusstsein eine zur Materie komplementäre Erscheinungsweise der Wirklichkeit ist, genauer gesagt, dass Bewusstsein und Materie gemeinsam die Wirklichkeit ausmachen und nicht aufeinander reduzierbar sind.

Akzeptiert man dieses Modell, wenigstens versuchsweise, dann kann man sehr leicht einsehen, dass eine Wendung des Bewusstseins nach innen genauso, vielleicht sogar rascher und umfassender, zum Kontakt mit der Wirklichkeit führt wie die Wendung des Wissenschaftsprozesses ins Äußere. Daher vermute ich, dass Spiritualität eine komplementäre Funktionsweise des Erkenntnisprozesses in Ergänzung zur Wissenschaft ist, ähnlich wie Bewusstsein eine komplementäre Erscheinungsweise der Wirklichkeit in Bezug auf die Materie darstellt. Ich stelle also die Behauptung auf, dass Spiritualität die notwendigerweise ergänzende Erkenntnismodalität für die Wissenschaft darstellt. Sie kommt dort ins Spiel, wo sich Wissenschaft ihre grundlegenden theoretischen Strukturen, ihre fundamentalen Konzepte holt.

Ich habe das weiter vorne in Anlehnung an das Peirce'sche Wissenschaftsmodell als Abduktion gekennzeichnet. Induktion und Deduktion sind als die wesentlichen Schlussformen, die die Wissenschaft benutzt, hinlänglich bekannt. Während Induktion vom Einzelnen zum Allgemeinen führt, geht Deduktion den umgekehrten Weg von einer theoretischen Struktur zum Einzelfall. Das Auffinden einer theoretischen Struktur jedoch, das kreative Entwickeln einer neuen Theorie kommt in keiner der beiden Schlussweisen vor. Auf sie wendet Peirce den Begriff Abduktion an.[204] Man könnte auch sagen, dass sich dahinter die wissenschaftliche Kreativität verbirgt, der Zugriff eines Wissenschaftlers auf eine theoretische Struktur, die er oder sie »findet«, »ent-deckt«. Dieser kreative Prozess der Wissenschaft ist meiner Ansicht nach strukturell äquivalent mit dem Prozess, der in der Erleuchtungserfahrung oder in ihrer Folge zu Einsicht und Erkenntnis führt. An dieser einen Stelle berühren sich Spiritualität und Wissenschaft also. Diese Berührung ist deswegen so zentral, weil eine gute Abduktion, anders gesprochen, das Finden von fruchtbaren und weitreichenden theoretischen Strukturen so zentral für den weiteren Gang der Wissenschaft ist. Ein einigermaßen intelligenter Wissenschaftler kann leicht aufgrund der Vorgaben einer bestimmten Theorie Experimente ableiten und Folgerungen tätigen, also Deduktionen vornehmen. Er kann auch anhand verschiedener Ergebnisse von empirischen Operationen erkennen, ob diese Ergebnisse in Einklang mit den Ableitungen stehen, also induktiv denken. Er kann aber nicht unbedingt auch gute Theoriemodelle entwerfen. In der Tat lässt die Armut an wirklich griffigen Theorien in manchen Disziplinen vermuten, dass es mit der Kreativität und den abduktiven Kräften der Wissenschaft nicht zum Besten bestellt ist. Genau hier ist der Bereich, in dem die Epistemologie der Spiritualität in die Epistemologie und die Praxis der Wissenschaft mündet.

Es ist sehr wichtig, zu verstehen, dass ich nicht von konkreten Inhalten spreche und auch nicht von einem bestimmten Wissenschaftsstil. Ich glaube nicht, dass der Wilber'sche Ansatz brauchbar ist, der von einer epistemologischen Äquivalenz von innerer und äußerer Erfahrung ausgeht und von methodischer Parallelität der Wahrheitsprüfung. Denn beide Bereiche folgen grundlegend anderen Gesetzmäßigkeiten, und Wilbers Denkmodell ist einer veralteten Wissenschaftstheorie im Geist des kritischen Rationalismus verpflichtet. Ich meine nicht, dass wir nur die alten Schriften zu lesen brauchen, um zu wissen, wie die Welt funktioniert. Es ist vielmehr eher so, dass ein je eigener spiritueller Kontakt mit der Wirklichkeit genau jene kreativen Kräfte und Einsichten freisetzt, die es jetzt zu aktivieren gilt, und möglicherweise sind diese absolut neu, noch nie dagewesen, nirgendwo nachzulesen und in keinem bekannten Modell schon implizit enthalten. Aber der spirituelle Kontakt zur Wirklichkeit, die innere Erfahrung kann einer Forscherin aber dazu verhelfen, genau diese Theorie, dieses Modell zu entwickeln. Kurz, Spiritualität ist in jedem Bereich der Ort des Neuen und damit auch Motor der Entfaltung.

Das wäre dann der epistemologische Ort von Spiritualität in einer postmodernen Wissenschaft. Sie würde der inspirierende, kreative Fundus sein, aus dem sich die konkrete Wissenschaftsarbeit bereichert, aus dem heraus sie befruchtet und informiert und auch korrigiert wird. Genauso wie Bewusstsein eine grundlegend andere Funktion und Funktionsweise im Unterschied zur Materie zeigt, so hat auch Spiritualität eine grundlegend andere Erkenntnisfunktion, verglichen mit anderen Operationen der Wissenschaft. Wissenschaft heißt dabei nicht, sich auf eine bestimmte, nämlich momentan gültige Form der Wissenschaft festzulegen, sondern meint genau jenen kreativen Prozess der kollektiven Wahrheitsfindung, der in seinem tiefsten Kern unverfügbar, kreativ und neu gestaltend und in genau diesem Sinn eben auch spirituell ist.

Die Bedeutung von Werten und das Problem der Unverbindlichkeit

Die postmoderne Situation hat zu einer gewissen Form der Unverbindlichkeit geführt. Die meisten Menschen haben eingesehen, dass es nicht möglich ist, irgendeinen Wertekanon außerhalb demokratischer Konsensprozesse abzusichern. Rückgriffe auf philosophische, theologische oder andere ideologische Begründungsstrukturen sind zwar möglich, aber nicht universell durchführbar, weil immer jemand die gemachten Grundannahmen bezweifeln kann und wird. Hinter der Ecke ideologischer Begründung lauert immer das Letzbegründbarkeitsproblem. In dieser Situation gibt es mehrere Möglichkeiten:

Wir können uns auf die althergebrachten Werte berufen, also auf die traditionalistisch-konservative Lösung. Das funktioniert, solange die Gesellschaft einigermaßen homogen und nach außen abschottbar ist. Schon der heraufbeschworene Kulturkampf mit der islamischen Welt im Fall einer EU-Mitgliedschaft der Türkei und die parallel geführten Zuwanderungsdebatten zeigen, dass diese Lösung nicht (mehr lange) hält.

Wir können uns eine passende Ideologie suchen und ihr so lange anhängen, wie sie uns tauglich erscheint. Wenn sie uns nicht mehr gefällt, legen wir sie ab und suchen uns eine neue, also die postmoderne Versatzstückethik. Das mag auf der persönlichen Ebene noch angehen, obwohl auch hier die Frage zu stellen wäre, inwiefern nicht gerade diese ideologische Entwurzelung zu vielen persönlichen Problemen Anlass gibt. Aber im Bereich gesellschaftlicher Werte wird es schwierig sein, eine solche Strategie zu verfolgen.

Wir können im Rahmen demokratischer Konsensprozesse immer wieder neu, wann immer es nötig erscheint, eine Wertedebatte anstoßen und politischen Konsens anstreben. Das ist auch in einer multikulturellen Gesellschaft gar nicht anders möglich. Woher aber beziehen die Diskutanten und Akteure in diesem Prozess ihre grundlegenden Werte, die sie dann im öffentlichen Diskurs vermitteln wollen? Was geschieht, wenn plötzlich aufgrund von Mehrheitsverhältnissen Werte in die Debatte hineinwirken, die offenbar wenig lebensdienlich, aber mehrheitsfähig sind? Vergessen wir nicht, dass wir eine solche Situation schon einmal hatten. Das Naziregime war demokratisch legitimiert, wenngleich dieser Legitimation eine systematische Demontage demokratischer Prozesse vorausging. Gibt es irgendeinen Ausweg aus dem Zirkel der Willkür? Gibt es eine Alternative zu einer mehr oder weniger großen postmodernen Beliebigkeit?

Mir scheint, dass die hier favorisierte undogmatische Spiritualität einen solchen Ausweg bereitstellen würde. Dieser würde sich aus der Einsicht in grundlegende Strukturen ergeben, die eben nicht beliebig sind, sondern deren konkrete Ausformung, Interpretation und praktische Umsetzung je neu gefunden werden muss. Die Erfahrung der grundlegenden Einheit würde es etwa verbieten, Profitmaximierung zu einem verkappten Prinzip zu erheben. Sie würde gesellschaftliche und politische Strukturen daraufhin unterscheiden, inwiefern sie insgesamt lebensdienlich sind. Sie würde grundlegende Unterscheidungs- und Kritikfähigkeit bereitstellen, um unaufrichtige Argumentationsstrukturen zu entlarven, die offenbar in der Politik nicht nur tolerierbar, sondern überlebensnotwendig sind.

In einer solchen Sicht ist nicht vorgegeben, welche ethischen Prinzipien im Einzelfall oder konkret anzuwenden wären. Es würde sich also keine Kochbuchmentalität der Ethik ergeben, sondern ein Verständnis für grundlegende ethische Prinzipien, aus denen sich im Einzelfall ethisch vertretbare und konsensfähige Lösungen ableiten ließen.

Eine abzusehende Entwicklung wäre die vom Eigennutz hin zum Gemeinnutz. Unser gesamtes Wirtschaftssystem, unser Bildungs- und Gesellschaftssystem basiert auf dem Prinzip des modifizierten Eigennutzes. Wir haben zwar kollektiv verstanden, dass reiner Eigennutz schlecht ist, weil er uns letztlich schadet. Daher arbeiten wir in überschaubaren Gruppen und für begrenzte Zeit oder um definierter Ziele willen zusammen. So werden Schüler zu begrenzter Teamarbeit angehalten, im Studium oder in der Ausbildung bilden sich Lerngruppen, aber am Ende, wenn es um die Wurst geht, spielt eben doch der Eigennutz eine wichtige Rolle. Wenn ich nicht dafür sorge, dass ich eine wirklich gute Zensur erhalte, dann steht es schlechter um meine Zukunftschancen. Wenn sich unser Unternehmen nicht aggressiv im Markt positioniert und dafür sorgt, dass Konkurrenten auf der Strecke bleiben, gehen wir pleite. Wenn unser Land nicht daran arbeitet, in internationalen Gremien eine Position durchzusetzen, die seiner eigenen Wirtschaft nutzt, dann sind wir nicht wettbewerbsfähig.

Wir sehen an der Blockade internationaler Abmachungen und Gremien relativ drastisch, wohin eine solche Haltung führt. Wir sind weniger gern bereit, zu akzeptieren, dass viele unserer eigenen Handlungen genau eine solche Haltung bezeugen, sanktionieren und replizieren. Es ist aber auch nicht verwunderlich. Die durchschnittliche und normale Bewusstseinshaltung ist eben genau die, zu meinen, man selbst sei der Nabel der Welt und die Welt um einen herum so gelagert, dass sie dem eigenen Pläsier zu dienen habe. Dass sich diese Haltung in allen möglichen gesellschaftlichen Systemen und Bezügen vervielfältigt, muss niemanden wundern.

Wer aus der Erfahrung der allseitigen Verbundenheit heraus handelt, der hat vielleicht im Einzelfall auch nicht immer ideale Lösungen parat. Er wird auch aus schierer Notwendigkeit in den gesellschaftlichen Rahmenbedingungen phasenweise oder in bestimmten Bezügen ebenfalls so handeln müssen. Wenn aber eine kritische Masse von Menschen in der Tiefe verstanden hat, dass Eigenwohl ohne Gemeinwohl unmöglich ist, ja dass Gemeinwohl oder das Wohl anderer identisch mit dem eigenen ist, dann werden sich auch die entsprechenden Strukturen ändern. Die Grundeinsicht ist nämlich die, dass der Wert des Individuums, eine der kulturellen Errungenschaften der westlichen, jüdisch-christlichen Kultur, nur dann zu garantieren ist, wenn er auf gegenseitigen Respekt und nicht auf ausbeutenden Strukturen gründet. Die Einsicht in die Bedeutung der Individualität kann dazu führen, dass wir die eigene Person allzu wichtig nehmen, also in individuellem und kollektivem Narzissmus enden. Und der Versuch, diesen Narzissmus in die Wirklichkeit zu überführen, zerstört letztlich genau die Grundlagen, die die Bedeutung des Individuums garantieren. Dieser Dialektik ist nur zu entkommen, indem die Bedeutung der Individualität und der daraus erwachsende Individualismus durch ein komplementäres Prinzip des Eingebundenseins balanciert wird, das die Erfahrung der Verbundenheit ganz zwanglos liefert und dessen Umsetzung sich aus der Erfahrung von alleine ergibt.

Diese Balancierung des Individualitätsprinzips durch eine Haltung, die sich aus der Erfahrung der gegenseitigen Verbundenheit nährt, wird zugleich eine Reihe von Problemen sozusagen nebenbei erledigen können: Die Instabilität sozialer und intimer Beziehungen, überhaupt die drohende Beziehungslosigkeit von Menschen wäre dadurch vermutlich zu bremsen. Wenn wir einmal in der Tiefe verstanden haben, dass mein Wohl identisch ist mit dem Wohl anderer und dass diese anderen – im christlichen Sinn die Nächsten – genau diejenigen sind, mit denen mich das Leben so zusammengeführt hat, dass ich mich nicht aus der Verantwortung stehlen kann, dann wird der leichtfertige Beziehungsabbruch, die uneinfühlsame Reaktion, die Verweigerung von Hilfe keine lebbare Alternative mehr sein, da sich in ihnen ein Moment der Selbstschädigung zeigt, die man doch vermeiden will.

Man könnte nun, aus dieser oder jener fundamentalistischen oder auch nur wertkonservativen Ecke kommend, einwerfen:»Genau. So sehen wir das auch. Allerdings machen Sie es unnötig kompliziert. Man muss nur auf die Bibel, den Koran, die Lehren von Buddha, der Raffaelaner, der Zeugen Jehovas, von Guru XYZ (die Reihe ist beliebig erweiterbar) hören und findet genau die gleichen Aussagen, kommt zu den gleichen Ergebnissen. Man kann sich dann das ganze aufwendige Herumsuchen, Meditieren und Praktizieren sparen. Wichtig sind ja vor allem die Resultate, wie Sie selber sagen. Also schließen Sie sich doch einfach unserer Bewegung an, und machen Sie Werbung für uns.« Diese Form der Argumentation erzeugt ein großes Problem. Denn für viele einfach zu bewertende Situationen trifft sie wohl zu. Aber im Einzelfall wird relativ rasch Dissens auftreten. Die Versuchung, Verantwortung abzugeben und sich der Mühsal der persönlichen Verantwortung zu entziehen und in den sicheren Hafen einer Ideologie zu flüchten, ist gewaltig. Weder wäre dies eine Haltung, die der Aufklärung verpflichtet ist, noch wäre es eine Lösung, weil der Kampf, der Wettbewerb, ja der Streit dann eben auf die ideologische Ebene transportiert würde. Die innerhalb des Systems Lebenden werden sich vielleicht mehr recht als schlecht im Rahmen des Systems stützen. Aber dann bricht der Kampf eben an den Rändern auf. Wenn wir nicht der Spaltung in uns wehren, erzeugen wir sie. Egal, wo wir sind.

Und damit sind wir beim wichtigsten und gewichtigsten Argument für
die Unausweichlichkeit der hier vertretenen Position. Und ich gestehe
freimütig: Ich wage mich nur mit einigem inneren Zittern an diese Thematik.

Am Grund jeder Religion wirkt die Intuition von der Einheit der Welt,
die selbst noch die Dualität von Gut und Böse umfasst. Das ist ohne
Zweifel für den Buddhismus belegbar. Aber es ist auch die grundlegende
Wirklichkeit der jüdisch-christlichen Tradition, auch wenn viele Zeitgenossen, auch die theologisch gebildeten unter ihnen, an dieser Stelle
ungläubig den Kopf schütteln. Ich hatte es eingangs bereits erwähnt: Der
Schöpfungsmythos der Genesis spricht davon, dass »Gott sah, dass alles
gut war, was er gemacht hat«. Jesaia lässt Gott über sich sagen (Jes 45, 7):
»Ich erschaffe das Licht und mache das Dunkel, ich bewirke das Heil
und erschaffe das Unheil.« In der Septuaginta, also der alten griechischen
Übersetzung des Alten Testaments, lesen wir an dieser Stelle sogar eindeutig »der das Böse will« (*kai ktizon kaka*). Auch wenn wir im Neuen
Testament keine explizite Formulierung finden, so sind die verschiedenen
Gleichnisse und Aussprüche des Jesus der Evangelien relativ klar darin,
dass es nichts Ausgeschlossenes, oder aus dem Gesamtkontext des Seins
Herausgefallenes gibt, außer dem, was sich selber ausschließt, und selbst
dieses ist nach Möglichkeit heimzuholen. Man sieht das an den Gleichnissen, etwa dem bekannten vom guten Hirten. Oder an anderer Stelle:
Die Jünger fordern Jesus auf, ein klares Wort zu sprechen, Gut von Böse,
Wahr von Falsch zu trennen. Er erzählt das Gleichnis vom Sämann, der
auch das Unkraut wachsen lässt, um der Frucht nicht zu schaden. »Lasst
beides wachsen bis zur Ernte« (Mt 13, 30). Man erkennt es an der Bergpredigt und den vielen Aussagen darüber, wie mit Unrecht, wie mit Feinden, wie mit Streit umzugehen ist.

Das heißt nicht, dass es nicht Falsches gäbe, dass es keine bösen Handlungen gäbe, dass der Mörder gleich zu behandeln sei wie der Stifter,
und dass es moralisch und ethisch egal sei, wie man sich verhält. Das
ist sicherlich nicht so. Gerade die Erfahrung der allseitigen Verbundenheit lehrt uns, dass wir eben sehr wohl Richtlinien haben müssen, nach
denen wir Handlungen einstufen, dass wir sehr genau zwischen hilfreich
und lebensfeindlich unterscheiden müssen. Aber es ist etwas anderes, ob
wir zwischen Handlungen von Menschen oder zwischen Konzepten und
Ideen unterscheiden oder ob wir die entsprechenden Personen, Gruppen

oder gar Nationen als »schlecht«, »böse«, »verwerflich« oder »unwert« bezeichnen. Nichts ist schwerer, als mit jemandem konfrontiert zu sein, der einem selbst oder anderen Unrecht tut und diesen Menschen nicht mit dem Unrecht zu identifizieren, das er tut. Nichts ist schwerer, als klar zu unterscheiden und doch die grundlegende Einheit nicht zu verraten.

Wir sind es gewohnt, in den Kategorien der Logik und der Ausschließlichkeit zu denken, und für die meisten Fälle im Leben ist das auch gut so. In diesem Sinn ist es auch richtig, wenn wir eine Handlung klar klassifizieren und Unrecht benennen, wo es Unrecht ist, und umgekehrt. Wenn es allerdings ums Ganze geht, hilft uns diese Haltung nicht weiter. Dann müssen wir imstande sein, inklusiv (= einschließend) zu denken. Und hierzu hilft wiederum die bereits mehrfach angesprochene Heuristik der Komplementarität. Solange wir linear denken, wird es auf jeder Ebene nur ein Entweder-Oder geben. Dann sind die anderen diejenigen, die anderer Meinung sind, die mich bekämpfen, die meine Ideale nicht teilen, eben diejenigen, die es auszuschließen, ja im Ernstfall sogar zu vernichten gilt. Die geheime Mechanik des Kosmos scheint aber so beschaffen zu sein, dass alles Ausgestoßene, alles Bekämpfte, ja alles vermeintlich Vernichtete auf irgendeine Weise wiederkehrt, so lange, bis es integriert ist.

Am einfachsten können wir das im Bereich des Psychischen nachvollziehen, weil jeder die eine oder andere Erfahrung darin gemacht hat. Jeder kennt die Erfahrung, dass einem irgendetwas an seinem Leben oder in seinem Leben nicht passt. Das mag eine Eigenschaft sein, die einem an sich selbst oder an anderen nicht behagt. Das kann ein Mensch sein, der einem das Leben schwermacht, oder eine bestimmte Sorte von Menschen, die alle die gleiche Eigenschaft haben. Wir können nun versuchen, dies aus unserem Leben auszuschließen, etwa, indem wir den Menschen ignorieren, den Wesenszug in uns und anderen bekämpfen. Das wird aber in aller Regel nicht funktionieren. Irgendwann kommt das Thema in irgendeinem Gewand wieder auf uns zu. Viele multiple Beziehungsabbrüche und -versuche sind diesem Sachverhalt geschuldet. Wir kommen in eine intime Beziehung, die uns anfangs erfüllt. Wir meinen, endlich den Partner fürs Leben gefunden zu haben. Wir öffnen uns, vertrauen und zeigen auch unsere weniger erfreulichen Seiten und sind glücklich, akzeptiert und geliebt zu werden. Irgendwann wird dann die erste Disharmonie ins Gefüge kommen. Meistens hat diese mit einer unserer Empfindlichkeiten zu tun. Unser Partner verhält sich uneinfühlsam, tut etwas, das uns schmerzt, und wir reagieren empfindlich, geben harte Worte zurück oder sind unsererseits verletzend. Und plötzlich kommt eine unheilvolle

Spirale in Gang, die nicht selten mit Trennung oder kommunikationslosem Nebeneinanderherleben endet. Wenn wir nichts daraus lernen, suchen wir womöglich einen anderen Partner, in der Erwartung, damit werde alles anders. Aber meistens tauchen dieselben Probleme in anderem Gewand wieder auf, wenn nicht im Privatleben oder in der Beziehung zum Partner, dann bei den Kindern, im Arbeitsleben oder sonstwo. Es ist eine alte Lebensweisheit, für die man keine Psychologie braucht, aber bei der Psychologie hilfreich sein kann, dass ungelöste Probleme und Lebensthemen so lange wiederkehren, bis wir sie gelöst haben. So gesehen, sind unsere persönlichen Lebenserfahrungen ein Labor für das Funktionieren der Welt als Ganzer.

Die christliche Welt hat im Mittelalter mit den Kreuzzügen den Kampf um Jerusalem als Ort, der allen drei monotheistischen Religionen heilig ist, losgetreten. Historisch gesehen, ist dies ein ungelöstes Problem. Es ist offensichtlich, dass Gemetzel und Ausschließen von berechtigten Teilhabern keine Lösung sind. Weder eine rein jüdische, eine rein islamische oder rein christliche Dominanz über den Ort wird auf Dauer Stabilität erzeugen. Und der Kampf, der immer den Sieg über den Gegner zum Ziel hat, ist so augenfällig das falsche Mittel, dass es, glaube ich, wenig Argumentation braucht, um dies einzusehen. Ich habe auch keine Lösung anzubieten und verwende das Beispiel als eines für die Plausibilität meiner Behauptung, dass Spaltung und Ausschließen keine vernünftige Strategien sind. Bewusstsein, das aus der allseitigen Verbundenheit gespeist wird, wird sich deshalb auch nicht an derartigen »Lösungs«-Konzepten beteiligen. Ideen, etwa Jerusalem unter UN-Verwaltung zu stellen, wie es einige Resolutionen und Vorschläge vorsehen, gibt es ja bereits. Aber es mangelt an Bewusstsein dafür, dass solche Konzepte wirklich zu konstruktiven Lösungen führen können. Und so kommt das Problem immer wieder mit großer Dringlichkeit zurück und fordert so lange Blutzoll, bis wir es gelöst haben.

An diesem politischen Beispiel können wir lernen: Nicht Kampf um ein Entweder-Oder, um Richtig oder Falsch, Gut oder Böse, kurz, kein einseitiges Betonen einer Seite der Antithese (= Gegensatz) kann hier die Lösung sein, sondern nur eine inklusive Struktur, die diese Antithese auf einer ganz anderen Ebene im Hegel'schen Sinne aufhebt. Damit meine ich allerdings – und das ist ein Unterschied zur idealistischen Philosophie – nicht die Reduktion oder Versöhnung der Gegensätze. Vielmehr scheint es so zu sein, dass die grundlegende Struktur der Welt die Gegensätze enthalten können muss, ohne sie aufzulösen, ja sie sogar als nötige

Seiten einer Wirklichkeit zu erkennen hat. Figurativ gesprochen, gehören eben Teufel und Götter, böse und gute Geister zur gesamten Wirklichkeit. Sie sind im All der letzten Wirklichkeit geborgen und scheinen beide eine wichtige Funktion zu haben. Es ist, als würde aus der Dynamik der Gegenpole Entwicklung erwachsen, und das Problem ist nicht die Existenz der Gegensätze, sondern unsere Unfähigkeit, mit ihnen umzugehen, sie auszuhalten und zu integrieren.

Wir wünschen uns die heile Welt, in der es eben keine Bösewichter gibt. Deswegen sind die großen Mythen, angefangen von den Westernfilmen, in denen die Bösewichter am Galgen enden, bis zu »Herr der Ringe«, wo das Böse endgültig besiegt wird, so beliebt. Wir meinen, wenn wir die Bösen aus der Welt räumten, blieben nur die Guten übrig, und alles wäre Jubel und Heiterkeit. Offenbar erzeugt aber genau diese Haltung das Problem, das zu lösen sie ausgezogen ist. Irgendwie kommt das Ausgeschlossene zurück. Irgendwie taucht das vermeintlich Besiegte immer wieder auf. So lange, bis wir eine zufriedenstellende Integration gefunden haben. Und in dieser Integration muss der Teufel als Teufel mit dem Erzengel Michael gemeinsam auf der Bank im Garten sitzen und Bier trinken, beide im Einverständnis, dass sie dazugehören und wichtig sind.

Dieser Prozess fängt bei uns selbst an. Indem wir unsere eigenen dunklen Seiten sehen, akzeptieren und in unser Leben integrieren, verhindern wir, dass der Externalisierung (= Projektion nach außen) des Bösen Vorschub geleistet wird. Wer seine eigenen destruktiven, ja sogar lebensfeindlichen Tendenzen kennt und anerkennt – auch wenn er sich schwertut, sie zu akzeptieren – der ist schon wesentlich weniger in Gefahr, im Außen etwas bekämpfen zu müssen, um der eigenen Einsicht zu entfliehen. Wenn dies kollektiv geschieht, dann sind Motiv und Motor für die Externalisierung von destruktiven Tendenzen weniger stark. Und um diesen Prozess voranzubringen, scheint mir die beste Methode eine undogmatische Spiritualität zu sein, die aufgrund regelmäßiger Übung von Innerlichkeit gar nicht umhin kann, die eigenen Destruktionstendenzen im Geist der Achtsamkeit zur Kenntnis zu nehmen und schließlich als wesenseigen und wesentlich anzunehmen. Das ist aus meiner Sicht der einzige und auch der einzig konstruktive Weg, der den ewigen Zirkel von Unrecht und Rache, von zugefügtem Leid und Heimzahlung an andere durchbrechen kann.

Ich will das an einem psychologischen Beispiel illustrieren: Wir wissen aus eigener Erfahrung und aus systematischer empirischer Forschung, dass Gewalt und Unrecht, die wir als Kind erleiden oder erlitten haben, sich in der Tendenz fortpflanzt. Gewaltverbrecher sind häufig Menschen, die als Kinder vernachlässigt waren oder massive Gewalt an sich selbst erlebt haben. Opfer werden zu Tätern und Täter sind Opfer, Gott sei Dank nicht immer, nicht zwangsläufig und auch nicht durchgängig, aber oft. Wer mit einiger Bewusstheit Schmerz und Unrecht, das ihm zugefügt wurde, als solches benennen und es verzeihen kann, wird selber eher frei dazu, solches Unrecht an anderen zu vermeiden und seine eigenen Tendenzen zu erkennen, wenn er im Begriff ist, solches zu tun. Zum Erkennen der Strukturen ist nicht unbedingt Spiritualität nötig. Gute Psychotherapie leistet das Gleiche. Aber was Psychotherapie von ihrer Definition her nicht leisten kann, ist, den Schritt des Verzeihens zu ermöglichen. Dieser ist ein genuin spiritueller Akt. Außerdem, das kommt hinzu, ist in vielen Fällen die Situation zwar nicht im gesellschaftlich relevanten Sinn therapiebedürftig, aber dennoch ernst. Auch hier wäre Spiritualität eine gute Wahl, um seinen eigenen automatischen Verhaltensmustern auf die Schliche zu kommen. Darüber hinaus erkennen immer mehr Psychotherapeuten, dass die Integration von Spiritualität in ihr Handeln ihre therapeutische Potenz verstärkt. Auch wenn es hierzu so gut wie keine systematisch-empirische Forschung gibt, so ist doch die Tendenz in der Praxis ein deutlicher Hinweis auf die Brauchbarkeit, vielleicht sogar Notwendigkeit einer solchen Vertiefung.[205]

Die nächste und vorläufig letzte Aufgabe, die uns als Menschheit bevorsteht, ist also vermutlich die Integration des Ausgeschlossenen, des vermeintlich Auszuschließenden, des Bösen. Eine solche Integration kann nur auf der persönlichen Ebene stattfinden, erst dann wird sie auch auf der gesellschaftlichen und universellen Ebene geleistet, vorausgesetzt, eine kritische Masse wird erreicht. Es dürfte unmittelbar einsichtig sein, dass diese Aufgabe, sofern man sie als Aufgabe akzeptiert, nicht rein intellektuell-akademisch vermittelbar ist. Die zur Verfügung stehenden Bildungsinstitutionen, von der Schule über die Universität bis zur betrieblichen Weiterbildung und freien Erwachsenenbildung, vermitteln diese Aufgabe größtenteils nicht, ja sind sich dieser nicht einmal in Ansätzen bewusst. Die kulturelle Potenz der religiösen Institutionen, die solches eigentlich zu leisten hätten, ist am Schwinden. Sie wären eigentlich der angestammte Ort, wenngleich aus meiner Sicht auch hier in der Tradition statt Integration zum größten Teil Bannung und Verdrängung geleistet wurde. Zwar gibt es hier durchaus Rituale der Anerkennung und Benennung des Bösen, etwa im Beichtritual der katholischen Kirche oder in den Kapiteln der Mönchsorden, bei denen man vor allen anderen seine Fehltritte offenlegte und um Verzeihung bat. All diese kulturell vorhandenen Strategien gehen aber meistens von einem Abdrängen des Unerwünschten aus dem Bereich der menschlichen Kultur aus und fallen aus meiner Sicht weit hinter das Anliegen des neutestamentlichen Jesus zurück. Abgesehen davon, sind diese Rituale nur für eine Minderheit von Menschen im heutigen Leben präsent und attraktiv. Ohne werten zu wollen, muss man dies wohl als historisches Faktum akzeptieren und Konsequenzen ziehen. Eine davon wäre, nach neuen Möglichkeiten Ausschau zu halten, eine solche Aufgabe ins Bewusstsein der Menschen zu bringen und die entsprechenden Kompetenzen zu vermitteln, also Seelenbildung in Ergänzung zur Ausbildung des Denkens und der intellektuellen Fähigkeiten zu betreiben.

Eine solche Seelenbildung wird durch dauerhaft praktizierte Spiritualität vermittelt. Sie vermag es, die nötigen Kompetenzen durch regelmäßige Einkehr zu wecken. Es geht dabei weniger um das, was in den Menschen hineingebracht wird, etwa in Form von Doktrin oder Lehrweisheit, als um das, was aus ihm herausgebracht oder in ihm selbst vollbracht wird. Der neutestamentliche Jesus sagt an einer Stelle, wo es um die Definition von rein oder unrein geht, dass nicht das, was in den Menschen hineinkommt, ihn rein oder unrein macht, sondern das was aus ihm herauskommt. Aus ihm selbst kommen die bösen Gedanken, Habgier, Neid und so weiter. Daher ist auch nicht durch Doktrin und Lehre im Kopf zu bekämpfen – bildlich gesprochen –, was im Herzen seinen Ursprung hat. Seelen- oder Herzensbildung muss anderswo geschehen. Nicht mit Hilfe von Büchern, nicht mit Hilfe von Doktrinen, sondern in der systematisch geübten Stille. Denn dort regen sich die Dämonen des verletzten Stolzes, die wir allzu gern durch rasches Agieren befrieden wollen. Lassen wir es zu, dass wir ihr Geifern hören, ohne sofort darauf zu reagieren, halten wir ihr Geschrei in der Stille aus, und nehmen wir erst einmal zur Kenntnis, dass wir verletzt sind und alle möglichen Fantasien in unserer Brust nähren, angefangen vom Bedürfnis, dem Übeltäter an den Kragen zu wollen, bis zu den subtilen und modernen Formen der unscheinbaren Rache, des Ausgrenzens, des Rufschädigens, der Verhinderung von Partizipation, dann verändert sich unser Handeln, langsam, aber sicher. Erst in der Stille nehmen wir unsere eigenen inneren Stimmen wahr, bevor sie zu Impulsen werden, bevor diese zu Handlungen werden und bevor unsere Handlungen zu Strukturen werden.

Daher erscheint mir nur in systematisch geübter und verbreiteter Spiritualität die Chance zu einer solch umfänglichen Seelen- oder Herzensbildung zu liegen, die wir benötigen, wenn wir die allgegenwärtigen Spaltungstendenzen in und um uns überwinden wollen. Tun wir es nicht, so dürfte die Konsequenz absehbar sein: Jene Bereiche der Wirklichkeit, die aus dem Ganzen ausgegrenzt sind, denen wir die Teilhabe verweigern, denen wir ein Zugehörigsein zu dieser Wirklichkeit absprechen, werden sich massiv zu Wort melden und nötigenfalls so lange auf uns zurückfallen, bis wir hören. Die Frage ist, ob es dann nicht zu spät sein wird. Mein Appell geht dahin, nicht so lange zu warten und dieses letzte Experiment nicht zu wagen, weil es auf Kosten unserer Kultur, wenn nicht auf Kosten der ganzen Welt gehen könnte, sondern die Spiritualität in dem hier vorgestellten Sinn gesellschaftlich zu integrieren.

Das könnte mit einer Kultur der Innerlichkeit beginnen. Selbstverständlich müsste jeder Mensch selbst dafür verantwortlich sein und die Entscheidung treffen können, ob er dies will oder nicht. Auch die Freiheit, nein zu sagen, gehört zu dieser Kultur der Innerlichkeit. Möglicherweise müsste die Wissenschaft konsequenterweise die erste gesellschaftliche Institution sein, die sich des Themas annimmt. Ich habe zu zeigen versucht, dass dies, historisch gesehen und systematisch, konsequent wäre. Wüssten wir nämlich über die Auswirkungen und die möglichen Vorteile von Spiritualität Bescheid, dann könnten wir leichter planen. Sollte es etwa gesundheitliche Vorteile für Menschen, die regelmäßig spirituell praktizieren, geben – ein Befund, der sich aus der Sichtung der Literatur und aus unserer eigenen Arbeit aufdrängt –, dann wäre es angeraten, Anreizsysteme ins Gesundheitswesen einzubauen, die regelmäßiges spirituelles Praktizieren belohnen. Durch derlei Prozesse ließe sich auch die Kultur insgesamt beeinflussen. Nachdem sich die Religion immer weniger zur Anwältin von Sammlung und Innerlichkeit und immer mehr zur Protagonistin von Doktrin macht, kann dieser kulturelle Ort, systemisch gesprochen, neu besetzt werden. Gegenwärtig wird er von allen möglichen Kulten und postmodernen Versatzstücken von Privatreligionen höchst mangelhaft und unsystematisch besetzt.

Wenn sich Wissenschaft, wie es ihre gesellschaftliche Aufgabe wäre, der Frage annehmen würde, inwiefern Spiritualität und Innerlichkeit zu Lebensverbesserung und Erkenntnis beitragen, dann wäre mindestens ein erster undogmatischer Ansatzpunkt gewonnen. Irgendwann könnte dann immer noch die Religion, gleich, welcher Herkunft, ihre eigene Berufung zur Innerlichkeit neu entdecken und entsprechend veränderte Angebote machen. Das würde nicht stören. Aber dann wäre Spiritualität als Größe in unserer Kultur neu verankert. Dann wäre es auch denkbar, dass etwa in der Pädagogik, an Schulen und in der Lehrerbildung entsprechende Kompetenzen vermittelt werden. Wer weiß, wozu Kinder in der Lage wären, die schon früh den Wert innerer Sammlung kennenlernen. Womöglich wären sie noch resistenter gegen Unfug aus der Erwachsenenwelt, wie sie das von Natur aus schon sind. Möglicherweise wären sie weniger empfänglich für die Botschaft ideologischer Verführer. Vielleicht wären sie ja leichter ausbildbar, besser zu interessieren, schneller lernfähig, als sie das ohnehin schon sind. Vielleicht gäbe es dann weniger Probleme, Schüler zu motivieren, als dies heutzutage der Fall zu sein scheint. Vor allem: Vielleicht gäbe es dann weniger Lehrer, die aufgrund eigener Überlastung ineffektiv sind und unpädagogisch handeln. Vielleicht könnten Lehrer leichter auf eigene Regenerationsprozesse zurückgreifen und kreative Lösungen in schwierigen Situationen finden, die ansonsten in dem bekannten Kampf von Schülern gegen Lehrer und zurück enden.

Es ist kein Hexenwerk, sich auszumalen, wohin eine globale Kultur der Innerlichkeit führen und welche Potenziale sie bereitstellen könnte. Sicherheitshalber betone ich noch einmal: Eine solche Kultur muss nicht auf Kosten von irgendetwas gehen, das uns wichtig oder liebgeworden ist. Sie würde allenfalls dazu Anlass geben, dass wir von Zeit zu Zeit unsere Schwerpunktsetzungen neu hinterfragen. Dabei könnte es durchaus sein, dass etwas über Bord geht, das uns lange Zeit als essenziell vorkam. Aber das ist nicht vorhersagbar und wird dann, wenn es aus Einsicht geschieht, schnell und schmerzfrei geschehen.

Jedenfalls scheint es mir an der Zeit, dass wir das Thema aufgreifen und auch hier die Spaltung beenden, die seit der französischen Revolution, vielleicht schon länger, durch unsere Kultur geistert und die die Religion und die damit zusammenhängenden Themen zur Privatsache erklärt und aus der gesellschaftlichen Wirklichkeit hinausdrängt. Damit meine ich nicht – ich betone es wieder! – eine rückwärtsgewandte Reinstallierung religiöser Machtinstanzen. Im Gegenteil: Der Prozess der Säkularisierung ist wohl weder aufzuhalten, noch kann das wünschenswert sein. Er schafft aber Raum für einen Prozess der Respiritualisierung unserer Welt, unseres Alltags und unseres gesamten Lebens. Ob dies dann zu einer Wiederbelebung der Religionen, zu ihrer Marginalisierung oder gar Auflösung führt, ist letztlich einerlei. Nur wenn wir diese letzte und tiefgreifendste Spaltung auflösen, scheint mir, haben wir, kulturell gesehen, eine Überlebenschance. Und, wie gesagt, das Dumme ist: Wir können uns kaum auf eine empirische Überprüfung dieser Aussage einlassen, weil wir möglicherweise nicht mehr genug Zeit dafür haben.

Mittlerweile sollte sich implizit geklärt haben, was ich mit »undogmatisch« meine. Das Adjektiv bezeichnet eine Haltung, die von einer Parteinahme zugunsten irgendeiner religiösen Instanz absieht und Spiritualität als allgemein menschliches Bedürfnis, ja Notwendigkeit wertet. Die Ausformung, die persönliche Einbettung und religiöse Bindung, die jemand seiner Spiritualität geben mag, muss der freien Entscheidung anheimgestellt bleiben. Diese wird durch viele kulturelle und persönliche Gegebenheiten beeinflusst werden. Diejenige, die eine solche Entscheidung zugunsten einer religiösen Gemeinschaft trifft, wird diese Entscheidung im Idealfall als Berufung erleben und also als persönlich evidente und richtige Entscheidung. Nur so ist eine mündige Religiosität in einer multikulturellen Welt möglich. Aus einer Erfahrung oder Intuition der allseitigen Verbundenheit heraus handelnd, wird er oder sie auch darum wissen, dass andere in einer ähnlichen Situation ganz andere Entscheidungen getroffen haben und dass nicht wenige, in der eigenen oder in anderen Religionsgemeinschaften, der Ansicht sind, nur sie hätten Teil an der wahren Lehre. Gleichwohl kann Spiritualität in dem hier skizzierten Sinn in einer postmodernen und aufgeklärten Welt nur funktionieren, wenn sie sich der Indoktrination enthält. Wissend darum, dass es immer ein dogmatisches Gefäß für Erfahrung geben muss, wird eine undogmatische Spiritualität auch um der historischen Relativität dieser dogmatischen Fassungen willen sich einer Mission enthalten. Damit ist nun vor allem die Spiritualität im gesellschaftlichen Diskurs gemeint, in der öffentlichen Debatte, und nicht im privaten Leben. Dort wird es ohne eine Bindung an eine Gemeinschaft, an eine lebendige Gruppe und deren Sprache, Rituale und Bilder gar nicht gehen; damit betritt auf der persönlichen Ebene eine religiöse Bindung mit ihrer Lehre ganz von selbst die Bühne. Allerdings wird in einem Dialog, der auf der Basis spiritueller Erfahrung und nicht auf der Basis doktrinärer Konzepte geführt wird, auch das Dogma besser weiterzuentwickeln sein, genauer gesagt, die je neue Interpretation des Dogmas. Denn wenn wir davon ausgehen, dass die Wirklichkeit eine Einheit ist, dann müssen wir auch akzeptieren, dass die verschiedenen Religionen, die sich mit der Tiefendimension dieser einen Wirklichkeit beschäftigen, je eigene Schwerpunkte in dieser spirituellen Erkundung der Welt gesetzt haben. Ob diese sich überlappen, gegenseitig ausschließen oder ergänzen, sei dahingestellt. Am Ende wird der kulturelle Wettbewerb zeigen, welches Religionssystem am tauglichsten ist; womöglich wird je nach kultureller und historischer Situation einem je anderen System der Vorzug gegeben. Durch die Einsicht in die historische und sachliche Kontingenz religiöser Systeme und durch das Wissen, dass die letzte Wirklichkeit sowieso nie in propositionalen Strukturen von Lehrgebäuden aussagbar sein wird, ist man auch vor intellektuellem Chauvinismus und religiöser Larmoyanz geschützt. Es wird sich weisen, ob eine Religion, die vor allem auf Regelsysteme, auf Glauben an Lehrinhalte, auf die Mobilisierung eigener spiritueller Erfahrung oder nur auf ein gesundes Gemisch von allem setzt, auf Dauer lebensfähig ist. Es wird sich zeigen, ob der Appell an den Glauben ausreicht, wie er derzeit vom katholischen Kerygma (= Verkündigung) favorisiert ist. Ich vermute, dass auch in diesen Bereichen eine psychospirituelle Evolution weitergehen wird und Strukturen, die nicht lebenstauglich sind, auf Dauer aussterben.

Spiritualität kann und muss Gegenstand einer öffentlichen, ja wissenschaftlichen Debatte sein. Aber sie darf es nur sein in ihrem Vollzug, also in ihren pragmatischen Aspekten. Sie wird es nicht mehr in ihren dogmatischen Aspekten sein dürfen, weil sich sonst wieder die Polarisierungen und Spaltungen ergeben, die zu überwinden Anliegen von Spiritualität ist. »Undogmatisch« heißt also, keiner Lehre, keinem bestimmten Bekenntnis, keiner bestimmten Form oder Ausrichtung verpflichtet zu sein, obwohl zugleich klar ist, dass es im Einzelfall immer eine solche Bindung geben wird, ja, dass diese sogar notwendig ist.

Es war ein dringliches Anliegen der Aufklärung, den Menschen von Engstirnigkeit, von Abhängigkeit und von ideologischer Knechtung zu befreien. Die Wissenschaft und eine auf wissenschaftliche Impulse aufbauende Gesellschaft haben vieles davon bereits erreicht. Was als nächster Schritt notwendig erscheint, ist genau die Befreiung vom Monopol einer bestimmten Form von Rationalität und Doktrin, ja auch vom Monopol einer aus der Aufklärung entstandenen Rationalität. Das lässt sich durch eine konsequente Wendung nach innen bewerkstelligen, durch Spiritualität und regelmäßige spirituelle Praxis. Damit diese Befreiung nicht wieder zurückschlägt, muss sie sich einer Verbindung mit einer bestimmten Form von Dogma oder Doktrin konsequent enthalten, da sie sonst ihre eigenen Wurzeln verrät.

Damit wäre die Aufklärung womöglich sogar an einem vorläufigen Ziel angelangt, nämlich sich selbst überflüssig zu machen, die angewandten Mittel immer wieder neu zu hinterfragen und zu verhindern, dass die Aufklärung selbst zu dem verkommt, was zu bekämpfen sie ausgezogen ist: zu einer Ideologie im Kampf um die Vormachtsstellung. Dann hätte sie wirklich dem Leben einen Dienst erwiesen, nämlich einen Prozess installiert zu haben, der als sein Resultat, im Dienst am Leben, notwendigerweise die Kristallisation von Erfahrung in eine bestimmte Lehre systematisch zerschlägt. »Triffst du Buddha unterwegs, töte ihn«, lautet eine berühmte Zen-Weisheit, die diesen Inhalt verdichtet.

Nachdem die drei engsten Vertrauten, die Jesus auf den Berg Tabor mitgenommen hatte, dort seine wahre Natur gesehen hatten, also durch eine tiefe, eigene Erfahrung gegangen waren, wollten sie sich dort häuslich einrichten. Petrus bot an, drei Hütten zu bauen. Nicht für sich also, sondern für die anderen war er bemüht, für Moses, Elias und Jesus. »Hier ist es gut sein«, befand er. Und schön wäre es, könnte man verweilen, sich häuslich einrichten, die Erfahrung festschreiben und sie damit auch anderen ersparen. Alles wäre dann viel einfacher und klarer, und scheinbar haben wir ja diese Häuser in Form der Verkündigung. Gleichwohl war es dem Petrus der Tabor-Erfahrung nicht vergönnt, diese festzuhalten, sich in ihr einzurichten und zu bleiben. Er musste wieder hinunter, ja er erhielt sogar Redeverbot. Keiner sollte über Berichte, und wenn auch aus erster Hand, etwas vorwegnehmen, was jeder Mensch selber zu erfahren hat.

Vor seinem Leidensweg, berichtet Johannes, wusch Jesus seinen Jüngern die Füße, eine Handlung, die normalerweise Sklavenarbeit war. Mehr noch, er forderte seine Jünger auf, sich ihn zum Beispiel zu nehmen. Damit setzte er sich selbst bewusst außerhalb der damals gültigen Hierarchie, er tötete sich gewissermaßen selbst als Chef und Lehrer, was ihm anschließend in grausamer Härte tatsächlich zustieß. Damit waren Lehre, Lehramt und Verkündigung auf die reine, ja blutige Wirklichkeit der Praxis reduziert. Bereits in den Anfängen der christlichen Verkündigung ist also ein Mechanismus zu ihrer jeweiligen Revision, zu ihrem Schutz vor Missverständnissen, Macht- und Amtsmissbrauch zu erkennen.

Religionen enthalten in der Regel Schutzmechanismen gegen Verkarstung und Hilfen gegen die Vernebelung der Erfahrung, wie sie durch Festschreibungen und Doktrin aus zweiter Hand leicht geschehen. Insofern ist die »undogmatische« Spiritualität keine Neuerfindung von mir, sondern eine erneute Betonung von an sich Selbstverständlichem. Die Selbstverständlichkeit wird jedoch zu einer gesellschaftlichen Notwendigkeit, die je neu betont werden muss, wenn sie droht, in Vergessenheit zu geraten. In diesem Sinn ist undogmatische Spiritualität eine Gegenbewegung zur doktrinären Verkündigung und ein möglicher Weg, neu zurück zu den Quellen von Religion zu finden und dies in einer Weise zu tun, die nicht zu dauerndem Kampf Anlass gibt.

Anmerkungen

1   Siehe M. Horkheimer und T. W. Adorno: Dialektik der Aufklärung. Philosophische Fragmente (Frankfurt: Fischer, 1969).

2   Weitere Arbeitsdefinitionen folgend im nächsten Kapitel.

3   H. Walach: Notitia Experimentalis Dei – Erfahrungserkenntnis Gottes. Studien zu Hugo de Balmas Text »Viae Sion Lugent« und deutsche Übersetzung (Salzburg: Institut für Anglistik und Amerikanistik der Universität Salzburg, 1994); H. Walach: »Notitia Experimentalis Dei – Was heißt das? – Hugo de Balmas Begriff der Erfahrungserkenntnis Gottes – Versuch einer Rekonstruktion.« In: The Mystical Tradition and the Carthusians. Bd. 5, hrsg. v. J. Hogg, Analecta Cartusiana (Salzburg: Institut für Anglistik und Amerikanistik der Universität Salzburg, 1996); H. Walach, »Innere Erfahrung – eine wissenschaftstheoretische Spurensuche.« In: Das Wagnis des Neuen. Kontexte und Restriktionen der Wissenschaft. Festschrift für Klaus Fischer zum 60. Geburtstag, hrsg. v. H. R. Yousefi und C. Dick (Nordhausen: Traugott Bautz, 2009); H. Walach: Notitia Experimentalis Dei – Experiential Knowledge of God: Hugh of Balma's Attempt at Installing a Mystical Epistemology of Inner Experience – a Hermeneutic Reconstruction, hrsg. v. J. Hogg, Analecta Cartusiana (Salzburg: Institut für Anglistik, 2010).

4   Ich habe erste Gedanken hierzu publiziert in H. Walach: »Wissenschaft und Spiritualität [Science and Spirituality].« In: Damit das Denken Sinn bekommt. Spiritualität, Vernunft und Selbsterkenntnis [to Make Sense of Thinking: Spirituality, Reason, Insight], hrsg. v. G. Hüther, W. Roth und M. von Brück (Freiburg: Herder 2008), und in H. Walach: »Spiritualität und Wissenschaft,« In: Spiritualität, Krankheit und Heilung – Bedeutung und Ausdrucksformen der Spiritualität in der Medizin, hrsg. v. A. Büssing, et al. (Frankfurt: VAS, 2006).

5   H. G. Gadamer: Wahrheit und Methode. Grundzüge einer philosophischen Hermeneutik (4. Aufl., Tübingen: Mohr, 1975).

6   Darunter verstehen wir Ausdrucksweisen, die im Rahmen einer Theologie, Philosophie oder Mythologie bereitgestellt werden. Ein bekanntes Mythologem ist etwa der Tod eines Gottes und seine Wiederauferstehung, das schon in der ägyptischen Kultur belegt ist. Ein bekanntes Philosophem ist die Zweiwertigkeit des traditionellen Wahrheitsbegriffs: Entweder ist etwas wahr oder nicht. Ein bekanntes Theologem ist die christliche Lehre, dass Jesus zugleich und wesensgleich Gott und Mensch war. Ausführlichere Erklärung für diese und andere komplexe Begriffe siehe im Glossar.

7   Die transpersonale Szene scheint sich in diesem Vorurteil ziemlich einig zu sein. Während der Buddhismus in der akademischen Psychologie derzeit sehr en vogue ist – vgl. K. H. Docket, G. R. Dudley-Grant und C. P. Bankart, Hrsg.: Psychology and Buddhism. From Individual to Global Community (New York, Boston: Kluwer Academic/Plenum Publishers, 2003) oder das weite Interesse an achtsamkeitsbasierten Interventionen –, deutet nichts darauf hin, dass die christlichen Theologeme nützlich für den Ausdruck moderner Erfahrung sind. Dies liegt meines Erachtens daran, dass es kaum Bemühungen gibt, sie im Rahmen moderner Welterfahrung neu auszulegen, aber nicht an der Unbrauchbarkeit dieser Theologeme selbst.

8   Vgl. H. Walach: »Mind – Body – Spirituality.« In: Mind and Matter 5 (2007).

9   Vgl. N. Bohr: Atomphysik und menschliche Erkenntnis (Braunschweig: Vieweg, 1966). Siehe hierzu auch die Ausführungen über Komplementarität etwas später und die entsprechenden Literaturangaben.

10 Unschlagbar klar wurde das bereits in den 40er Jahren von Collingwood formuliert. Vgl. G. J. Chaitin: The Unknowable (London: Springer, 1999); R. G. Collingwood: An Essay on Metaphysics, revised ed. (Oxford: Clarendon Press, 1998, orig. 1940); K. Devlin: »Kurt Gödel – Separating Truth from Proof in Mathematics.« In: Science 298 (2002), 1899–1900. Die postmoderne Bibel, die dies klar ausspricht, ist J.-F. Lyotard: Das postmoderne Wissen. Ein Bericht (Graz: Böhlau, 1986).

11 Die Wissenschaftshaltung, der ich mich noch am ehesten verpflichtet fühle, ist eine sozial-soziologisch kritische, wie sie Paul Feyerabend und später Latour formuliert haben: B. Latour: Die Hoffnung der Pandora. Untersuchungen zur Wirklichkeit der Wissenschaften (Frankfurt: Suhrkamp, 2000).

12 N. Brantschen: Weg der Stille – Orientierung in einer lärmigen Welt (Freiburg: Herder, 2004); H. M. Enomiya-Lassalle, Zen-Buddhismus (Köln: Bachem, 1966); H. M. Enomiya-Lassalle: »Zen – Erleuchtungsweg und christliche Mystik.« In: Dürr und Zimmerli (1989); H. M. Enomiya-Lassalle, Zen und christliche Spiritualität (München: Kösel, 1987).

13 T. W. Buchanan und W. R. Lovallo: »Enhanced Memory for Emotional Material Following Stress-Level Cortisol Treatment in Humans.« In: Psychoneuroendocrinology 26 (2001), 307–317. Wenn die Emotion zu belastend wird, verändert sich offenbar die Erinnerungsleistung wieder, was wohl dazu beiträgt, uns vor allzu traumatischen Erfahrungen zu schützen; vgl. S. Het, G. Ramlow und O. T. Wolf: »A Meta-Analytic Review of the Effects of Acute Cortisol Administration on Human Memory.« In: Psychoneuroendocrinology 30 (2005), 771–784.

14 Julius Kuhl hat in den letzten Jahren eine Menge von Befunden zusammengetragen und mit experimentellen Daten belegt, dass es im Wesentlichen zwei komplementär arbeitende Gehirnsysteme gibt, die bewusstseinsfähige Repräsentanzen der Außen- und Innenwelt generieren. Eines arbeitet explizit, ist propositional – also in grammatikalischen, satzähnlichen Strukturen geordnet – und analytisch, das andere ist eher weit-parallel verzweigt und verbindet viele emotional-relevante Episoden der Vergangenheit zu einem eher gefühlten Sinn des Selbsts. Die anatomischen Substrate des Gehirns für diese beiden Subsysteme sind nicht eindeutig geklärt, aber in einer weiten Approximation kann man sagen, dass das Selbst-System, das eher holistisch-emotional arbeitet, stärker rechtshemisphärisch und das analytisch-propositional arbeitende eher links-hemisphärisch geordnet ist (solche Aussagen gelten fast immer nur für reine Rechtshänder; bei Linkshändern kann es anders sein). Vgl N. Baumann und J. Kuhl: »Intuition, Affect, and Personality. Unconscious Coherence Judgments and Self-Regulation of Negative Affect.« In: Journal of Personality and Social Psychology 83 (2002); J. Kuhl: »Who Controls Whom When ›I Control Myself‹?« In: Psychological Inquiry 7 (1996); J. Kuhl: »Wille und Persönlichkeit: Funktionsanalyse der Selbststeuerung.« In: Psychologische Rundschau 49 (1998). Aber auch andere Entwicklungen deuten in diese Richtung; ich will nur ein paar beispielhafte Publikationen erwähnen: M. C. Anderson et al.: »Neural Systems Underlying the Suppression of Unwanted Memories.« In: Science 303 (2004); J. A. Gray: »Neural Systems, Emotion and Personality.« In: Neurobiology of Learning, Emotion and Affect, hrsg. v. J. Madden (New York: Raven, 1991); R. J. Rydell et al.: »Of Two Minds: Forming and Changing Valence-Inconsistent Implicit and Explicit Attitudes.« In: Psychological Science 17 (2006). Diese Forschung ist sehr kompetent und spannend zusammengefasst in I. McGilchrist: The Master and His Emissary.

The Divided Brain and the Making of the Western World (New Haven: Yale University Press, 2009).

15 Johannes Duns Scotus: Opera Omnia; Editio Nova Juxta Editionem Waddingi Xii Tomos Continentem a Patribus Fransicanis De Observantia Accurate Recognita; Reprint of the Original Edition, ed. Lucas Wadding (Westmead; origin. Paris: Gregg International; orig. Vivés, 1969; orig. 1891). Vol 9. In librum primum Sententiarum, Dist. IIIa, Quaestio IV. 9, 176: *»De secundis (a) cognoscibilibus, scilicet de cognitis per experientiam, dico, quod licet experientia non habeatur de omnibus singularibus, sed de pluribus, nec quod semper, sed quod pluries, tamen expertus infallibiliter novit quod ita est, […]«* – Bezüglich dem Erkennbaren im zweiten Sinn, also dem, was durch Erfahrung erkannt werden kann, sage ich, dass, auch wenn man Erfahrung nicht von allen Einzeldingen haben kann, sondern nur von vielen, und auch nicht immer, sondern nur meistens, so weiß doch derjenige, der eine Erfahrung gemacht hat, täuschungsfrei, dass es so ist […]« Hier noch ein Nachgedanke für Spezialisten: Diese Ausführung zum Thema Erfahrung der Einzeldinge ist meines Wissens einzigartig und erstmalig in der europäischen Geistesgeschichte nach Aristoteles (auf den sie zurückgreift). Duns Scotus legt in dieser Quaestio eine veritable Skizze einer phänomenologischen Wissenschaft vor. Ich bin mir relativ sicher, dass Franz Brentano diesen Text gekannt hat und daraus seine eigene Konzeption einer erfahrungsbasierten Psychologie entwickelt hat, habe allerdings noch keine Zeit gefunden, dies an biografischen Texten zu verifizieren. Jedenfalls hätten wir in diesem Fall hier die Quelle für die europäische phänomenologische Bewegung vor uns.

16 H. Walach: »Narzissmus – Der Schatten der Transpersonalen Psychologie.« In: Transpersonale Psychologie und Psychotherapie 6 (2000).

17 Die psychoanalytischen Objekttheoretiker, etwa Kernberg oder Kohut, haben ausführlich darauf hingewiesen, wie bedeutsam frühe Bindungserfahrungen sind, um stabile Selbststrukturen zu etablieren, die wiederum essenziell für psychische Gesundheit sind. Es ist bedeutsam, zu verstehen, dass spirituelle Praxis, egal, welcher Couleur, funktionierende Selbststrukturen voraussetzt. Vgl. O. F. Kernberg: Borderline-Störungen und pathologischer Narzissmus (Frankfurt: Suhrkamp, 1978); H. Kohut: Die Heilung des Selbst (Frankfurt: Suhrkamp, 1981).

18 Standardautor für diese Argumentationsfigur ist Katz: S. T. Katz (Hrsg.): Mysticism and Language (New York: Oxford University Press, 1992); S. T. Katz (Hrsg.): Mysticism and Philosophical Analysis (New York: Oxford University Press, 1978); S. T. Katz (Hrsg.): Mysticism and Religious Traditions (Oxford, New York: Oxford University Press, 1983). Eine analoge postmoderne Kritik des transpersonalen Universalismus stammt von J. N. Ferrer: Revisioning Transpersonal Theory: A Participatory Vision of Human Spirituality (Albany: SUNY Press, 2002).

19 Robert Forman hat dieses relativistische Argument sehr gut entkräftet, indem er darauf hinweist, dass es phänomenologische Konstanten von spiritueller Erfahrung gibt, die allerdings meistens vorsprachlich sind. Er nennt diese »pure conscious event«, reines bewusstes Ereignis. Ich habe bislang noch keine guten Gegenargumente gegen Formans Position gehört, und wenn ich recht sehe, akzeptiert mittlerweile die Mehrzahl der Religionswissenschaftler in der American Academy of Religion dieses Argument. Vgl. R. K. C. Forman (Hrsg.): The Innate Capacity. Mysticism, Psychology, and Philosophy (Oxford: Oxford University Press, 1998).

20 W. James: The Works of William James. The Varieties of Religious Experience (Cambridge, MA: Harvard University Press, 1985).

21 Vgl. O. M. Hinze: Tantra Vidya. Wissenschaft des Tantra (Freiburg: Aurum, 1983), der die Allgegenwärtigkeit dieser Erfahrung durch die Geschichte und bei vielen Autoren anschaulich belegt.

22 E. H. Johnston (Hrsg.): The Buddhacarita, or Acts of the Buddha (Delhi: Motilal Banarsidass, 1972).

23 N. Douglas-Klotz: The Hidden Gospel. Decoding the Spiritual Message of the Aramaic Jesus (Wheaton, IL: Quest Books, 1999).

24 N. von Stillfried und H. Walach: »The Whole and Its Parts. Are Complementarity and Non-Locality Intrinsic to Closed Systems?« In: International Journal of Computing Anticipatory Systems 17 (2006).

25 Stellvertretend seien zwei interessante parallele Datensätze genannt: Smith und Orslinsky – D. P. Smith und D. E. Orlinsky: »Religious and Spiritual Experience among Psychotherapists.« In: Psychotherapy. Theory, Research, Practice, Training 41 (2004) – haben in einer Repräsentativbefragung amerikanischer Psychotherapeuten gefunden, dass sich lediglich etwa ein Viertel als spirituell und religiös bezeichnen, also im hier vertretenen Sinn Religion mit Erfahrung füllen können. Die anderen bezeichnen sich mehrheitlich als spirituell und nicht religiös. Etwa ein starkes Viertel bezeichnen sich als weder spirituell noch religiös und ein schwaches Viertel nur als religiös, nicht als spirituell. Wir haben in einer Erhebung unter deutschen Psychotherapeuten ein ähnliches Bild gefunden: L. Hofmann und H. Walach: »Spirituality and Religiosity in Psychotherapy – a Representative Survey among German Psychotherapists.« In: Psychotherapy Research (2011, im Druck). Psychotherapeuten sind dabei ein gutes Barometer für gesellschaftliche Großtrends. Sie sind durch ein anspruchsvolles, meist dem wissenschaftlichen Paradigma verpflichtetes Ausbildungssystem gegangen und gleichzeitig nah am Puls der Zeit, der ihnen in Gestalt ihrer Klienten dauernd entgegentritt.

26 A. Augustinus: Commentaire de la première épître de S. Jean / Saint Augustin. Eingeführt, übersetzt und kommentiert von Paul Agaësse, Sources Chrétiennes 75 (Paris: Cerf, 1961). VII. 8.

27 Eine gute Übersicht über verschiedene Konzeptualisierungen und die Geschichte der Religionspsychologie findet sich bei P. C. Hill und K. I. Pargament: »Advances in the Coneptualization and Measurement of Religion and Spirituality: Implications for Physical and Mental Health Research.« In: American Psychologist 58 (2003), sowie in den übrigen Artikeln dieser Sondernummer von American Psychologist, die der Spiritualität und Religionspsychologie gewidmet ist.

28 Der Wiener Psychiater Erwin Ringel hat sich vielfach dafür ausgesprochen, diese Schattenseite der Religion unter dem Stichwort »ekklesiogene Neurose« offensiv zu diskutieren; vgl. E. Ringel und A. Kirchmayr: Religionsverlust durch religiöse Erziehung. Tiefenpsychologische Ursachen und Folgerungen (Wien: Herder, 1986).

29 D. A. J. Carone und D. F. Barone: »A Social Cognitive Perspective on Religious Beliefs. Their Functions and Impact on Coping and Psychotherapy.« In: Clinical Psychology Review 21 (2001); T. L. Gall: »Relationship with God and the Quality of Life of Prostate Cancer Survivors.« In: Quality of Life Research 13 (2004); K. I. Pargament et al.: »Religious Struggle as a Predictor of Mortality among Medicall Ill Elderly Patients. A 2 Year Longitudinal Study,« In: Archives of Internal Medicine 161 (2001); C. Zwingmann et al.: »Positive and Negative Religious Coping in German Breast Cancer Patients.« In: Journal of Behavioral Medicine 29 (2006).

30 N. Douglas-Klotz: The Hidden Gospel. Decoding the Spiritual Message of the Aramaic Jesus. Vgl. auch neuere Arbeiten von Douglas-Klotz, in denen er, ausgehend von der Tatsache, dass die Ursprache von Jesus und seiner Gemeinde aramäisch war, sehr interessante Zusammenhänge aufzeigt, die zum einen die Nähe mit anderen jüdischen Gruppen belegen sowie den hier reklamierten Erfahrungskontext der Lehre des historischen Jesus eindrücklich belegt: N. Douglas-Klotz: »Beginning Time. A New Look at the Early Jewish/Christian Ritual Time.« In: Cosmos: Journal

of the Traditional Cosmological Society 18 (2002); N. Douglas-Klotz, »Reading John in Bereshit Time: Semitic Constructions of Creation Mysticism in the Early Syriac Versions« (Vortrag, gehalten auf der Jahresversammlung der Society of Biblical Literature; Nag Hammadi and Gnosticism Section, Atlanta, GA, am 24. November 2003).

31 Ekaku Hakuin: Authentisches Zen, übers. v. Sokko-Roku Kaien-Fusetsu. (Frankfurt: Fischer, 1997); P. Kapleau: Die drei Pfeiler des Zen – Lehre, Übung, Erleuchtung (München: Barth, 1981).

32 Das ist die klassische dogmatische Formulierung, die das Konzil von Chalcedon im Jahr 451 gefunden hat. K. H. Reich hat sie als ein Beispiel dessen analysiert, was er zunächst »komplementaristisches Denken«, später »relational-kontextbezogenes Denken« genannt hat. Er meint damit eine Denkoperation, die entwicklungsmäßig jenseits des formal-analytischen Denkens im Sinn Piagets anzusiedeln ist. Er hat reichlich empirische Beispiele dafür gebracht, dass ältere Jugendliche manchmal, aber nicht immer, diese Denkform meistern. Er geht davon aus, dass sie notwendig ist, um komplexe Probleme zu lösen, und sieht in den dogmatischen Formulierungen etwa in der von Chalcedon, klassische historische Beispiele dafür, wie solches Denken angewandt wurde und dass es notwendig dafür ist, um der komplexen spirituellen Wirklichkeit gerecht zu werden. Vgl. K. H. Reich: »The Chalcedonian Definition, an Example of the Difficulties and the Usefulness of Thinking in Terms of Complementarity?« In: Journal of Psychology and Theology 18 (1990); K. H. Reich: »Kann Denken in Komplementarität die religiöse Entwicklung im Erwachsenenalter fördern? Überlegungen am Beispiel der Lehrformel von Chalcedon und weiterer theologischer Paradoxe.« In: Erwachsen im Glauben. Beiträge zum Verhältnis von Entwicklungspsychologie und religiöser Erwachsenenbildung, hrsg. v. M. Böhnke, K. H. Reich und L. Ridez (Stuttgart: Kohlhammer, 1992); K. H. Reich: »The Relation between Science and Theology: The Case for Complementarity Revisited.« In: Zygon 25 (1990); K. H. Reich: Developing the Horizons of the Mind: Relational and Contextual Reasoning and the Resolution of Cognitive Conflict (Cambridge: Cambridge University Press, 2003).

33 H. Collins und T. Pinch: The Golem. What Everyone Should Know About Science (Cambridge: Cambridge University Press, 1993).

34 Meister Eckhart: Die deutschen und lateinischen Werke. Bd. 1: Prologi. Expositio Libri Genesis. Libri Parabolorum, hrsg. v. K. Weiss (Stuttgart: Kohlhammer, 1964), 38.

35 In seinem Aufsatz: Beantwortung der Frage: Was ist Aufklärung? Vgl. Kant, 1983 ff. Bd. 6.

36 Panofsky, 1979.

37 Le Goff, 1985; Leff, 1968; Rashdall, 1936.

38 Flasch, 1989; Hissette, 1977.

39 Bath, 1998; Southern, 1986.

40 Bacon, 1983, 1998; Easton, 1971, orig. 1952; Hackett, 1995; Power, 2006

41 Bacon, 1897, Bd. 2, 169 ff. Der lateinische Text lautet folgendermaßen (die Übersetzung stammt von mir):
S. 169: *Sed duplex est experientia; una est per sensus exteriores, et sic experimenta ea, quae in coelo sunt [...] et haec inferiora [...] experimur [...] Et haec experientia est humana et philosophica, quantum homo potest facere secundum gratiam ei datam; sed haec experientia non sufficit homini, quia non plene certificat de corporalibus propter sui difficultatem, et de spiritualibus nihil attingit. Ergo oportet quod intellectus hominis aliter juvetur, et ideo sancti patriarchae et prophetae, qui primo dederunt scientias mundo, receperunt illuminationes interiores et non solum stabant in sensu*

[...] Nam gratia fidei illuminat multum [...] secundum quod Ptolemaeus dicit in Centilogio quod duplex est via deveniendi ad notitiam rerum, una per experientiam philosohiae, alia per divinam inspirationem quae longe melior est, ut dicit. Et sunt septem gradus hujus scientiae interioris, unus per illuminationes pure scientiales. Alius gradus consistit in virtutibus [...]
S. 171: *Virtus ergo clarificat mentem ut non solum moralia sed etiam scientialia homo facilius comprehendat [...] Tertius gradus est in septem donis Spiritus Sancti [...] Quartus est in beatitudinis, quas Dominus in evangeliis determinat. Quintus est in sensibus spiritualibus. Sextus est in fructibus, de quibus est pax Domini quae exsuperat omnem sensum. Septimus consistit in* raptibus *et modis eorum secundum quod diversi deiverismode capiuntur, ut videant multa, quae non licet homini loqui. Et qui in his experientiis vel in pluribus eorum est diligenter exercitatus, ipse potest certificare se et alios non solum de spiritualibus, sed omnibus scientiis humanis [...] necessaria est nobis scientia, quae experimentalis vocatur. Et volo eam explanare, non solum ut utilis est philosophiae, sed sapientiae Dei, et totius mundi regimini.*

Ich habe den im lateinischen Text hervorgehobenen Begriff *raptus* (in der Form *raptibus*) mit »spirituelle Erfahrung geistlicher Entrückung« übersetzt. Der Begriff *raptus* ist ein Terminus technicus der mystischen Theologie und meint das Entrücktwerden des menschlichen Geistes, meist aus der gewöhnlichen Weltverbundenheit hinein in eine geistliche Welt – die Autoren der Tradition streiten sich, ob die Entrückung bis in den siebten Himmel geschieht, also bis zu Gott selber, oder kurz davor stehenbleibt. Wie auch immer: *Raptus* meint eine in unserer Terminologie spirituelle Erfahrung des absoluten Selbsts, durch die Weisheit und Wissen insgesamt vermittelt wird. Daher habe ich mir erlaubt, diese interpretierende, freie Übersetzung zu wählen, die mit unserem definitorischen Begriffsapparat übereinstimmt.

42   Mandonnet, 1910.

43   Es ist hier nicht der Ort, ausführlich auf Hugo de Balma und seine Person bzw. seinen Text einzugehen. Ich habe das andernorts ausführlich getan: vgl. Walach, 1994. Ich habe in dieser Arbeit zu zeigen versucht, dass Hugo de Balma wohl zunächst der franziskanischen Spiritualenbewegung nahestand, und dass er vor allem gegen Bonaventura und dessen Interpretation der mystischen Theologie polemisierte, aber ebenso gegen andere Autoren. Ich habe auch versucht, plausibel zu machen, dass es sich bei dem Verfasser höchstwahrscheinlich nicht um einen Kartäuserprior gehandelt hat, sondern vermutlich um einen Autor, der Franziskaner war und später dem Kartäuserorden beigetreten ist. Wirkungszeit und -ort dürfte Paris um die Gründung der Kartause, 1257, und danach gewesen sein. Ich habe diese Version allerdings bislang nur durch interne Textevidenz belegen können. Die Stimmigkeit und Schlüssigkeit meiner Argumentation im vorliegenden Text wird dadurch indes nur peripher berührt, weswegen wir diese Fragen hier ausklammern können. Es könnte im übrigen sehr leicht sein, dass einige der 1277 verurteilten Thesen indirekt auch Hugo de Balma gemeint haben könnten. Eine der verurteilten Thesen lautete, dass man das ewige Leben schon hier, in diesem Leben haben könne. Das ist eine Meinung, die man gewöhnlich den epikuräisch und weltlich ausgerichteten Philosophen zuschreibt. Hugo de Balma war der Meinung, dass man durch die spirituelle Erfahrung die Glückseligkeit des Himmels bereits auf Erden erleben könne. Eine andere verurteilte These behauptet, dass spirituelle Erfahrungen (*raptus et visiones*) nur auf natürlichem Weg geschehen. (Zu den verurteilten Thesen vgl. R. Hissette: Enquete sur les 219 articles condamnés à Paris le 7 mars 1277, Louvain: Publications Universitaires. Philosophes Médiévaux 22, 1977.) Gewöhnlich geht man davon aus, dass dadurch arabische Lehrmeinungen des Algazels und Avicenna und die ihres lateinischen Schülers Boethius von Dakien intendiert waren. Sie hätte aber sehr leicht

auch auf Hugo gemünzt sein können, der behauptete, spirituelle Erfahrung sei für den, der darin unterwiesen und geübt sei, etwas, was man ganz leicht natürlicherweise, »hundertmal, ja tausendmal am Tag« erleben könne. Ich führe diese kurzen Beispiele an, um zu demonstrieren, was ich in einem ausführlicheren Argument dargelegt habe: Hugos Lehre war so am äußersten Rand dessen angesiedelt, was zu jener Zeit akzeptabel war, dass es nicht verwundern muss, dass sowohl seine Person als auch sein Denken für einige Zeit von der Bildfläche des historisch Überlieferten verschwand. Die Überlieferung seines Texts setzt erst ziemlich genau 100 Jahre später wieder ein; über seine Person wissen wir so gut wie gar nichts außer dem, was ich indirekt durch die Analyse seines Texts erschlossen habe. Die bekannten Quellen berichten nur Inkonsistentes und meiner Meinung nach Falsches.

44   Ich habe die Geschichte und Systematik des Begriffs *notitia experimentalis dei* in meinem Aufsatz Walach, 1996, ein bisschen tiefgreifender untersucht. Hugo und Balma folgt einer bestimmten, auf Dionysius Areopagita und dessen mittelalterlichen Vermittler Thomas Gallus zurückgehenden Begriffstradition (vgl. Gallus, 1936). Dort wird der *apex mentis* oder auch *scintilla synderesis*, die »Spitze des Geistes«, der »Funken der Synderesis«, der dann bei Meister Eckhart als »Seelenfunken« wieder auftaucht, als Organ und Ort dieser Vereinigungserfahrung beschrieben. Er gehört dem *affectus* genannten Verstandesbereich an. Dieser ist auf das Gute ausgerichtet und kann als der innere Ort des reinen Affiziertwerdens ausgelegt werden. Die Denkfigur ist dann folgende: Der *apex mentis* als Teil des *affectus* ist auf das reine und vollkommene Gute ausgerichtet. Dieses ist Gott selbst. Also wird er von Gott selbst berührt, affiziert bzw. mit ihm verbunden. Dieses Verbundenwerden ist eine erfahrungsmäßige Erkenntnis, denn sie geschieht durch den Innensinn, den *sensus interior*.

45   Hugo dürfte zur selben Zeit geschrieben haben, als Roger Bacon im Franziskanerstudium in Paris unter Hausarrest stand. Möglicherweise hat er sogar im gleichen Haus gewohnt und gearbeitet. Wenn meine Vermutung stimmt, die ich in meiner Arbeit von 1996 versucht habe, mit Textmaterial zu belegen, dass Hugo de Balma Franziskaner war und sich an den Pariser Diskussionen beteiligt hat, dann ist es sogar wahrscheinlich, dass die beiden im gleichen Haus gewohnt haben. Ich habe im übrigen die textliche Nähe zwischen Hugo und Roger Bacon in meiner neuen Studie etwas präziser herausgearbeitet, siehe Walach, 2011 (im Druck).

46   Als solche sehe ich die Quaestio an, die den Abschluss von Hugos Textcorpus »Viae Sion lugent« bildet. Der einzige unmittelbare Reflex, den Hugo hinterlassen zu haben scheint, ist bei Ramon Llull zu finden, der seiner Contemplatio Raimundi einen kurzen Text, ein Postscriptum sozusagen, hinterherschickt mit dem merkwürdigen Titel:»Quomodo contemplatio transit in raptum« – wie die Kontemplation zur ekstatischen Erfahrung wird (Lullus, 1989). Eine sehr nützliche Einführung zu Llull findet sich bei Pindl-Büchel, 1992. In diesem wenig beachteten Text antwortet Llull auf imaginäre oder tatsächliche Vorwürfe und erweitert sein Konzept hin zu einer affektiven Mystik, was für Llull sehr außergewöhnlich ist. Ich bin geneigt, darin einen mittelbaren oder unmittelbaren Reflex einer Debatte mit Hugo de Balma oder mit einem unmittelbaren Schüler Hugos zu sehen. Die genaueren Textbelege und Argumente finden sich bei Walach:»Notitia experimentalis«, 1996.

47   Der früheste Textzeuge ist ein Manuskript, das meines Wissens auf das Jahr 1370 datiert ist und aus der Trierer Kartause stammt.

48   Dondaine, 1955; Hoye, 1975, 1976 , 1988; Wéber, 1976.

49   Tocco, 1996.

50   Ich spreche hier bewusst und polemisch davon, dass Thomas auf eine Erfahrung vorbereitet wurde, die er am Ende seines Lebens machte, und dass dies seinen Reflex in

Texten findet, die er kurz davor geschrieben hat, nämlich im zweiten Teil des zweiten Teils der Summe der Theologie. Diese Texte sind, absolut gesehen, die allerletzten seines Lebens. Danach hat er zu schreiben aufgehört. In früheren Texten zur Epistemologie, etwa in seinen »Quaestiones disputatae«, seinem Kommentar zu Pseudo-Dionysius' Schrift über die göttlichen Namen oder in seiner Summe gegen die Heiden, sind meines Wissens keine Erläuterungen zu einer Erfahrungserkenntnis Gottes enthalten, die über die Tradition, also im Wesentlichen über das bei Augustinus Erwähnte, hinausgehen. Es ist mir auch durchaus bewusst, dass in der Hagiografie von Thomas' Leben durchaus mehrere Elemente vorkommen, die man in der hier vorgestellten Terminologie als spirituelle Erfahrung bezeichnen kann. In einer gewissen Zuspitzung des Gedankens jedoch erscheint es mir so, dass er erst in der Auseinandersetzung mit anderem zeitgenössischem Gedankengut – das ist für die Gedanken des Siger von Brabant und des Wilhelm de Saint Amour sehr gut belegt und bearbeitet – Anlass fand, seine eigene Position zu skizzieren. Es dürfte der Sache nach naheliegend sein, dass die Spekulationen und Klarstellungen zum Thema der Erfahrungserkenntnis Gottes im zweiten Teil des zweiten Teils der theologischen Summe – neben dem systematischen Ort, an den sie gehören – auch durch aktuelle Diskussionen gespeist wurden. Thomas hätte bereits an anderen Stellen im ersten Teil der Summe Möglichkeiten gehabt, zu diesem Thema Stellung zu beziehen. Er tut es auch und hält sich dort immer an seine Grundposition, für die er bekannt ist, nämlich, dass das Wesen Gottes nicht erkennbar sei, sondern nur dessen Existenz und Wirken. Die entsprechenden Thomas-Zitate sind in dem von mir verfassten Lexikon-Artikel »Affectus – Affection« enthalten, das vom Centre du Recherche de Spiritualité Cartusienne als Lexikon der Kartäuserspiritualität demnächst herausgebracht wird, soweit sie nicht schon in meinem Aufsatz über die Auslegung von Hugo de Balmas Erfahrungsbegriff (siehe Anm. 9) enthalten sind. Einige zentrale Stellen sind Summa Theologica, Sec. Sec. Q 175, art. 1–5; Q 180, art. 5 ff. (Aquin, 1894). Zum Leben, zur Biografie und der textlichen Einordnung vgl. Grabmann, 1946; Weisheipl, 1980; Chesterton, 1956.

51   Albert, 1976; Haas, 1982; Hohn, 2000; Koch, 1939, 1959; Ruh, 1982; Welte, 1979.

52   Einen ausfürlichen Beleg für diese Behauptung gedenke ich bei Gelegenheit zu führen. An dieser Stelle möge Folgendes genügen: In Eckharts Reden der Unterweisung, No. 20, findet sich folgender Passus:»Dieses Empfangen und selige Genießen [...] liegt auch im geistigen Genuss mit begehrendem Gemüt und in andachtsvoller Einung. Dies kann der Mensch so vertrauensvoll empfangen, dass er reicher an Gnaden wird [...] dies kann der Mensch tausendmal am Tag und öfter vollziehen, er sei, wo er wolle, ob krank oder gesund [...]« (Eckhart, 1963, 86, 26 ff. Sowohl das hier und im Kontext angesprochene Empfangen Gottes durch Streben (*affectus, desiderium*) als auch die provokative Rede von der Möglichkeit, dies »hundertmal, ja tausendmal am Tag« tun zu können, sind Topoi, die in dieser Direktheit nur bei Hugo vorkommen. Auf jeden Fall ist das »tausendmal am Tag und öfter« eine direkte Übernahme aus Hugos Prolog. Dort heißt es: »[...] so wird er schneller, als man denken kann, ohne vorheriges oder begleitendes Denken, so oft er will, hundertmal oder tausendmal am Tag oder in der Nacht in Gott bewegt, auf dass er ihn allein besitze im Streben unnennbaren Sehnens« (Viae Sion, I.5).

53   Dieses Zurücklassen aller kognitiven Akte ist selbstverständlich nicht an sich neu; das pseudo-dionysische Denken des super-rationalen Zurücklassens allen Denkens hat es bereits vorgeprägt. Aber die methodische Auslegung, die Thomas Gallus und in seiner Folge Hugo de Balma und dann wieder Eckhart geben, ist klarerweise gegen die intellektualistische Fassung des Gedankens gerichtet. Denn Thomas Gallus und Hugo vor ihm sagen wie Eckhart, dass dies das aktive Seinlassen allen Denkens und

aller kognitiven Akte bedeutet. Hier steht Eckhart also eindeutig in dieser Tradition. Der Gedanke wäre allerdings klarerweise einer eigenen Beweiskette würdig, die ich hier nur kurz andeute.

54 Vgl. zu dieser Thematik die Texte von Ueda, 1965, 291–313.

55 Als solche wurde die Theologie von Thomas von Aquin in der Vorrede zu seinem Kommentar der Metaphysik des Aristoteles bezeichnet, was wohl wesentlich zu der generellen Kodifizierung dieser Wahrnehmung der Theologie als Leitwissenschaft beigetragen hat. Vgl. Aquin, 1993.

56 Vgl. Albert, 1974, 1996.

57 Beide Autoren waren enorm einflussreich; vgl. Pohlen, 1941; Stelzenberger, 1928. Dionysius der Kartäuser war ein eminent fleißiger Schriftsteller, dessen Werk mit über 40 Foliobänden riesig ist. Er ist vor allem deshalb so bedeutsam, weil er als Freund von Nicolaus Cusanus diesen als Berater auf den meisten Reisen begleitete und die mystische Tradition der Kartäuser an den Cusaner wohl mitvermittelte, wiewohl dieser durch seine ausführlichen Studien von Eckhart und Llull bestens unterrichtet war.

58 James, 1981.

59 James, 1985.

60 N. Kohls und Benedikter, 2010.

61 Niko Kohls hat diese Entwicklung und die entsprechenden Quellen in seiner Dissertation sorgfältig nachgezeichnet (N. B. Kohls, 2004). Man geht auch oftmals fälschlicherweise davon aus, dass Freud an derlei mystischen Gedanken wenig Interesse hatte. In der Tat war er sogar sehr daran interessiert, war aber auch davon überzeugt, dass eine übermäßige Beschäftigung mit dieser Seite der Psychologie die noch junge Wissenschaft der Psychoanalyse in Misskredit bringen würde. Vgl. Simmonds, 2006.

62 Benetka, 1999. Das bekannte Zitat »*vera philosophiae methodus nulla alia nisi scientiae naturalis est*« – »die wahre Methode der Philosophie kann keine andere als die der Naturwissenschaft sein« aus Brentanos unpublizierten Habilitationsthesen von 1866 findet sich mit Nachweis der Manuskript-Quelle bei Hedwig, 1987. Interessanterweise und als eine gewisse Ironie der Geschichte berief sich der Wiener Kreis auf Brentanos These und leitete damit indirekt genau jene positivistische Phase der Psychologie ein, die Brentano mit Sicherheit mit Entsetzen erfüllt hätte. Vgl. Smith, 1994.

63 Vgl. Brentano, 1895.

64 Eine sorgfältige Studie über Brentano, die auch, soweit ich sehen kann, die meisten nicht-edierten Texte und biografisches Material enthält ist (Tiefensee, 1998). Zu Brentanos Leben immer noch nützlich ist Kraus, 1919. Eine sehr ausführliche Studie und ausführliche Bibliografie findet sich bei Wehrle, 1989.

65 Vor allem über Karl Stumpf vermittelt, aber auch Meinong war von Brentano beeinflusst.

66 Merlan, 1945, 1949.

67 Husserl, 1919.

68 Ich habe diese Zusammenhänge etwas ausführlicher und leserfreundlicher in meinem Lehrbuch dargestellt; siehe Walach, 2005.

69 Die Sache ist natürlich wie immer komplexer. Die Theologie hat sich auch oftmals mit der Wissenschaft gegen »irrationale« Elemente, Magie etwa, verbündet und ist damit zum Teil des aufklärerischen Impulses der Wissenschaft; vgl. Bukow, 1994. Theologie steht aber vielfach auch in ausgesprochener Spannung zur doktrinären Seite des kirchlichen Lehramts. Und die Tatsache, dass Theologie ebenfalls am aufklärerischen Programm der Wissenschaft teilhat, verneint nicht die historische Tat-

sache, dass einer der wesentlichen Aufklärungsimpulse der Wissenschaft gegen die Religion als doktrinäre Institution gerichtet war.

70 Grundmann, 1977.

71 Koch, 1930, 1959, 1960.

72 Mit dem Begriff »synoptisch« – zusammenschauend – bezeichnet man die drei kanonischen Evangelien nach Markus, Lukas und Matthäus, weil sie viele Parallel-Überlieferungen aufweisen, die offensichtlich aus der gleichen Quelle stammen, die aber noch nicht aufgefunden wurde. Man geht davon aus, dass diese ursprüngliche Quelle die früheste Überlieferung darstellt, weswegen die gleichbleibenden Elemente der drei synoptischen Evangelien zu den ursprünglichsten Überlieferungen zählen. Die hier kurz angedeutete Geschichte von der Versuchung in der Wüste kommt in allen drei synoptischen Evangelien mehr oder weniger ausführlich vor, ebenso die Taufe im Jordan, die weiter oben als Chiffre für die eigene Wesenserfahrung des historischen Jesus gedeutet wurde.

73 In der Tradition wird dieser Versucher mit dem hebräischen Namen »Satanas« belegt und damit wie ein außerhalb des Menschen und von außen herantretendes Prinzip behandelt. Das gibt zu Missverständnissen Anlass. Tatsächlich scheint es mir zweckdienlicher, diese Erfahrung als eine Projektion innerer Zustände nach außen zu sehen. In diesem Fall wäre also der »Versucher« unsere menschliche Natur selber, die je nach Situation zu verschiedenen Abkürzungen oder Umwegen verleitet. Da sie vom jeweiligen Subjekt als in der Tiefe wesensfremd bzw. vom eigentlichen Weg wegführend erlebt werden, wird diese Erfahrung mit einem Namen belegt, der suggeriert, es handle sich um ein von außen herantretendes Prinzip.

74 Vgl. Kreuz, 1940; Loyola, 1967.

75 Der griechische Text liest sich *en hymeis*, was wörtlich übersetzt sowohl »in Euch« als auch »unter Euch« heißen kann, und sehr wahrscheinlich ist beides gemeint.

76 Siehe z. B. Pagels, 1987.

77 Der Begriff »Katharer« leitet sich vom griechischen *katharsis* – Reinigung – und *katharos* – rein – her und bezeichnet die Gruppe derer, die sich von aller Welt gelöst hatten und ganz rein waren.

78 Kolmer, 1982; Scheeben, 1927.

79 Der Begriff »Ketzer« ist eine Verballhornung des Begriffs »Katharos«; er wurde später für alle abweichenden Meinungen verwendet, während sich der ältere Begriff »Häretiker« vom griechischen *hairein* – aufgreifen, heraussuchen – herleitet. Letzteres meint eine Haltung, die sich aus einem gegebenen Ganzen einer Tradition nur das heraussucht, was einem in den eigenen doktrinären Kram passt. Der »Häretiker« ist also einer, der sich die Rosinen aus dem spirituellen Kuchen heraussucht.

80 Kolmer, 1982; Baier, 1984.

81 des Vaux-de-Cernay, 1996

82 Baier, 1984; des Vaux-de-Cernay, 1996.

83 Insofern begehen fundamentalistische Gruppierungen unserer Tage, egal welchen Lagers, den gleichen Fehler, wenn sie spirituell motivierte Texte nicht als solche lesen wollen und können, als die sie intendiert waren, nämlich als Chiffren für bestimmte Erfahrungen, sondern sie wörtlich nehmen. Solches wörtliche Verstehen ist immer schon und notwendigerweise ein Missverständnis, weil es die Natur, die Intention, den Herkunft und die Gattung des Texts verkennt. Das gleicht den Sprachverstehensfehlern bei Patienten mit verschiedenen neurologischen Störungen, die nicht imstande sind, zwischen übertragenen und wörtlichen Bedeutungen zu unterscheiden. Dieser Fehler ist verantwortlich für unser Lachen, wenn ein Komiker eine übertragene Bedeutung wörtlich nimmt und etwa seinem Bühnenpartner eine Armbanduhr gibt, wenn dieser zu ihm sagt, »Gib mir Zeit«, oder auf die Aussage »Wir

231

haben nochmal Schwein gehabt« mit der Frage reagiert, wo denn das Schwein sei. Ähnlich deplaziert ist wörtliches Verständnis bei fast allen spirituellen Texten, da sie in der Regel Sprache nicht in ihrer abbildenden Funktion, sondern in einer zeigenden Funktion verwenden.

84 Ich habe diese Begriffsbestimmung und einige damit verbundene Überlegungen in meinem Wissenschaftstheorie-Lehrbuch eingeführt; siehe Walach, 2005.

85 Der Begriff stammt, soweit ich sehe, von Edmund Husserl, vgl. Husserl, 1977. Andreas Sommer verdanke ich den Hinweis, dass William James diesen Begriff im Englischen schon in Briefen ab 1890 verwendet.

86 Besonders einflussreich wurde Du Bois-Reymond, der berühmte Berliner Physiologe, der sich als junger Freigeist mit Brücke, dem späteren Wiener Physiologen und Lehrer Freuds, und anderen verschwor, wie er sagte, die materialistische Basis des Bewusstseins zu ergründen. 30 Jahre später verkündete er dann, dass dies nicht gelungen sei und niemals möglich wäre. Gleichwohl ist die von ihm ausgedrückte Haltung sehr typisch für einen großen Teil der Pioniere der Naturwissenschaft im 19. Jahrhundert; vgl. Du Bois-Reymond, 1918:»Brücke und ich, wir haben uns verschworen, die Wahrheit geltend zu machen, dass im Organismus keine anderen Kräfte wirksam sind als die gemeinen physikalisch-chemischen; dass, wo diese bislang nicht zur Erklärung ausreichen, mittels der physikalisch-mathematischen Methode entweder nach ihrer Art und Weise der Wirksamkeit im konkreten Falle gesucht werden muss oder dass neue Kräfte angenommen werden müssen, welche, von gleicher Dignität mit den physikalisch-chemischen, der Materie inhärent, stets auf nur abstoßende oder anziehende Componenten zurückzuführen sind« (S. 108).

87 Zwei Beispiele hierfür sind Kanitschneider, 1993, und Jantsch, 1979.

88 Vgl. etwa H. G. Koenig:»Concerns About Measuring ›Spirituality‹ in Research.« In: Journal of Nervous and Mental Disease 196 (2008).

89 E. J. Larson and L. Witham:»Leading Scientists Still Reject God.« In: Nature 394 (1998).

90 A. Goswami:»Consciousness in Quantum Physics and the Mind-Body Problem.« In: Journal of Mind and Behavior 11 (1990); A. Goswami:»Monistic Idealism May Provide Better Ontology for Cognitive Science. A Reply to Dyer.« In: Journal of Mind and Behavior 16 (1995); E. J. Squires:»Quantum Theory and the Need for Consciousness.« In: Journal of Consciousness Studies 1 (1994); E. J. Squires:»Quantum Theory and the Relation between the Conscious Mind and the Physical World,« Synthese 97 (1993).

91 S. Akhilananda: Hindu Psychology. Its Meaning for the West. With an Introduction by Gordon W. Allport (London: Routledge & Kegan Paul, 1960); K. R. Rao:»Perception, Cognition and Consciousness in Classical Hindu Psychology.« In: Journal of Consciousness Studies 12, Bd. 3 (2005).

92 K. Wilber: Das Wahre, Schöne, Gute. Geist und Kultur im 3. Jahrtausend (Frankfurt: Wolfgang Krüger Verlag, 1999); K. Wilber: The Marriage of Sense and Soul. Integrating Science and Religion (New York: Random House, 1998).

93 Vgl. hierzu die Darstellungen von B. Latour: Die Hoffnung der Pandora. Untersuchungen zur Wirklichkeit der Wissenschaften (Frankfurt: Suhrkamp, 2000) oder H. Collins und T. Pinch: The Golem. What Everyone Should Know About Science (Cambridge: Cambridge University Press, 1993). Klassischerweise L. Fleck, Entstehung und Entwicklung einer wissenschaftlichen Tatsache. Einführung in die Lehre vom Denkstil und Denkkollektiv. Hrsg. v. L. Schäfer und T. Schnelle (Frankfurt: Suhrkamp. 1980, Original erschienen 1935).

94 Wir führen diese Diskussion hier nicht stringent weiter, weil sie nur ein Nebenschauplatz des Arguments ist. Wir teilen in dieser Argumentation auch die rela-

tiv plausible Grundvoraussetzung der Neurowissenschaften, dass Gehirntätigkeit eine notwendige Voraussetzung von Bewusstsein ist – mindestens in der normalerweise uns bekannten Form. Über diese stark konstruktivistische und relativierende Erkenntnis der Gehirnforschung informiert sehr gut G. Roth: Das Gehirn und seine Wirklichkeit. Kognitive Neurobiologie und ihre philosophischen Konsequenzen (Frankfurt: Suhrkamp, 1997).

95 Interessanterweise haben führende Psychologen diese Wendung selten mitgemacht. Brentano blieb Zeit seines Lebens einem transzendentalen Standpunkt verhaftet, wiewohl er heftig gegen den Idealismus polemisierte. Wundt vertrat ebenfalls eine Art Parallelitätslehre. Jung war ein bekennender Neuplatoniker und vertrat einen transzendenten Monismus. Freud hatte sicherlich eine, nach außen gesehen, materialistische Auffassung, und erst mit der behavioristischen Wende, und nach ihr mit dem funktionalistischen Mainstream, nimmt eine materialistische Ontologie in der Psychologie überhand. Eigentlich erst die behavioristischen Autoren brachten ein dezidiert materialistisches Konzept in die Psychologie; vgl. B. J. Baars: »The Double Life of B. F. Skinner: Inner Conflict, Dissociation, and the Scientific Taboo against Consciousness.« In: Journal of Consciousness Studies 10, Bd. 1 (2003).

96 Vgl. E. Jantsch: Die Selbstorganisation des Universums: Vom Urknall zum menschlichen Geist (München: Hanser, 1979); B. Kanitschneider: Von der mechanistischen Welt zum kreativen Universum. Zu einem neuen philosophischen Verständnis der Natur (Darmstadt: Wissenschaftliche Buchgesellschaft, 1993).

97 Die Tatsache, dass wir noch überhaupt nicht verstanden haben, was »Emergenz« eigentlich ist und wie man sie verstehen kann, steht auf einem anderen Blatt. Einen Ansatz hierzu bieten F. M. Kronz und J. T. Tiehen: »Emergence and Quantum Mechanics.« In: Philosophy of Science 69 (2002), die zeigen, dass mindestens im Rahmen des quantenmechanischen Formalismus Emergenz formal als Tensorprodukt zweier Matrizen verstanden werden kann, die anschließend nicht mehr faktorisierbar sind, also nicht mehr in ihre Ausgangsprodukte zurückgeführt werden können. Dies hat dann immer mit Verschränkung zu tun.

98 An diesem Beispiel hat Bieri das Problem sehr gut veranschaulicht und auch die Problematik insgesamt erhellt. Vgl. P. Bieri: »Schmerz: Eine Fallstudie zum Leib-Seele-Problem.« In: Gehirn und Bewusstsein, hrsg. v. E. Pöppel (Weinheim: VCH, 1989) und seine Einführung zu Analytische Philosophie des Geistes, hrsg. v. P. Bieri (Bodenheim: Athenäum, 1993). In dieser Anthologie finden sich auch einige zentrale Artikel zum Problem. Eine neuere, kluge Kritik des subtil-materialistischen Standpunkts bietet D. J. Chalmers: The Conscious Mind. In Search of a Fundamental Theory (New York, Oxford: Oxford University Press, 1996).

99 In jüngster Zeit hat Hoche wieder darauf hingewiesen, dass eine Identitätstheorie einen Kategorienfehler begeht, der zu unsinnigen Sätzen der Form »Cäsar ist eine Primzahl« führt. Das ist ein Satz, der weder richtig noch falsch, sondern schlicht unsinnig ist, weil eine Kategorie mit einer anderen in Beziehung gesetzt wird. Allein schon aus diesem Grund ist eine reine materialistische Identitätstheorie unhaltbar. Vgl. H.-U. Hoche: Anthropological Complementarism. Linguistic, Logical, and Phenomenological Studies in Support of a Third Way Beyond Dualism and Monism. (Paderborn: Mentis Verlag, 2008).

100 Der Fall wird, außer auf einer Vielzahl von Webseiten, vor allem vom einem beteiligten Arzt M. Sabom: Light and Death (Grand Rapids, MI: Zondervan Publishing House, 1998) geschildert. Für den neutralen Leser abstoßend wirkt dabei sicherlich die fundamentalistisch-religiöse Attitüde des Autors, der vorschnell von einem Einzelfall zu allen möglichen Beweisen für Gott und die Unsterblichkeit springt. Wenn man von diesen ideologischen Schwächen des Textes absieht und gewillt ist, ein nüch-

ternes Fallbeispiel zählen zu lassen, das hier klar beschrieben wird, dann hat der Fall
einen großen epistemologischen Stellenwert. Kritiker führen in der Regel an, dass
die Beschreibungen gar nicht präzise waren und eher aus der Spätphase des Wieder-
belebungsprozesses stammen, also die Erlebnisse eines Gehirns sein könnten, das
zurück in die Aktivität katapultiert wird. Damit wären sie keine Nahtod-, sondern
Aufwacherlebnisse. Solche Kritik scheint mir in diesem Fall nicht gerechtfertigt,
weil die beschriebenen Erfahrungen aus der Mitte des Operationsprozesses stammen.

101 Eine gute aktuelle Übersicht über die Forschung findet sich bei U. Fauth und A.
Rümelin:»Nahtoderfahrungen. Phänomenologie, Erklärungsmodelle und klinische
Bedeutung.« In: Notfall + Rettungsmedizin 6 (2003). Die wohl besten prospekti-
ven Daten bieten P. van Lommel et al.:»Near Death Experience in Survivors of Car-
diac Arrest: A Prospective Study in the Netherlands.« In: Lancet 358 (2001). Nähere
Erläuterungen und qualitative Daten in P. van Lommel:»About the Continuity of
Consciousness.« In: Advances in Experimental Medicine and Biology 550 (2004).
Die Informationen über die Unmöglichkeit der Gehirnaktivitäten bei einigen seiner wohldokumentierten Fälle stammen neben diesem Artikel auch aus einem Vortrag, den Pim van Lommel auf der Konferenz»Quantum-Consciousness« in Tucson,
AZ, im März 2003 gehalten hat, sowie aus einem ausführlichen Gespräch, das ich
mit ihm über die Sache führte. Diese vergleichsweise lange Dauer von stillliegender
Gehirnaktivität macht auch andere Erklärungsansätze unwahrscheinlich, die davon
ausgehen, dass solche Nahtoderfahrungen letzte Aktivitäten eines sterbenden neuronalen Systems sind, die zu einer Eindämmung von Katastrophengefühlen führen
sollen. Der wichtige argumentative Punkt hier ist es aber, dass es offenbar Erfahrungen zu geben scheint, die auch bei nicht mehr aktivem Gehirn, bei dem ein EEG
flach wäre, vorkommen. Außerdem, so van Lommel, müsste man erwarten, dass
mehr Menschen eine Nahtoderfahrung haben als die dokumentierten etwa 13 Prozent, falls es sich bei diesen Erfahrungen wirklich um Selbstschutzmaßnahmen eines
sterbenden Systems handelte. Eine neuere, kompetente, aber sehr kritische Darstellung solcher Fälle, die zu dem Schluss kommt, dass es sich im Wesentlichen um Auf-
wacherfahrungen eines komplexen neuronalen Systems handelt, die ausgelöst werden, wenn und bevor es wieder in seine normale Aktivität zurückkatapultiert wird,
liefert M. N. Marsh: Out-of-Body and near-Death Experiences. Brain-State Phenomena or Glimpses of Immortality? (Oxford: Oxford University Press, 2010).

102 So etwa F. Beck und J. C. Eccles:»Quantum Aspects of Brain Activity and the Role
of Consciousness.« In: Proceedings of the National Academy of Science of the USA
89 (1992).

103 Die Tatsache,»dass die christliche Tradition häufig und fälschlicherweise mit solchen
dualistischen Positionen in Verbindung gebracht wird, hängt eher damit zusammen, dass diese im folkloristischen Sinn nur unvollständig rezipiert und weitergeben
wurde, und damit, dass die subtileren Unterscheidungen verwischt wurden. Außerdem hat sich das Christentum immer auch, trotz aller Abgrenzungsversuche, den
einen oder anderen manichäischen Zungenschlag eingehandelt. Die scholastisch-
aristotelische Formel der Anima-forma-corporis-Lehre etwa geht davon aus, dass
Seele und Leib gemeinsam erst den lebendigen Organismus begründen und damit
zusammengehörig sind. Der aristotelische aktive Intellekt wurde in der Lehre des
Thomas von Aquin und vieler anderer so gedeutet, dass er ein göttliches Element
im Menschen darstellt, die Spur des Göttlichen in der Seele oder die Gotteben-
bildlichkeit des Menschen. Sie kehrt zurück in den Bereich des Göttlichen. Es wäre
aber unzulässig, dies als eine dualistische Lehre von Leib und Seele zu deuten. Vgl.
hierzu K. Fischer:»Aristoteles' Schrift ›Über die Seele‹ und die moderne Neurophi-

losophie.« In: Antike Naturwissenschaft und ihre Rezeption, hrsg. v. J. Althoff, B. Herhoff und G. Wöhrle (Trier: Wissenschaftlicher Verlag, 2003); T. Schneider: Die Einheit des Menschen. Die anthropologische Formel »Anima Forma Coporis« im sogenannten Korrektorienstreit und bei Petrus Johannis Olivi. Ein Beitrag zur Vorgeschichte des Konzils von Vienne, Bd. 8, Beiträge zur Geschichte der Theologie und Philosophie des Mittelalters; Neue Folge (Münster: Aschendorff, 1973).

104 vgl. E. Plaum:»Niels Bohrs quantentheoretische Naturbeschreibung und die Psychologie.« In: Psychologie und Geschichte 13 (1992). Diese Arbeit zeigt sehr schön, wie die Quelle für Bohrs Konzept der Komplementarität aus der Psychologie entlehnt ist. Maßgeblich hierfür waren Bohrs Kontakte zu Harald Höffding, einem Philosophen, und zu Edgar Rubin, dem Wahrnehmungspsychologen, der zu den ersten gehörte, der Vexierbilder einführte, die zweierlei Betrachtsungsmöglichkeiten in einem Motiv zusammenbringen. Außerdem kannte Bohr höchstwahrscheinlich William James, der den Begriff »Komplementarität« in seinem Psychologie-Buch einführte und auf das gleichzeitige Vorhandensein verschiedener Persönlichkeiten bei manchen klinischen Problemen anwandte: vgl. W. James: The Works of William James. The Principles of Psychology (Cambridge, MA: Harvard University Press, 1981), 204. Außerdem zum Thema: L. Rosenfeld:»Niels Bohr's Contribution to Epistemology.« In: Physics Today 16, Oct. (1963); L. Rosenfeld: Niels Bohr (Amsterdam: North Holland, 1961).

105 Diese Charakterisierung stammt von K. M. Meyer-Abich: Korrespondenz, Individualität und Komplementarität (Wiesbaden: Steiner, 1965).

106 K. H. Reich hat dafür plädiert, eine neue Denkform anzunehmen, die er »relational-contextual reasoning« nennt und die er explizit mit dem Denkmodell der Komplementarität, wie es aus der Quantenmechanik bekannt ist, in Verbindung bringt. Vgl. K. H. Reich: Developing the Horizons of the Mind: Relational and Contextual Reasoning and the Resolution of Cognitive Conflict (Cambridge: Cambridge University Press, 2003).

107 Diese Formulierung lehnt sich an den Vorschlag an, den Fahrenberg bereits 1979 gemacht hat: J. Fahrenberg:»Das Komplementaritätsprinzip in der psychosomatischen Forschung und psychosomatischen Medizin.« In: Zeitschrift für Klinische Psychologie, Psychopathologie und Psychotherapie 27 (1979). Diese Versuche sind in der Folge vor allem von Reich, aus der Physik kommend, im Rahmen seiner Entwicklung einer komplementaristischen Denkform, die er neuerdings relationales und kontextbezogenes Denken nennt, erweitert worden (K. H. Reich: Developing the Horizons of the Mind: Relational and Contextual Reasoning and the Resolution of Cognitive Conflict). Wir haben vor kurzem eine etwas technischere und ausführlichere Darstellung vorgelegt: H. Walach und H. Römer:»Complementarity Is a Useful Concept for Consciousness Studies. A Reminder.« In: Neuroendocrinology Letters 21 (2000). Das Konzept ist natürlich der Sache nach alles andere neu und wurde bereits von Spinoza vertreten und immer wieder neu in die Diskussion gebracht, so auch von H. Feigl:»Leib-Seele, kein Scheinproblem.« In: Psychologische Anthropologie, hrsg. v. H. G. Gadamer und P. Vogler (Stuttgart: Georg Thieme/DTV, 1973).

108 Es sind freilich auch andere Lösungen denkbar, um die grundlegende Einheit bei aller Verschiedenheit der Phänomene zu retten. Whitehead etwa und die Prozessphilosophie in seinem Gefolge schlagen vor, bereits die ultimativen Konstituenten des Seienden als rudimentäre Leib-Seele-Einheiten zu denken, die mit einem physischen und einem mentalen Pol begabt sind. Diese Konzeption hat wiederum andere Schwierigkeiten, die nämlich aus den atomaren Einheiten den Gesamtstrom des bewussten Erlebens ableiten muss. Dieses Problem ist bei Whitehead nur unzu-

reichend gelöst und ich sehe nicht, dass andere Denker es besser lösen konnten. Wie dem auch sei, der Sache nach handelt es sich um einen Lösungsvorschlag, der in die gleiche Richtung geht, nämlich phänomenale Dualität bei ontologischer Einheit zu sichern.

109 H. Atmanspacher: »Mind and Matter as Asymptotically Disjoint, Inequivalent Representations with Broken Time-Reversal Symmetry.« In: Biosystems 68 (2003).

110 Vgl. H. Walach: »Mind – Body – Spirituality.« In: Mind and Matter 5 (2007).

111 Schon Bohr hatte davon gesprochen, dass das Konzept der Komplementarität nicht nur in einem engeren Sinn auf physikalische Gegenstände anzuwenden sei, sondern wohl eine allgemeinere Struktur darstelle, die im weitesten Sinn auch auf verschiedene Perspektiven wie Naturwissenschaft und Religion zuträfe; vgl. N. Bohr: Atomphysik und menschliche Erkenntnis (Braunschweig: Vieweg, 1966).

112 vgl. J. N. Ferrer: Revisioning Transpersonal Theory. A Participatory Vision of Human Spirituality (Albany: SUNY Press, 2002). Ferrer kritisiert das epistemologische Vorurteil der Systematiker unter den Autoren der Transpersonalen Psychologie, allen voran Ken Wilber. Die Behauptung, Transpersonale Psychologie hätte es mit »Wirklichkeit« im gleichen Sinn und ebenso erfahrungsmäßig vermittelt zu tun wie die normale Wissenschaft und sei deshalb ebenfalls wissenschaftlich, weist er als Kategorienfehler nach. Damit hat Ferrer zweifellos recht. Indem man den systematischen Bezug innerer und äußerer Erfahrung durch den Begriff der Komplementarität verbindet und so auch dem Bewusstsein bzw. der in ihm statthabenden inneren Erfahrung einen Ort gibt, hat man das Problem mindestens teilweise gelöst. Recht hat Ferrer weiterhin mit seiner Kritik, dass die von Wilber angeführten Kriterien der Wissenschaftlichkeit, die im Wesentlichen dem Wissenschaftsverständnis des kritischen Rationalismus Popper'scher Prägung geschuldet sind, bereits innerhalb der Wissenschaftstheorie selber fragwürdig sind, geschweige denn für eine Begründung einer Wissenschaft innerer Erfahrung taugen würden. Es eröffnet sich an dieser Stelle ein Desiderat der Zukunft, das auch in dieser Schrift nur ansatzweise wird einzulösen sein: wie eine akzeptable und sinnvolle Epistemologie der inneren Erfahrung beschaffen sein kann, da innere Erfahrung ja definitionsgemäß subjektiv und also nicht interindividuell kontrollierbar ist. Die spirituellen Traditionen kennen hier die pragmatische Bewährung, also ein durchaus extern überprüfbares, pragmatisches Prüfkriterium. Siehe hierzu Weiteres im nächsten Kapitel und in meinem Aufsatz H. Walach: »The Epistemological Status of Transpersonal Psychology – the Database Argument Revisited.« In: Transpersonal Psychology Review 11, Bd. 1 (2007). Ausführlicher dargestellt in einer neueren Version: H. Walach und A. L. C. Runehov: »The Epistemological Status of Transpersonal Experiences.« In: Journal of Consciousness Studies in print (2009). Die kritisierte Haltung Ken Wilbers findet sich in vielen Stellen seines Werks, zuletzt in Wilber: The Marriage of Sense and Soul. Integrating Science and Religion.

113 Vgl. Anm. 28 ff., Kapitel 2.

114 F. Brentano: Deskriptive Psychologie. Aus dem Nachlass herausgegeben und eingel. v. R. M. Chisholm und W. Baumgartner (Hamburg: Meiner, 1982); F. Brentano: Psychologie vom empirischen Standpunkt. Von der Klassifikation der psychischen Phänomene, hrsg. v. O. Kraus (Leipzig: Felix Meiner, 1925). Die ersten Gedanken hierzu stammen noch aus seiner Würzburger Zeit von 1878 und wurden dann 1890/91 in Wien im Rahmen von Vorlesungen vorgetragen.

115 Vgl. hierzu E. Husserl: »Erinnerungen an Franz Brentano.« In: Franz Brentano: Zur Kenntnis seines Lebens und seiner Lehre, hrsg. v. O. Kraus (München: Beck, 1919); D. Münch: »Erkenntnistheorie und Psychologie. Die wissenschaftliche Weltanschauung Carl Stumpfs.« In: Brentano Studien 10 (2002).

116 P. Merlan: »Brentano and Freud – a Sequel.« In: Journal of the History of Ideas 10 (1949); P. Merlan: »Brentano und Freud.« In: Journal of the History of Ideas, Bd. 6 (1945).

117 In der zuvor zitierten repräsentativen Befragung deutscher Psychotherapeuten sagen immerhin fast zwei Drittel, sie hätten schon einmal eine spirituelle Erfahrung gemacht, und beinahe ein Drittel sagt, sie hätten solche Erfahrungen häufig gemacht; vgl. L. Hofmann und H. Walach: »Spirituality and Religiosity in Psychotherapy – a Representative Survey among German Psychotherapists.« In: Psychotherapy Research (2011, im Druck).

118 Meister Eckhart: Die deutschen und lateinischen Werke. Bd. 1: Prologi. Expositio Libri Genesis. Libri Parabolorum, hrsg. v. K. Weiss (Stuttgart: Kohlhammer, 1964), 38.

119 C. G. Jung hatte bereits darauf hingewiesen, dass es spezielle Momente gibt, in denen diese Trennung zwischen innerer und äußerer Wirklichkeit, oftmals auch als cartesischer Schnitt bezeichnet, aufgehoben ist und in denen sich die äußere Wirklichkeit so zu verhalten scheint, als würde sie eine Sinnentsprechung zur inneren Wirklichkeit abgeben und umgekehrt. Er bezeichnete solche Momente mit dem Wort »Synchronizität«, einem Begriff, den er im Dialog mit Wolfgang Pauli erarbeitet hatte. Dieses Konzept setzt ebenfalls eine Verknüpfung von innen und außen durch Sinnentsprechung voraus. Vgl. C. G. Jung: »Synchronizität als ein Prinzip akausaler Zusammenhänge.« In: Naturerklärung und Psyche, hrsg. v. C. G. Jung und W. Pauli (Zürich: Rascher, 1952).

120 Der *sensus interior* findet sich terminologisch in der gesamten Psychologie des Mittelalters. Besonders prominent und einflussreich ist er zu finden im »Liber de Spiritu et Anima«, dem Buch über den Geist und die Seele, einer Art mittelalterlichem Psychologielehrbuch, das lange Zeit dem Augustinus zugeschrieben wurde, aber höchstwahrscheinlich von Alcher von Clairvaux, einem Freund des Bernhard von Clairvaux, geschrieben wurde; vgl. zur Zuordnung und Textgeschichte: L. Norpoth: Der Pseudo-Augustinische Traktat: De Spiritu et Anima, Phil. Diss. München (Ansbach: Kohlhauer, 1971); Pseudo-Augustinus und Alcher von Clairvaux: »Liber De Spiritu et Anima.« In: Patrologia Latina: S. Augustini Opera Omnia, hrsg. v. J. P. Migne (Paris: Migne, 1896). Der Terminus findet sich auch bei Wilhelm von Saint-Thierry, der als heiligmäßig verehrter Schriftsteller und Freund Bernhards ebenfalls großen Einfluss genoss. Bedeutsam vor allem Wilhelm von Saint-Thierry: »Tractatus de Natura et Dignitate Amoris.« In: S. Bernardi Opera Omnia. Patrologiae Cursus Completus, hrsg. v. J. P. Migne, Patrologia Latina (Paris: Migne, 1854); in deutscher Übersetzung verfügbar: Wilhelm von Saint-Thierry: Meditationen und Gebete. Hrsg., übers. und komm. v. K. Berger und C. Nord (Frankfurt: Insel, 2001). Von dort wurde der Begriff weithin rezipiert. Ich habe in meiner systematischen Studie über Hugo de Balma diese Rezeptionsgeschichte und ihre Auswirkungen in Ansätzen dargestellt. Bonaventura greift den Terminus in seiner wichtigen Schrift »De reductione artium ad theologiam – Die Rückführung der Philosophie auf die Theologie« wieder auf; vgl. Bonaventura: Itinerarium mentis in deum. De reductione artium ad theologiam. Eingel., übers. und erl. v. J. Kaup Ofm (München: Kösel, 1961).

121 Eine gute Einführung über die Abhängigkeit unseres Alltagsbewusstsein von Körperreizen findet sich bei A. Damasio: The Feeling of What Happens. Body, Emotion, and the Making of Consciousness (London: Vintage, 2000).

122 Eine Kritik und ein Plädoyer für eine erweiterte Wissenschaftsdimension findet man bei W. Belschner: Bewusstseinszustände im professionellen Handeln, hrsg. v. W. Belschner und H. Walach, Bd. 2, Psychologie des Bewusstseins – Tests (Münster:

LIT-Verlag, 2005); W. Belschner: Der Sprung in die Transzendenz. Die Kultur des Bewusstseins und die Entmystifizierung des Spirituellen, hrsg. v. W. Belschner und H. Walach, Psychologie des Bewusstseins (Hamburg: Lit-Verlag, 2007).

123 Der Begriff der Abduktion kommt in der wissenschaftstheoretischen Diskussion nur selten – zu selten, wie ich meine – vor. Ich habe den wissenschaftlichen Zirkel aus Abduktion, Deduktion und Induktion in meinem Wissenschaftstheorie-Lehrbuch ausführlich erläutert: H. Walach: Psychologie: Wissenschaftstheorie, Philosophische Grundlagen und Geschichte (Stuttgart: Kohlhammer, 2005). Kurz gesagt, handelt es sich bei der Abduktion um einen Modus der Schlussfolgerung, bei dem aufgrund vieler, disjunkter (= gegensätzlicher, aber sich ergänzender) und verschiedener Einzelerfahrungen oder -elemente auf eine zugrundeliegende theoretische Struktur geschlossen wird, die diese Elemente verbindet. Sie spiegelt damit die kreative, unverfügbare Seite der Wissenschaft, die das Finden von Neuem zu beschreiben versucht. An dieser Stelle berühren sich wissenschaftliche Erkenntnis und spirituelle Erfahrung. Vermutlich sind sie zwei verschiedene Erscheinungsweisen derselben Erkenntnismodalität. Siehe hierzu noch später.

124 Dieser Unterschied zwischen westlicher Wissenschaft, die viel Mühe auf die Ergründung der materiellen Welt verwendet hat, und der östlichen, die sich vor allem um das Bewusstsein gekümmert hat, wird von R. E. Nisbett et al.:»Culture and Systems of Thought: Holistic Versus Analytic Cognition.« In: Psychological Review 108 (2001) ausführlich diskutiert

125 Siehe etwa die Überblicke in Implicit Cognition, hrsg. v. G. Underwood (Oxford: Oxford University Press, 1996); Implicit Memory and Metacognition, hrsg. v. L. M. Reder (Mahwah, NJ: Lawrence Erlbaum Ass., 1996).

126 A. Bolte, T. Goschke und J. Kuhl:»Emotion and Intuition. Effects of Positive and Negative Mood on Implicit Judgments of Semantic Coherence.« In: Psychological Science 14 (2003).

127 Zwei Belege von vielen möglichen: Nur Praktizierende eines Achtsamkeitsmeditationskurses waren hinterher in der Lage, Reize voneinander zu unterscheiden, die von anderen Personen nicht unterscheidbar waren: D. Brown, M. Forte und M. Dysart:»Visual Sensitivity and Mindfulness Meditation.« In: Perceptual and Motor Skills 58 (1984). Erfahrene Meditierende können bistabile Stimuli wahrnehmen, die von anderen längst nicht mehr als solche gesehen werden, so O. Carter et al.: »Meditation Alters Perceptual Rivalry in Tibetan Buddhist Monks.« In: Current Biology 15 (2005).

128 Die Diskussion darüber, inwiefern es sich bei solchen in tiefer Hypnose erlebten Ereignissen um Erinnerungen an tatsächliche Vorgänge oder Konstruktionen handelt, wird sehr heftig geführt. Anhänger konstruktivistischer Thesen vermuten, dass es sich dabei nur um Fabrikationen handelt. Es gibt indes sehr gutes klinisches Material, das eine solche radikal-konstruktivistische These in Frage stellt. In der Praxis wird es oftmals eine Mischung sein. Es dürfte indes unter Fachleuten unbestritten sein, dass zumindest manchmal in tiefer Hypnose vergessene Erinnerungen zugänglich werden. Allein um diese prinzipielle Möglichkeit geht es hier.

129 Interessanterweise haben wir in einer Untersuchung an einer Gruppe von Menschen in einem enorm belastenden Beruf gefunden, dass die Erhöhung von Achtsamkeit damit einhergeht, dass diese zunächst einmal zur Kenntnis nehmen, wie unbefriedigend und belastend ihre berufliche Situation eigentlich ist: Harald Walach et al.: »Mindfulness-Based Stress Reduction as a Method for Personnel Development: A Pilot Evaluation.« In: International Journal of Stress Management 14 (2007).

130 Vor allem Sudbrack hat in einer Vielzahl von Publikationen und Vorträgen auf diesen vermeintlichen Unterschied zwischen christlicher Mystik und östlichen Medi-

tationslehren hingewiesen; vgl. z. B. J. Sudbrack: Die vergessene Mystik und die Herausforderung des Christentums durch New Age (Würzburg: Echter, 1988). Er hat zwar, dem Wortlaut nach gesehen, recht. Er übersieht aber, dass auch in allen östlichen Traditionen diese letzte Erfahrung unverfügbar bleibt. Es ist lediglich eine Frage der Schwerpunktsetzung.

131 In diesem Sinn halte ich auch den Versuch, Kartografien des transpersonalen oder spirituellen Bereichs anzulegen, für naiv bis vermessen. Es ist unbestritten, dass es eine ganze Reihe von solchen Beschreibungen gibt, angefangen von den detaillierten Beschreibungen innerhalb der christlichen Mystik, etwa bei Theresa von Avila, bis hin zu entsprechenden Landkarten im Yoga oder in anderen östlichen Traditionen. Es ist aber sehr die Frage, ob sich diese Karten vergleichen lassen, ob phänomenal ähnlich klingende Zustände auch wirklich ähnlich sind, ob alle von derselben Ebene reden und so weiter. Deshalb ist es wohl fürs erste besser, mit etwas bescheideneren Zielen zu operieren und überhaupt einmal Klarheit darüber zu gewinnen, bis zu welchen Bereichen unkompliziert Konsens hergestellt werden kann, ohne dass eine Tradition im Sinn eines spirituellen Kolonialismus meint, über andere erhaben zu sein. Das gilt sowohl in die Richtung nach Osten, die bei transpersonalen Psychologen sehr populär ist, wenn sie meinen, östliche Traditionen hätten der christlichen vieles voraus, wenn es um die Tiefe und Weite der spirituellen Erfahrung geht, eine Meinung, die nicht selten aus Unkenntnis herrührt. Das gilt aber auch in Richtung Westen, wenn etwa christliche Theologen meinen, der Personalitätsgedanke und die Gnadentheologie seien den vermeintlich apersonalen östlichen Konzepten theoretisch überlegen. Wenn es gelänge, unter Aussparung dieser zermürbenden Diskussionen einen Konsens über den Weg, der zur Schwelle führt, herzustellen, bevor man die Anzahl und Ausstattung der Zimmer des Hauses diskutiert, dann wäre schon viel gewonnen. Daher beteilige ich mich hier nicht an der Beschreibung eines Hauses, das viele von denen, die darüber reden, noch nie betreten haben.

132 Die grundlegenden Versuche in neuerer Zeit führte Robert Ader durch. In dem von ihm mitherausgegebenen Handbuch findet sich auch aktuelle Literatur zu allen möglichen Teilfragen. Hier können interessierte Leser einsteigen: R. Ader und N. Cohen:»Behaviorally Conditioned Immunosuppression.« In: Psychosomatic Medicine 37 (1975); R. Ader, D.L. Felten und N. Cohen (Hrsg.): Psychoneuroimmunology, 3rd Edition (San Diego, CA: Academic Press, 2000).

133 J. K. Kiecolt-Glaser et al.: »Emotions, Morbidity, and Mortality: New Perspectives from Psychoneuroimmunology.« In: Annual Review of Psychology 53 (2002); J. E. Blalock: »The Syntax of Immune-Neuroendocrine Communication.« In: Immunology today 15 (1994); K. Masek et al.: »Past, Present and Future of Psychoneuroimmunology.« In: Toxicology 142 (2000); O. Ray: »How the Mind Hurts and Heals the Body.« In: American Psychologist 59 (2004).

134 A. John Rush et al.: »Bupropion-Sr, Sertraline, or Venlafaxine-Xr after Failure of SSRIs for Depression.« In: New England Journal of Medicine 354, Bd. 12 (2006); C. A. Stockmeier: »Involvement of Serotonin in Depression. Evidence from Post-mortem and Imaging Studies of Serotonin Receptors and the Serotonin Transporter.« In: Journal of Psychiatric Research 37 (2003). Noradrenalin und Norepinephrin oder Adrenalin und Epinephrin sind äquivalente Begriffe. In der modernen, vor allem englischen Fachliteratur wird meist dem Begriff »Epinephrin« der Vorzug gegeben.

135 T. Esch und G. B. Stefano: »A Bio-Psycho-Socio-Molecular Approach to Pain and Stress Management.« In: Forschende Komplementärmedizin 14 (2007); G. B. Stefano et al.: »Pain, Immunity, Opite and Opioid Compounds and Health.« In: Medical Science Monitor 11, Bd. 5 (2005).

136 D. M. Hodgson, T. Nakamura und A. K. Walker: »Prophylactic Role for Complementary and Alternative Medicine in Perinatal Programming of Adult Health.« In: Forschende Komplementärmedizin 14 (2007); Charles L. Raison und Andrew H. Miller: »When Not Enough Is Too Much. The Role of Insufficient Glucocorticoid Signaling in the Pathophysiology of Stress-Related Disorders.« In: American Journal of Psychiatry 160, Bd. 9 (2003); H. M. van Praag, R. de Kloet und J. van Os: Stress, the Brain, and Depression (Cambridge: Cambridge University Press, 2004); M. Maes: »The Inflammatory Rsponse System Activation Model of Major Depression.« In: Psychiatry, Psychoimmunology, and Viruses, hrsg. v. N. Müller (Wien, New York: Springer, 1999).

137 D. Atanackovic et al.: »Immune Parameters in Patients with Anxiety or Depression During Psychotherapy.« In: Journal of Affective Disorders 81 (2004); A.-M. Myint et al.: »Th1, Th2, and Th3 Cytokine Alterations in Major Depression.« In: Journal of Affective Disorders 88 (2005); M. Rosenkranz et al.: »Affective Style and in Vivo Immune Response: Neurobehavioral Mechanisms.« In: Proceedings of the National Academy of Science 100, Bd. 19 (2003).

138 M. E. Hyland: »The Intelligent Body and Its Discontents.« In: Journal of Health Psychology 7 (2002).

139 D. M. Hodgson, T. Nakamura und A. K. Walker: »Prophylactic Role for Complementary and Alternative Medicine in Perinatal Programming of Adult Health.« In: Forschende Komplementärmedizin 14 (2007); E. E. Nelson und J. Panksepp: »Brain Substrates of Infant-Mother Attachment: Contributions of Opioids, Oxytocin, and Norepinephrine.« In: Neuroscience and Biobehavioral Reviews 22 (1998); M. S. Lidow, »Long-Term Effects of Neonatal Pain on Nociceptive Systems.« In: Pain 99 (2002).

140 S. Cohen, D. A. J. Tyrrell und A. P. Smith: »Psychological Stress and Susceptibility to the Common Cold.« In: New England Journal of Medicine 325 (1991); S. Cohen, D. A. J. Tyrrell und A. P. Smith: »Negative Life Events, Perceived Stress, Negative Affect, and Susceptibility to the Common Cold.« In: Journal of Personality and Social Psychology 64 (1993).

141 Selbstverständlich sind hygienische Maßnahmen unverzichtbar! Ein Großteil des Zuwachses an Lebensqualität und Überlebenszeit ist den Erkenntnissen der Hygiene geschuldet, wie McKeown deutlich gemacht hat: T. McKeown: Die Bedeutung der Medizin: Traum, Trugbild oder Nemesis? (Frankfurt: Suhrkamp, 1982). Aber man sollte nicht meinen, wir seien Herr der Mikroben. Jeder Druck, den wir gegenüber Mikroben ausüben, z. B. durch Antibiose und Desinfektion, führt zwangsläufig dazu, dass eine kleine Zahl resistenter Keime überlebt, die sich dann vermehren.

142 R. von Känel et al.: »Effects of Psychological Stress and Psychiatric Disorders on Blood Coagulation and Fibrinolysis. A Biobehavioral Pathway to Coronary Artery Disease?.« In: Psychosomatic Medicine 63 (2001).

143 R. Ader und N. Cohen: »Behaviorally Conditioned Immunosuppression.« In: Psychosomatic Medicine 37 (1975); J. E. Blalock und E. M. Smith, »The Immune System: Our Mobile Brain?.« In: Immunology today 6 (1985).

144 J. J. Haddad, N. E. Saadé und B. Safieh-Garabedian: »Cytokines and Neuro-Immune-Endocrine Interactions: A Role for the Hypothalamic-Pituitary-Adrenal Revolving Axis.« In: Journal of Neuroimmunology 133 (2002); S. Rivest: »How Circulating Cytokines Trigger the Neural Circuits That Control the Hypothalamic-Pituitary-Adrenal Axis.« In: Psychoneuroendocrinology 26 (2001); A.-M. Myint et al.: »Th1, Th2, and Th3 Cytokine Alterations in Major Depression.« In: Journal of Affective Disorders 88 (2005), A. Schins et al.: »Inflammatory Markers in Depressed Post-Myocardial Infarction Patients.« In: Journal of Psychiatric Research 39 (2005).

145 I. Niedhammer et al.: »Effort-Reward Imbalance Model and Self-Reported Health. Cross Sectional and Prospective Findings from the Gazel Cohort.« In: Social Science and Medicine 58 (2004); J. Siegrist und M. Marmot: »Health Inequalities and the Psychosocial Environment – Two Scientific Challenges.« In: Social Science and Medicine 58 (2004); J. Siegrist et al.: »The Measurement of Effort-Reward Imbalance at Work: European Comparisons.« In: Social Science and Medicine 58 (2004).

146 Die Physiologie dieses Systems ist ausgezeichnet beschrieben in G. B. Stefano et al.: »The Placebo Effect and Relaxation Response. Neural Processes and Their Coupling to Constitutive Nitric Oxide.« In: Brain Research Reviews 35 (2001). Eine wesentlich einfachere und kürzere, dennoch fundierte Darstellung findet man bei T. Esch: »Stress, Anpassung Und Selbstorganisation. Gleichgewichtsprozesse sichern Gesundheit und Überleben.« In: Forschende Komplementärmedizin und Klassische Naturheilkunde 10 (2003). Die Arbeiten über Stickoxid und seine zentralnervösen Wirkungen beim Entzug von Alkoholikern wurden erstmals von Lichtigfeld und Gillman beschrieben, etwa in M. A. Gillman: »Psychotropic Analagesic Nitrous Oxide as an Investigative Diagnostic and Therapeutic Tool.« In: International Journal of Neuroscience 76 (1994); F. J. Lichtigfeld und M. A. Gillman: »Possible Role of the Endogenous Opiod System in the Placebo Response in Depression.« In: International Journal of Neuropsychopharmacology 5 (2002); F. J. Lichtigfeld und M. A. Gillman, »The Treatment of Alcoholic Withdrawal States with Oxygen and Nitrous Oxide.« In: South African Medical Journal 61 (1982).

147 Interessanterweise wird Forschung zum Thema Weisheit allmählich wieder modern. Einen exzellenten Überblick gibt M. Ardelt: »Wisdom as Expert Knowledge System. A Critical Review of a Contemporary Operationalization of an Ancient Concept.« In: Human Development 47 (2004).

148 D. Cysarz et al.: »Oscillations of Heart Rate and Respiration Synchronize During Poetry Recitation.« In: American Journal of Physiology: Heart and Circulation Physiology 287 (2004).

149 R. Jevning, R. K. Wallace und M. Beidebach: »The Physiology of Meditation. A Review. A Wakeful Hypometabolic Integrated Response.« In: Neuroscience and Biobehavior Review 16 (1992); F. Travis und R. K. Wallace, »Autonomic and EEG Patterns During Eyes-Closed Rest and Transcendental Meditation (Tm) Practice. The Basis for a Neural Model of Tm Practice.« In: Consciousness & Cognition. An International Journal 8 (1999).

150 M. Myrtek et al.: »ECG Changes, Emotional Arousal, and Subjective State. An Ambulatory Monitoring Study with CHD Patients.« In: Journal of Psychophysiology 14 (2000); P. Grossman und E. W. Taylor: »Toward Understanding Respiratory Sinus Arrhythmia. Relations to Cardiac Vagal Tone, Evolution and Biobehavioral Functions.« In: Biological Psychology 74 (2007).

151 B. R. Cahn und J. M. Polich: »Meditation. States and Traits. EEG, ERP, and Neuroimaging Studies.« In: Psychological Bulletin 132 (2006).

152 A. Lutz et al.: »Long-Term Meditators Self-Induce High-Amplitude Gamma Synchrony During Mental Practice.« In: Proceedings of the National Academy of Science of the USA 101 (2004).

153 E. Pöppel: »The Brain's Way to Create ›Nowness‹.« In: Time, Temporality, Now. Experiencing Time and Concepts of Time in an Interdisciplinary Perspective, hrsg. v. H. Atmanspacher und E. Ruhnau (Berlin, Heidelberg, New York: Springer, 1997).

154 A. K. Engel et al.: »Neurophysiological Relevance of Time.« In: Time, Temporality, Now. Experiencing Time and Concepts of Time in an Interdisciplinary Perspective, hrsg. v. H. Atmanspacher und E. Ruhnau (Berlin, Heidelberg, New York: Springer, 1997); E. Pöppel: »The Brain's Way to Create ›Nowness‹.« In: Time, Temporality, Now.

Experiencing Time and Concepts of Time in an Interdisciplinary Perspective, hrsg. v. H. Atmanspacher und E. Ruhnau (Berlin, Heidelberg, New York: Springer, 1997).

155 L. I. Aftanas und S. A. Golocheikine: »Human Anterior and Frontal Midline Theta and Lower Alpha Reflect Emotionally Positive State and Internalized Attention. High-Resolution EEG Investigation of Meditation.« In: Neuroscience Letters 310 (2001); L. I. Aftanas und S. A. Golocheikine: »Non-Linear Dynamic Complexity of the Human EEG During Meditation.« In: Neuroscience Letters 330 (2002); L. I. Aftanas und S. Golosheykin: »Impact of Regular Meditation Practice on EEG Activity at Rest and During Evoked Negative Emotions.« In: International Journal of Neuroscience 115 (2005); D. Lehmann et al.: »Brain Sources of EEG Gamma Frequency During Volitionally Meditation-Induced, Altered States of Consciousness, and Experience of the Self.« In: Psychiatry Research: Neuroimaging Section 108 (2001); D. Lehmann et al.: »Coherence and Phase Locking in the Scalp EEG and between Loreta Model Sources, and Microstrates as Putative Mechanisms of Brain Temporo-Spatial Functional Organization.« In: Journal of Physiology (Paris) 99 (2006); F. T. Travis and D. W. Orme-Johnson: »Field Model of Consciousness: EEG, Coherence Changes as Indicators of Field Effects.« In: International Journal of Neuroscience 49 (1989).

156 J. Kuhl: »A Functional-Design Approach to Motivation and Self-Regulation. The Dynamics of Personality Systems Interactions.« In: Self-Regulation: Directions and Challenges for Future Research, hrsg. v. M. Boekaerts, P. R. Pintrich und M. Zeidner (New York: Academic Press, 2000); J. Kuhl: »Handlungs- und Lageorientierung.« In: Management Diagnostik, hrsg. v. W. Sarges (Göttingen: Hogrefe, 2003); J. Kuhl: »A Theory of Self-Development. Affective Fixation and the Star Model of Personality Disorders and Related Styles.« In: Motivational Psychology of Human Development, hrsg. v. J. Heckhausen, Advances in Psychology (Amsterdam: Elsevier, 2000); J. Kuhl und A. Fuhrmann: »Decomposing Self-Regulation and Self-Control. The Volitional Components Inventory.« In: Motivation and Self-Regulation across the Life Span, hrsg. v. J. Heckhausen und C. S. Dweck (Hillsdale, NJ: Erlbaum, 2000).

157 G. Guttmann: »Zur kognitionswissenschaftlichen Theorie des Mentalen.« In: Psychoanalyse im Dialog der Wissenschaften. Bd. 1: Europäische Perspektiven, hrsg. v. P. Giampieri-Deutsch (Stuttgart: Kohlhammer, 2002).

158 M. Beauregard und V. Paquette: »Neural Correlates of a Mystical Experience in Carmelite Nuns.« In: Neuroscience Letters 405, Bd. 3 (2006); H. Herzog et al.: »Changed Pattern of Regional Glucose Metabolism During Yoga Meditative Relaxation.« In: Neuropsychobiology 23 (1990); S. Lazar et al.: »Functional Brain Mapping of the Relaxation Response and Meditation.« In: NeuroReport 11 (2000); S. W. Lazar et al.: »Meditation Experience Is Associated with Increased Cortical Thickness.« In: NeuroReport 16 (2005); H. C. Lou et al.: »A 15O-H2O Pet Study of Meditation and the Resting State of Normal Consciousness.« In: Human Brain Mapping 7 (1999); A. Newberg et al.: »Cerebral Blood Flow During Meditative Prayer: Preliminary Findings and Methodological Issues.« In: Perceptual and Motor Skills 97 (2003).

159 A. Newberg und E. G. D'Aquili: »The Neuropsychology of Spiritual Experience.« In: Handbook of Religion and Mental Health, hrsg. v. H. G. Koenig (San Diego: Academic Press, 1998).

160 Dies hatte bereits Hume gesehen und vor ihm William Ockham. Dem ist nie ein wirklich schlagendes Argument entgegengesetzt worden. Vgl. H. Walach: Psychologie. Wissenschaftstheorie, Philosophische Grundlagen und Geschichte (Stuttgart: Kohlhammer, 2005).

161 Im übrigen ist dieses neurotheologische Modell von Newberg und D'Aquili sehr nahe bei der von Kuhl entwickelten Persönlichkeits-System-Interaktionstheorie. Diese geht ebenfalls von zwei antagonistisch arbeitenden, anatomisch im Wesentlichen

von den beiden Hemisphären getragenen Systemen aus. Das mit der sprachdominanten, also meistens linken Hemisphäre verbundene System nennt er Intentionsgedächtnis. Dieses hält bewusst Informationen über Ziele und Aufgaben vorrätig. Ihm zugeordnet ist das Objekterkennungssystem. Seine Aufgabe ist das bewusste Erkennen von mangelnden Übereinstimmungen von inneren Zielen und äußeren Ereignissen oder überhaupt die bewusste und fokussierte Analyse von Situationen. Beide Systeme zusammen sind also ziemlich analog dem Kausaloperator. Das mit der nicht-dominanten, also meist rechten Hemisphäre des Cortex assoziierte System nennt er Extensionsgedächtnis, ein vornehmlich implizit und unbewusst arbeitendes System, das alle Repräsentanzen unseres Selbstgefühls enthält und affektiv mit einem episodischen Gedächtnis verbunden ist. Ihm zugeordnet ist das System der intuitiven Verhaltenssteuerung, das automatisierte Routinen enthält. Diese beiden Systeme sind dem Gestaltoperator analog; vgl. Anm. 32. In neuerer Zeit hat McGilchrist eine sehr ähnliche Analyse vorgelegt, allerdings noch kulturkritischer orientiert, indem er die Behauptung aufstellt, dass unsere Betonung einer einseitig rational-kausalen Kultur einer Verzerrung und letztlich Zerstörung der Welt Vorschub leistet; vgl. I. McGilchrist: The Master and His Emissary. The Divided Brain and the Making of the Western World (New Haven: Yale University Press, 2009).

162 Vgl. J. Smallwood und J. W. Schooler: »The Restless Mind.« In: Psychological Bulletin 132 (2006); N. Cowan: Attention and Memory. An Integrated Framework (Oxford, New York: Oxford University Press, 1995).

163 Diese Kombination liegt meines Erachtens auch dem Erfolg des strukturierten Mindfulness Based Stress Reduction Programms von Kabat-Zinn zugrunde, in dem diese verschiedenen Elemente kombiniert werden. Vgl. J. Kabat-Zinn: Im Alltag Ruhe finden. Das umfassende praktische Meditationsprogramm für alle Lebenslagen (Freiburg: Herder, 1998).

164 M. Majumdar et al.: »Does Mindfulness Meditation Contribute to Health? Outcome Evaluation of a German Sample.« In: Journal of Alternative and Complementary Medicine 8 (2002); H. Walach et al., »Mindfulness-Based Stress Reduction as a Method for Personnel Development. A Pilot Evaluation.« In: International Journal of Stress Management. 14:2 (2007)

165 N. Buchheld und H. Walach: »Die historischen Wurzeln der Achtsamkeitsmeditation – Ein Exkurs in Buddhismus und christliche Mystik.« In: Achtsamkeit und Akzeptanz in der Psychotherapie. Ein Handbuch, hrsg. v. T. Heidenreich und J. Michalak (Tübingen: dgvt-Verlag, 2004); K. W. Brown und R. M. Ryan: »The Benefits of Being Present: Mindfulness and Its Role in Psychological Well-Being.« In: Journal of Personality and Social Psychology 84 (2003).

166 S. Suzuki: Zen-Geist, Anfänger-Geist (Berlin: Theseus, 2000); S. Suzuki: Zen Mind, Beginner's Mind (New York, Tokio: Weatherhill, 1970).

167 Mt 18,3.

168 H. Walach et al., »Mindfulness-Based Stress Reduction as a Method for Personnel Development. A Pilot Evaluation.« In: International Journal of Stress Management. 14:2 (2007).

169 J. D. Teasdale, Z. Segal und M. G. Williams: »How Does Cognitive Therapy Prevent Depressive Relapse and Why Should Attentional Control (Mindfulness) Training Help?« In: Behaviour Research and Therapy 33 (1995); J. M. G. Williams: The Psychological Treatment of Depression. A Guide to the Theory and Practice of Cognitive Behaviour Therapy, 2nd Edition (London, New York: Routledge, 1992).

170 J. M. Schwartz: »A Role for Volition and Attention in the Generation of New Brain Circuitry. Toward a Neurobiology of Mental Force.« In: Journal of Consciousness Studies 6 (1999); H. A. Slagter et al.: »Mental Training Affects Distribution of Limi-

ted Brain Resources.« In: PLoS Biology 5, Bd. 6 (2007): Y.-Y. Tang et al.:»Short-Term Meditation Training Improves Attention and Self-Regulation« in: Proceedings of the National Academy of Sciences of the USA 104 (2007).

171 D. Fontana: Psychology, Religion, and Spirituality (Malden, Mass: BPS Blackwell, 2003); R. K. C. Forman (Hrsg.): The Innate Capacity. Mysticism, Psychology, and Philosophy (Oxford: Oxford University Press, 1998).

172 J. Audretsch (Hrsg.): Verschränkte Welt. Faszination der Quanten (Weinheim: Wiley-VCH Verlag, 2002).

173 C. H. Bennett und D. P. DiVicenzo:»Quantum Information and Computation,« Nature 404 (2000); D. Deutsch:»Quantum Theory, the Church-Turing Principle and the Universal Quantum Computer.« In: Proceedings of the Royal Society of London A 400 (1985); S. Hagan, S. R. Hameroff und J. A. Tuszynski:»Quantum Computation in Brain Microtubules. Decoherence and Biological Feasibility.« In: Physical Review E 65 (2002); V. Parigi et al.:»Probing Quantum Commutation Rules by Addition and Subtraction of Single Photons to/from a Light Field.« In: Science 317 (2007); G. Tóth und C. S. Lent: Quantum Computing with Quantum-Dot Cellular Automata.« In: Physical Review A 63, Bd. 52315 (2001); S. Hameroff und R. Penrose:»Conscious Events as Orchestrated Space-Time Selections.« In: Journal of Consciousness Studies 2, Bd. 1 (1996).

174 H. Atmanspacher und W. Fach:»Akategorialität als mentale Instabilität.« In: Bewusstseinstransformation als individuelles und gesellschaftliches Ziel, hrsg. v. W. Belschner, H. Piron und H. Walach, Psychologie und Bewusstsein Bd. 1 (Münster: Lit-Verlag, 2005).

175 W. James: The Works of William James. The Varieties of Religious Experience (Cambridge, MA: Harvard University Press, 1985); D. Fontana: Psychology, Religion, and Spirituality (Malden, Mass: BPS Blackwell, 2003).

176 H. M. Enomiya-Lassalle: Der Ochs und sein Hirte. Zen-Augenblicke (München: Kösel, 1990).

177 So etwa Flasch und seine Schule: K. Flasch: Das philosophische Denken im Mittelalter. Von Augustin zu Machiavelli (Stuttgart: Reclam, 1986); Dietrich von Freiberg, Schriften zur Naturphilosophie und Metaphysik. Opera Omnia Bd. 3; hrsg. v. J. D. Cavigioli, R. Imbach, B. Mojsisch, M. R. Pagnoni-Sturlese, L. Sturlese; Einl. v. K. Flasch (Hamburg: Meiner, 1983); L. Sturlese:»Proclo ed Ermete in Germania da Alberto Magno a Bertoldo di Moosburg. Per una prospettiva di ricerca sulla cultura filosofica tedesca nel secolo delle sue origini (1250–1350).« In: Von Meister Dietrich zu Meister Eckhart, hrsg. v. K. Flasch (Hamburg: Meiner, 1984).

178 H. Merki: Homoiosis theo. Von der platonischen Angleichung an Gott zur Gottähnlichkeit bei Gregor von Nyssa (Freiburg/Schweiz: Paulusdruckerei, 1952).

179 Athanasius: Athanase d'alexandrie. Sur l'incarnation du verbe. Einführung, krit. Text, übers. und komm. v. C. Kannengiesser (Paris: Cerf. Sources Chrétiennes 199, 1973). Kap. 54; 192 B, 458.

180 H. Walach:»Narzissmus – Der Schatten der Transpersonalen Psychologie.« In: Transpersonale Psychologie und Psychotherapie 6 (2000).

181 Dante Alighieri: Werke, Italienisch-Deutsch, hrsg. v. E. Laaths, Tempel-Klassiker (Wiesbaden: Emil Vollmer, o. J.), Paradiso, Canto XXXIII, 145.

182 Ignatius von Loyola: Der Bericht des Pilgers. Übersetzt und erläutert von B. Schneider (Freiburg: Herder, 1977), 65 f.

183 P. Kapleau: Die drei Pfeiler des Zen (München: Barth, 1981).

184 Die moderne wissenschaftstheoretische Reflexion zeigt deutlich, dass dies ein unbrauchbarer Begriff von Wissenschaft ist und dass Wissenschaft im guten Sinn nicht so vorgeht. Vgl. hierzu K. Fischer:»Aristoteles' Schrift ›über die Seele‹ und

die moderne Neurophilosophie.« In: Antike Naturwissenschaft und ihre Rezeption, hrsg. v. J. Althoff, B. Herhoff und G. Wöhrle (Trier: Wissenschaftlicher Verlag, 2003); K. Fischer:»Drei Grundirrtümer der Maschinentheorie des Bewusstseins.« In: Philosophia Naturalis 36 (1999); K. Fischer:»Fehlfunktionen der Wissenschaft.« In: Erwägen, Wissen, Ethik 18 (2007); L. Laudan: Progress and Its Problems. Towards a Theory of Scientific Growth (Berkeley: University of California Press, 1977).

185 E. Parisano: Recentiorum disceptationes de motu cordis, sanguinis et chyli (Leiden: Ioannis Maire, 1647), 101.

186 B. Latour: Die Hoffnung der Pandora: Untersuchungen zur Wirklichkeit der Wissenschaften (Frankfurt: Suhrkamp, 2000).

187 Die Begegnungen zwischen Erich Fromm sowie Fritz Perls und Zen-Lehrern sind ein prominentes Beispiel für die Bedeutung solcher Kontakte für die jüngere Geschichte der Psychologie. Jack Kornfield, wohl der bekannteste unter den westlichen Achtsamkeitslehrern, inspirierte Kabat-Zinn zur Entwicklung seines Trainings. Auch das Mind-and-Life-Institute vermittelt Kontakte zwischen Neurowissenschaftlern und buddhistischer Meditationspraxis.

188 Das ist sehr kenntnisreich in R. Sünner: Schwarze Sonne. Die Macht der Mythen und ihr Missbrauch in Nationalsozialismus und rechter Esoterik (Klein Jasedow: Drachen Verlag, 2009) dargestellt; dieses Buch enthält auch eine Fülle von Belegstellen und Einsichten, die die gruselige Denkwelt der Nazis vor Augen führt.

189 Das stellt Ravenscroft so dar. Wiewohl viele Details in dem Buch eindeutig falsch sind, dürfte die Gesamteinschätzung nicht so weit weg von der Wirklichkeit sein: T. Ravenscroft: The Spear of Destiny. The Occult Power Behind the Spear Which Peirced the Side of Christ (London: Neville Spearman, 1972); W. Kugel: Hanussen. Die wahre Geschichte des Hermann Steinschneider (Düsseldorf: Grupello, 1998).

190 I. Kershaw: Hitler, 1936–1945 (Stuttgart: Deutsche Verlags-Anstalt, 2000).

191 B. Easlea: Witch Hunting, Magic and the New Philosophy: An Introduction to the Debates of the Scientific Revolution 1450–1750 (Brighton: Harvester Press, 1980). Frauen wurden oft wegen der Ausübung einer altertümlichen Form von Heilkunde und dem Weitergeben von Wissen bezüglich Pflanzen und Arzneien als Hexen angezeigt, allerdings waren diese Exzesse oft regional begrenzt und hatten noch andere Gründe. Es ist interessant, zu sehen, dass die offizielle römische Kirche in diesen Fällen sehr skeptisch und die lokalen Inquisitoren oft übereifrig waren. Außerdem fanden die meisten Prozesse relativ spät, nämlich im 17. und 18. Jahrhundert statt und sehr häufig in den wesentlich rationalistischer eingestellten protestantischen Gebieten; siehe hierzu R. Decker: Die Päpste und die Hexen. Aus den geheimen Akten der Inquisition (Darmstadt: Primus Verlag, 2005).

192 M. Idel: The Mystical Experience in Abraham Abulafia (Albany: State University of New York Press, 1988); M. Idel: Studies in Ecstatic Kabbalah (Albany: State University of New York Press, 1988); B. L. Lancaster:»On the Relationship between Cognitive Models and Spiritual Maps: Evidence from Hebrew Language Mysticism.« In: Journal of Consciousness Studies 7, Bde. 11–12 (2000).

193 Das ist übrigens in Bachs Motette »Jesu, meine Freude«meisterhaft in die Tonsprache übersetzt. Hier setzt Bach den Tod gegen das Leben in Szene, und musikalisch gruppiert sich das Stück um das Mittelstück, die fünfstimmige Fuge »Ihr aber seid nicht fleischlich, sondern geistlich«.

194 J. Gebser: Ursprung und Gegenwart. Erster Band: Die Fundamente der aperspektivischen Welt. Beitrag zu einer Geschichte der Bewusstwerdung (Stuttgart: Deutsche Verlags-Anstalt, 1949); J. Gebser: Ursprung und Gegenwart. Zweiter Band: Die Manifestationen der aperspektivischen Welt. Versuch einer Konkretion des Geistigen (Stuttgart: Deutsche Verlags-Anstalt, 1953).

195 Atmanspacher hat versucht, dies näher zu beleuchten, und dafür den Terminus »Vernunft der Metis« geprägt: H. Atmanspacher: Die Vernunft der Metis. Theorie und Praxis einer integralen Wirklichkeit (Stuttgart: Metzler, 1993). An anderer Stelle wird dies über den Begriff der Akategorialität operationalisiert: H. Atmanspacher und W. Fach: »Akategorialität als mentale Instabilität.« In: Bewusstseinstransformation als individuelles und gesellschaftliches Ziel, hrsg. v. W. Belschner, H. Piron und H. Walach, Psychologie und Bewusstsein Bd. 1 (Münster: Lit-Verlag, 2005).

196 Wir haben diesen Prozess etwas genauer beschrieben und postuliert, dass dies der Ort ist, an dem spirituelle Erfahrung zu Erkenntnis wird; vgl. H. Walach und A. L. C. Runehov: »The Epistemological Status of Transpersonal Psychology. The Data-Base Argument Revisited.« In: Journal of Consciousness Studies 17, Bde. 1–2 (2010).

197 Für Gustav Mahler ist z. B. überliefert, dass er den unglaublich komplexen Notentext der 8. Symphonie in Es-Dur in einem Sommeraufenthalt niederschrieb, nachdem er eine musikalische Vision davon hatte. Auch von Mozart wissen wir, dass er seine Musik in einem hörte und einfach niederschrieb, was er innerlich hörte. Dieses »innere Hören« ist mit Sicherheit mehr als das algorithmische Abarbeiten einer Struktur und dürfte mehr mit dem ganzheitlichen Schauen einer inneren »Erleuchtung« oder, in meinem Sprachgebrauch, »spirituellen Erfahrung« gemein haben.

198 Auf diese grundlegende Komplementarität verschiedener Erkenntnisweisen hatte bereits Bohr hingewiesen: N. Bohr: Atomphysik und menschliche Erkenntnis (Braunschweig: Vieweg, 1958). Wir haben diesen Gedanken wieder aufgegriffen in N. von Stillfried und H. Walach: »The Whole and Its Parts. Are Complementarity and Non-Locality Intrinsic to Closed Systems?« In: International Journal of Computing Anticipatory Systems 17 (2006).

199 O. F. Kernberg: Borderline-Störungen und pathologischer Narzissmus (Frankfurt: Suhrkamp, 1978); O. F. Kernberg, Schwere Persönlichkeitsstörungen. Theorie, Diagnose, Behandlungsstrategien (Stuttgart: Klett-Cotta, 1992); H. Kohut: Die Heilung des Selbst (Frankfurt: Suhrkamp, 1981); H. Kohut: Die Zukunft der Psychoanalyse (Frankfurt: Suhrkamp, 1975); H. Kohut: Narzissmus. Eine Theorie der psychoanalytischen Behandlung narzisstischer Persönlichkeitsstörungen (Frankfurt: Suhrkamp, 1976).

200 Damit ist gemeint, dass Eltern normalerweise das Verhalten ihrer Kinder, vor allem ihre kleinen Erfolge und Fortschritte positiv kommentieren und loben und dadurch dem Kind zuallererst das Gefühl geben: »Ich bin in Ordnung so und geliebt.«

201 Ausführlicher in H. Walach: »Narzissmus – Der Schatten der Transpersonalen Psychologie « In: Transpersonale Psychologie und Psychotherapie 6 (2000).

202 H. Küng: Projekt Weltethos (München: Piper, 1990).

203 Viele tun dies im übrigen, allerdings hinter vorgehaltener Hand. Was wohl passieren würde, wenn sie das öffentlich, bekennend und offensiv täten?

204 K. T. Fann: Peirce's Theory of Abduction (The Hague: Martinus Nijhoff, 1970); M. Hulswit: A Semeiotic Account of Causation. The ›Cement of the Universe‹ from a Peircean Perspective (Nijmegen: PhD Thesis, 2000); U. Wirth: »Abduktion und ihre Anwendungen.« In: Zeitschrift für Semiotik 17 (1996).

205 Die Doktorarbeit von Liane Hofmann ergab, das etwa zwei Drittel einer Zufallsauswahl von Psychotherapeuten das Thema bedeutsam finden und eine etwa gleich grosse Anzahl von eigenen spirituellen Erfahrungen berichtet. Gleichzeitig zeigt die Anzahl der Weiterbildungen und die Art, wie sich die Therapeuten selbst betiteln, dass viele in der Praxis andere Weiterbildungen, unter anderen auch spirituelle, integrieren. Vgl. L. Hofmann und H. Walach: »Spirituality and Religiosity in Psychotherapy – A Representative Survey among German Psychotherapists.« In: Psychotherapy Research (2011, im Druck).

Glossar

ABDUKTION   Eine wissenschaftliche Schlussform, die der Sache nach bereits bei Aristoteles beschrieben wurde und dort unter dem Stichwort »Scharfsinn« (*anchinoia*) in dessen zweiter Analytik erwähnt wird. Systematisch und ausführlicher behandelt hat sie zum ersten Mal Charles Sanders Peirce, der amerikanische Philosoph und Mitbegründer der Pragmatik und Semiotik, der als Freund von William James etwa zeitgleich in Harvard gewirkt hat, aber nie eine formelle Anstellung erhielt. Mit Abduktion ist gemeint, dass man aufgrund unterschiedlicher empirischer Befunde, die in sich keinen Zusammenhang aufzuweisen scheinen, dennoch auf eine zugrunde liegende Struktur schließt, etwa eine Theorie oder ein Modell, mit dem ein empirischer Befund zu erklären wäre. Abduktion ist also jener kreative Prozess im Wissenschaftsbetrieb, der das Auffinden einer neuen theoretischen Struktur beschreibt.

AFFEKT   Im modernen, heutigen Verständnis die Gefühlslage eines Menschen, der emotionale Grundton der Befindlichkeit; im mittelalterlichen Sprachgebrauch die Fähigkeit der Seele, sich von etwas bewegen zu lassen (von lateinisch *affici* – »bewegt werden, berührt werden«).

APOPHATHISCH   Eine Form der Theologie, die von Pseudo-Dionysius Areopagita, einem syrischen Mönch des 4. Jahrhunderts n. Chr. eingeführt wurde; dieser gab sich als Schüler des Apostels Paulus aus, war aber in Wirklichkeit ein Schüler des Plotin-Nachfolgers Proklos. In dieser Form der Theologie kann man über die letzte Wirklichkeit keine positiven Aussagen treffen – etwa: Gott ist gut –, weil jede positive Aussage eine Bestimmung und damit eine Eingrenzung des Unendlichen wäre. Daher kann man nur »negativ« darüber sprechen, indem man sagt, was die letzte Wirklichkeit nicht sei, etwa: nicht endlich, nicht begrenzt, nicht geformt und so fort. Daher wird dafür auch der Begriff »negative Theologie« verwendet. Diese aus dem christlichen Osten kommende Art der Lehre erzeugte so manche theologischen Probleme für die positive oder kataphatische Form der Theologie, wie sie, von Augustinus und anderen kommend, im Westen gepflegt wurde. Interessanterweise hat diese negative Form der christlichen Theologie sehr viel Ähnlichkeit mit einigen anderen Bewegungen, etwa dem Verbot, sich von Gott ein Bild zu machen, das im Judentum wichtig ist, oder die vielen Namen Gottes im Islam, die alle nicht ausreichen, oder die völlige Weigerung des Buddhismus, irgend etwas über die letzte Wirklichkeit zu sagen.

AUFKLÄRUNG   Kulturgeschichtliche und politische Bewegung, die sich die Befreiung des Menschen von Unmündigkeit zum Ziel gesetzt hat. In Mitteleuropa kann man ihren Beginn auf die ersten Versuche im Mittelalter mit der Verdammung der 219 Pariser Thesen im Jahr 1277 datieren. Weitere wichtige Schritte sind die Schriften der französischen Aufklärer wie Voltaire in Frankreich und Kant in Deutschland. Vor-

reiter der politischen Aufklärung sind die rationalistischen Philosophen der Barockzeit, die das Primat der Vernunft über Glaube und Dogma setzten, wie etwa die
englischen Rationalisten Locke und Hume oder die Philosophen Descartes, Leibniz und Spinoza. Die Wissenschaft hat sich immer als Speerspitze der Aufklärung
verstanden. Vor allem die Erkenntnisse der Naturwissenschaft trugen dazu bei,
dass religiöse Dogmen fragwürdig wurden und die Autorität der Kirchen schwand.
Horkheimer und Adorno haben in ihrer einflussreichen Schrift »Die Dialektik der
Aufklärung« gezeigt, wie der Impuls der Aufklärung, ungezügelt und ohne weitere
Reflexion, gegen sie selbst zurückschlägt, und faschistische Tendenzen als ein Resultat dieser Entwicklung analysiert. Dem folgend, muss Aufklärung ihre Grundlagen
und Zielsetzungen kontinuierlich reflektieren, will sie erfolgreich sein. Dazu gehört
im Argument dieses Buchs das vermeintlich Überwundene, die Religion.

AUGUSTINUS, AUGUSTINISCHES WELTBILD   Augustinus zählt zu den sogenannten Kir-
chenvätern, lebte von 354 bis 430 n. Chr., war Bischof von Hippo in Nordafrika und
einer der wichtigsten spätantiken Theologen und Systematiker. Er brachte die christliche Theologie seiner Zeit und die neuplatonische Philosophie in eine einmalige
und lange tragende Verbindung. Er entwickelte die Theologie der Trinität (= Drei-
faltigkeit) analog zur Lehre Plotins, demzufolge aus dem jenseitigen Einen – das
Augustinus als Gott, den Vater, interpretierte – der Geist und dann die Weltseele
hervorgeht. Den Plotin'schen Geist, in dem alle Ideen von Anfang an vorhanden
sind, setzte er analog dem christlichen Sohn, Christus, und die Plotin'sche Weltseele, die alles mit Leben füllt, analog zum christlichen Heiligen Geist. Damit war
die christliche Theologie mit dem damals mächtigsten philosophischen System, der
neuplatonischen Philosophie, verbunden, und umgekehrt war die scheinbare Para-
doxie der christlichen Lehre damit philosophisch untermauert. Daraus erwuchs ein
starkes philosophisch-theologisches Gerüst, das für die späte Antike und das ganze
Mittelalter tonangebend wurde. Das hauptsächliche Lehrbuch der mittelalterlichen
Theologie, die sogenannten Sentenzen des Petrus Lombardus sind im Wesentlichen
Exzerpte aus den augustinischen Schriften. In dieser Theologie ist der Mensch durch
die Schöpfung und als Ebenbild Gottes auf Gott hin ausgerichtet. Indem er seiner
Vernunft und dem Glauben folgt, ist er immer schon mit diesem Gott in Verbin-
dung und kann durch diesen Glauben und die Sakramente sein Heil erreichen, weil
Gott in seiner Liebe alle erlösen will. Zentral in diesem theologischen Gebäude ist
die Liebe, die sich in der Sendung des Sohns durch den Vater kundtut und der der
Mensch durch seinen Glauben und ein Leben im Sinn Gottes antwortet. Das Böse,
die Sünde, sind in dieser Theologie ein Mangel an Gutsein, ein Abwesendsein von
Liebe. Alle späteren theologischen Bemühungen, etwa durch Thomas von Aquin
und seine Zeitgenossen im 13. Jahrhundert, können im Prinzip als Versuche verstanden werden, dieses augustinische Weltbild mit der neu entdeckten Philosophie
des Aristoteles zu verbinden.

DIALEKTIK   Eine Denkform, bei der zu einer Aussage immer auch ihr Gegenpol mit
bedacht wird, weil man weiß, dass die Ganzheit immer mehr umfasst als eine einzige Sicht der Dinge.

DOGMA   Lehre, im christlich katholischen Sinn auch das offizielle Lehramt der Kirche;
damit ist gemeint, dass zentrale theologische Einsichten offiziell gefasst werden
müssen. Solche Fassungen enthalten stets auch Interpretationen von großer Dichte,
die immer wieder neu ausgelegt werden müssen. Oft werden Lehren, die schon lange
implizit (= unausgesprochen inbegriffen) Glaubensinhalt waren, erst später offizi-

ell verkündet. Das geschieht, wenn sich die Kirche zu einem Konzil versammelt und solche Inhalte diskutiert und fasst oder wenn der Papst zu diesem Zweck die Meinung seiner Kardinalskollegen einholt und eine Lehre verkündet.

DOKTRIN   Lehre, Lehrmeinung; ich verwende den Begriff hier, um die Tatsache zu bezeichnen, dass jede Religion ein Gerüst von Lehrmeinungen etabliert, mit dem sie ihre zentrale Lehre umreißt.

DUALISMUS   Doppelung oder Zweigleisigkeit; eine dualistische Weltsicht geht davon aus, dass es zwei Prinzipien gibt, z. B. das Gute und das Böse. Eine dualistische Haltung zum Leib-Seele-Problem meint, Seele und Materie seien zwei grundverschiedene Gegebenheiten.

EMERGENZ   Das Entstehen von Neuem aus der Anordnung verschiedener Elemente in einem lebenden System.

ENDOKRINOLOGIE, ENDOKRIN   Wörtlich »innere Absonderung«; damit sind Hormone und die dazugehörige Wissenschaft gemeint. Hormone sind chemische Botenstoffe, die von Zellen oder vom Gehirn ausgeschieden und über die Blutbahn an ihren Zielort transportiert werden.

ENDORPHINSYSTEM   Endorphine sind körpereigene Opiate, die im Gehirn von Nervenzellen erzeugt werden und mit Schmerzstillung und Glücksgefühl in Verbindung gebracht werden. Das gesamte System der verschiedenen Nervenzellen, die mit solchen opiatähnlichen Überträgersubstanzen arbeiten, nennt man das Endorphinsystem.

ENKEPHALINSYSTEM   Den Endorphinen ähnliche Stoffe mit einer anderen biochemischen Zusammensetzung, die ebenfalls der Stillung von Schmerz und der Erzeugung von Wohlbefinden dienen.

ENTITÄT   Wesenheit, abstrakt für »etwas Wirkliches«.

EPISTEMOLOGIE, EPISTEMISCH   Erkenntnislehre; die Theorie oder Lehre, wie wir zu Erkenntnis kommen und wie wir diese Erkenntnis gegen Irrtum absichern können. Während die Wissenschaft dies im Besonderen mit bestimmten Bereichen betreibt – die Physik etwa mit der Materie, die Chemie mit Atomen und ihren Zusammensetzungen, die Psychologie mit dem menschlichen Erleben und Verhalten –, ist die Epistemologie die Disziplin, die sich mit der Art und Weise des Erkennens an sich beschäftigt, also mit den abstrakten Gesetzmäßigkeiten. Das Adjektiv epistemisch bezeichnet also einen Vorgang oder einen Zustand, der sich auf die Gewinnung von Erkenntnis im allgemeinen bezieht.

HEGEL, GEORG WILHELM FRIEDRICH   war einer der großen deutschen idealistischen Philosophen. In seiner Philosophie ist das denkende Subjekt, der Geist, die zentrale Ausgangsgröße, und letztlich leitet sich die ganze Philosophie, ja die ganze Welt von der Entwicklung des Geistes her. Auch die Entwicklung der Welt in der Geschichte oder der Philosophie spiegelt im letzten die Entwicklung des Geistes, der in der Geschichte, speziell in der Hegel'schen Philosophie, erst voll und ganz zu sich selber kommt. Die Hegel'sche Philosophie ist eine dialektische, weil sich ihre Entwicklung aus Thesen und Antithesen bestimmt.

HERMENEUTIK meint wörtlich die Wissenschaft von der Übersetzung oder vom Verstehen. Dahinter verbirgt sich eine lange Tradition des Nachdenkens über die Probleme, die beim Verstehen von Texten entstehen. Hierzu gehört etwa die zeitlich-historische Distanz, die ein Leser zum Autor eines Texts hat, sowie der notwendigerweise andere Horizont des Autors. Außerdem sind Begriffe unserer Sprache nie eindeutig, sondern transportieren eine Vielzahl von Nuancen. Sprache und Begriffe drücken zudem immer mehr aus, als ein Autor sagen kann oder will. Daraus ergibt sich eine notwendige Unschärfe von allem, was ein Autor sagt oder schreibt. Das aber eröffnet dem Leser oder Hörer eines Texts, dem Betrachter eines Kunstwerks, dem Empfänger irgendeiner kulturellen Äußerung die Chance, etwas neu, ja sogar besser zu verstehen. Historisch hat sich die Hermeneutik vor allem über die Einsicht entwickelt, dass die Texte der Bibel widersprüchlich und uneindeutig sind und also eine „Übersetzung" in den jeweils gegebenen kulturellen und politischen Hintergrund einer Zeit nötig machen. Maßgebend hierfür war der protestantische Theologe Friedrich Schleiermacher. In jüngster Zeit hat der Heidelberger Philosoph Hans-Georg Gadamer mit seiner philosophischen Hermeneutik diese Bestrebungen zusammengefasst. Seine Leistung war es, zu zeigen, dass Verstehen immer ein individueller Prozess ist, der potenziell unabgeschlossen bleibt. Denn jeder Versuch, eine kulturelle Äußerung zu verstehen, erreicht den ausgedrückten Inhalt immer nur approximativ (= annähernd). Der Prozess des Verstehens führt außerdem dazu, dass derjenige, der verstehen will, durch das neue Verständnis ein anderer wird. Daher ist Hermeneutik nicht nur Methode, sondern auch eine philosophische Haltung.

HEURISTIK Eine Methode, die Arbeitshypothesen als Hilfsmittel verwendet, um neue Entdeckungen zu machen; abgeleitet vom griechischen *heurein* – »finden«.

IDEALISMUS Eine philosophische Haltung, die von der Selbstgegenwärtigkeit des denkenden Ichs als einzig wirklich sicherer und unbezweifelbarer Erfahrung ausgeht. Führt man dies konsequent weiter, so gelangt man zu der Auffassung, dass nur das denkende Ich, also der Geist, wirklich ist und sich alles andere daraus ableitet. Die deutschen Idealisten Schelling, Fichte und Hegel haben daraus sehr differenzierte Systeme gemacht, die enorm einflussreich waren. Der philosophische Idealismus ist nicht zu verwechseln mit dem umgangssprachlich gemeinten Idealismus. Letzterer bezeichnet eine Haltung, die die Bedeutung von Idealen oder allgemeinen Ideen vertritt. Ein Idealist im umgangssprachlichen Sinn des Worts ist einer, der an die Wichtigkeit bestimmter Ideale, etwa der Freiheit, glaubt und entsprechend handelt. Der umgangssprachliche Idealismus hängt allerdings mit dem philosophischen Idealismus zusammen, weil beide gemeinsam haben, dass sie die Bedeutung einer idealen Welt, also einer Geisteswelt, vor der realen, materiellen Wirklichkeit betonen.

INTROSPEKTIONSPSYCHOLOGIE Typ der Psychologie, die im Wesentlichen von Franz Brentano begründet wurde. Sie versucht, durchs Schauen nach innen, in die eigenen psychischen Zustände, psychologische Gesetzmäßigkeiten zu ergründen, die für alle Menschen Gültigkeit haben.

JESUS, CHRISTUS Dass es um die Wende zu unserer Zeit eine historische Person in Palästina gegeben hat, die den Namen Jeshua, Jesus, trug und vermutlich als predigender Rabbi und Heiler durch die Lande zog, ist von den synoptischen Evangelien und einigen anderen historischen Dokumenten bezeugt. Daher gehen auch kritische Theologen und Historiker davon aus, dass diese Person tatsächlich gelebt hat. Sich den Lehren und Meinungen dieser Person historisch zu nähern, ist nicht leicht, und über die Interpretation streiten die Geister seit zweitausend Jahren. Seine Anhänger haben in Jeshua »den Gesalbten« gesehen, auf Griechisch *christos*, der von den Schriften der Propheten als Retter verheißen wurde. Daher wird mit dem Begriff »Christus« eher die theologische Wirklichkeit denn die historische Person benannt. Ob er sich selber als jener Gesalbte gesehen hat, darüber gehen die Meinungen wiederum auseinander. Zumindest die Evangelien versuchen den Eindruck zu vermitteln, dass er nicht nur der Gesalbte war, sondern sich auch selbst so gesehen hat. Bekanntlich ist die jüdische Orthodoxie dieser Interpretation nicht gefolgt.

KATECHESE ist die Verkündigung des Glaubens.

KATECHOLAMINE Eine Klasse von Hormonen und Neurotransmittern, die meistens mit Aktivierung in Beziehung gebracht werden, wie Adrenalin (Epinephrin), Noradrenalin (Norepinephrin) und Dopamin. Während Epinephrin und Norepinephrin sowohl in den Nebennierenrinden als auch im Gehirn vorkommen, ist Dopamin offenbar ein aufs Gehirn beschränktes Katecholamin. In der Peripherie lösen Katecholamine Stressreaktionen aus, im Gehirn sind sie im Wesentlichen für die Steuerung der Aufmerksamkeit und des Erregungsniveaus verantwortlich. Ihre Wirksamkeit folgt meistens einer umgekehrt U-förmigen Kurve: Sowohl bei sehr niedrigem als auch bei sehr hohem Katecholamin-Niveau funktionieren die entsprechenden physiologischen Prozesse nicht optimal.

KAUSALITÄT Die Verbindungskette von Ursachen und Wirkungen, die zur Erklärung eines Ereignisses oder Zustandes hinreichen.

KERYGMA Teil des kirchlichen Lehramts: die Verkündigung des Worts.

KOGNITION Die Fähigkeit unseres Geistes, die Welt zu erkennen und vernünftige Schlussfolgerungen zu treffen. Die daraus abgeleitete Kognitionspsychologie befasst sich mit den kognitiven Akten Erkennen, Denken, Schlussfolgern etc.

KOHÄRENZ Abgeleitet von lateinisch *cohaerere* – »zusammenhängen«. Der Begriff definiert in vielen unterschiedlichen Disziplinen von der Physik über Mathematik, Informatik, Medizin, Linguistik bis zur Psychologie stets Zustände von Verbundenheit, Widerspruchsfreiheit oder Ganzheitlichkeit bis hin zur Verschränkung.

KOMPLEXITÄTSTHEORIE Theorie, die davon ausgeht, dass dann, wenn ein System sehr komplex ist, Zustände und Reaktionsweisen des Systems nicht mehr gut vorhersagbar sind, weil grundsätzlich Neues entstehen kann. Ein Beispiel für ein komplexes System ist unser Gehirn.

KONSTRUKTIVISMUS Eine Haltung, die davon ausgeht, dass außerhalb unseres erkennenden Bezugs zur Wirklichkeit keine Aussage über Wirklichkeit gemacht werden kann. Genauer gesagt, unser erkennender Bezug zur Wirklichkeit ist identisch mit dem Schaffen von Wirklichkeit. Wir erkennen also nicht eine außer uns vorfindbare Wirklichkeit, sondern wir schaffen diese Wirklichkeit durch die Art, wie wir uns mit unserer Welt in Verbindung setzen. Wir können nie eine absolute oder in sich wahre Wirklichkeit erkennen, weil wir nie über die Begrenztheiten unserer Verfasstheit hinauskönnen. Dazu gehört unser sprachlich-kognitiver Apparat, aber auch die kulturell-politische Gegebenheit, unter der wir aufgewachsen sind. Insofern ist für einen Konstruktivisten das Konzept einer absoluten Wirklichkeit oder einer für alle gültigen Wahrheit Unfug.

KREATIONISMUS   Eine Lehre, die glaubt und verkündet, die Welt sei nicht durch einen natürlichen Evolutionsprozess entstanden, sondern durch willentliche Schöpfung eines Schöpfergottes, so ähnlich, wie in der Bibel beschrieben.

LETZTBEGRÜNDUNGSPROBLEM   Behandelt die Tatsache, dass kein philosophisches System die Begründung für die Gültigkeit seiner eigenen Sätze aus sich selber schöpfen kann.

METHODOLOGIE   Lehre, auf welchem Wege man zuverlässig zu gesicherten Erkenntnissen gelangen kann.

MONISMUS, MONISTISCH   Eine Haltung, die davon ausgeht, dass es nur ein Grundprinzip zur Erklärung der Vielheit im Kosmos gibt.

MULTIPLIZITÄT   Wörtlich:»Vielfältigkeit, Vervielfachung«; ein Begriff, der z.B. in der Quantenmechanik für die Beschreibung der Raumrichtungen eines Spin-Vektors angewendet wird.

ONTOLOGIE, ONTOLOGISCH   Die Wissenschaft (»-logie«) vom Sein schlechthin (griechisch: *to on* – »das Sein, das Seiende«). Damit meint man meistens das Verständnis, das man von der letzten Wirklichkeit hat. Wenn jemand etwa sagt, er hänge einer materialistischen Ontologie an, dann meint er, er glaube, die letzte Wirklichkeit im Kosmos sei die Materie.

PHÄNOMENOLOGIE, PHÄNOMENOLOGISCH   Die Wissenschaft von den Erscheinungen, die Art, wie etwas erscheint oder sich zeigt. Edmund Husserl hat versucht, durch eine Wissenschaft der Phänomenologie in einer strikten Methodik von den Erscheinungen der Dinge zu ihrer Natur vorzudringen. Daraus leitet sich eine ganze wissenschaftliche Bewegung ab. Etwas lockerer gesprochen, ist Phänomenologie ein Ansatz, der immer zunächst bei dem beginnt, was sich uns zeigt, und versucht, diese Erscheinungen der Welt ernst zu nehmen.

PHILOSOPHIA PERENNIS   ist wörtlich die »ewige, immerwährende Philosophie«. Dahinter verbirgt sich die Idee, dass hinter jedem philosophischen Versuch ein Gedanke Wahrheit steht und dass man dann, wenn man all die Gemeinsamkeiten oder den kleinsten gemeinsamen Nenner verschiedener philosophischer Systeme nimmt, die dauerhafte Wahrheit hinter den philosophischen Systemen entdecken kann. In der Renaissance war dieser Gedanke sehr populär und wurde von Agostino Steuco eingeführt. Gottfried Wilhelm Leibniz hat ihn wieder aufgegriffen und für sein System reklamiert, so verdichte die Philosophia perennis, also alles, was in der Tradition einen wahren Kern habe. In neuerer Zeit haben einige Religionswissenschaftler, und in ihrem Gefolge Ken Wilber, diesen Gedanken erneut aufgegriffen. Die Idee, hinter jedem System verberge sich ein wahrer Kern, und alle wahren Kerne gemeinsam ergeben approximativ die Wahrheit, ist zwar hübsch und hat Charme, übersieht aber zum einen, dass sich die Systeme fast alle auch widersprechen und man einen solchen Wahrheitskern nur gewinnt, wenn man die Widersprüche ignoriert. Zum anderen ist ein solcher Ansatz a-historisch, weil er verkennt, dass alle Systeme historisch bedingt sind.

PROPOSITION, PROPOSITIONAL   Eine konkrete Aussage über die Wirklichkeit, wie sie von beschreibenden Sätzen vorgenommen werden. In einer Proposition wird einem Subjekt ein Prädikat zugeschrieben – und damit die Möglichkeit verneint, dass dem Subjekt andere, dem zugeschriebenen Prädikat entgegengesetzte Eigenschaften zukommen können. Beispiele für Propositionen sind Sätze wie:»Die Straße ist nass«,»Godot ist eine von Samuel Becket erfundene Figur«,»Astrid Lindgren war eine schwedische Kinderbuchautorin«.

PSYCHOIMMUNOLOGIE   Die Wissenschaft, die sich mit der Verzahnung von immunologischen und psychologischen Prozessen befasst.

PSYCHONEUROENDOKRINOLOGIE   Die Wissenschaft, die sich mit der Verzahnung von hormonalen und psychischen Prozessen befasst.

PSYCHONEUROIMMUNOLOGIE   Verbindung von Psychoimmunologie und Psychoneuroendokrinologie zu einer Gesamtsicht.

RATIONALITÄT   Wörtlich»Vernünftigkeit«; von lateinisch *rationalitas* –»Denkvermögen«– und *ratio* –»Vernunft«.

QUALIA   Technischer Begriff aus der Philosophie des Geistes; wörtlich»das Wie-Beschaffene«. Damit meint man die ganz spezielle Charakteristik einer Innenempfindung, z. B. die Art und Weise, wie sich ein bestimmter Geruch, ein bestimmter Geschmack, eine bestimmte Farbwahrnehmung anfühlt; das»Sich-so-und-nicht-anders-für-mich-Anfühlen«einer Empfindung.

SAKRILEG   Das Begehen eines religiösen Tabubruchs; wörtlich»Grabschändung«.

SCHOLAREN   Die neue Gruppe derer, die in der Scholastik begannen, sich an der Universität auszubilden und oftmals auch an eine andere Universität weiterzogen, um bei anderen Gelehrten zu studieren. Manche taten dies mit einer klaren kirchlichen oder weltlich-administrativen Laufbahn im Blick, viele aber auch einfach aus Neugier und Interesse.

SCHOLASTIK, HOCHSCHOLASTIK   Wörtlich die»Zeit der Schulen und der Schulwissenschaft«(von lateinisch *schola* –»Schule«, eigentlich»Muße«). Man bezeichnet damit die Zeit, in der unsere universitäre Wissenschaft als systematisches Fragen und Erforschen begonnen hat. Die Zeit der Frühscholastik umfasst dabei vor allem die Zeit, als einzelne Kathedralschulen im 11. und 12. Jahrhundert, etwa in Chartres oder Paris, Lehrbetrieb aufnahmen. Diese schlossen sich dann im Fall von Paris zur Universität zusammen. Gegen Ende des 12. Jahrhunderts war in Paris dieser Konsolidierungsprozess abgeschlossen, und man spricht von der Hochscholastik. Diese war markiert durch das Wirken großer Gestalten, etwa des Thomas von Aquin auf dem Lehrstuhl der Dominikaner oder des Bonaventura auf dem entsprechenden der Franziskaner und ihrer Nachfolger. Jene Zeit endet durch eine fundamentale Kritik an den scholastischen Systemen, vorgetragen vor allem von William Ockham, aber auch anderen, gegen Ende des 13. Jahrhunderts und zur Wende zum 14. Jahrhundert.

SEMANTIK   Die Bedeutungssetzung oder Bedeutungsgebung bzw. die Bedeutung, die eine Situation oder ein Zeichen erzeugt.

SYMPATHISCH/PARASYMPATHISCH   Die beiden Zweige des autonomen (= selbsttätigen) Nervensystems; das sympathische System trägt vor allem zur Aktivierung bei, das parasympathische zur Erholung.

SYSTEMISCH   Eigenschaften, die sich nicht aus Einzelteilen, sondern nur aus dem Zusammenspiel von Einzelteilen in einem System erklären lassen.

THEODIZEE   Die alte Frage nach der Rechtfertigung Gottes angesichts des Leidens Unschuldiger in der Welt. Gottfried Wilhelm Leibniz hat ein Buch mit diesem Titel zu diesem Thema geschrieben; daher leitet sich auch der Sprachgebrauch ab. Leibniz war der Meinung, dass wir in der besten aller (logisch) möglichen Welten lebten und dass daher, was auch immer geschieht, das logischerweise Beste sein müsse. Also sei Gott, der Schöpfer dieser Welt, gerechtfertigt.

THEOLOGEME, MYTHOLOGEME, PHILOSOPHEME   Mit diesen Begriffen werden typische Strukturen bezeichnet, die in Mythen, in der Theologie oder in der Philosophie vorkommen. Ein typisches Mythologem etwa ist der Götterkampf, der in der griechischen Sagenwelt überliefert wird und auch anderswo vorkommt. Ein anderes typisches Mythologem ist der Kampf zwischen Gut und Böse, wie er etwa in den modernen Mythen von J. R. R. Tolkien (»Herr der Ringe«) oder in den »Chroniken von Narnia« von C. S. Lewis ausgeformt wird. Die Struktur, und darum geht es, ist immer dieselbe (daher »-em«), während die inhaltliche Ausgestaltung je unterschiedlich ist. Wenn sich eine solche Struktur eher im Bereich der Religion zeigt, sprechen wir von einem Theologem. Typische Theologeme etwa sind die Geburt eines reinen, göttlichen Kindes von einer Jungfrau oder die Bedrohung des Gesandten Gottes oder der Tod und die Wiederbelebung eines Gottes oder Gottmenschen. Letzteres findet sich sowohl in der ägyptischen wie auch in der christlichen Theologie. Ein anderes relativ universelles Theologem ist das Warten auf die Wiederkunft eines Retters. Dieses ist für die jüdische Religion typisch, die ja bekanntlich auf den Messias wartet, aber auch für die christliche Religion, die die Wiederkunft Christi verkündet, oder die buddhistische Religion, die das Wiederkehren eines Buddhas Maitreya erwartet.
Wenn eine Struktur noch allgemeiner ist, so dass sie im Rahmen verschiedener Philosophien immer wieder vorkommt, dann sprechen wir von einem Philosophem. Ein typisches Philosophem etwa wäre etwa Plotins Konzept eines jenseitigen Einen, das sich aus sich selbst heraus entäußert und dadurch die Welt in ihrer Verschiedenheit entstehen lässt. Dieses Modell wurde von der deutschen idealistischen Philosophie genauso aufgegriffen, wie es typisch für manche Vedanta-Philosophien Indiens ist. Philosopheme sind typischerweise nur für spekulative Philosophien relevant, obwohl man z. B. die Grundstruktur der materialistisch-analytischen Art, zu philosophieren, auch als Philosophem bezeichnen könnte.
Der Übergang zwischen diesen Bereichen – Theologeme, Philosopheme, Mythologeme – ist oftmals fließend, dann etwa, wenn sich eine Philosophie einer bestimmten Religion annähert oder aus ihr entstanden ist, wie etwa Hegels Idealismus, der relativ nahe an einer bestimmten Fassung christlicher Theologie ist.

THORA   Das jüdische Gesetz und die entsprechenden ersten fünf Bücher Moses.

TRANSPERSONAL   Wörtlich »über die Person hinausgehend«; ursprünglich in den 60er Jahren von einigen Psychologen (Sutich, Maslow, Grof) für Erfahrungen und psychologische Zugänge reserviert, die über das individuelle Ich hinausreichen. Heute wird der Begriff »transpersonale Psychologie« häufig als Chiffre für solche psychologischen Modelle gesehen, die davon ausgehen, dass manche Erfahrungen nicht im Rahmen unseres westlichen Verständnisses eines zeitlich und räumlich begrenzbaren Ichs verstanden werden können.

TRANSZENDENZ, IMMANENZ   Das klassische Begriffspaar der Theologie leitet sich her vom lateinischen *transcendere* – »übersteigen« – und *immanere* – »innewohnen«. Meistens wird es auf Gott oder das Heilige bezogen, das sowohl der Welt innewohnt, als auch gleichzeitig diese übersteigt. Oftmals verwendet man das Kürzel »Transzendenz«, um die Andersartigkeit, eben Jenseitigkeit des Heiligen oder Gottes zu bezeichnen. Man sollte allerdings nie vergessen, dass es, jedenfalls in der christlichen Theologie, keine Transzendenz ohne Immanenz und umgekehrt gibt. Insofern ist jedes wirklich seinem Begriff gerecht werdende Individuum in sich immer auch transzendent, weil auf das Ganze verweisend.

UNABSCHLIESSBARKEITSTHEOREM   Der formale Beweis, der von Kurt Gödel geführt wurde, dass kein formales System, etwa in der Mathematik, in der Algebra oder auch in anderen formalen Sprachen, die Begründung für seine Gültigkeit aus sich selbst herleiten kann. Vielmehr benötigt es mindestens einen Satz, der aus einem anderen System stammt, und auf diese Weise immer weiter, so dass der Beweis der Gültigkeit eines Systems nicht abgeschlossen werden kann.

VAKUUM   Landläufig versteht man unter einem Vakuum einen luftleeren Raum. In der Quantentheorie ist damit der Zustand gemeint, in dem Fluktuationen sogenannter virtueller Teilchen stattfinden, die ständig entstehen und wieder verschwinden, sich aber statistisch so ausmitteln, dass ihr mittlerer Energiezustand gleich Null und damit leer ist; von lateinisch *vacuare* – »leer sein«.

VERSCHRÄNKUNG   Begriff aus der Quantenmechanik, der von Erwin Schrödinger 1935 eingeführt wurde. Damit bezeichnete er die theoretische Feststellung, dass Elemente von Quantensystemen, solange sie nicht gemessen werden, einheitlich beschrieben werden, also keinen eigenen Zustand haben, sondern miteinander »verschränkt«, das heißt nur als globale Entität oder als Ganzheit beschrieben werden können. Verschränkung war lange eine theoretische Vorhersage der Quantenmechanik, bis sie zu Beginn der 80er Jahre und seither wiederholt experimentell nachgewiesen wurde. Sie ist die experimentelle Grundlage vieler neuartiger und zukünftiger Anwendungen der Quantenmechanik, wie etwa der Quantenkryptografie oder des Quantencomputers. Ob solche Verschränkungsprozesse auch in anderen als in Quantensystemen eine Rolle spielen können, ist unklar. Die von Hartmann Römer, Harald Atmanspacher, Thomas Filk und mir entwickelte »generalisierte Quantentheorie« sagt solche Verschränkungszustände auch in anderen Systemen unter bestimmten Umständen voraus.

WALDENSER   Bezeichnet eine spirituelle Bewegung des Mittelalters zu Anfang des 12. Jahrhunderts, angeführt von einem Lyoner Kaufmann namens Valdes. Die Gruppierung predigte evangelische Armut und Gemeinschaftsbesitz ganz im Sinn der Urchristengemeinde, wie dies die Apostelgeschichte berichtet. Sie wurde relativ mächtig und einflussreich und schließlich mit Gewalt bekämpft, weil die vertretenen Thesen nicht nur die kirchliche, sondern auch die weltliche Autorität und die gesellschaftliche Wirklichkeit in Frage stellten; abgesehen davon ließen es die kirchlichen Regeln nicht zu, dass Laien predigten, ohne dass Bischöfe sie dazu befugten.

Die Waldenser flüchteten sich in die savoyischen Alpen, wo sie noch relativ lang in kleinen Gruppen aushielten. Schließlich sogen die Reformbewegungen in den Orden, die neu entstandenen Franziskaner etwa oder auch die Dominikaner, die als Bettelorden galten und anfangs das Ideal der evangelischen Armut sehr sichtbar lebten, jene radikal-christlichen Kräfte auf, aus denen sich Gruppierungen wie die Waldenser und andere speisten. Jene Gruppen, die länger im Verborgenen weiterwirken konnten, schlossen sich spätestens in der Reformationszeit anderen Gruppen an, etwa den Hussiten oder den böhmischen Brüdern oder gründeten eigene, kleine Reformgemeinden.

Literatur

ADER, R. und COHEN, N.: »Behaviorally Conditioned Immunosuppression.« In: Psychosomatic Medicine 37 (1975): 333–340.

ADER, R., FELTEN, D. L. und COHEN, N. (Hrsg.).: Psychoneuroimmunology. 3. Aufl. San Diego, CA: Academic Press, 2000.

AFTANAS, L. I. und GOLOCHEIKINE S. A.: »Human Anterior and Frontal Midline Theta and Lower Alpha Reflect Emotionally Positive State and Internalized Attention. High-Resolution EEG Investigation of Meditation.« In: Neuroscience Letters 310 (2001): 57–60.

— »Non-Linear Dynamic Complexity of the Human EEG During Meditation.« In: Neuroscience Letters 330 (2002): 143–146.

AFTANAS, L. I. und GOLOSHEYKIN S.: »Impact of Regular Meditation Practice on EEG Activity at Rest and During Evoked Negative Emotions.« In: International Journal of Neuroscience 115 (2005): 433–443.

AKHILANANDA, S.: Hindu Psychology. Its Meaning for the West. With an Introduction by Gordon W. Allport. London: Routledge & Kegan Paul, 1960.

ALBERT, K.: Die ontologische Erfahrung. Ratingen, Kastellaun: Henn, 1974.

— Meister Eckharts These vom Sein. Untersuchungen zur Metaphysik des Opus Tripartitum. Ratingen, Kastellaun: Henn, 1976.

— Einführung in die philosophische Mystik. Darmstadt: Wissenschaftliche Buchgesellschaft, 1996.

ALIGHIERI, D.: Werke, Italienisch-Deutsch, Hrsg. v. E. Laaths, Tempel-Klassiker. Wiesbaden: Emil Vollmer, o. J.

ANDERSON, M. C., OCHSNER, K. N., KUHL, B., COOPER, J., ROBERTSON, E., GABRIELI, S. W., GLOVER, G. H. und GABRIELI, J. D. E.: »Neural Systems Underlying the Suppression of Unwanted Memories.« In: Science 303 (2004): 232–235.

AQUIN, T. v.: Summa Theologica, editio altera Romana. Rom: Forzani, 1894.

— Prologe zu den Kommentaren Aristoteles. Hrsg., eingel. & übers. v. F. Chevenal & R. Imbach. Frankfurt: Klostermann, 1993.

ARDELT, M.: »Wisdom as Expert Knowledge System: A Critical Review of a Contemporary Operationalization of an Ancient Concept.« In: Human Development 47 (2004): 257–285.

ATANACKOVIC, D., KRÖGER, H., SERKE, S. und DETER H.-C.: »Immune Parameters in Patients with Anxiety or Depression During Psychotherapy.« In: Journal of Affective Disorders 81 (2004): 201–209.

ATHANASIUS: Athanase D'alexandrie. Sur L'incarnation du Verbe. Intr., Texte Critique, Trad., Notes et Index par C. Kannengiesser. Paris: Cerf. Sources Chrétiennes 199, 1973.

ATMANSPACHER, H.: »Mind and Matter as Asymptotically Disjoint, Inequivalent Representations with Broken Time-Reversal Symmetry.« In: Biosystems 68 (2003): 19–30.

— Die Vernunft der Metis. Theorie und Praxis einer integralen Wirklichkeit. Stuttgart: Metzler, 1993.

ATMANSPACHER, H. und FACH, W.: »Akategorialität als mentale Instabilität.« In: Bewusstseinstransformation als individuelles und gesellschaftliches Ziel, hrsg. v. W. Belschner, H. Piron und H. Walach, 74–115. Münster: Lit-Verlag, 2005.

AUDRETSCH, J. (Hrsg.): Verschränkte Welt. Faszination der Quanten. Weinheim: Wiley-VCH Verlag, 2002.

AUGUSTINUS, A.: Commentaire de la première épître de S. Jean/Saint Augustin. Texte latin des mauristes – Introduction, traduction et notes par Paul Agaësse, Sources Chrétiennes 75. Paris: Cerf, 1961.

BAARS, B. J.: »The Double Life of B. F. Skinner: Inner Conflict, Dissociation, and the Scientific Taboo against Consciousness.« In: Journal of Consciousness Studies 10, Bd. 1 (2003): 5–25.

BACON, R.: The Opus Majus of Roger Bacon, 2 Bde. Clarendon: Oxford, 1897.

— Roger Bacon's Philosophy of Nature. A Critical Edition, with English Translation, Introduction, and Notes, of De multiplicatione specierum and De speculis comburentibus. Oxford: Clarendon, 1983, 1998.

BAIER, L.: Die große Ketzerei. Verfolgung und Ausrottung der Katharer durch Kirche und Wissenschaft. Berlin: Verlag Klaus Wagenbach, 1984.

BATH, A. O.: Conversations with his Nephew. On the Same and the Different, Questions on Natural Science, and On Birds. Cambridge: Cambridge University Press, 1998.

BAUMANN, N. und KUHL, J.: »Intuition, Affect, and Personality: Unconscious Coherence Judgments and Self-Regulation of Negative Affect.« In: Journal of Personality and Social Psychology 83 (2002): 1213–1223.

BEAUREGARD, M. und PAQUETTE, V.: »Neural Correlates of a Mystical Experience in Carmelite Nuns.« In: Neuroscience Letters 405, Bd. 3 (2006): 186–190.

BECK, F. und ECCLES, J. C.: »Quantum Aspects of Brain Activity and the Role of Consciousness.« In: Proceedings of the National Academy of Science of the USA 89 (1992): 111357–11361.

BELSCHNER, W.: Bewusstseinszustände im professionellen Handeln. Hrsg. v. W. Belschner und H. Walach, Bd. 2, Psychologie des Bewusstseins – Tests. Münster: LIT-Verlag, 2005.

— Der Sprung in die Transzendenz. Die Kultur des Bewusstseins und die Entmystifizierung des Spirituellen. Hrsg. v. W. Belschner und H. Walach, Psychologie des Bewusstseins. Hamburg: Lit-Verlag, 2007.

BENETKA, G.: »›Die Methode der Philosophie ist keine andere als die der Naturwissenschaft …‹: Die ›empirische Psychologie‹ Franz Brentanos. In: T. Slunecko, O. Vitouch, C. Korunka, H. Bauer und B. Flatschacher (Hrsg.), Psychologie des Bewusstseins – Bewusstsein der Psychologie. Giselher Guttmann zum 65. Geburtstag, 157–175. Wien: Wiener Universitätsverlag, 1999.

BENNETT, C. H. und DIVICENZO, D. P.: »Quantum Information and Computation.« In: Nature 404 (2000): 247–255.

BIERI, P.: »Schmerz: Eine Fallstudie zum Leib-Seele-Problem.« In: Gehirn und Bewusstsein, hrsg. v. E. Pöppel, 125–134. Weinheim: VCH, 1989.

— (Hrsg.) Analytische Philosophie des Geistes. Bodenheim: Athenäum, 1993.

BLALOCK, J. E.: »The Syntax of Immune-Neuroendocrine Communication.« In: Immunology Today 15 (1994): 504–511.

BLALOCK, J. E. und SMITH, E. M.: »The Immune System: Our Mobile Brain?« In: Immunology Today 6 (1985): 115–117.

BOHR, N.: Atomphysik und menschliche Erkenntnis. Braunschweig: Vieweg, 1958, 1966.

BOLTE, A., GOSCHKE, T. und KUHL, J.: »Emotion and Intution: Effects of Positive and Negative Mood on Implicit Judgments of Semantic Coherence.« In: Psychological Science 14 (2003): 416–421.

BONAVENTURA: Pilgerbuch der Seele zu Gott – Itinerarium mentis in deum. Die Zurückführung der Künste auf die Theologie – De reductione artium ad theologiam. Eingeleitet, übs. u. erläutert v. J. Kaup Ofm. München: Kösel, 1961.

BRANTSCHEN, N.: Weg der Stille – Orientierung in einer lärmigen Welt. Freiburg: Herder, 2004.

BRENTANO, F.: Meine letzten Wünsche für Österreich. Stuttgart: J. W. Cotta'sche Buchhandlung, 1895.

— Psychologie vom empirischen Standpunkt. Von der Klassifikation der psychischen Phänomene. Hrsg. v. O. Kraus. Leipzig: Felix Meiner, 1925.

— Deskriptive Psychologie. Aus dem Nachlass herausgegeben und eingel. v. R. M. Chisholm und W. Baumgartner. Hamburg: Meiner, 1982.

BROWN, D., FORTE, M. und DYSART, M.: »Visual Sensitivity and Mindfulness Meditation.« In: Perceptual and Motor Skills 58 (1984): 775–784.

BROWN, K. W. und RYAN, R. M.: »The Benefits of Being Present: Mindfulness and Its Role in Psychological Well-Being.« In: Journal of Personality and Social Psychology 84 (2003): 822–848.

BUCHANAN, T. W. und LOVALLO, W. R.: »Enhanced Memory for Emotional Material Following Stress-Level Cortisol Treatment in Humans.« In: Psychoneuroendocrinology 26 (2001): 307–317.

BUCHHELD, N. und Walach, H.: »Die historischen Wurzeln der Achtsamkeitsmeditation – Ein Exkurs in Buddhismus und christliche Mystik.« In: Achtsamkeit und Akzeptanz in der Psychotherapie. Ein Handbuch, hrsg. v. T. Heidenreich und J. Michalak, 25–46. Tübingen: dgvt-Verlag, 2004.

BUKOW, W. D.: »Magie und fremdes Denken. Bemerkungen zum Stand der neueren Magieforschung seit Evans-Pritchard.« In: Magie. Katastrophenreligion und Kritik des Glaubens. Eine theologische und religionstheoretische Kontroverse um die Kraft des Wortes, hrsg. v. H. G. Heimbrock und H. Streib, Bd. 1, 61–103. Kampen: Kok Pharos, 1994.

CAHN, B. R. und POLICH, J. M.: »Meditation. States and Traits. EEG, ERP and Neuroimaging Studies.« In: Psychological Bulletin 132 (2006): 180–211.

CARTER, O., PRESTI, D., CALLISTEMON, C., UNGERER, Y., LIU, G. und PETTIGREW, J.: »Meditation Alters Perceptual Rivalry in Tibetan Buddhist Monks.« In: Current Biology 15 (2005): R412–R413.

CARONE, D. A. J. und BARONE, D. F.: »A Social Cognitive Perspective on Religious Beliefs: Their Functions and Impact on Coping and Psychotherapy.« In: Clinical Psychology Review 21 (2001): 989–1003.

CHAITIN, G. J.: The Unknowable. London: Springer, 1999.

CHALMERS, D. J.: The Conscious Mind. In Search of a Fundamental Theory. New York, Oxford: Oxford University Press, 1996.

CHESTERTON, G. K.: Thomas von Aquin: Der Heilige mit dem gesunden Menschenverstand. Heidelberg: Herle, 1956.

COHEN, S., TYRRELL, D. A. J. und SMITH, A. P.: »Psychological Stress and Susceptibility to the Common Cold.« In: New England Journal of Medicine 325 (1991): 606–612.

— »Negative Life Events, Perceived Stress, Negative Affect, and Susceptibility to the Common Cold.« In: Journal of Personality and Social Psychology 64 (1993): 131–140.

COLLINGWOOD, R. G.: An Essay on Metaphysics. Revised ed. Oxford: Clarendon Press, 1998, orig. 1940.

COLLINS, H. und PINCH, T.: The Golem. What Everyone Should Know About Science. Cambridge: Cambridge University Press, 1993.

COWAN, N.: Attention and Memory: An Integrated Framework. Oxford, New York: Oxford University Press, 1995.

CYSARZ, D., VON BONIN, D., LACKNER, H., HEUSSER, P., MOSER, M. und BETTERMANN, H.: »Oscillations of Heart Rate and Respiration Synchronize During Poetry Recitation.« In: American Journal of Physiology. Heart and Circulation Physiology 287 (2004): H579–H587.

DAMASIO, A.: The Feeling of What Happens. Body, Emotion, and the Making of Consciousness. London: Vintage, 2000.

DECKER, R.: Die Päpste und die Hexen. Aus den geheimen Akten der Inquisition. Darmstadt: Primus Verlag, 2005.

DES VAUX-DE-CERNAY, P.: Kreuzzug gegen die Albigenser. Die »Historia Albigensis« ins Deutsche übertragen, hrsg. und mit einem Nachwort versehen von G. E. Sollbach. Zürich: Manesse, 1996.

DEUTSCH, D.: »Quantum Theory, the Church-Turing Principle and the Universal Quantum Computer.« In: Proceedings of the Royal Society of London A 400 (1985): 97–117.

DEVLIN, K.: »Kurt Gödel – Separating Truth from Proof in Mathematics.« In: Science 298 (2002): 1899–1900.

DOCKET, K. H., DUDLEY-GRANT, G. R. und BANKART, C. P. (Hrsg.): Psychology and Buddhism: From Individual to Global Community. New York, Boston: Kluwer Academic/Plenum Publishers, 2003.

DONDAINE, H.-F.: »Cognoscere de Deo ›quid est‹«. In: Recherches de Théologie ancienne et médievale, 22 (1955), 72–78.

DOUGLAS-KLOTZ, N.: The Hidden Gospel. Decoding the Spiritual Message of the Aramaic Jesus. Wheaton, IL: Quest Books, 1999.

— »Beginning Time: A New Look at the Early Jewish/Christian Ritual Time.« In: Cosmos: Journal of the Traditional Cosmological Society 18 (2002): 1–7.

— »Reading John in Bereshit Time: Semitic Constructions of Creation Mysticism in the Early Syriac Versions.« Paper presented at the Society of Biblical Literature Annual Meeting; Nag Hammadi and Gnosticism Section, Atlanta, GA, November 24, 2003.

DU BOIS-REYMOND, E.: Jugendbriefe von Emile DuBois-Reymond an Eduard Hallmann. Berlin: Dietrich Reiner, 1918.

EASLEA, B.: Witch Hunting, Magic and the New Philosophy. An Introduction to the Debates of the Scientific Revolution 1450–1750. Brighton: Harvester Press, 1980.

EASTON, S. C.: Roger Bacon and his Search for a Universal Science. A Reconsideration of the Life and Work of Roger Bacon in the Light of His Own Stated Purposes. New York: Columbia University Press, 1971, orig. 1952.

ECKHART, M.: Deutsche Predigten und Traktate. Hrsg. und übersetzt v. J. Quint. München: Hanser, 1963.

— Die deutschen und lateinischen Werke. Bd. 1: Prologi. Expositio Libri Genesis. Libri Parabolorum. Hrsg. v. K. Weiss. Stuttgart: Kohlhammer, 1964.

ENGEL, A. K., ROELFSEMA, P. R., KÖNIG, P. und SINGER W.: »Neurophysiological Relevance of Time.« In: Time, Temporality, Now. Experiencing Time and Concepts of Time in an Interdisciplinary Perspective, hrsg. v. H. Atmanspacher und E. Ruhnau, 133–157. Berlin, Heidelberg, New York: Springer, 1997.

ENOMIYA-LASSALLE, H. M.: Zen-Buddhismus. Köln: Bachem, 1966.

— Zen und christliche Spiritualität. München: Kösel, 1987.

— »Zen – Erleuchtungsweg und christliche Mystik.« In: Geist und Natur. Über den Widerspruch zwischen naturwissenschaftlicher Erkenntnis und philosophischer

Welterfahrung, hrsg. v. H. P. Dürr und W. C. Zimmerli, 279–288, Bern: Scherz, 1989.
— Der Ochs und sein Hirte. Zen-Augenblicke. München: Kösel, 1990.
ESCH, T.: »Stress, Anpassung und Selbstorganisation. Gleichgewichtsprozesse sichern Gesundheit und Überleben.« In: Forschende Komplementärmedizin und Klassische Naturheilkunde 10 (2003): 330–341.
ESCH, T. und STEFANO, G. B.: »A Bio-Psycho-Socio-Molecular Approach to Pain and Stress Management.« In: Forschende Komplementärmedizin 14 (2007): 224–234.
FAHRENBERG, J.: »Das Komplementaritätsprinzip in der psychosomatischen Forschung und psychosomatischen Medizin.« In: Zeitschrift für Klinische Psychologie, Psychopathologie und Psychotherapie 27 (1979): 151–167.
FANN, K. T.: Peirce's Theory of Abduction. The Hague: Martinus Nijhoff, 1970.
FAUTH, U. und RÜMELIN, A.: »Nahtoderfahrungen. Phänomenologie, Erklärungsmodelle und klinische Bedeutung.« In: Notfall + Rettungsmedizin 6 (2003): 509–519.
FEIGL, H.: »Leib-Seele, kein Scheinproblem.« In: Psychologische Anthropologie, hrsg. v. H. G. Gadamer und P. Vogler, 3–14. Stuttgart: Georg Thieme/DTV, 1973.
FERRER, J. N.: Revisioning Transpersonal Theory. A Participatory Vision of Human Spirituality. Albany: SUNY Press, 2002.
FISCHER, K.: »Drei Grundirrtümer der Maschinentheorie des Bewusstseins.« In: Philosophia Naturalis 36 (1999): 53–90.
— »Aristoteles' Schrift ›Über die Seele‹ und die moderne Neurophilosophie.« In: Antike Naturwissenschaft und ihre Rezeption, hrsg. v. J. Althoff, B. Herhoff und G. Wöhrle, 77–108. Trier: Wissenschaftlicher Verlag, 2003.
— »Fehlfunktionen der Wissenschaft.« In: Erwägen, Wissen, Ethik 18 (2007): 1–16.
FLASCH, K.: Das philosophische Denken im Mittelalter. Von Augustin zu Machiavelli. Stuttgart: Reclam, 1986.
— Aufklärung im Mittelalter? Die Verurteilung von 1277. Das Dokument des Bischofs von Paris. Eingel., übers. und erkl. v. K. Flasch. Mainz: Dieterich, 1989.
FLECK, L.: Entstehung und Entwicklung einer wissenschaftlichen Tatsache. Einführung in die Lehre von Denkstil und Denkkollektiv. Mit einer Einleitung. Hrsg. v. L. Schäfer und T. Schnelle. Frankfurt: Suhrkamp. 1980, orig. 1935.
FONTANA, D.: Psychology, Religion, and Spirituality. Malden, MA: BPS Blackwell, 2003.
FORMAN, R. K. C. (Hrsg.): The Innate Capacity. Mysticism, Psychology, and Philosophy Oxford: Oxford University Press, 1998.
FREIBERG, D. v.: Schriften zur Naturphilosophie und Metaphysik. Opera Omnia Bd. 3; Hrsg. v. J. D. Cavigioli, R. Imbach, B. Mojsisch, M. R. Pagnoni-Sturlese und L. Sturlese; Einl. v. K. Flasch. Hamburg: Meiner, 1983.
GADAMER, H. G.: Wahrheit und Methode. Grundzüge einer philosophischen Hermeneutik. Tübingen: Mohr (4. Aufl.), 1975.
GALL, T. L.: »Relationship with God and the Quality of Life of Prostate Cancer Survivors.« In: Quality of Life Research 13 (2004): 1357–1368.
GALLUS, T.: »Commentaire sur Isaie.« In: Vie Spirituelle 47, 146–162, 1936.
GEBSER, J.: Ursprung und Gegenwart. Erster Band: Die Fundamente der aperspektivischen Welt. Beitrag zu einer Geschichte der Bewusstwerdung. Stuttgart: Deutsche Verlags-Anstalt, 1949.
— Ursprung und Gegenwart. Zweiter Band: Die Manifestationen der aperspektivischen Welt. Versuch einer Konkretion des Geistigen. Stuttgart: Deutsche Verlags-Anstalt, 1953.
GILLMAN, M. A.: »Psychotropic Analagesic Nitrous Oxide as an Investigative Diagnostic and Therapeutic Tool.« In: International Journal of Neuroscience 76 (1994): 1–3.
GOSWAMI, A.: »Consciousness in Quantum Physics and the Mind-Body Problem.« In: Journal of Mind and Behavior 11 (1990): 75–96.

—   »Monistic Idealism May Provide Better Ontology for Cognitive Science. A Reply to Dyer.« In: Journal of Mind and Behavior 16 (1995): 135–150.

GRABMANN, M.: Thomas von Aquin. Persönlichkeit und Gedankenwelt. München: Kösel, 1946.

GRAY, J. A.: »Neural Systems, Emotion and Personality.« In: Neurobiology of Learning, Emotion and Affect, hrsg. v. J. Madden, 273–306. New York: Raven, 1991.

GROSSMAN, P. und TAYLOR, E. W.: »Toward Understanding Respiratory Sinus Arrhythmia: Relations to Cardiac Vagal Tone, Evolution and Biobehavioral Functions.« In: Biological Psychology 74 (2007): 263–285.

GRUNDMANN, H.: Religiöse Bewegungen im Mittelalter. Darmstadt: Wissenschaftliche Buchgesellschaft, 1977.

GUTTMANN, G.: »Zur Kognitionswissenschaftlichen Theorie des Mentalen.« In: Psychoanalyse im Dialog der Wissenschaften. Band 1: Europäische Perspektiven, hrsg. v. P. Giampieri-Deutsch, 227–41. Stuttgart: Kohlhammer, 2002.

HAAS, A. M.: »Meister Eckharts geistliches Predigtprogramm.« In: Freiburger Zeitschrift für Philosophie und Theologie, 29, 189–209, 1982.

HACKETT, J.: »Scientia experimentalis. From Robert Grosseteste to Roger Bacon.« In: Robert Grosseteste. New Perspectives on his Thought and Scholarship, hrsg. v. J. McEvoy, 89–119. Turnhout: Brepols 1995.

HADDAD, J. J., SAADÉ, N. E. und SAFIEH-GARABEDIAN B.: »Cytokines and Neuro-Immune-Endocrine Interactions: A Role for the Hypothalamic-Pituitary-Adrenal Revolving Axis.« In: Journal of Neuroimmunology 133 (2002): 1–19.

HAGAN, S., HAMEROFF, S. R. und TUSZYNSKI, J. A.: »Quantum Computation in Brain Microtubules. Decoherence and Biological Feasibility.« In: Physical Review E 65 (2002): 61901/1–11.

HAKUIN, E: Authentisches Zen (Übers. Von Sokko-Roku Kaien-Fusetsu). Frankfurt: Fischer, 1997.

HAMEROFF, S. und PENROSE, R.: »Conscious Events as Orchestrated Space-Time Selections.« In Journal of Consciousness Studies 2, no. 1 (1996): 36–53.

HEDWIG, K.: »Brentano's hermeneutics.« In: Topoi, 6 (1987): 3–10.

HERZOG, H., LELE, V. R., KUWERT, T., LANGEN, K.-J. , KOPS, E. R. und FEINENDEGEN, L. E.: »Changed Pattern of Regional Glucose Metabolism During Yoga Meditative Relaxation.« In: Neuropsychobiology 23 (1990): 182–87.

HET, S., RAMLOW, G. und WOLF, O. T.: »A Meta-Analytic Review of the Effects of Acute Cortisol Administration on Human Memory.« In: Psychoneuroendocrinology 30 (2005): 771–784.

HILL, P. C. und PARGAMENT, K. I.: »Advances in the Conceptualization and Measurement of Religion and Spirituality. Implications for Physical and Mental Health Research.« In: American Psychologist 58 (2003): 64–74.

HINZE, O. M.: Tantra Vidya. Wissenschaft des Tantra. Freiburg: Aurum, 1983.

HISSETTE, R.: Enquete sur les 219 articles condamnés à Paris le 7 mars 1277. Louvain: Publications Universitaires. Philosophes Médiévaux 22, 1977.

HOCHE, H.-U.: Anthropological Complementarism. Linguistic, Logical, and Phenomenological Studies in Support of a Third Way Beyond Dualism and Monism. Paderborn: Mentis Verlag, 2008.

HODGSON, D. M., NAKAMURA, T. und WALKER, A. K.: »Prophylactic Role for Complementary and Alternative Medicine in Perinatal Programming of Adult Health.« In: Forschende Komplementärmedizin 14 (2007): 92–101.

HOFMANN, L. und WALACH, H.: »Spirituality and Religiosity in Psychotherapy – A Representative Survey among German Psychotherapists.« In: Psychotherapy Research (2011, in print).

HOHN, T.: Meister Eckharts Lehre von der Gottessohnschaft. Frankfurt: Peter Lang, 2000.

HORKHEIMER, M. und ADORNO T. W.: Dialektik der Aufklärung. Philosophische Fragmente. Frankfurt: Fischer, 1969.

HOYE, W. J.: Actualitas omnium actuum. Man's Beatific vision of God as Apprehended by Thomas Aquinas. Meisenheim am Glan: Anton Hain. Monografien zur philosophischen Forschung 116, 1975.

— Gotteserkenntnis per essentiam im 13. Jahrhundert. In: Miscellanea Medievalia Bd. 10; hrsg. v. A. Zimmermann, 1976: 269–284.

— Die Unerkennbarkeit Gottes als die letzte Erkenntnis nach Thomas von Aquin. In: Thomas von Aquin, hrsg. v. A. Zimmermann, (Bd. 19, 117–139). Berlin: De Gruyter, 1988.

HULSWIT, M.: A Semeiotic Account of Causation. The »Cement of the Universe« from a Peircean Perspective. Nijmegen: PhD Thesis, 2000.

HUSSERL, E.: Erinnerungen an Franz Brentano. In: Franz Brentano: zur Kenntnis seines Lebens uns seiner Lehre, hrsg. v. O. Kraus, (151–167). München: Beck, 1919.

— Die Krisis der europäischen Wissenschaften und die transzendentale Philosophie. Hamburg: Meiner, 1977.

HYLAND, M. E.; »The Intelligent Body and Its Discontents.« In: Journal of Health Psychology 7 (2002): 21–32.

IDEL, M.: The Mystical Experience in Abraham Abulafia. Albany: State University of New York Press, 1988.

— Studies in Ecstatic Kabbalah. Albany: State University of New York Press, 1988.

JAMES, W.: The Works of William James. The Principles of Psychology. Cambridge, MA: Harvard University Press, 1981.

— The Works of William James. The Varieties of Religious Experience. Cambridge, MA: Harvard University Press, 1985.

JANTSCH, E.: Die Selbstorganisation des Universums. Vom Urknall zum menschlichen Geist. München: Hanser, 1979.

JEVNING, R., WALLACE, R. K. und BEIDEBACH M.: »The Physiology of Meditation. A Review. A Wakeful Hypometabolic Integrated Response.« In: Neuroscience and Biobehavior Review 16 (1992): 415–424.

JUNG, C. G.: »Synchronizität als ein Prinzip akausaler Zusammenhänge.« In: Naturerklärung und Psyche, hrsg. v. C. G. Jung und W. Pauli, 1–107. Zürich: Rascher, 1952.

JOHNSTON, E. H. (Hrsg.): The Buddhacarita, or Acts of the Buddha. Delhi: Motilal Banarsidass, 1972.

KABAT-ZINN, J.: Im Alltag Ruhe finden. Das umfassende praktische Meditationsprogramm für alle Lebenslagen. Freiburg: Herder, 1998.

KANITSCHNEIDER, B.: Von der mechanistischen Welt zum kreativen Universum. Zu einem neuen philosophischen Verständnis der Natur. Darmstadt: Wissenschaftliche Buchgesellschaft, 1993.

KANT, I.: Kants Werke. Studienausgabe. Darmstadt: Wissenschaftliche Buchgesellschaft, 1983 ff.

KAPLEAU, P.: Die drei Pfeiler des Zen. Lehre, Übung, Erleuchtung. München: Barth, 1981.

KATZ, S. T. (Hrsg.): (Hrsg.): Mysticism and Philosophical Analysis. New York: Oxford University Press, 1978.

— (Hrsg.): Mysticism and Religious Traditions. Oxford, New York: Oxford University Press, 1983.

— Mysticism and Language. New York: Oxford University Press, 1992.

KERNBERG, O. F.: Borderline-Störungen und pathologischer Narzissmus. Frankfurt: Suhrkamp, 1978.

— Schwere Persönlichkeitsstörungen. Theorie, Diagnose, Behandlungsstrategien. Stuttgart: Klett-Cotta, 1992.

KERSHAW, I.: Hitler, 1936–1945. Stuttgart: Deutsche Verlags-Anstalt, 2000.

KIECOLT-GLASER, J. K., McGUIRE, L., ROBLES, T. F. und GLASER, R.: »Emotions, Morbidity, and Mortality. New Perspectives from Psychoneuroimmunology.« In: Annual Review of Psychology 53 (2002): 83–107.

KOCH, J.: Philosophische und theologische Irrtumslisten von 1270–1329. In: Kleine Schriften (Bd. 2, 423–450). Rom: Edizioni di Storia e Letteratura, 1930.

— Meister Eckhart: Versuch eines Gesamtbildes. In: Kleine Schriften (1. Ausg., Bd. 1, 201–237). Rom: Edizioni di Storia e Letteratura, 1939.

— Kritische Studien zum Leben Meister Eckharts. In: Kleine Schriften (Bd. 1, 247–348). Rom: Edizioni di Storia e Letteratura, 1959.

— Zur Einführung. In: Meister Eckhart der Prediger. Festschrift zum Eckhart-Gedenkjahr, hrsg. v. U. Nix und R. Öchslin (1–24). Freiburg: Herder, 1960.

KOENIG, H. G : »Concerns About Measuring ›Spirituality‹ In Research.« In: Journal of Nervous and Mental Disease 196 (2008): 349–355.

KOHLS, N. und BENEDIKTER, R.: Origins of the modern concept of »Neuroscience«. Wilhelm Wundt between empiricism and idealism. Implications for contemporary neuroethics. In: Scientific and Philosophical Perspectives in Neuroethics, hrsg. v. J. Giordano & B. Gordijn, (37–65). Cambridge: Cambridge University Press, 2010.

KOHLS, N. B.: Außergewöhnliche Erfahrungen – Blinder Fleck der Psychologie? Eine Auseinandersetzung mit außergewöhnlichen Erfahrungen und ihrem Zusammenhang mit geistiger Gesundheit. Münster: Lit-Verlag, 2004.

KOHUT, H.: Die Zukunft der Psychoanalyse. Frankfurt: Suhrkamp, 1975.

— Narzissmus. Eine Theorie der Psychoanalytischen Behandlung narzisstischer Persönlichkeitsstörungen. Frankfurt: Suhrkamp, 1976.

— Die Heilung des Selbst. Frankfurt: Suhrkamp, 1981.

KOLMER, L.: Ad Capiendas Vulpes. Die Ketzerbekämpfung in Südfrankreich in der ersten Hälfte des 13. Jahrhunderts und die Ausbildung des Inquisitionsverfahrens. Bonn: Ludwig Röhrscheid Verlag. Pariser Historische Studien, Band 19, 1982.

KRAUS, O.: Franz Brentano. Zur Kenntnis seines Lebens und seiner Lehre. München: Beck, 1919.

KREUZ, J. v.: Sämtliche Werke. Band 2: Die dunkle Nacht. Hrsg. & übers. v. P. Aloysius ab Immac. Conceptione. München: Kösel, 1940.

KRONZ, F. M. und TIEHEN J. T.: »Emergence and Quantum Mechanics.« In: Philosophy of Science 69 (2002): 324–47.

KUGEL, W.: Hanussen. Die wahre Geschichte des Hermann Steinschneider. Düsseldorf: Grupello, 1998.

KUHL, J : »Who Controls Whom When ›I Control Myself‹?« In: Psychological Inquiry 7 (1996): 61–68.

— »Wille und Persönlichkeit. Funktionsanalyse der Selbststeuerung.« In: Psychologische Rundschau 49 (1998): 61–77.

— »A Functional-Design Approach to Motivation and Self-Regulation. The Dynamics of Personality Systems Interactions.« In: Self-Regulation: Directions and Challenges for Future Research, hrsg. v. M. Boekaerts, P. R. Pintrich und M. Zeidner, 111–169. New York: Academic Press, 2000.

— »A Theory of Self-Development. Affective Fixation and the Star Model of Personality Disorders and Related Styles.« In: Motivational Psychology of Human Development, hrsg. v. J. Heckhausen, 187–211. Amsterdam: Elsevier, 2000.

— »Handlungs- und Lageorientierung.« In: Management Diagnostik, hrsg. v. W. Sarges. Göttingen: Hogrefe, 2003.

KUHL, J. und FUHRMANN, A.: »Decomposing Self-Regulation and Self-Control. The Volitional Components Inventory.« In: Motivation and Self-Regulation across the Life Span, hrsg. v. J. Heckhausen and C. S. Dweck. Hillsdale, NJ: Erlbaum, 2000.

KÜNG, H.: Projekt Weltethos. München: Piper, 1990.

LANCASTER, B. L.: »On the Relationship between Cognitive Models and Spiritual Maps. Evidence from Hebrew Language Mysticism.« In: Journal of Consciousness Studies 7, no. 11–12 (2000): 231–250.

LARSON, E. J. und WITHAM, L.: »Leading Scientists Still Reject God.« In: Nature 394 (1998): 313.

LATOUR, B.: Die Hoffnung der Pandora. Untersuchungen zur Wirklichkeit der Wissenschaften. Frankfurt: Suhrkamp, 2000.

LAUDAN, L.: Progress and Its Problems. Towards a Theory of Scientific Growth. Berkeley: University of California Press, 1977.

LAZAR, S., BUSH, G., GOLLUB, R. L., FRICCHIONE, G. L., KHALSA, G. und BENSON, H.: »Functional Brain Mapping of the Relaxation Response and Meditation.« In: NeuroReport 11 (2000): 1581–1585.

LAZAR, S. W., KERR, C. E., WASSERMAN, R. H., GRAY, J. R., GREVE, D. N., TREADWAY, M. T., McGARVEY, M., QUINN, B. T., DUSEK, J. A., BENSON, H., RAUCH, S. L., MOORE, C. I. und FISCHL, B.: »Meditation Experience Is Associated with Increased Cortical Thickness.« In: NeuroReport 16 (2005): 1893–1897.

LEFF, G.: Paris and Oxford Universities in the Thirteenth and Fourteenth Centuries. An Institutional and Intellectual History. New York, London: Wiley, 1968.

LE GOFF, J.: Les intellectuels au Moyen Age. Paris: Seuil, 1985.

LEHMANN, D., FABER, P. L., ACHERMANN, P., JEANMONOD, D., GIANOTTI, L.R.R. und PIZZAGALLI D.: »Brain Sources of EEG Gamma Frequency During Volitionally Meditation-Induced, Altered States of Consciousness, and Experience of the Self.« In: Psychiatry Research. Neuroimaging Section 108 (2001): 111–121.

LEHMANN, D., FABER, P. L., GIANOTTI, L. R. R. , KOCHI, K. und PASCUAL-MARQUI, R. D.: »Coherence and Phase Locking in the Scalp EEG and between Loreta Model Sources, and Microstrates as Putative Mechanisms of Brain Temporo-Spatial Functional Organization.« In: Journal of Physiology (Paris) 99 (2006): 29–36.

LICHTIGFELD, F. J. und GILLMAN M. A.: »The Treatment of Alcoholic Withdrawal States with Oxygen and Nitrous Oxide.« South African Medical Journal 61 (1982): 349–351.

— »Possible Role of the Endogenous Opiod System in the Placebo Response in Depression.« In: International Journal of Neuropsychopharmacology 5 (2002): 107–108.

LIDOW, M. S.: »Long-Term Effects of Neonatal Pain on Nociceptive Systems.« In: Pain 99 (2002): 377–83.

LOU, H. C., KJAER, T. W., FRIBERG, L., WILDSCHIDTZ, G., HOLM, S. und NOWAK, M.: »A 15O-H2O Pet Study of Meditation and the Resting State of Normal Consciousness.« In: Human Brain Mapping 7 (1999): 98–105.

LOYOLA, I. v.: Geistliche Übungen. Übertragung und Erklärung von Adolf Haas. Freiburg: Herder, 1967.

— Der Bericht des Pilgers. Übers. u. erl. v. Burkhart Schneider. Freiburg: Herder, 1977.

LULLUS, R.: Opera Latina. Bd. 17 Opera Parisiis Annis 1298–1299 composita. Hrsg. v. M. Pereira und Th. Pindl-Büchel. Turnhout: Brepols, 1989.

LUTZ, A., GREISCHAR, L. L., RAWLING, N. B., RICARD, M. und DAVIDSON, R. J.: »Long-Term Meditators Self-Induce High-Amplitude Gamma Synchrony During Mental Practice.« In: Proceedings of the National Academy of Science of the USA 101 (2004): 16369–16373.

LYOTARD, J. F.: Das postmoderne Wissen. Ein Bericht. Graz: Böhlau, 1986.

MAJUMDAR, M., GROSSMAN, P., DIETZ-WASCHKOWSKI, B., KERSIG, S. und WALACH, H.: »Does Mindfulness Meditation Contribute to Health? Outcome Evaluation of a German Sample.« In: Journal of Alternative and Complementary Medicine 8 (2002): 719–730.

MANDONNET, P.: Roger Bacon et le Speculum Astronomiae (1277). In: Revue néoscolastique de philosophie, 17 (67), 313–335, 1910.

MARSH, M. N.: Out-of-Body and Near-Death Experiences: Brain-State Phenomena or Glimpses of Immortality? Oxford: Oxford University Press, 2010.

MASEK, K., PETROVICKY, P., SEVCIK, J., ZIDEK, Z. und FRANKOVA, D.: »Past, Present and Future of Psychoneuroimmunology.« In: Toxicology 142 (2000): 179–188.

McGILCHRIST, I.: The Master and His Emissary. The Divided Brain and the Making of the Western World. New Haven: Yale University Press, 2009.

McKEOWN, T.: Die Bedeutung der Medizin. Traum, Trugbild oder Nemesis? Frankfurt: Suhrkamp, 1982.

MERKI, H.: Homoiosis Theo. Von der platonischen Angleichung an Gott zur Gottähnlichkeit bei Gregor von Nyssa. Freiburg/Schweiz: Paulusdruckerei, 1952.

MERLAN, P.: »Brentano and Freud.« In: Journal of the History of Ideas 6 (1945): 375–377.

— »Brentano and Freud – A Sequel.« In: Journal of the History of Ideas 10 (1949): 451–452.

MEYER-ABICH, K. M.: Korrespondenz, Individualität und Komplementarität. Wiesbaden: Steiner, 1965.

MÜNCH, D.: »Erkenntnistheorie und Psychologie. Die wissenschaftliche Weltanschauung Carl Stumpfs.« In: Brentano Studien 10 (2002): 11–66.

MYINT, A.-M., LEONHARD, B. E., STEINBUSCH, H. W. M. und KIM, Y.-K.: »Th1, Th2, and Th3 Cytokine Alterations in Major Depression.« In: Journal of Affective Disorders 88 (2005): 167–73.

MYRTEK, M., FRÖLICH, E., FICHTLER, A. und BRÜGNER, G.: »ECG Changes, Emotional Arousal, and Subjective State. An Ambulatory Monitoring Study with CHD Patients.« In: Journal of Psychophysiology 14 (2000): 106–114.

NELSON, E. E. und PANKSEPP, J.: »Brain Substrates of Infant-Mother Attachment. Contributions of Opioids, Oxytocin, and Norepinephrine.« In: Neuroscience and Biobehavioral Reviews 22 (1998): 437–452.

NEWBERG, A. und D'AQUILI, E. G.: »The Neuropsychology of Spiritual Experience.« In: Handbook of Religion and Mental Health, hrsg. v. H. G. Koenig, 75–94. San Diego: Academic Press, 1998.

NEWBERG, A., POURDEHNAD, M., ALAVI, A. und D'AQUILI, E. G.: »Cerebral Blood Flow During Meditative Prayer. Preliminary Findings and Methodological Issues.« In: Perceptual & Motor Skills 97 (2003): 625–630.

NIEDHAMMER, I., TEK, M.-L., STARKE, D. und SIEGRIST, J.: »Effort-Reward Imbalance Model and Self-Reported Health. Cross Sectional and Prospective Findings from the Gazel Cohort.« In: Social Science and Medicine 58 (2004): 1531–1541.

NISBETT, R. E., CHOI, I., PENG, K. und NORENZAYAN A.: »Culture and Systems of Thought. Holistic Versus Analytic Cognition.« In: Psychological Review 108 (2001): 291–310.

NORPOTH, L.: Der pseudo-augustinische Traktat: De spiritu et anima. Phil. Diss. München. Ansbach: Kohlhauer, 1971.

PAGELS, E.: Versuchung durch Erkenntnis. Die gnostischen Evangelien. Frankfurt: Suhrkamp, 1987.

PANOFSKY, E.: Die Renaissancen der europäischen Kunst. Frankfurt: Suhrkamp, 1979.

PARGAMENT, K. I., KOENIG, H. G., TARAKESHWAR, N. und HAHN, J.: »Religious Struggle as a Predictor of Mortality Among Medically Ill Elderly Patients. A 2 Year Longitudinal Study.« In: Archives of Internal Medicine 161 (2001): 1881–1885.

PARIGI, V., ZAVATTA, A., KIM, M. und BELLINI, M.: »Probing Quantum Commutation Rules by Addition and Subtraction of Single Photons to/from a Light Field.« In: Science 317 (2007): 1890–1893.

PARISANO, E.: Recentiorum disceptationes de motu cordis, sanguinis et chyli. Leiden: Ioannis Maire, 1647.

PAR MAES, M.: »The Inflammatory Response System Activation Model of Major Depression.« In: Psychiatry, Psychoimmunology, and Viruses, hrsg. v. N. Müller, 55–62. Wien, New York: Springer, 1999.

PINDL-BÜCHEL, T.: Die Exzerpte des Nikolaus von Kues aus dem Liber contemplationis Ramon Lulls. Frankfurt: Lang. Europäische Hochschulschriften, XX, Bd. 380, 1992.

PLAUM, E.: »Niels Bohrs Quantentheoretische Naturbeschreibung und die Psychologie.« In: Psychologie und Geschichte 13 (1992): 94–101.

POHLEN, H.: Die Erkenntnislehre Dionysius' des Kartäusers. Forschungen zur Geschichte der Philosophie und der Pädagogik 19. Leipzig: Meiner, 1941.

PÖPPEL, E.: »The Brain's Way to Create ›Nowness‹.« In: Time, Temporality, Now. Experiencing Time and Concepts of Time in an Interdisciplinary Perspective, hrsg. v. H. Atmanspacher und E. Ruhnau, 107–120. Berlin, Heidelberg, New York: Springer, 1997.

POWER, A.: »A mirror for every age: The reputation of Roger Bacon.« In: English Historical Review 121(492), 657–692, 2006.

PSEUDO-AUGUSTINUS, A. und VON CLAIRVAUX, A. v.: »Liber de spiritu et anima.« In: Patrologia Latina: S. Augustini Opera Omnia, hrsg. v. J. P. Migne, Bd. 40, 779–832. Paris: Migne, 1896.

RAISON, C. L. und MILLER, A. H.: »When Not Enough Is Too Much: The Role of Insufficient Glucocorticoid Signaling in the Pathophysiology of Stress-Related Disorders.« In: American Journal of Psychiatry 160, Bd. 9 (2003): 1554–1565.

RAO, K. R.: »Perception, Cognition and Consciousness in Classical Hindu Psychology.« In: Journal of Consciousness Studies 12, Bd. 3 (2005): 3–30.

RASHDALL, H.: Medieval Universities. Oxford: University Press, 1936.

RAVENSCROFT, T.: The Spear of Destiny. The Occult Power Behind the Spear Which Pierced the Side of Christ. London: Neville Spearman, 1972.

RAY, O.: »How the Mind Hurts and Heals the Body.« In: American Psychologist 59 (2004): 29–40.

REDER, L. M.: Implicit Memory and Metacognition. Mahwah, NJ: L. Erlbaum Ass., 1996.

REICH, K. H.: »The Chalcedonian Definition, an Example of the Difficulties and the Usefulness of Thinking in Terms of Complementarity?« In: Journal of Psychology and Theology 18 (1990): 148–157.

— »The Relation between Science and Theology: The Case for Complementarity Revisited.« In: Zygon 25 (1990): 369–390.

— »Kann Denken in Komplementarität die religiöse Entwicklung im Erwachsenenalter fördern? Überlegungen am Beispiel der Lehrformel von Chalkedon und weiterer theologischer Paradoxe.« In: Erwachsen im Glauben. Beiträge zum Verhältnis von Entwicklungspsychologie und religiöser Erwachsenenbildung, hrsg. v. M. Böhnke, K. H. Reich und L. Ridez. Stuttgart: Kohlhammer, 1992.

— Developing the Horizons of the Mind: Relational and Contextual Reasoning and the Resolution of Cognitive Conflict. Cambridge: Cambridge University Press, 2003.

RINGEL, E., und KIRCHMAYR, A.: Religionsverlust durch religiöse Erziehung. Tiefenpsychologische Ursachen und Folgerungen. Wien: Herder, 1986.

RIVEST, S.: »How Circulating Cytokines Trigger the Neural Circuits That Control the Hypothalamic-Pituitary-Adrenal Axis.« In: Psychoneuroendocrinology 26 (2001): 761–788.

ROSENFELD, L.: Niels Bohr. Amsterdam: North Holland, 1961.

— »Niels Bohr's Contribution to Epistemology.« In: Physics Today 16, Oct (1963): 47–54.

ROSENKRANZ, M., JACKSON, D. C., DALTON, K. M., DOLSKI, I., RYFF, C. D., SINGER, B. H., MULLER, D., KALIN, N. H. und DAVIDSON, R. J.: »Affective Style and in Vivo Immune Response. Neurobehavioral Mechanisms.« In: Proceedings of the National Academy of Science 100, Bd. 19 (2003): 11148–11152.

ROTH, G.: Das Gehirn und seine Wirklichkeit. Kognitive Neurobiologie und ihre philosophischen Konsequenzen. Frankfurt: Suhrkamp, 1997.

RUH, K.: »Meister Eckhart und die Spiritualität der Beginen.« In: Perspektiven der Philosophie, 8, 323–334, 1982.

RUSH, A. J., TRIVEDI, M. H., WISNIEWSKI, S. R. STEWART, J. W., NIERENBERG, A. A., THASE, M. E., RITZ, L., BIGGS, M. M., WARDEN, D., LUTHER, J. F., SHORES-WILSON, K., NIEDEREHE, G., FAVA, M. und STAR D STUDY TEAM: »Bupropion-Sr, Sertraline, or Venlafaxine-Xr after Failure of SSRIs for Depression.« In: New England Journal of Medicine 354, Bd. 12 (2006): 1231–1242.

RYDELL, R. J., McCONNEL, A. R., MACKIE, D. M. und STRAIN, L. M.: »Of Two Minds. Forming and Changing Valence-Inconsistent Implicit and Explicit Attitudes.« In: Psychological Science 17 (2006): 954–958.

SABOM, M.: Light and Death. Grand Rapids, MI: Zondervan Publishing House, 1998.

SAINT-THIERRY, W. v.: »Tractatus de natura et dignitate amoris.« In: S. Bernardi Opera Omnia, hrsg. v. J. P. Migne, 379–408. Paris: Migne, 1854.

— Meditationen und Gebete. Lateinisch-Deutsch hrsg., übers. und komm. v. K. Berger und C. Nord. Frankfurt: Insel, 2001.

SCHINS, A., DORIEN, T., RICHEL, K., GUNTER, K., DELANGHE, J., CRIJNS, H., GRAULS, G , STASSEN, F., MAES, M. und HONIG A.: »Inflammatory Markers in Depressed Post-Myocardial Infarction Patients.« In: Journal of Psychiatric Research 39 (2005): 137–144.

SCHNEIDER, T.: Die Einheit des Menschen: Die anthropologische Formel »anima forma corporis« im sogenannten Korrektorienstreit und bei Petrus Johannis Olivi. Ein Beitrag zur Vorgeschichte des Konzils von Vienne. Beiträge zur Geschichte der Theologie und Philosophie des Mittelalters; Neue Folge, Bd. 8. Münster: Aschendorff, 1973.

SCHWARTZ, J. M.: »A Role for Volition and Attention in the Generation of New Brain Circuitry. Toward a Neurobiology of Mental Force.« In: Journal of Consciousness Studies 6 (1999): 115–142.

SCOTUS, J. D.: Opera Omnia; Editio Nova Juxta Editionem Waddingi Xii Tomos Continentem a Patribus Fransicanis de Observantia Accurate Recognita; Nachdruck der Originalausgabe. Hrsg. v. Lucas Wadding. Westmead; origin. Paris: Gregg International; orig. Vivés, 1969; orig. 1891.

SEGAL, Z. V., WILLIAMS, J. M. G. und TEASDALE, J. D.: Mindfulness-based cognitive therapy for depression. A new approach to preventive relapse. New York: Guilford Press, 2002.

SIEGRIST, J. und MARMOT M.: »Health Inequalities and the Psychosocial Environment – Two Scientific Challenges.« In: Social Science and Medicine 58 (2004): 1463–1473.

SIEGRIST, J., STARKE, D., CHANDOLA, T., GODIN, I., MARMOT, M., NIEDHAMMER, I. und PETER, R.: »The Measurement of Effort-Reward Imbalance at Work: European Comparisons.« In: Social Science and Medicine 58 (2004): 1483–1499.

SLAGTER, H. A., LUTZ, A., GREISCHAR, L. L., FRANCIS, A. D., NIEUWENHUIS, S., DAVIS, J. M. und DAVIDSON, R. J.: »Mental Training Affects Distribution of Limited Brain Resources.« In: PLoS Biology 5, Bd. 6 (2007): e138.

SMALLWOOD, J. und SCHOOLER, J. W.: »The Restless Mind.« In: Psychological Bulletin 132 (2006): 946–958.

SMITH, D. P. und ORLINSKY D. E.: »Religious and Spiritual Experience among Psychotherapists.« In: Psychotherapy: Theory, Research, Practice, Training 41 (2004): 144–151.

SQUIRES, E. J.: »Quantum Theory and the Relation between the Conscious Mind and the Physical World.« Synthese 97 (1993): 109–123.

— »Quantum Theory and the Need for Consciousness.« In: Journal of Consciousness Studies 1 (1994): 201–204.

STEFANO, G. B., FRICCHIONE, G. L., SLINGSBY, B. T. und BENSON, H.: »The Placebo Effect and Relaxation Response. Neural Processes and Their Coupling to Constitutive Nitric Oxide.« In: Brain Research Reviews 35 (2001): 1–19.

STEFANO, G. B., FRICCHIONE, G. L., GOUMON, Y. und ESCH, T.: »Pain, Immunity, Opiate and Opioid Compounds and Health.« In: Medical Science Monitor 11, Bd. 5 (2005): MS47–53.

STOCKMEIER, C. A.: »Involvement of Serotonin in Depression: Evidence from Postmortem and Imaging Studies of Serotonin Receptors and the Serotonin Transporter.« In: Journal of Psychiatric Research 37 (2003): 357–373.

STURLESE, L.: »Proclo ed Ermete in Germania da Alberto Magno a Bertoldo di Moosburg. Per una prospettiva di ricerca sulla cultura filosofica tedesca nel secolo delle sue origini (1250–1350).« In: Von Meister Dietrich zu Meister Eckhart, hrsg. v. K. Flasch. Hamburg: Meiner, 1984.

SUDBRACK, J.: Die vergessene Mystik und die Herausforderung des Christentums durch New Age. Würzburg: Echter, 1988.

SÜNNER, R.: Schwarze Sonne: Die Macht der Mythen und ihr Missbrauch in Nationalsozialismus und rechter Esoterik. Mit filmischem dokumentarischem Begleitmaterial auf DVD. Klein Jasedow: Drachen Verlag, 2009.

SUZUKI, S.: Zen Mind, Beginner's Mind. New York, Tokio: Weatherhill, 1970.

— Zen-Geist, Anfänger-Geist. Berlin: Theseus, 2000.

TANG, Y.-Y., MA, Y., WANG, J., FAN, Y., FENG, S., LU, Q., YU, Q., SUI, D., ROTHBART, M. K., FAN, M. und POSNER, M. I.: »Short-Term Meditation Training Improves Attention and Self-Regulation.« In: Proceedings of the National Academy of Sciences of the USA 104 (2007): 17152–17156.

TEASDALE, J. D., SEGAL, Z. und WILLIAMS, M. G.: »How Does Cognitive Therapy Prevent Depressive Relapse and Why Should Attentional Control (Mindfulness) Training Help?« In: Behaviour Research and Therapy 33 (1995): 25–39.

TÓTH, G. und LENT, C. S.: »Quantum Computing with Quantum-Dot Cellular Automata.« In: Physical Review A 63, Bd. 52315 (2001): 1–9.

TRAVIS, F. und WALLACE R. K.: »Autonomic and EEG Patterns During Eyes-Closed Rest and Transcendental Meditation (TM) Practice: The Basis for a Neural Model of TM Practice.« In: Consciousness & Cognition: An International Journal 8 (1999).

TRAVIS, F. T., und ORME-JOHNSON; D. W.: »Field Model of Consciousness: EEG, Coherence Changes as Indicators of Field Effects.« In: International Journal of Neuroscience 49 (1989): 203–211.

UNDERWOOD G. (Hrsg.): Implicit Cognition. Oxford: Oxford University Press, 1996.

VON KÄNEL, R., MILLS, P. J., FAINMAN, C. und DIMSDALE, J. E.: »Effects of Psychological Stress and Psychiatric Disorders on Blood Coagulation and Fibrinolysis. A Biobehavioral Pathway to Coronary Artery Disease?« In: Psychosomatic Medicine 63 (2001): 531–44.

van Lommel, P.: »About the Continuity of Consciousness.« In: Advances in Experimental Medicine and Biology 550 (2004): 115–132.

van Lommel, P., van Wees, R., Meyers, V. und Elfferich, I.: »Near Death Experience in Survivors of Cardiac Arrest: A Prospective Study in the Netherlands.« Lancet 358 (2001): 2039–2045.

van Praag, H. M., de Kloet, R. und van Os, J.: Stress, the Brain, and Depression. Cambridge: Cambridge University Press, 2004.

von Stillfried, N. und Walach, H.: »The Whole and Its Parts: Are Complementarity and Non-Locality Intrinsic to Closed Systems?« In: International Journal of Computing Anticipatory Systems 17 (2006): 137–146.

Walach, H.: Notitia Experimentalis Dei – Erfahrungserkenntnis Gottes. Studien zu Hugo de Balmas Text »Viae Sion Lugent« und deutsche Übersetzung. Salzburg: Institut für Anglistik und Amerikanistik der Universität Salzburg, 1994.

— »Notitia Experimentalis Dei – Was heißt das? – Hugo de Balmas Begriff der Erfahrungserkenntnis Gottes – Versuch einer Rekonstruktion.« In: The Mystical Tradition and the Carthusians. Bd. 5, hrsg. v. J. Hogg, 45–66. Salzburg: Institut für Anglistik und Amerikanistik der Universität Salzburg, 1996.

— »Narzissmus – Der Schatten der Transpersonalen Psychologie.« In: Transpersonale Psychologie und Psychotherapie 6 (2000): 53–67.

— »Spiritualität und Wissenschaft.« In: Spiritualität, Krankheit und Heilung – Bedeutung und Ausdrucksformen der Spiritualität in der Medizin, hrsg. v. A. Büssing, T. Ostermann, M. Glöckler und P. F. Matthiessen, 26–53. Frankfurt: VAS Verlag für Akademische Schriften, 2006.

— »Mind – Body – Spirituality.« In: Mind and Matter 5 (2007): 215–240.

— »The Epistemological Status of Transpersonal Psychology – the Database Argument Revisited.« In: Transpersonal Psychology Review 11, Bd. 1 (2007): 99–110.

— »Wissenschaft und Spiritualität [Science and Spirituality].« In: Damit das Denken Sinn bekommt. Spiritualität, Vernunft und Selbsterkenntnis [to Make Sense of Thinking: Spirituality, Reason, Insight], hrsg. v. G. Hüther, W. Roth and M. von Brück, 77–96. Freiburg: Herder 2008.

— »Innere Erfahrung – eine wissenschaftstheoretische Spurensuche.« In: Das Wagnis des Neuen. Kontexte und Restriktionen der Wissenschaft. Festschrift Für Klaus Fischer zum 60. Geburtstag, hrsg. v. H. R. Yousefi und C. Dick, 415–436. Nordhausen: Traugott Bautz, 2009.

— Psychologie: Wissenschaftstheorie, philosophische Grundlagen und Geschichte. Stuttgart: Kohlhammer, 2009 (2. Aufl.).

— Notitia Experimentalis Dei – Experiential Knowledge of God. Hugh of Balma's Mystical Epistemology of Inner Experience – A Hermeneutic Reconstruction. Hrsg. v. J. Hogg, A. Girard und D. Le Blévee, Analecta Cartusiana 98 : 2. Salzburg: Institut für Anglistik, 2010.

Walach, H. und Römer, H.: »Complementarity Is a Useful Concept for Consciousness Studies. A Reminder.« In: Neuroendocrinology Letters 21 (2000): 221–232.

Walach, H. und Runehov A. L. C.: »The Epistemological Status of Transpersonal Psychology. The Data-Base Argument Revisited.« In: Journal of Consciousness Studies 17, Bd. 1–2 (2010): 145–165.

Walach, H., Nord, E., Zier, C., Dietz-Waschkowski, B., Kersig, S. und Schüpbach, H.: »Mindfulness-Based Stress Reduction as a Method for Personnel Development. A Pilot Evaluation.« In: International Journal of Stress Management 14 (2007): 188–198.

Wilber, K.: The Marriage of Sense and Soul: Integrating Science and Religion. New York: Random House, 1998.

— Das Wahre, Schöne, Gute. Geist und Kultur im 3. Jahrtausend. Frankfurt: Wolfgang Krüger Verlag, 1999.

WILLIAMS, M., TEASDALE, J., SEGAL, Z. und KABAT-ZINN, J.: The Mindful Way Through Depression. Freeing Yourself from Chronic Unhappiness. New York: Guilford Press, 2007.

WIRTH, U.: »Abduktion und ihre Anwendungen.« In: Zeitschrift für Semiotik 17 (1996): 405–424.

ZWINGMANN, C., WIRTZ, M., MÜLLER, C., KÖRBER, J. und MURKEN, S.: »Positive and Negative Religious Coping in German Breast Cancer Patients.« In: Journal of Behavioral Medicine 29 (2006): 533–547.

Bildnachweis:

1   Jean Tinguely, Grosse Méta Maxi-Maxi Utopia, Méta-Harmonie, 1987
    730 × 1700 × 700 cm, Schenkung Niki de Saint Phalle, Museum Tinguely, Basel
    Fotograf: Christian Baur, © VG Bild-Kunst
2   bpk, Stiftung Preussische Schlösser und Gärten Berlin-Brandenburg
    Gerhard Murza
4   Besitz des Autors. Die Quelle war nicht zu ermitteln.

Die Bibliothek der Heilenden Künste im Drachen Verlag

Library of Healing Arts – Die Schriftenreihe der Europäischen Akademie der Heilenden Künste. Herausgegeben von Johannes Heimrath.

Arno Stern
Das Malspiel und die
natürliche Spur
Malort, Malspiel und die
Formulation
ISBN 978-3927369-14-6

Daniel Perret
Die Wurzeln unserer Musikalität
Musiktherapie und die
Entfaltung der Persönlichkeit
ISBN 978-3927369-15-3

Edgar Diehl
Farbzeiten
Wie die Farbe der Persönlichkeit
hilft. Eine Sozialgeschichte der
Farbe. Aktualisierte Neuausgabe
ISBN 978-3927369-57-3

Marie Perret
Spontane Kreativität
Die transformative Kraft des
schöpferischen Ausdrucks
ISBN 978-3927369-21-4

Beatrix Pfleiderer
Die Kraft der Verbundenheit
Plädoyer für ein heilsames,
neues Körperbewusstsein
ISBN 978-3927369-38-2

Franz P. Redl
Übergangsrituale
Visionssuche, Jahresfeste,
Arbeit mit dem Medizinrad
ISBN 978-3927369-39-9

Willi Maurer
Der erste Augenblick des Lebens
Der Einfluss der Geburt auf die
Heilung von Mensch und Erde
ISBN 978-3927369-43-6

Hannes Heyne
Klänge aus der Natur
Akustische Ökologie und das Spiel
auf elementaren Musikinstrumenten
ISBN 978-3927369-46-7

Jochen Kirchhoff
Klang und Verwandlung
Klassische Musik als Weg der
Bewusstseinsentwicklung
ISBN 978-3927369-47-4

Marco Bischof
Salutogenese –
Unterwegs zur Gesundheit
Neue Gesundheitskonzepte und
die Entfaltung einer Integrativen
Medizin
ISBN 978-3927369-48-1

DRACHENVERLAG

Drachen Verlag GmbH · Am See 1 · 17440 Klein Jasedow
Telefon (03 83 74) 7 52 24 · Fax (03 83 74) 7 52 23
mail@drachenverlag.de · www.drachenverlag.de